낯선 사람에게 말을 걸면

The Power of Strangers

낯선 사람에게 말을 걸면

**예의 바른 무관심의 시대,
연결이 가져다주는 확실한 이점들**

조 코헤인 지음　김영선 옮김

"지금 당신의 가장 친한 친구도 한때는 낯선 사람이었다"

어크로스

낯선 땅을 찾아가는 건 발견을 위한 진정한 항해, 영원한 젊음의
샘 때문만이 아니라 다른 눈을 갖기 위함이다. 다른 사람들의 눈,
수많은 타자의 눈으로 세계를 바라보기 위함이다. 그들 각자가
바라보는 제각각의 수많은 세계를 보기 위함이다.

— 마르셀 프루스트

우연히 만난 낯선 이가 거부할 수 없는 매력으로 다가와 습관처럼
몸에 밴 우리의 관점을 뒤집어놓을 수 있음을, 나는 경험으로 안다.
마치 돌풍이 무대장치 틀을 무너뜨리듯, 가까워 보이던 것이 한없이
멀어지고 멀어 보이던 것이 가까워 보인다.

— 가브리엘 마르셀

낯선 이에겐 당신이 낯선 사람이다.

— 짐 모리슨

차례

일러두기

- 본문의 각주는 저자의 원주다.
- 외국 인명과 기관명, 독음 등은 외래어 표기법을 따르되, 표기법과 다르지만 국내에 이미 널리 통용되는 경우 그에 따랐다(예: 에드워드 웨스터마크, 헨리 나우웬). 필요한 경우 영문을 병기했다.
- 책 제목은 《 》, 잡지와 영화, TV 프로그램명은 〈 〉로, 곡명은 「 」로 묶었다.
- 책은 국내에 출간된 경우 국내 제목으로, 출간되지 않은 경우에는 해외 제목을 번역해 싣고 영문 서명을 병기했다.

지혜로 가는 길에는
낮선 사람이 줄지어 서 있다

들려주고 싶은 이야기가 있다. 물론 낮선 사람에 관한 이야기다.

몇 년 전, 나는 굉장히 운 좋게도 한 시나리오작가 교류 행사에 초청받아 2주 동안 매사추세츠주 낸터킷섬에서 지냈다. 다른 세 명의 작가와 한집에서 생활하면서 기량을 갈고닦고 업계 사람들과 낮을 익히는 한편, 파티를 다니며 집주인의 술과 음식을 차근차근 바닥냈다. 어느 날 새벽, 파티가 끝난 후 우리 넷은 어두컴컴한 바깥에 서서 택시를 기다렸다. 나는 다른 이들에게 내가 몸담고 일하는 활자 매체가 사실상 망각을 향해 돌진하고 있고, 그와 더불어 나의 많은 가능성, 희망, 꿈 등을 쓸어가버릴지 모르지만 그 경험을 다른 무엇과도 바꾸지 않을 거라고, 왜냐하면 낮선 이들과 이야기를 나누는 일로 생계를 꾸릴 수 있는 기회를 줬기 때문이라고 이야기하고 있었다. 그러고는 모르는 사람들과 이야기를 나누다 보면 모든 사람이 훌륭한 부분을 조금씩은 갖고 있으며, 놀랍다거나 즐겁다거나 소름 끼친다거나 정신을 드높일 만한 걸 적어도 하나는 갖고 있음을 알게 된다고 말했다.

사람들은 대개 별로 재촉하지 않아도 이야기보따리를 풀어놓는데, 때로는 그 이야기 덕분에 우리는 생각과 이해가 깊어지고, 풍부하고 품위 있고 고통스럽기까지 한 인간으로서의 경험에 눈을 뜨기도 한다. 모든 사람은 하나의 독립된 세계를 갖고 있다. 그 세계에 들어갈 수 있다면, 우리는 그 사람의 일부를 받아들여 조금 더 성장할 수 있다. 공감 능력과 지혜 또는 이해심을 조금이나마 키울 수 있다는 말이다.

마침내 택시가 나타났다. 택시운전사는 나이 지긋한 여성이었다. 우리는 우르르 택시에 올라탔고, 나는 내가 방금 전에 한 얘기가 무슨 말인지 친구들한테 보여주기로 마음먹었다. (곧 알게 되겠지만, 나는 정말로 택시운전사들을 좋아한다.) 나는 택시운전사에게 낸터킷섬 생활을 비롯해 여러 가지 질문을 던졌다. 그 질문들 덕분인지 택시운전사는 편안해져서 택시를 타고 가는 20분 동안 자신이 살아온 이야기를 들려줬다.

이 여성은 맨해튼 어퍼웨스트사이드의 한 부잣집에서 태어났다. 당시에는 아이가 어렸을 때 양쪽 종아리를 딱 붙여 친친 묶어두는 정신 나간 유행이 사교계 명사들 사이에 돌았는데, 그녀의 부모도 이 유행을 좇았다. 설명에 따르면, 그 사교계 명사들은 종아리가 휜 촌스러운 아이를 데리고 사람들 앞에 나서는 굴욕을 겪지 않으려고 그랬다는 거였다. 그 바람에 이 여성은 장애를 갖게 됐다. 부모는 자신들이 저지른 짓을 깨달은 후 어떻게 대응했을까? 외과의사에게 진료를 받았을까, 아니면 물리치료사를 찾아갔을까? 딸이 입은 손상을 교정해 제대로 걸을 수 있도록 조치했을까? 사과라도 했을까?

그러지 않았다고 택시운전사가 대답했다.

"그럼 어떻게 했는데요?"

"춤 교습을 받게 했죠."

"아이고, 맙소사." 내가 말했다. "왜 하필 춤 교습을 받게 했나요?"

"우아하게 쓰러지는 법을 가르치고 싶으셨던 거죠."

나는 할아버지부터 아버지, 내 형제까지 삼대째 장의사를 운영하는 매사추세츠주 보스턴의 아일랜드계 가톨릭 집안 출신이다. 이런 집안 배경이 나의 세계관과 유머 감각 그리고 모든 감수성을 형성했다. 그런 내가, 다 늦은 저녁 시간에, 금빛으로 반짝이는 부메랑처럼 생긴 대서양의 조그만 섬에서, 우연히 마주친 낯선 이에게서 들은 이 이야기만큼 인간의 삶을 더 완벽하게 요약해주는 이야기를 내 평생 들어본 적이 없다고 한다면, 아무쪼록 그 말을 믿어주기 바란다.

택시운전사와 대화를 나눈 후, 나는 낯선 이들에 대한 생각이 많아졌다. 왜 우리는 낯선 사람에게 말을 걸지 않을까? 궁금했다. 우리는 언제 낯선 이에게 말을 걸까? 그렇게 하면 무슨 일이 일어날까?

나 역시 기껏 시간을 내어 들른 술집이나 카페에서 사람들에게 말을 걸지 않았다. 그 대신 책을 읽거나, 아니면 핸드폰을 들여다보며 뒤돌아서면 기억하지도 못할 '콘텐츠'를 무감각하게 소비했다. 하지만 그러면서도 기분이 개운치는 않았다. 이윽고 나는 아무한테도 말을 걸지 않았다. 사람들과 눈을 마주치지도 않았다. 심지어 눈을 마주치기 싫어지기까지 했다.

놀라운 건 사람 간의 상호작용을 거의 다 끊기가 너무나 쉬워졌다는 점이다. 오랜 세월에 걸쳐 도시를 연구한 사회학자 리처드 세넷

(Richard Sennett)은 '생활 속의 마찰(friction in life)'을 높이 평가했다. 이는 푸주한에게 고기 굽는 법을 묻거나 길을 묻거나 전화로 피자를 주문하는 것처럼, 우리가 낯선 이들과 상호작용하게끔 만드는 사소한 무능력을 말한다. 기술이 발전하면서 이런 상호작용은 점점 불필요해지고 있다.

이와 동시에 우리의 사회성이 떨어지고 있는 게 아닐까 하는 생각도 든다. 내가 그 증거였다. 나는 편의점에서 줄 선 사람이 없을 때도 언제나 무인 계산대로 향했다. 가게 점원이 인사치레로 오늘 뭐 할 거냐고 물어오면 괜스레 피곤해졌다. 그 순간 트위터에 떠도는 유독한 잡소리보다 훨씬 더 흥미진진한 이야기를 낯선 이에게서 들을지도 모른다는 걸 경험으로 알면서도, 나는 왜 그들과 대화하지 않고 전화기 속으로 사라졌을까? 왜 그랬는지는 나도 모른다. 하지만 나는 그렇게 했고, 그 행동을 대수롭게 여기지도 않았다.

하지만 낸터킷섬에서 그랬듯, 어쩌다 낯선 이와 이야기를 나누면 작은 세계 하나가 열리는 때가 있었다. 그러면서 뭔가를, 그러니까 통찰이든 농담거리든 사물을 달리 생각하는 방식 같은 걸 얻을 수 있었다. 하지만 무엇보다, 이렇게 말하면 이상하게 들릴지 모르겠지만, 나는 낯선 사람과 이야기를 나누면 마음이 놓였다. 왜 그랬을까?

이런 의문은 내가 본업에 열중할 때에도 문득문득 떠올랐다. 배우 앨런 알다는 과학자에게 의사소통법을 가르치고 있었는데, 나는 이 일에 대해 그와 인터뷰하면서 다른 사람과 이야기를 나눈 후에 느끼는 이 이상한 안도감에 대해 말을 꺼냈다. 그러고는 알다의 대답을 듣고 비로소 눈앞이 환해졌다. "나한테는 그런 안도감이 너무나 명백하게 느껴져서, 오히려 다른 사람과 관계를 맺는 게 스스로를 강화하는 일이란 걸 남들은 왜 모르는지 의아할 지경이에요. 왜 우린 이 자연스러운 일을 하지 않는 걸까요?"

왜 그럴까?

우선, 낯선 이들의 평판이 상당히 안 좋았다. 훌륭한 컨트리 음악 가수인 멀 해거드가 밴드 이름을 '스트레인저스(Strangers, '낯선 자들')'라고 지은 건 팬이 자신들을 선량한 시민으로 여기길 바라서가 아니었다. 위험한 사람으로 여기길 바라서였다. 히치콕의 영화 〈열차 안의 낯선 자들〉은 열차에서 연애 상대나 고객, 새 친구를 만나는 이야기가 아니다. 여행 중 우연히 시작된 강렬한 대화를 통해 정신이 확장되는 이야기도 아니다. 그러기는커녕 우리가 조심하지 않으면 자기 아내와 장인을 살해하려는 매력적인 사이코패스의 계획에 휘말리는 수가 있다는 이야기다. 윌리엄 골딩의 소설 《파리대왕》의 원래 제목이 '우리 안의 낯선 자들'인 이유는 책에 등장하는 영국 남학생들이 섬에 고립돼 시련을 겪으면서 무척이나 모범적인 모습을 보여줘서가 아니었다.

그 유명한 알베르 카뮈의 소설 《이방인》은 프랑스에서 혼자 힘으로 살아가는 알제리 출신 남자에 관한 이야기도, 프랑스 현지인들에게 알제리의 풍부한 음식 및 문화 전통을 소개하는 이야기도 아니다. 세계로부터 소외돼 자신에게조차 낯설어진 남자에 관한 이야기다. 그는 어머니가 죽은 후 한 남자를 죽이면서 아무런 감정도 느끼지 못한다. 교수대를 앞에 두고선, 자신이 혼자가 아니라고 느끼게 하는 게 있다면 "내 처형 날 구경하러 몰려드는 많은 군중"이 유일하며 "그들은 증오에 차 고함지르며 나를 맞이할 것"이라고 생각한다. 사실상 그는 최초의 '어그로꾼'인 셈이다.

　낯선 이들은 겉으로는 친절해 보여도 혼돈과 배신을 불러오고 우리의 도덕과 심지어 신체까지 오염시키는 원인이라는 두려움은 낯선 이들이 존재해온 역사만큼이나 오래됐다. 그 두려움은 수렵채집 시대부터 마을, 도시, 국가가 출현한 시대 그리고 낯선 사람을 광적으로 위험하게 여기는 히스테리가 나타났던 1980년대를 거쳐, 일론 머스크가 지하철 승객들을 "누군가 한 명은 연쇄살인범일지도 모를 무작위의 낯선 사람들"로 묘사하고, 2018년 미국의 부유한 지역인 조지아주 해리스카운티의 보안관이 "조지아주 해리스카운티에 오신 걸 환영합니다. 우리 시민들은 총기를 숨기고 있습니다. 살인을 저지르면 살해당할 것입니다. 우리 카운티에는 교도소 한 곳과 묘지 356기가 있습니다. 즐거운 여행 되십시오!"라는 표지판을 설치한 현대에 이르기까지, 지속되고 있다.

　오늘날에도 낯선 이들은 여전히 어려운 환경에서 살고 있다. 서구는 광범위한 정치 격변을 겪고 있는데 전쟁, 가난, 폭정을 피해 안전과 기회를 찾아오는 낯선 문화를 가진 이들의 이주 또한 한 가지 원인이다. 이는 이민자를 받아들이는 국가에 사는 많은 사람의 소속감과 정체성에 충격을 준다.

　낯선 이들을 두려워하는 경향은 원래부터 상당히 강하다가 신규 이민자들 때문에 한층 더 강해졌고, 이로써 반발도 더 격해졌다. 이해 부족은 이를 부추겼다. 몇몇 여론조사에 따르면, 서구인들은 이민자들의 숫자를 무턱대고 과대평가하는 반면 이민자가 새로 도착한 나라에 적응하는 정도는 무턱대고 과소평가하고 있다.

동시에 정치의 양극화, 분리, 차별, 불평등이 중첩돼 동료 시민을 낯선 이로 바꿔놓고 있다. 어쨌든, 미국에서는 그야말로 서로가 꼴보기 싫어하는 게 사실이다. 2016년 미국의 정책연구기관인 퓨리서치센터는 "현재 열혈 지지자들이 상대 당을 보는 시각이 지난 사반세기 중 그 어느 때보다도 부정적"이라고 밝혔다. 그리고 3년 뒤에는 상대 진영이 실제보다 더 부도덕하고 편협하다고 생각하는 각 진영 사람들의 비율이 점점 높아져 "분열과 반목이 깊어지고 있다"고 발표했다. 어느 쪽도 상대를 이해하고 싶은 마음이 없기 때문에, 각 진영은 상대 진영을 어떻게 이해해야 할지를 모른다. 정파를 초월한 우정은 점차 드물어지고 있다. 양극화로 계속 서로 분리된 채 대화하지 않으려 할뿐더러, 상대편을 의지나 공감 능력, 복잡한 동기가 없는 생각이 모자란 생명체, 악의에 찬 바보, 쓰레기 이상으로는 단 한순간도 생각하지 않으려 한다. 적어도 그들을 사람으로 치더라도 말이다.

하지만 얄궂게도 우리 편의 결속을 끊임없이 요구하는 정치 풍토 속에서, 우리는 위험하리만치 심각하게 외로워지고 있다. 여러 연구에 따르면, 미국과 영국 사람들 사이에 고독감이 전염병 수준으로 번졌다. 누구나가 고독감을 느끼지만 특히 청년층의 고독감은 두드러지게 증가세를 보여 노인층을 넘어서는 수준에 이르렀다. 의학 연구자들에 따르면, 고독감은 흡연만큼 해로워서 실로 공공보건을 위협하고 있다.

고독감의 원인은 복잡하다. 기술이 발전한 덕분에 낯선 이에게 말을 걸 필요가 없어지면서, 우리는 사회성이 떨어져 새로운 사람을 만날 수 있는 능력이 약해지고 있다. 도시로 이주하는 사람들이 점점 늘면서, 우리는 친숙한 친구와 가족 대신 계속 바뀌는 낯선 이들과 함께 살게 됐으며, 그래서 이웃과 연결돼 있다고 느끼기가 어려워졌다. 세계화가 계속 진행되고 수백만 명이 이주함에 따라, 옆집에 사는 사람만큼이나 인도에서 온 낯선 사람과 이야기를 나눌 가능성이 커졌다. 그러면서 정치학자 크리스 럼퍼드(Chris Rumford)가 말한 생소화(strangeness) 현상이 생겨났다.

"일상 속의 가깝고 친숙한 장소가 더는 온전한 '우리 것'으로 느껴지지 않기도 한다." 럼퍼드는 이렇게 썼다. "지역사회와 이웃에서 우리는 어떤 사람들과 더불어 살아가는 한편으로 그 사람들과 동떨어져 살아간다는 느낌도 동시에 받는데, 이러한 느낌이 없다면 우리는 그들을 우리 지역사회의 구성원으로 기꺼이 인정하려 할 것이다. (중략) 우리는 더 이상 '우리'가 누구인지 확신하지 못하고, 누가 '우리' 무리에 속하고 누가 외부에서 왔는지 말하기도 어렵다. (중략) 생소화는 어쩌면 '우리' 또한 누군가에게는 낯선 이임을 인정해야 한다는 뜻인지도 모른다."

물론 이런 현상은 도시에 한정되지 않는다. 비슷한 일이 작은 마을에서도 일어난다. 인구 이동과 사회 및 경제 요인이 결합되어 일어난 격심한 변화 탓에 고향조차 거의 알아볼 수 없게 바뀌면서, 우리는 우리 땅에서 낯선 이가 된다. 게다가 지역의 다양성이 커지다 보면 정치 성향과 무관하게 새로 온 사람들과 이야기를 나눌 수 있을지조차 불안해지곤 한다. 때로는 이런 불안으로 인해 다른 민족과의 접촉만이 아니라 같은 민족과의 접촉까지 피하게 된다.

이 모든 요인이 작용한 결과, 우리는 세계로부터 떨어져 나와 뿌리가 없다고 느낀다. "우리는 우리의 환경을 급속하게 변화시켰다."고독감을 연구한 신경과학자 고(故) 존 카치오포(John Cacioppo)는 이렇게 적었다. "직업·주택·죽음의 양상과 사회정책이 세계 자본주의를 따라가면서, 세계의 많은 사람들은 수백만 개인이 이미 느끼는 만성 고독감을 더 악화하고 강화할 생활 방식을 택하기로 마음먹은 것처럼 보인다."

지난 200만 년 동안 낯선 이들이 얼마나 심한 악평을 들었는지 생각해보면, 낯선 이들에게 말을 거는 사람들이 언제나 있었다는 사실이 놀라울 뿐이다. 그럼에도 불구하고 우리는 여전히 낯선 사람에게 말을 걸고 있고, 또한 마땅히 그렇게 해야 한다. 낯선 이가 없는 곳은 세상 어디에도 존재하지 않기 때문이다.

나의 이력이 그 증거다. 그렇다고 해서 내가 대책 없는 낙천주의자라는 말은 아니다. 나는 사람들이 서로를 해친다는 사실을 알고, 그 사실에 절망한다. 이 세상에 태어나 40여 년을 살아온 나는 그 해악이 얼마나 쓸데없고 가치 없으며 의미 없는가 하는 생각에 새삼 충격을 받곤 한다. 내가 보기에 호모 사피엔스는 터무니없이 커다란 혼란과 모순과 파괴를 너무나 자주 일으키는 동물 같다. 그럼에도, 내 삶의 형태를 결정지은 가장 중요한 경험들은 낯선 이와 나눈 대화에서 비롯됐다.

대학에 다니던 어느 날, 나는 필라델피아 외곽에 있는 한 악기점에서 베이스기타를 연주하고 있었다. 그때 카우보이모자를 쓴 웬 중년의 흑인 남성이 나타나서는 나와 베이스기타를 한 번씩 번갈아 보더니 천천히 입을 열었다. "자식, 코넌 오브라이언 같군." 그는 그 자리에서 나를 스카우트해 자기가 만든 12인조 펑크 음악 밴드에 합류시켰다. 밴드 생활을 하면서 필라델피아 근방 클럽에서 공연도 하고 나중에는 백인이라곤 나 혼자인 침례교회에서 가스펠 음악을 연주하기도 했다. 이 경험은 주로 백인이 모여 살던 동네에서 성장한 스무 살 무렵의 나의 정체성과 세계관을 형성하는 데 정말로 큰 영향을 미쳤다. 멘토가 돼준 나이 든 뮤지션들의 조언부터 교회 신도들이 창백한 이교도 침입자인 나에게 보여준 친절한 환대까지, 모든 경험이 그러했다.

대학 졸업 후, 나는 한 서점에서 책을 훑어보다가 새 출판물을 위해 필자를 구한다는 독특한 전단을 발견했다. 무슨 생각에서인지 나는 그 책의 저자에게 이메일을 보냈다. 비록 그 출판물은 불발됐으나, 그는 작은 주간신문사의 유통 관리자가 됐다. 우리는 이 만남을 계기로 친구 사이로 발전했고, 룸메이트가 됐다. 하루는 그가 나를 작은 주간신문사의 편집자에게 소개해줬고, 그 일을 계기로 칼럼을 쓰기 시작한 나는 몇 년 후에 그 신문사의 운영자가 되었다. 이렇게 해서 나는 언론계에 발을 내디뎠다. 낯선 이에게 말을 걸면 사업에도, 경력에도 도움이 된다. 그 전단을 보고 먼저 연락하지 않았다면 나는 지금과 같은 삶을 살지 못했을 것이다.

나의 아일랜드인 동료도 빼놓을 수 없다. 나는 이 동료 손에 이끌려 한 파티에 참석했는데, 거기서 새로 사귄 친구와 함께 일하는 동료가 내 아내이자 네 살 난 내 딸의 엄마가 됐다. 그러니까, 며칠 전에 낯선 사람은 위험하다는 주제와 관련해 이렇게 말한 아이의 엄마 말이다. "아빠, 어떤 사람들은 아빠를 두려워할지도 몰라요. 하지만 난 아니에요. 오랫동안 아빨 알아왔으니까요."

더욱이 내 부모님인 에드와 조앤은 낯선 이에게 말 걸기 세계 챔피언이다. 부모님은 집, 휴가지, 식당, 거리 등 어딜 가든 친구를 사귄다. 그래서 친구와 지인이 끊임없이 늘어난다. 나이가 들면 대부분 소극적으로 바뀌는 경우가 많아 교제 범위가 줄어드는데 내 부모님은 사람을 사귀는 데 거리낌이 없다. 내 부모님과 부모님의 많은 친구들에게 낯선 이와의 대화는 그야말로 삶과 떼려야 뗄 수 없는 부분이다.

한 연구에 따르면, 우리는 낯선 이와 대화함으로써 개개인의 한계를 확장하여 새로운 기회와 관계, 관점을 얻는다. 그러한 대화에 힘입어 고독감을 이기고, 사는 곳에 변화가 일어나도 여전히 소속감을 유지한다. 난민이건 정적이건 편견을 줄이고 정파심을 진정시켜 사회의 분열을 해결하는 데 도움이 될 수 있다. 철학자 콰메 앤서니 아피아(Kwame Anthony Appiah)는 이런 대화에 대해 이렇게 썼다. "낯선 이가 더 이상 상상 속 존재가 아니라 사회생활을 공유하는 실재하는 존재일 때, 우리는 그를 좋아하기도 싫어하기도 공감하기도 공감하지 않기도 한다. 하지만 양쪽이 모두 원한다면 결국에는 서로를 이해하기에 이른다."

이 책의 여정을 함께하는 동안 우리는 조그마한 것에서 커다란 것으로 나아간다. 우선 낯선 이와 스쳐 지나가며 상호작용하는 것만으로도 어떤 일이 일어나는지에 관하여 심리학자들이 밝혀낸 새로운 통찰과 더불어 시작한다. 그런 다음 더 깊이 들어간다. 낯선 이와 스쳐 지나가며 상호작용을 하면 기분이 좋아지는 이유를 알기 위해 인류의 여명기와 우리의 유인원 조상을 살펴보는 식으로 말이다. 더 나아가 우리가 어떻게 과학자들이 말하는 초협력하는 유인원이 됐는지도 알아본다. 초협력하는 유인원은 낯선 이를 두려워하는 동시에 필요로 한다. 그런 다음 수렵채집인이 생존 수단으로서 낯선 이와 안전하게 대화하는 방법을 찾게 된 과정을 살피고, 낯선 이에 대한 환대가 어떻게 문명의 주춧돌이 됐는지를 알아본다. 만난 적도 없는 낯선 이를 친숙한 존재로 만드는 융화의 재능이 어째서 대중 종교의 진정한 천재성인지도 살펴본다. 사람들이 낯선 이가 적은 곳이 아니라 많은 곳에 살고 싶어 했기 때문에 생겨난 도시는 어떠한 과정을 거쳐 출현했는지도 알아본다. 다음으로 인류 문명 또한 크게 보면 낯선 이들이 불러일으키는 두려움과 그들이 가져다주는 기회를 서로 조화시킬 방법을 찾다가 생겨난 것임을 살펴본다. 또한 기술부터 정치 그리고 매우 조용하기는 해도 멋진 나라인 핀란드의 시민권에 이르기까지(핀란드에서는 작은 소란을 일으켜도 벌금이 부과되는데, 세계 최초로 재산 비례벌금제를 도입한 곳이라 재산이 많으면 꽤 많은 금액을 벌금으로 내야 한다-옮긴이), 우리로 하여금 낯선 사람에게 말을 걸지 못하게 하는 온갖 요인을 알아본다.

그리고 당연히, 낯선 이들을 많이 만나보려 한다. 거리의 사람들을, 가장 시급하고 파괴적인 사회문제를 해결하기 위해 낯선 이에게 말 거는 문화를 만들려 하는 활동가와 연구자들을 말이다. 그러면서 일상생활에서 어떻게 낯선 이에게 말을 걸 수 있을지 몇 가지 유용한 교훈을 얻으려 한다. 나는 그 방법을 직접 시도해 좀 더 사회성이 풍부한 인간으로 거듭나볼 작정이다.

200만 년 전으로 거슬러 올라갔다가 현대로 돌아오는 여정을 끝마치고 나서 결국 나는 낯선 이에게 말 걸기를 옹호하려 한다. 오랫동안 대중매체, 정치인, 학교, 경찰 등으로부터 신물 나게 들어온 '낯선 사람은 위험하다'는 말과 달리, 낯선 이와 대화할 때가 오히려 대화하지 않을 때보다 훨씬 더 안전하다는 사실을 보여주려 한다.

낯선 이와의 대화는 단순히 살아가는 방편이 아니라 살아남는 전략이다.

1부

대화는 살아가는 방편이 아니다, 살아남는 전략이다

1   영국이 고독 담당 장관을 임명한 까닭

전염병처럼 번지는 고독감과 어떻게 싸워야 할까? 우리는
가장 기초적인 인간의 능력을 잃어가고 있다.

우리의 여정은 어느 화창한 날 런던리젠츠대학의 한 작은 강의실에
서 시작된다. 나는 시차로 축 늘어진 채 의자에 앉아 세 번째 커피 잔
을 움켜쥐고 있다. 나 말고도 네 명이 더 있다. 다행히 나보다는 상태
가 좋아 뵌다. 우리가 이곳에 모인 건 낯선 사람에게 말 거는 법을 배
우기 위해서다. 강사는 조지 나이팅골이라는 이제 스물아홉 살 된 활
기 넘치는 사람이다. 그는 런던에 본거지를 둔 "사람과 사람을 잇는
단체" 트리거컨버세이션스(Trigger Conversations, '대화의 방아쇠를 당겨라')의 설
립자다. 이 단체는 낯선 이들이 의미 있는 대화를 편히 나눌 수 있도
록 사교 행사를 연다. 이 책에서 곧 만나게 될 저명한 심리학자가 조

지를 내게 소개해줬다. 나는 조지에게 연락했다가 그가 곧 낯선 이에게 말 거는 법에 관해 3일간의 집중 강의를 계획 중이라는 소식을 듣고 그 즉시 비행기 표를 샀다. 얼마 지나지 않아 나는 런던에 도착했고 몇 시간 잔 다음 아침 일찍 강의실을 찾았다. 강의실에는 사람보다 커피 잔이 더 많았으나, 나는 배울 준비가 돼 있었다.

조지는 2016년 트리거컨버세이션스를 시작했다. 그때까지 그의 경력은 이래저래 다양했다. 대학에서는 철학을 공부했고, 2014년 '심리학 및 언어학 관점에서 본 감정, 신뢰성, 기만'을 주제로 석사학위를 받았다. 그러면서 언어와 대화에 관심을 갖게 됐다. 졸업 후에는 다양한 일을 했는데, 신생 벤처기업에서 인턴을 거쳐 기획 책임자로 일하기도 했으며, 한동안은 세계적으로 명성이 자자한 생의학 연구소인 프랜시스크릭연구소에 있었다. "그게 제 마지막 진짜 직업이었죠." 그 후 조지는 독립했다.

조지는 원래부터 수다쟁이였다. 하지만 낯선 사람에게 말을 걸어야 할 때면 조금 망설여졌다. "낯선 이와 대화하는 게 정상이 아니라는 사회 일반의 통념" 때문이었다. 하지만 용기를 내서 새로 만나는 사람들과 대화를 나눠도 금세 지루해지곤 했다. 보통 오가는 "무슨 일 하세요?" "잘 지냈어요?" 같은 말은 하나 마나 한 소리였다. 조지는 대화를 꼭 따분하거나 틀에 박힌 방식으로 할 필요는 없다는 생각을 사람들에게 전파하고 싶었다. 격식을 깨는 대화도 얼마든 재기 넘치고 유익하며 탐구적일 수 있다고 생각했기 때문이다. 조지는 트리거컨버세이션스를 설립한 후 다음과 같은 짤막한 선언서를 썼다. "우리는 대화의 모험가다. 우리는 목적지 없는 여행자로서, 아무런 기대 없이 미지의 영역을 탐험한다. 우리 각자가 교사이며 모든 사람이 하나의 기회다."

보다시피, 조지는 대화와 관련해 특히 위험한 미지의 영역을 탐험하고 있었다. 대체로 영국은, 특히 런던은 '낯선 사람에게 말 걸기' 운동이 시작된 세계의 중심지 같은 곳이다. 이 나라가 전염병처럼 번지는 고독감과 싸우려는 결연한 노력을 보여준 게 큰 이유다. 영국 적십자사의 최근 연구에 따르면, 영국 인구의 5분의 1은 자주 또는 항상 고독감을 느낀다. 2018년 영국은 첫 '고독 담당 장관'을 임명했다. 이 고위직 국가 공무원은 약해진 사회유대를 회복해 결속을 강화하는 정책을 추진한다.

지난 몇 년 동안 수많은 풀뿌리 단체가 생겨나 영국인들이 카페, 술집, 또는 대중 교통수단에서 낯선 이에게 말을 걸도록 노력해왔다. 술집과 카페에 특별히 표시한 탁자를 둬 낯선 이들이 수다를 떨수 있게 하는 '수다 카페'도 영국 전역에 900군데 넘게 설치되었다. 2019년에는 BBC 방송이 '분열을 넘어(Crossing Divides)'라는 시리즈를 제작해 사람들이 사회, 문화, 또는 이념의 차이를 넘어 서로 연결되도록 북돋았다. 이 시리즈의 한 공공 프로그램에는 '수다 버스 타는 날'도 있었는데, 사람들이 이 버스에 타는 동안만이라도 서로 대화를 나누도록 분위기를 조성했다. 많은 사람에게, 이때가 "가족, 친구, 동료라는 고치 바깥에 있는 다른 이와 만나는 유일한 시간"이기 때문이라고 BBC 방송 특별 기획 책임자인 에밀리 캐스리얼은 썼다.

이는 영국인, 특히 런던 사람들이 대중교통에서 행동하는 일반적인 방식에서 벗어나는 것이었다.[*] 하지만 오랜 사회규범에 완전히 어긋나는데도 '수다 버스 타는 날'은 성공을 거뒀다.[**] "제가 타본 버스중 단연 최고였어요." 한 여성은 BBC 방송과의 인터뷰에서 이렇게 말하며, 사람들이 낯선 이에게 말 거는 행위를 어떻게 생각할지 평소 몹시 신경이 쓰였다고 털어놓았다.

어떤 이들은 이 기획에 대해 적대감까지는 아니더라도 회의를 드러냈다. 고작 이런 식의 말장난이 런던 사람들의 성미에 얼마나 맞을지 의문이라고 말이다. 런던에서 맥주 한잔 하려고 만난 내 영국인 친구도 내가 낯선 사람에게 말 거는 법을 배우려고 왔다고 하자 이렇게 대꾸했다. "우리 런던 사람들이 그쪽으론 세계 최악이라는 거 알잖아?"

조지 역시 트리거컨버세이션스를 시작할 때 불안했다. 런던 사람들이 지하철에서 이야기 나누는 걸 질색해서만은 아니었다. 낯선 이와 편하게 대화를 나눌 수 있게 돕는 단체에 공감하는 사람이 없거나, 있더라도 좋아하지 않을까 봐 걱정이었다. 처음 대화 행사를 진행할 때, 조지는 사람들이 낯선 이와 이야기하지 못하게 만드는 사회 규범과 불안을 해결하기 위해 노력해야 했다. 무슨 말을 해야 할까? 시작은 어디서부터 할까? 관심은 어떻게 끌어야 할까? 문제는 사람들이 '어떻게 해야 하는지'를 모른다는 거였다. "'낯선 이들과 의미 있는 대화를 나누는 행사에 오세요. 일 이야기는 하지 않을 거예요. 어

---

* 냉정함은 영국의 한 특성이다. 영국에 이민 온 게오르게 미케시라는 헝가리인은 1940~1970년대까지 영국인이 되는 법을 소개한 책을 썼는데, 다음과 같은 섬뜩한 내용이 담겨 있다. "1950년대 후반에 한 남자가 미들랜드에서 살인을 저질렀다. 그 후 범죄 현장 근처에 피범벅이 된 남자가 나타나 50여 명의 승객이 탄 버스에 올라탔다. 그러나 단 한 명의 승객도 남자에게 무슨 일이 있는지 굳이 묻지 않았다. 그들은 진정한 영국인으로서 남의 일에 간섭하지 않았다. (중략) 누군가 베어낸 희생자의 머리통을 옆구리에 끼고 있더라도, 상황은 달라지지 않았을 것이다. 누가 뭘 들고 있든 그건 그 사람 일이다.

** 2020년 코로나19 위기 동안 앱솔루트보드카(스웨덴의 보드카 브랜드)가 의뢰한 한 여론조사에 따르면, 영국 젊은이의 23퍼센트가 사람과의 대화가 그립다고 말한 사실을 여기에 덧붙이지 않을 수 없다.

디에 사는지와 같은 사적인 이야기도요'라고 하면 '그럼 무슨 이야기를 할 수 있어요?'라고 되묻거든요. 해도 되는 것과 하면 안 되는 것의 경계가 갑자기 무너지는 거죠."

조지는 사람들이 처음의 어색함을 벗어나게 하는 방법이 자유를 많이 주는 게 아니라 적게 주는 것임을 마침내 깨달았다. 사람들을 두세 그룹씩 모아 특정한 질문이 적힌 카드를 주고서 제한 시간을 정한다. 이런 식으로 대화를 시작하기 위한, 다시 말해 누군가를 만나 운을 떼고 이야깃거리를 찾아내기 위한 모든 기초 작업이 이뤄진다. 거부당할 가능성도 없고, 어떻게 대화를 끝내야 할지 모르는 데 대한 두려움도 없다. 곧장 대화에 뛰어들 수 있고 제한 시간이 끝나면 자책감 없이 물러날 수 있다. "이렇게 규칙을 두면 오히려 더 자유로워져요."

2016년 트리거컨버세이션스를 설립한 후, 조지는 런던과 세계 곳곳에서 일반인, 기업, 지역사회, 대학, 공공기관을 대상으로 100회가 넘는 행사와 많은 훈련 과정을 진행했다. 예를 들어, 2020년에는 대학생들이 서로 친해질 수 있도록(알게 되겠지만 대학생들은 친교를 나누는 데 어려움을 겪고 있다) 돕기 위해 유니버시티칼리지런던과 공동으로 프로그램을 개발했다. 조지는 이 프로그램에 참가한 학생들이 달라진 모습을 지켜봤다. 학생들은 더 자신 있는 태도로 호기심을 보이며 이런 대화를 더 자주 나눌 수 있을 것 같다고 낙관했다. "많은 사람이 이 행사에 와서 묻더군요. '실생활에서 낯선 사람에게 말을 걸려면 어떻게 해야 할까요? 질문이 적힌 카드를 들고 다가가서 혹시 내 질문에 대답하고 싶으냐고 물어볼 순 없잖아요.'"

조지는 이렇게 답답해하는 수요자들이 분명히 존재한다는 점에 착안했다. 조지는 일상생활에서 이런 대화를 시작하는 법을 사람들에게 가르칠 수 있는 강좌를 만들고 싶었다. 처음 시작할 때는 자기계발 세미나에 참석해보기도 하고, 낯선 이와의 대화를 구성하고 움직이는 모든 부분을 이해하는 데 도움이 될 만한 자료를 모조리 찾아 읽기도 했다. "어떻게 어색하게 시작한 대화를 재빨리 친밀한 대화로 만들 수 있을까?" 조지는 고민했다. "빤하지 않은 재미있는 대화를 나누려면 어떻게 적절한 질문을 할까? 어떻게 진정성 있는 대화를 나눌 수 있을까? 스스로를 한계에 가두는 자기 자신에 대한 믿음, 또는 위험을 무릅쓰는 자신의 능력에 영향을 미치는 다른 사람에 대한 믿음에는 어떤 것이 있을까?"

낯선 이와 대화할 때 사람들이 가장 어려워하는 건 대화를 시작하는 방법임을 조지는 깨달았다. 누군가에게 다가가 그를 안심시키고, 특별한 용건보다는 그저 호감이 가거나 호기심이 생겨서 말을 거는 것임을 상대에게 빠르게 전달하는 방법 말이다. 예를 들어, 젊은 사람들은 좀 더 확신이 설 때까지 기다리는 반면 나이 든 사람들은 선뜻 대화를 시작할 가능성이 훨씬 더 높다는 사실을 조지는 알게 됐다. 그리고 "안녕하세요?"라는 질문에 솔직하게 답할 때 낯선 이들 사이에 약간의 유대감이 생기거나 대화의 길이 열리는 까닭은 그 질문에 약점과 호기심이 드러나고, 이 때문에 사람들도 용기를 내어 같은 방식으로 반응한다는 사실 또한 깨달았다. 조지가 이런 식의 시도를 할 때마다 사람들은 대부분 실제로 조지와 대화를 나눴으며, 그 대화는 대부분 실제로 가치가 있었고 여러 경우에 '의미'가 있었다.

아이디어를 모으고 방법을 실험하기 시작하면서 낯선 이와의 대화가 갖는 잠재 가치에 대해 좀 더 분명한 통찰을 얻었다. 조지는 초기에 행사에 참가한 한 남성이 고마움을 전하며 건넨 말을 떠올렸다. "난 그 사람하고 절대로 이야기를 나누려 하지 않았을 거예요. 하지만 대화를 나눠보니, 실은 우리가 공통점이 매우 많다는 걸 깨달았고, 나와 전혀 다른 누군가와 마음이 통할 수 있다는 데 놀랐습니다."

조지 본인은 이제 매일 이런 느낌을 받는다고 한다. "어떤 식으로든 내가 누군가와 연결돼 있다는 걸 알게 되면 사람들을 더 좋아하고 신뢰하게 되면서, 우리가 실은 각자의 사일로(탑 모양의 곡식 저장고-옮긴이)에 있기보다는 더 큰 세계의 일부라고 느끼게 되죠. 그럼 삶이 훨씬 더 보람차요. 만족스러워지죠. 모든 사람이 나처럼 이 세상에 살아 있는 존재이고, 누구에게나 남모르는 이야기가 있고, 그래서 어쩌면 우리 경험이 그다지 다르지 않을지도 모른다는 걸 알면, 짜증나거나 화나는 일도 줄어들어요."

조지는 또 낯선 이와의 대화를 습관화하면 잠시 기분이 좋아지는 것 이상의 심리적 보상이 따른다고 믿었는데, 이는 중요한 지점이다. 깊이 있는 진정한 교감은 참된 기쁨을 준다. 낯선 이와의 대화가 널리 생활화되면 사회 분열을 회복하는 데 도움이 될 수 있다고 조지는 믿었다. "몇몇 개별 문제만을 이야기하는 게 아닙니다. 체계 전반의 문제에 대해 이야기하는 거예요. 다르게 살아가는 방식 말이죠."

◆ ◆ ◆

조지는 밝고 호감 가는 모습으로 수강생들 앞에 서서 앞으로 며칠 동안 진행할 과정에 대해 또박또박 자세히 설명했다. 그러면서 우리를 "무능을 의식하지 못하는 상태에서 무능을 의식하는 상태로, 그리고 의식적으로 능숙해지려 하는 상태로, 그런 다음에는 의식하지 않고도 능숙한 상태로" 이끌고 싶다고 말했다. 바꾸어 표현하면 다음과 같다. 오늘날 우리는 낯선 이와 대화하는 데에 서툰데 어째서 그런지는 알지 못한다. 따라서 우리에게 부족한 점이 무엇인지 깨닫고 고쳐 나갈 것이다. 그리고 아무쪼록 그 대화에 능숙해져서 제2의 천성으로 삼으면 좋겠다.

우리는 강의실을 돌아다니며 각자 자기소개를 했다. 나는 내가 여기에 온 주된 이유는 책을 쓰기 위해서인데, 내가 책을 쓰려는 까닭은 낯선 이와의 대화가 내 부모님에게 어떤 영향을 미쳤고 그 영향이 얼마나 자연스럽게 삶 전반에 스며들었는지 내가 목격했고, 나 또한 그 영향을 누리고 싶기 때문이라고 말했다.

40대 초반인 저스틴*은 오스트레일리아에서 왔다. 저스틴의 고향에는 낯선 이에게 스스럼없이 말을 거는 문화가 있고 그 자신도 그러길 좋아했다. 하지만 런던 사람들은 저스틴이 친숙하게 다가갈 때마다 경계한다. 술집에서 집적거릴 생각 없이 그냥 친근하게 인사를 건네면 상대는 곧바로 애인이 있다고 대꾸하곤 한다. 저스틴은 이런 반응에 자신감이 떨어져 물러서게 된다. 사람들이 자신과 이야기를 나누고 싶지 않은 이유가 "내가 뚱뚱해서인지" 궁금하다. 지하철에서는 언제나 자기 옆자리가 마지막까지 비어 있다는 사실을 깨닫는다. 집에서 일하기 때문에 다른 사람들과 접촉할 일이 별로 많지 않다. 그래서 낯선 이에게 말을 걸고 싶어도 무슨 말을 해야 할지 알지 못한다.

다음 수강생 폴라는 20대 후반으로 밝고 매력적인 사람이다. 일이

---

* 수강생들의 사생활 보호를 위해 이름은 가명을 썼다.

많고 직업상 오랜 시간 동안 빠릿빠릿하게 움직이면서도 공손함을 잃지 말아야 하는 까닭에 약간 차가운 인상을 줄지 모르겠다고 말한다. "이야기를 나눌 때 의미 있는 이야기는 하질 않고, 그렇다 보니 아무렇게나 떠드는 상태가 돼, 사람들에게 내 본모습이 드러나질 않아요. 그래서 사람들이 나와 가까워지지 못하는 것 같아요." 오래된 친구들도 폴라가 어떤 사람인지 정말로 모르겠다고 말한다. "진짜 마음이 아파요." 그러면서도 폴라는 자신이 마음을 열었을 때 사람들이 자기 말에 관심을 갖지 않을까 봐 두려워한다.

또 다른 수강생 니키는 20대로 왜소하고 조용한 편이다. 농장에서 성장해 최근에 런던 외곽으로 이사했다. 대화할 때 긴장해서 하고 싶은 말을 제대로 하지 못한다. 빤하지 않은 새로운 방식으로 대화를 나누고 싶어 하고 적절한 질문을 하고 싶어 한다. 나중에 점심시간이 되자 내게 말하길, 낯선 이와 대화를 잘 나누게 돼 '자유로워'지면 좋겠다고 했다. 니키는 여행을 몹시 하고 싶어 하고, 사회성이 좋아지면 어디서든 사람들과 어울릴 수 있을 거라 생각한다. 낯선 이에게 말 거는 법을 배우는 게 세계를 열어주는 열쇠인 셈이다. 그렇게 되면 니키는 세상 어디서도 낯선 이가 되지 않을 것이다.

다섯 번째 수강생 마고는 가장 나이가 적다. 20대 초반이다. 마고는 남에게 관심이 없을뿐더러 남에 관해 생각하려고도 하지 않는다. 의심이 많아 다른 사람의 말을 잘 받아들이지 않으며 조용하지만 이따금 속마음을 가차 없이, 또는 눈치 없이 드러내 보이기도 한다. 그래서 사회생활이 힘들었다. 누군가와 친해지고 싶은 경우를 상상해 어떻게 말문을 틀지 궁리해보라는 과제를 받았을 때, 나는 '웨이터'를 상대방으로 제안했다.

"왜 웨이터한테 말을 걸고 싶은 거예요?" 마고가 물었다.

나는 음식을 가져다주는 사람을 로봇처럼 대하는 게 늘 거북하기 때문이라고 답했다. "그건 당신이 미국인이기 때문이에요." 마고가 말했다. 이후 집중 대화 연습 시간에, 한 사람이 몇 분 동안 방해받지 않고 자기 생각을 표현하면 상대가 그 말을 바탕으로 그가 어떻게 보이는지 말했다. 내 상대인 마고는 내가 아주 안정돼 보이지만 어떤 면에서는 자기 아버지를 떠올리게도 하는데, 그래서 편안하면서도 기겁하게 된다고 했다. 나는 그 말에 어떻게 반응해야 할지를 몰라 속으로 무척 당황했다.

내가 이 강좌에서 불편을 느끼는 순간이 이번만은 아닐 터이다. 앞으로 며칠 동안, 우리는 서로 아주 사사로운 대화를 나눌 예정이다. 오래도록 서로의 눈을 쳐다보고, 모르는 사람과 이야기를 나눌 때 생겨나는 감정과 생각을 집중 관찰하며, 상대의 팔에 손을 대 친근감을 표시하게 될 것이다. 내가 불편함을 느끼는 상황은 이 강좌나 대학 캠퍼스나 런던이라는 도시에만 한정되지 않는다. 나는 바야흐로 상당한 불편함을 경험할 참이었다. 나는 낯선 이와의 대화에 능숙해지는 과제, 훨씬 더 사회성 있는 사람이 되기 위한 단련에 착수했고, 보다시피 배워야 할 게 많았다.

2　아주 사소한 연결이 가져다주는 이점들

행복감과 소속감을 가져다주는 마르지 않는 샘은 사실 우리 가까이에 있다.

낯선 사람에게 말 걸기 수업의 가치를 제대로 이해하려면, 먼저 낯선 이에게 말을 걸면 무슨 일이 일어나는지 보여주는 최신 심리학 연구부터 살펴봐야 한다(이런 연구는 점점 늘어나고 있다). 지난 15년 동안 연구자들은 낯선 이와 대화를 나누면 더 행복해지고, 삶의 터전과 더 단단하게 연결되며, 정신적으로 건강해지고, 남을 더 잘 믿고, 더 낙관적인 사람이 된다는 것을 밝혀냈다. 이 장에서는 그러한 연구자들 몇 명을 만나 그들이 발견한 사실을 살펴보려 한다. 이는 우리가 이 책의 여정을 함께하는 동안 마주치게 될 모든 것의 기초가 된다. 하지만 먼저 연구자들이 밝혀낸 것을 실천하고 있는 사람을 소개하고 싶다. 이 여성의 이름은 닉, 라스베이거스에 살고 있는 간호사다.

닉은 캘리포니아주 산타크루즈카운티의 작은 바닷가 마을에서 자랐다. 폭력적인 아버지로 인해 어머니는 정신적 외상을 입었고 그 대부분을 딸에게 물려줬다. 닉은 겁 많은 아이로 컸다. "내 뇌는 기본적으로 모든 사람을 두려워하도록 설정돼 있었어요. 사람들이 나를 해칠 것만 같아 언제나 경계 모드였죠."

닉은 대부분의 어린 시절을 사람을 피하며 보냈다. 그 탓에 10대 시절은 유난히 힘들었다. 이집트계 유대인과 스코틀랜드 혈통이 섞인 닉은 굵고 뻣뻣한 머리카락과 낭포성 여드름으로 인해 주로 백인학생 일색인 학교에서 줄곧 눈에 띄었다. 괴롭힘도 따랐다. 하지만 따돌림을 받아서 좋은 면도 있었다. 닉은 언제나 평범함 범주를 벗어나거나 출신 배경이 다른 아이들과 친구가 됐다. 흑인 또는 라틴계학생이 새로 전학 오면 자연스럽게 함께 어울렸다. "전학 온 프랑스 여자애와 가장 친한 친구가 됐죠. 나는 혼자였고 그 여자애도 혼자였거든요." 소외된 두 아이는 우정을 꽃피웠다.

닉은 자라면서 낯선 이들을 두려워했다. 이는 물론 어머니 탓이었지만, 아이가 태어나면 사실상 이마에 '낯선 사람은 위험해'라고 새겨넣고 키우는 미국의 문화 탓도 있었다. 하지만 닉은 낯선 이들과 친해지면서 이들이 위험하지도, 무섭지도 않다는 걸 금방 깨달았다. 오히려 이들은 닉에게 위안과 소속감을 주었고 닉의 세계를 확장해줬다. 이들을 발견하면서 닉의 삶은 한결 나아졌다. "어렸을 때, 이런 식으로 믿기 어려울 정도로 좋은 사람들을 많이 만났어요. 아마도 그게모든 것의 시작이었던 것 같아요. 낯선 이들하고 같이 있는데도 괜찮았던 거예요. 원래는 그러면 안 되는데."

여기서 '모든 것'이란 닉이 개발한 그레이하운드 요법을 가리킨다. 닉은 나이를 먹어가면서 사람들에게 다가가는 자신만의 방법을 개발했는데, 이는 낯선 이에 대한 두려움을 제어해 스스로 세상 안에 자리 잡는 데 도움이 됐다.* 그 방법의 뿌리는 닉의 어린 시절에 있었다. 닉의 가족은 여행을 두려워해서 집을 떠나본 적이 없었다. 흔히 그렇듯, 이렇게 꼼짝 못 하고 붙박인 상태가 어린 닉의 마음속에 나고 자란 동네를 벗어나고 싶다는 스프링스틴급의 불타는 욕망을 불러일으켰다(〈롤링스톤〉이 선정한 500대 명곡 가운데 21위에 오른 브루스 스프링스틴의 「본 투 런」은 꿈을 찾아 고향 뉴저지를 떠나는 내용을 담고 있다-옮긴이). "내 안의 무언가가 내가 원하는 길을 따라가게 했죠." 닉은 일찍부터 새롭고 색다른 사람들을 만나는 경험을 하면서 어린 시절에 피해망상으로 그어놓은 한계, 사람을 무기력하게 만드는 그 한계 너머의 세계를 맛보았고, 새로운 곳에 가고 싶어졌다. 신이 셀 수 없이 많은 사람이 사는 커다란 세상을 만들었으니 그 사람들을 만나야 한다고 생각한 것이다.

그리고 실제로 그렇게 했다. 닉이 열일곱 살 때 고등학교에서 열흘 동안 유럽 여행을 갔는데, 당시 경험은 닉에게 꽤 충격이었다. "모르는 사람들이 말을 걸어오기 시작하더라고요. 유럽인은 미국인을 알아보니까요! 그때 정말 많은 사람을 만났어요." 여행 이후 닉은 어느 정도 자신감을 갖게 됐다. "잘 모르는 누군가와 얘기를 해도 별일 없

---

* 이 훈련법을, 미국의 의료서비스 제공 기관의 관행을 일컫는 용어와 혼동하지 말길 바란다. 1960년대 중반 이후 문제가 있는 환자들에게 적절한 치료 대신 시외버스인 그레이하운드선 버스의 편도 승차권을 끊어 환자를 다른 곳으로 이송하는 관행을 경멸 섞인 뜻으로 그레이하운드 요법(Greyhound Therapy)이라 불렀다.

네. 나쁘지 않군."

열여덟 살 때는 처음으로 혼자 장거리 여행을 했다. 그냥 지명이 좋아서 캘리포니아주 유리커(그리스어로는 '유레카'로 '바로 이거야!'라는 뜻-옮긴이)까지 운전을 해 갔고, 호텔에서 혼자 하룻밤을 묵었다. 짧은 여행이었으나 자신감 은행에 동전이 또 하나 쌓였다. 여행 경험이 쌓이면서 닉은 만나는 사람들에게 직접 말을 걸기 시작했다. 때때로 이런 만남이 불안하고 두렵기도 했으나 결과는 언제나 순조로웠다. "아무에게나 말을 걸기 시작한 건 그때였어요." 닉은 그레이하운드 요법을 시작했다. 말 그대로, 장거리 버스인 그레이하운드선 버스를 타고 가면서 옆자리에 앉은 사람에게 말을 거는 것이다. 닉은 이 요법을 버스는 물론 버스 정류장, 식당, 식료품점 등 낯선 이가 있는 곳이면 어디든 적용했다.

그레이하운드 요법을 쓰면서 닉의 삶은 완전히 달라졌다. 현재 닉은 환자들과 친해지는 데 비상한 재능을 가진 성공한 간호사로서, 사람들과 어울리기 좋아하는 다정한 남성과 결혼해 라스베이거스에서 행복하게 살고 있다. 닉은 전과 다름 없이 여행을 하고, 혼자 길을 나설 때면 여전히 그레이하운드 요법을 쓴다. 옆자리에 앉은 사람이나 술집의 테이블 또는 바에 혼자 앉아 있는 사람을 가늠해보는데, 이때 헤드폰을 끼고 있거나 무관심한 느낌을 풍기면 혼자 내버려둔다. 하지만 반응이 좋을 것 같으면 "안녕하세요, 닉이라고 해요"라고 말을 건네고서 상황을 두고 본다. 닉은 무모하거나 순진해빠진 사람이 아니다. 낯선 도시의 어두침침한 골목에서 낯선 이와 대화를 시작하지는 않는다. 혼란스런 부모 아래에서 자란 아이들이 많이 그렇듯, 닉의 레이더는 예민하다. 사람들과 상황을 읽어내고 문제를 탐지하는 재능을 갖췄다는 말이다. 하지만 이런 식의 대화는 보통 순조롭게 진행되는 편이고, 대화를 나눌수록 결국 "모든 사람이 날 해치려 드는 건 아니라는 생각이 강해"진다.

"나는 살면서 몇 번 혹독한 시련을 겪었어요." 하지만 시련과 더불어 시련을 헤치고 나아가기 위해, 즉 이 세상에는 선이 존재하고 다른 사람들과 어울려 살아가는 일이 가능하다는 확신을 갖기 위해 의지했던 낯선 이들에게서 매우 소중한 걸 배웠다고 닉은 말한다. "아무리 사소한 것일지라도 긍정적 연결이 갖는 힘을 과소평가하지 마세요."

◆ ◆ ◆

그렇다면 그 힘은 어떤 것일까? 닉이 가리키는 종류의 대화를 심리학에서는 '최소한의 사회적 상호작용'이라고 부른다. 심리학자 질리언 샌드스트롬(Gillian Sandstrom)은 10여 년 전 비슷한 통찰을 얻었다. 이 통찰은 원래 핫도그 노점과 관련된 것에 지나지 않았으나, 나중에는 낯선 이에게 말 걸기에 대한 일련의 발견으로 이어졌고, 그 덕분에 현재 에식스대학에 기반을 둔 샌드스트롬은 사회과학 분야에서 떠오르는 스타 학자로 확실하게 자리 잡았다.

캐나다 출신으로 마흔여덟 살인 샌드스트롬은 둘 다 교사이면서 외향성이 강한 성격인 부모 밑에서 자랐다. "아버진 낯선 사람에게 말 걸기 제왕이에요." 샌드스트롬의 말이다. "못 말려요. 모든 사람한테 말을 걸어야 직성이 풀리시죠." 어머니도 낯선 이들에게 말을 걸지만, 어른이건 아이건 혼자인 것 같거나 소외된 이들을 찾아내 보듬으려는 경향이 있다. 항상 자신이 내향성이 강한 사람이라고 생각하던 샌드스트롬은 어느 날 문득 깨달았다. 자신이 길을 걸을 때면 언제나 길바닥을 내려다보고 있음을 말이다. 어쩌다가 누군가와 눈이 마주치기라도 하면 곧장 다시 길바닥으로 눈길을 돌렸다.

"스스로가 바보 같았죠." 그래서 샌드스트롬은 길바닥 대신 사람들을 쳐다보며 눈을 마주치기 시작했다. "그게 낯선 이에게 말 걸기의 첫 단계였어요. 나는 그냥 그 이상한 버릇을 고치고 싶을 뿐이었어요."

일단 눈을 마주치기 시작하자 기분이 이상하기는커녕 사실은 아주 좋았고, 상대 또한 보기 드문 그 경험을 싫어하지 않는 것 같았다. 샌드스트롬은 두 가지 사례를 들었다. 토론토 지하철을 탔을 때, 말을 시키지도 않았는데 사람들이 샌드스트롬에게 이 근처 출신일 리 없다고 말했다. 이유를 물어보니, 실제로 사람들을 바라보기 때문이라는 거였다. "'맙소사, 슬픈 일이로군' 하고 생각했죠. 사람들이 서로를 바라보는 게 아니라 천장이나 바닥만 쳐다보고 있다는 사실을 난 정말로 의식하지 못했어요."

샌드스트롬은 머지않아 낯선 이를 보기만 하는 게 아니라 말도 걸었다. 그러기가 얼마나 쉬운지, 또 얼마나 재미있는지 알고서 놀랐다. "'아, 그래서 아빠가 그랬구나!' 하는 생각이 들더군요." 샌드스트롬은 언젠가 지하철에서 나눴던 대화를 떠올렸다. 어떤 여성이 정성들여 장식한 컵케이크 상자를 들고 있기에 샌드스트롬은 그것에 대해 물었다. 두 사람은 대화를 나누기 시작했다. "어떻게 대화가 이어졌는지 모르겠지만 그 여성 덕분에 나는 인간이 타조를 탈 수 있다는 걸 알게 됐죠." 그게 다였다. "하지만 난 완전히 열중했어요. 대화가 즐거웠거든요. 다시 그렇게 대화하고 싶어서 더 자주 말을 걸기 시작했죠." 이런 통찰과 더불어, 연구자로서 앞으로 나아갈 방향이 차츰 보이기 시작했다.

2007년에는 두 번째 통찰을 얻었다. 샌드스트롬은 토론토의 라이어슨대학에서 박사학위 과정을 공부하고 있었다. 대학원 생활은 힘들었고 종종 자신이 사기꾼 같다는 생각이 들었다. 이런 고뇌는 솔직히 대학원을 다니든 안 다니든 살아가면서 드물지 않게 겪는다. 샌드스트롬은 자신이 박삿감이 아니라는 생각을 하며 많은 시간을 보냈다. 샌드스트롬의 연구실과 지도교수의 방은 서로 다른 건물에 있었는데, 두 건물 사이 거리가 꽤 멀었다. 샌드스트롬은 매일 이 길을 오가며 핫도그 노점을 운영하는 여성을 지나쳤다. 어느 날 샌드스트롬이 빙긋 웃으며 손을 흔들었더니 이 여성도 손을 흔들며 방긋 웃었다. 그 순간 작은 불꽃이 이는 느낌이 들었다. 그 후 이 상호작용은 일상의 한 부분이 됐다. "길을 지나칠 때마다 그 여성을 찾아 사소한 연결을 이어가려 했죠. 그리고 내가 쳐다볼 때 그 여성이 날 알아보면 기분이 좋아진다는 걸 깨달았어요. 그래요, 내가 거기 속해 있는 느낌이 들었어요." 샌드스트롬은 그 모순에 웃음을 터뜨렸다. "핫도그를 파는 여성이 날 알아봤기 때문에 소속감을 느낀 거예요."

샌드스트롬은 이게 어찌된 일인지, 왜 이런 연결이 기분 좋게 느껴지는지 알아보기 시작했다. 그리하여 자신의 박사학위 지도교수이자 행복 연구로 널리 존경받는 브리티시컬럼비아대학의 심리학자 엘리자베스 던(Elizabeth Dunn)과 함께 실험을 했다. 성인들에게 동네 스타벅스에서 아침에 마실 커피를 사면서 바리스타와 수다를 떨도록 하는 실험이었다. 이런 요청은 특이하다. 반드시 도시만 그런 건 아니지만,

도시 사람들은 유독 이런 거래에서 효율성을 우선시하는 경향이 있다. 그래서 거의 말을 하지 않는다. 때로는 눈도 마주치지 않는다. 하지만 우리가 계산대 직원과 관계를 맺지 않음으로써, 다시 말해 그를 사실상 실제 인간이 아니라 감정이 없는 서비스 모듈로 대함으로써, 어쩌면 유익할 수도 있는 것을 거부하는지도 모른다고 두 연구자는 생각했다. "우리가 소속감과 행복을 가져다주는 숨은 원천을 놓치고 있는 게 아닐까?" 이런 의문을 품었다는 말이다.

심리학 분야에서 이런 생각은 그때나 지금이나 매우 참신하다. 수년 동안 이뤄진 방대한 연구들에 따르면, 한 사람의 행복과 안녕을 예측하는 최고 변수는 사회관계의 질이다. 사회관계가 좋은 사람들은 마음과 몸이 더 건강하다. 정신 질환부터 심혈관 질환까지, 모든 병에 걸릴 가능성이 더 낮다. 간단하다. 하지만 저 연구들은 대개 가족, 친구, 동료같이 친밀한 관계만을 살폈다. 샌드스트롬과 던은 낯선 이와의 상호작용도 우리에게 좋은 영향을 미치는지 알아보려 했다. 친밀한 관계의 대체식이 아니라 보완식으로서, 다시 말해 더 균형 잡힌 사회관계의 식단을 만드는 데 도움이 되는 방법으로서 말이다.

두 사람은 분주한 상점가에 있는 스타벅스 앞에서 다양한 연령대의 성인을 남녀 각각 30명씩, 모두 60명을 모집했다. 실험 참가자 반은 바리스타와 상호작용을 하도록, 즉 "미소 지으며 눈을 마주치고 간단한 대화를 하"도록 했다. 나머지 반은 가능한 한 효율적으로 커피를 사게 했다. 그런 다음 두 집단 모두 보고하게 했다. 그 결과 두 사람의 가설은 옳았다. 바리스타와 이야기를 나눈 실험 참가자들은 소속감이 더 강해지고 기분이 좋아질뿐더러 그 경험 전반이 더 만족스러웠다고 보고했다. 그래서 2013년의 논문에서 두 저자는 이렇게 결론지었다. "뭔가 기운을 북돋아줄 것이 필요할 때, 이 스타벅스의 바리스타를 낯선 이가 아니라 아는 사람처럼 대해볼까 하는 생각을 떠올릴 법도 하다. 가까이에 있는 행복의 원천을 이런 식으로 활용하는 것이다."

비슷한 시기에 두 연구자는 왜 샌드스트롬이 핫도그를 파는 여성에게 매일 손을 흔들면서 소속감을 느꼈는지 말해주는 또 다른 연구를 시작했다. 연구자들은 사람들과 많이 어울린 날일수록 더 큰 행복감을 느낀다는 사실을 오래전부터 알고 있었다. 하지만 '유대가 약한' 상호작용을 연구한 이는 아무도 없었다. 이런 상호작용의 상대는 지나가는 면식 있는 사람, 또는 딱히 친구는 아니어도 본 적은 있는 사람이다. 이런 사람들과의 상호작용이 행복과 소속감의 정도에 영향을 미치는지 살펴보기 위해, 두 연구자는 남학생 15명과 여학생 43명을 합쳐 모두 58명의 학생에게 빨간색과 검은색 계수기를 주고 친구나 가족같이 '유대가 강한 사람'을 만나면 빨간색을, 핫도그 파는 여성같이 '유대가 약한 사람'을 만나면 검은색을 누르게 했다. 하루가 끝나면 상호작용의 횟수를 기록하고 실험 참가자들에게 다른 사람들과 연결돼 있다고 느끼는지, 아니면 외롭다고 느끼는지, 사회적 지지를 받고 있다고 느끼고 공동체 의식을 경험하는지, 아니면 그렇지 않은지 물었다. 그 결과, 유대가 강한 이들과 상호작용을 더 많이 한 사람이 가장 큰 행복감을 느끼고 공동체와 더 연결돼 있다고 느꼈다. 이는 그다지 놀랍지 않았다. 놀라운 건, 핫도그 파는 여성처럼 유대가 약한 이들과 상호작용을 많이 한 사람이 적게 한 사람보다 더 큰 행복감과 소속감을 느꼈다는 사실이다. 또한 실험 참가자들은 유대가 약한 이들과 상호작용을 적게 한 날보다 많이 한 날에 더 큰 행복감을 느꼈다.

하지만 이 실험의 참가자들은 대학생이었고, 그렇다 보니 인류 전체를 대표하는 집단으로 보기는 어려울 법도 했다. 그래서 샌드스트롬과 던은 25세 이상의 여성 30명과 남성 11명으로 이뤄진 지역주민 41명을 대상으로 다시 실험을 해 같은 결과를 얻었다. 두 연구에서, 실험 참가자들이 대체로 상호작용을 적게 한 날일수록 유대가 약한 이와의 상호작용이 훨씬 더 강력한 영향을 미친다는 사실이 밝혀졌다. 이는 이 고독한 시대에 소중한 통찰이다. 배고픈 사람에게 음식이, 또는 목마른 사람에게 물이 그렇듯, 고독한 하루를 보낸 사람에게는 유대가 약한 이와의 상호작용이 자양분이 되는 것 같다.

이 새로 발견된 광맥을 파고든 연구자는 샌드스트롬만이 아니었다. 2013년 시카고대학의 심리학자 니컬러스 에플리(Nicholas Epley)와 당시 그의 제자였던 줄리아나 슈뢰더(Juliana Schröeder)는 통근 시간의 붐비는 지하철에서 사람들이 침묵하는 현상을 보면서, 왜 호모 사피엔스처럼 초사회성을 가진 종이 낯선 이에게 말 걸기를 그렇게 주저하는지 의문을 품었다. "기차부터 택시, 비행기, 대합실까지, 낯선 이들은 바로 옆에 앉아 있으면서도 서로를 완전히 무시하며 행복의 원천이 아니라 무슨 물건처럼 대한다. 이 종은 서로 연결될 때 많은 이득을 얻는 것 같은데, 왜 아주 가까이 있는 사람들조차 연결되기보다는 고립되길 선호하는 것처럼 보일까? 왜 사회성이 강한 동물이 때로 명백히 사회성이 없는 것처럼 보일까?" 에플리와 슈뢰더는 사람들이 낯선 이에게 말을 걸지 않는 건, 그렇게 하면 남과 어울리지 않고 혼자 있는 것보다 기분이 좋지 않으리라 생각하기 때문이라는 가설을 세웠다.

두 연구자는 여러 가지 실험을 했다. 실험 참가자들에게 대중교통, 즉 택시에서 그리고 대합실에서 낯선 이에게 말을 걸게 했다. 첫 실험에는 일리노이주 교외에 사는, 중위연령이 49세인 통근자 97명(이 가운데 61퍼센트가 여성)이 참가했다. 두 연구자는 이들을 세 집단으로 나눴다. 첫 번째 집단은 이런 지시를 받았다. "오늘 기차에서 처음 만나는 사람과 대화를 나눠달라. 친해지려 노력하라. 그 사람에 관한 흥미로운 사실을 알아내고 그에게 당신 이야기도 들려주라. 대화는 오래 할수록 좋다." 두 번째 집단은 이런 말을 들었다. "오늘 기차에서 입을 다문 채 고독을 즐겨라. 혼자 앉아 생각에 잠기는 시간을 가져라. 목표는 당신 자신과 오늘 할 일에 집중하는 것이다." 세 번째 집단은 늘 하던 대로 통근하게 했다. 그 후 실험 참가자들은 자신의 성격과 통근 시간의 경험에 관한 설문지를 작성했다.

연구자들의 예측대로, 낯선 이에게 말을 건 사람들은 그러지 않은 사람들보다 통근 시간이 상당히 더 긍정적이고 즐거웠다고 보고했다. 대화는 평균 14.2분 동안 이어졌고, 말을 건 사람들은 낯선 상대에 대해 긍정적인 인상을 받았다. 이들 가운데 그 경험이 부정적이었다고 보고한 사람은 아무도 없었다. 긍정적 영향은 말을 건 사람의 성격 유형과 무관하게 보고됐다. 외향성이 강한 사람과 내향성이 강한 사람 모두 좋은 경험을 했다.

통근 시간에 낯선 이에게 말을 거는 게 이렇듯 즐거운 일이라면, 왜 사람들은 그러지 않는 걸까? 에플리와 슈뢰더는 이 의문에 대한 답을 찾으려고 통근자 66명(이 가운데 66퍼센트가 중위연령이 44세인 여성)을 모집해 이전 연구의 세 가지 상황에 참가하면, 다시 말해 낯선 이에게 말을 걸거나 입을 다문 채 자신에게 집중하거나 늘 하던 대로 하면 어떤 기분이 들지 상상해보게 했다. 이전 연구에서 실제로 낯선 이에게 말을 건 사람들은 그러지 않은 사람들보다 통근 경험이 상당히 더 긍정적이라고 보고한 반면, 낯선 이에게 말 거는 상황을 상상한 사람들은 통근 경험이 상당히 나빠질 거라고 예상했다.

에플리와 슈뢰더는 새로운 표본으로 시카고 시내의 버스에서 이 실험을 반복했다. 이 표본은 중위연령이 27세로, 이 가운데 49퍼센트가 여성이었는데 비슷한 결과가 나왔다. 버스에 탄 사람들은 낯선 이에게 말을 거는 경험이 부정적일 것이라고 예측했으나 실제로는 대단히 긍정적이었다. 택시를 기반으로 한 또 다른 연구에서도 비슷한 결과를 얻었다. 택시운전사에게 말을 건 사람들은 그러지 않은 사람들보다 택시를 타고 가는 시간 동안 더 즐거웠으며 택시운전사에게 더 호감을 보였다.

그런 다음 에플리와 슈뢰더는 이전 실험들을 재현했는데, 이번에는 거부에 대한 두려움이 상호작용의 주요 장애물인지 알고 싶었다. 그런데 실제로 그러했다.

실험 참가자들은 낯선 사람보다 자신들이 대화에 훨씬 더 적극적일 것이라고 생각했다. 이들은 자신이 다가갔을 때 상대가 대화에 응할 가능성이 평균 47퍼센트 미만일 거라고 예상했다. 대화를 시작하기가 어려울 거라고 예상했다는 뜻이다. 그런데 그렇지 않았다. 대화를 시작하기는 예상보다 쉬웠다. 사람들은 실험 참가자들과 대화하는 데 관심을 보였고 단 한 명도 대화를 거부하지 않았다. "통근자들은 낯선 이에게 말 걸기가 사회적 거부라는 유의미한 위험을 제기할 거라고 생각하는 것 같았다." 에플리와 슈뢰더는 이렇게 썼다. "우리가 아는 한 그런 위험은 전혀 없었다."

지금쯤 회의론자들은 내가 처음 이 연구에 대해 읽었을 때 했던 생각을 똑같이 하고 있을 것이다. 분명 우리가 말을 거는 입장이라면 낯선 이와의 대화가 즐거울지 모른다. 하지만 그 낯선 이는 어떨까? 그도 대화가 즐거울까? 어쨌든, 우리 모두가 한두 번은 그런 경험이 있다. 사방이 막힌 공간에서 아무리 대화를 나눌 기분이 아니라는 신호를 줘도 괴로울 정도로 못 알아먹는 수다쟁이 옆에 앉아 있어야 했던 경험 말이다.

그래서 에플리와 슈뢰더는 이런 대화의 즐거움이 양방향인지 알아보고자, 이번에는 대합실과 비슷하게 차려놓은 연구실에서 또 다른 실험을 했다. 연구자들은 이 실험의 진짜 목적을 알아차리지 못하게 하려고 참가자들에게 이 연구와 무관한 과제를 맡겼다. 다만 그 과제를 하는 사이에 대합실에서 10분 동안 휴식을 취하게 했다.

일부 실험 참가자는 대합실에서 다른 사람에게 말을 걸도록, 다른 일부는 말을 걸지 않도록 하고, 또 다른 일부는 뭐든 하고 싶은 일을 하게 했다. 대화를 나눈 사람들, 다시 말해 먼저 대화를 시작한 사람들과 그 상대들 모두가 그러지 않은 사람들보다 훨씬 더 긍정적인 경험을 했다고 보고했다. 이 결과는 대화를 시작한 사람이 말을 걸라는 지시를 받았는지 여부와 무관했고, 성격 유형과도 무관했다.

마지막으로, 에플리와 슈뢰더는 2019년 BBC의 요청을 받아 런던에서 다시 실험을 했다. 이전 실험의 결과가 대체로 친절한 미국 중서부 지역 사람들의 성향으로 인해 왜곡됐다는 오해를 해소하기 위해서였다. 런던 사람들은 이런 상호작용에 대한 기대치가 미국인보다 훨씬 낮았으나, 에플리와 슈뢰더는 먼젓번 실험과 비슷한 결과를 얻었다. "통근자들은 함께 탄 기차 승객 가운데 대략 40퍼센트만이 대화에 응답할 거라고 추정했다." 두 연구자는 이렇게 보고했다. "하지만 실험 참가자들이 옆자리에 앉은 낯선 이에게 실제로 말을 걸면 모두가 그에 응해 즐거이 이야기를 나눴다."

줄리아나 슈뢰더가 내게 실험 참가자들로부터 받은 조사 응답지를 보여줬다. "정말로 놀라운 결과였다." 한 실험 참가자는 이렇게 썼다. "대중교통을 이용하면서 낯선 이와 대화를 시작하는 건 런던 사람인 내 성격상 맞지 않는다. 하지만 기차를 갈아탔을 때 남녀 한 쌍이 내 옆자리에 앉았다. 나는 다음 기차에 대해 그들에게 물었고 10분 후 그들이 탈 기차가 오기까지 대화를 나눴다." 여기에는 이렇게 덧붙여져 있었다. "좋았다! 대화는 즐거웠고, 그래서 낯선 사람에게 더 많이 말을 걸어봐야겠다고 생각했다."

이 모든 연구 결과가 낯선 이에게 말 걸기가 생각보다 쉽고 즐겁다는 것을 보여주는 점은 고무적이지만, 두 연구자의 결론에는 경고의 뜻이 또한 숨어 있었다. "사회적 상호작용이 꼭 필요하지도 않고 규범도 아닌 상황에서조차 (중략) 낯선 이와 대화하면 고립된 상태보다 실제로 더 기분이 좋아진다. 이는 (중략) 사회적 상호작용에 대해 심각한 오해가 있음을 말해준다. 사회성이 높은 종의 일원들이 다른 사람들을 모르는 체하는 이유는 낯선 이와 연결되는 게 고립돼 있는 것보다 부정적이리라 예상하기 때문일 수도 있다. (중략) 인간은 실로 사회성 있는 동물이지만 가끔은 그 사회성이 스스로의 안녕을 도모하기에 충분치 않을 때가 있는지도 모른다. 사람들로 점점 더 붐비는 이 지구에서 사회관계의 이점을 제대로 이해하지 못하는 사람은 점점 더 골칫거리가 될 것이다."

이 모든 연구 실험에 참가한 사람들은 낯선 이와의 상호작용이 잘 되지 않으리라고, 대화 자체도 어렵거니와 사람들이 응하지도 않으리라고 예상했다. 그래서 실제로는 그렇지 않음을 알고 기뻐했다. 게다가 낯선 이와 대화를 시작했을 때 더 큰 행복감과 소속감을 느꼈다. 그렇다면 왜 사람들은 지하철에서 서로 말을 걸지 않을까?

에플리와 슈뢰더의 주장에 따르면, 모든 사람이 정말로 침묵을 좋아해서가 아니라, 다들 남들이 대화하기를 원치 않는다고 지레짐작하고 대화를 시도해봤자 소용없을 거라고 생각하기 때문이다. 심리학에서는 이를 다수의 무지(pluralistic ignorance)라고 부른다. 기본적으로, 이 현상은 모든 사람이 다른 모든 사람에 대해 잘못된 생각을 가지고 있음을 시사한다.

하지만 여기에는 더 깊숙한 곳에서 작용하는 힘도 있다. 그렇다, 이들 연구 실험에 참가한 사람들은 거부당하리라 예상했다. 하지만 이들이 보인 반응을 토대로 판단할 때, 이들은 대화 자체에 대한 기대 또한 별로 하지 않았다. 이들이 실제로 대화를 나눈 후에 그토록 즐거워하고 놀라기도 한 건 이 때문이다. 왜 그럴까? 왜 불특정한 낯선 이가 말을 붙이기 쉽고, 다정하며, 재미있을 수 있다는 사실이 그렇게 충격으로 다가왔을까? 간단히 말하면, 우리는 낯선 이들이 온전한 인간이라고 기대하지 않기 때문이다.

"사람들에 둘러싸여 있으면서도 서로 관계를 맺지 않는 건 근본적으로 인간성을 파괴하는 일"이라는 생각이 지하철 실험을 하게 된 한 가지 계기라고 슈뢰더는 말한다. 그러니까, 이런 말이다. 내 처지에서는 인간으로서 갖는 본성인 사회적 존재가 될 기회를 잃기 때문에 인간성을 파괴하는 일이며, 낯선 이의 처지에서는 만약 내가 말을 걸지 않는다면 그들의 온전한 인간성을 사실상 언뜻 보이는 겉모습으로밖에 경험하지 못하기 때문에 마찬가지로 그의 인간성을 파괴하는 일이다. "이런 현상은 주로 대도시에서 나타나는데, 사람들을 장애물처럼 대하기 때문이죠." 슈뢰더가 말한다. 이는 악순환을 낳는다. 도시 사람들은 낯선 이들을 사물처럼 여기므로 말을 걸지 않는다. 그리고 이렇게 말을 걸지 않기 때문에, 우리는 그들이 진짜 인간이라는 사실을 제대로 떠올리지 못한다. 물론 머리로는 인간임을 알지만 곧잘 모르는 듯이 행동한다.

2010년 에플리와 심리학자 애덤 웨이츠(Adam Waytz)는 이를 다른 사람들은 사고가 부족하다고 여기는 인식의 문제라고 했다. 이는 중요한 문제다. 두 사람의 설명에 따르면, 이 문제는 이렇게 작동한다. 우리는 다른 사람들의 머릿속에서 무슨 일이 일어나고 있는지 알 수 없기 때문에 "다른 사람들의 생각이 우리보다 덜 복잡하고 더 얄팍하다고 추정하는 보편적 경향을 보인다." 이는 우리가 낯선 이의 지성, 의지, 그리고 자존심과 당혹감과 수치심 같은 인간으로서 갖는 감정 능력을 심각하게 과소평가한다는 뜻이다. 아마도 우리가 낯선 이와의 상호작용이 잘되지 않으리라고 예상하는 건 이런 이유에서다. 우리의 잠재의식에는 낯선 이에게는 이야깃거리가 많지 않으리라는 고정관념이 있기 때문이다.* 역사가 도리스 키언스 굿윈의 《혼돈의 시대, 리더의 탄생》에 나오는 시어도어 루스벨트에 관한 부분은 이런 역학

---

* 나는 이 책의 프롤로그에서 낯선 이에게 말을 걸면, 그러니까 실제로 관계를 맺으면 모든 사람이 공유할 만한 의미 있는 것을 적어도 하나는 가지고 있음을 알게 된다고 말했다. '적어도 하나'라고 말이다! 그 말 역시 낯선 이들을 대단히 비하하는 생각임을 깨닫는다. 정말로 사과한다.

관계를 완벽하게 포착하고 있다.

시어도어는 매주 모턴홀을 찾아가 맥주를 마시고 담배를 피우는 노동계급 아일랜드인 및 독일인 이민자들, 말하자면 푸주한, 목수, 마부들과 함께 긴장을 풀고서 이들의 이야기를 듣고 함께 어울려 카드놀이를 하면서 흥청거리는 사내들의 분위기를 한껏 즐겼다.

"그 사내들이 내게 익숙해지고 또 내가 그 사내들에게 익숙해질 만큼 자주 찾아갔다." 시어도어는 나중에 이렇게 말했다. "그래서 우리는 같은 언어로 이야기하기 시작해 각자 상대의 머릿속에서 (19세기 미국 작가인) 브렛 하트가 말한 '낯선 이는 소양이 부족하다'는 생각을 씻어낼 수 있었다."

다른 사람들은 사고가 부족하다는 인식은 모두에게 나타나지만, 특히 낯선 이가 우리와 다른 집단, 다시 말해 다른 인종, 국적, 정당 같은 외집단에 속하는 경우에 특히 강해지곤 한다.* 연구에 따르면, 우리는 외집단에 속한 이들이 우리만큼 사고력이 풍부하고 깊은 감정을 느끼며 동등한 수준의 자기통제력을 가지고 있다고 생각하지 않는다. 칼턴대학의 심리학자 마이클 월(Michael Wohl)이 수행한 연구에서 가상의 아프가니스탄 군인들은 자신들이 저지른 오인 사격에 대해 사과했지만 아무런 호응도 얻지 못했는데, 이는 실험에 참가한 캐나다인들이 아프가니스탄 군인은 진심으로 죄책감을 느끼지 못한다

---

* 사람 좋은 한 유명인사가 언젠가 인류학자 호텐스 파우더메이커(Hortense Powdermaker)에게 뉴기니의 토착 부족과 지낸 시기에 대해 물었다. "그 원주민이 인간과 같다고 생각했던 건 아니죠? 그런데 그들이 정말로 호의를 고마워하는 것 같던가요?"

고 생각했기 때문이었다(더군다나 이 아프가니스탄 군인들은 캐나다인이었다). 다른 사람들은 사고가 부족하다는 인식은 흔히 교묘한 방식으로 드러나지만, 이런 인식을 도발하면 무시무시한 사태로 번진다는 것을 보여주는 사례는 역사에서 숱하게 찾아볼 수 있다. 이는 나중에 다시 다룰 예정이다.

다른 사람들은 온전한 인간이 아니라고 생각하며 살아가는 건 분명 본받을 만한 행동은 아니다. 만약 우리가 인간 문명이라는 거대한 실험에서 진전을 보고 싶다면 말이다. 그렇다면 다른 사람들은 사고 능력이 부족하다는 인식의 문제에 대해 우리는 무엇을 할 수 있을까? 슈뢰더는 이렇게 설명한다. 인식 기능은 "언제나 우리 자신의 관점에 갇히"기 마련이고, "이에 대응하는 방법은 언어를 포함하는 좀 더 의미 있는 방식으로, 실제로 상대방과 마주 앉아 관계를 맺는 것이다. 언어가 발달한 건 어느 정도 이런 이유에서다. 다른 사람들의 생각 속에서 무슨 일이 일어나고 있는지 알아내려는 사회적 목적 말이다."

다시 말해, 우리는 낯선 사람에게 말을 걸어야 그 목적에 다가갈 수 있다.

◆ ◆ ◆

자, 이제 질리언 샌드스트롬에게 돌아가보자. 샌드스트롬은 획기적인 첫 연구로 세계 언론의 주목을 받은 후 사람들이 '손쉽게 이용할 수 있는 행복의 원천'을 활용하지 못하는 이유를 검토하기 시작했다. 에플리와 슈뢰더가 다른 사람들은 사고 능력이 부족하다는 인식과 비관주의가 우리를 갈라놓는다고 생각했다면, 샌드스트롬의 설명은 더 간단했다. 사람들이 단지 방법을 모른다는 것이다.

이 통찰은 런던에 있는 톡투미(Talk to Me, '내게 말을 걸어줘')라는 단체와의 협업에서 비롯했다. 이 단체는 폴리 애크허스트와 앤 돈 보스코라는 두 젊은 여성이 2012년 공동설립했다. 그들은 공공장소에서 대화를 나눌 의사가 있음을 알리는 '톡투미' 배지를 배포하고 공공장소, 술집, 버스 정류장에 '토크바(talk bar)'를 마련해두고서 대화를 시작하는 데 이용할 만한 질문을 제공했다. 일부 런던 사람들은 신성한 사회규범(낯선 사람은 위험하니 섣불리 말 걸지 마라-옮긴이)을 위반하는 이런 시도에 경악해 당연히 반발했다. 하지만 애크허스트에 따르면 그 효과는 즉각 나타났다. "어떤 사람들은 런던에 대한 생각이 달라졌다고 하고, 심지어 실제로 낯선 사람들이 어떤 사람들인지 알게 된 후에는 런던 생활이 더 안전하게 느껴지기도 했다더군요."

2014년 톡투미가 세계 언론의 주목을 받았을 때, 돈 보스코는 샌드스트롬에게 연락해 협업에 관심이 있는지 물었다. 샌드스트롬은 관심을 보였고, 그래서 이들은 샌드스트롬이 뭘 도울 수 있을지 생각하기 시작했다. "그러던 어느 날 이 계시를 받은 거예요." 샌드스트롬의 말이다. "나는 피아노를 연주하고 있었어요. 그러다 문득 이런 생각이 들더군요. '어쩌면 사람들이 낯선 이에게 말 거는 방법을 모르는 걸지도 몰라.'" 샌드스트롬은 급히 휴대폰을 꺼내 낯선 이에게 말 거는 법을 배우도록 도움을 줄 수 있는 워크숍에 대해 메모하기 시작했고, 그 결과 워크숍을 여섯 개나 운영하게 됐다.

이 워크숍은 참가자들에게 낯선 이와의 대화가 얼마나 유익하고 즐거울 수 있는지 알려줬다. 한편으로 샌드스트롬에게는 사람들이 낯선 이에게 말을 걸지 못하게 만드는 요인을 파악하기 위한 데이터를 수집할 기회를 제공했다. 에플리와 슈뢰더의 연구 결과대로, 워크숍 참가자들은 다른 사람이 자신과 이야기를 나누는 데 관심이 없을까 봐 걱정했다. 말을 걸어도 좋다는 허락을 받지 못했다는 걱정도 했다. 일단 대화를 시작하게 되더라도 어떻게 끝내야 할지 몰라 걱정했다. 대화가 즐겁지 않을 거라고 걱정했다. 그리고 아마도 지금까지 내가 접한 가장 영국인다운 걱정은 일단 대화를 시작하면 결국 자신에 대해 너무 많이 노출하게 되리라는 거였다. 나중에 샌드스트롬과 동료가 낯선 이와의 대화에 관한 일곱 가지 연구를 분석한 결과, 이런 두려움에 관한 한 남성과 여성 사이에 두드러진 차이는 없었다. 다만 수줍음을 많이 타거나 사람들과 어울리는 데 좀 더 불안을 느끼는 사람들은 더 큰 두려움을 느꼈다.

그 후 샌드스트롬은 이런 두려움을 가라앉히는 데 도움이 되는 몇 가지 방법을 개발했다. 예를 들어, 자신의 호기심을 따라가라고 샌드스트롬은 조언한다. 무언가에 주목하거나 어떤 사람을 칭찬하거나 질문하라는 말이다. 하지만 이런 워크숍에 참가한 사람들에게는 보통 서로 말을 걸어보게 하고 지켜보면서 참가자들 스스로 방법을 터득하도록 이끈다. 그러면 사람들은 우선 어색하게 조용히 이리저리 움직인다. 샌드스트롬은 이야기를 나눠본 적이 없는 사람을 골라 말을 걸어보라고 한다. 첫 고비를 넘기고 나면 언제 그랬냐는 듯 아주 자연스러워진다. "대화에 빠져드는 데 전혀 시간이 걸리지 않아요. 끝날 무렵에는 대화를 그만두려 하지 않죠. 대단히 흥미로워요. 사람들의 입을 다물게 할 수가 없어요. 그게 너무 좋아요."

2018년 샌드스트롬은 심리학자 에리카 부스비(Erica Boothby)가 이끄는 연구팀의 일원으로서 일련의 실험을 했다. 실험 참가자들은 연구실, 대학 신입생 기숙사, 지역사회의 한 자기계발 워크숍에서 낯선이와 상호작용했다. 그런 다음 자신이 그 낯선 이를 얼마나 좋아하는지, 그가 자신을 얼마나 좋아한다고 생각하는지 보고했다.

연구자들은 다시 한 번 인식과 실제 사이에 격차가 있음을 발견했다. 실험 참가자들은 낯선 이가 자신을 좋아하는 것보다 자신이 낯선이를 더 좋아한다고 생각했다. 이런 결과는 본인이 수줍음을 많이 탄다고 평가한 사람들에게 특히 두드러졌다. 연구자들은 이를 호감 격차(liking gap)라 불렀다. 이것이 낯선 이와 관계를 맺는 데 얼마나 방해가 되는지는 어렵지 않게 알 수 있다. 대화가 잘되는 경우에도, 상대가 우리를 그다지 좋아하지 않는다고 생각한다면, 아마도 이런 상호작용을 계속하려 하지 않을 테고, 따라서 낯선 이와의 대화가 가져다주는 이점을 누리지 못할 수도 있다. 짧게는 행복감과 소속감의 증가부터, 길게는 새로운 친구나 연애 상대나 사업에 도움이 되는 사람과의 만남 같은 이점 말이다. "대화는 낯선 이를 친구로, 커피를 마시는데이트를 결혼으로, 면접을 일자리로 바꾸는 힘이 있다"고 연구 논문저자들은 결론짓는다. "대화를 어렵게 만드는 일부 원인은 (중략) 대화 상대가 우리를 얼마나 좋아하고 우리와 함께 있는 걸 얼마나 즐거워하는지를 우리가 과소평가한다는 데 있다."

이런 격차는 어디서 오는 걸까? 그 답은 규범, 심한 걱정과 두려움, 오해가 뒤얽힌 복잡 미묘한 문제라는 것이다. 처음 만난 사람과 대화하다 보면 '공손함을 꾸며' 진심을 숨기기 때문에 서로가 마음을 읽기 어려운 경우가 있다. 따라서 아는 사람과 대화할 때보다 인지능력이 더 많이 필요하다. 대화 상대를 평가할 기준틀이 없기 때문에 더 면밀히 듣고 상대가 한 말을 기억하면서 나는 무슨 말을 할지, 그리고 상대는 그 말을 어떻게 받아들일지 생각해야 한다.* 이때 대화를 이어가는 데 많은 노력이 들기 때문에, 대화 상대가 보내오는 긍정적 피드백의 신호를 놓치는 경향이 있다. 이와 동시에, 상대가 어색함이나 불안 같은 우리 내면의 생각과 감정을 실제보다 훨씬 더 잘 알아보리라고 추정하는 경향이 있다. 설상가상으로 모든 대화 성과를 역대 최고의 대화 성과와 비교하고, 상대가 그것과 똑같이 가차 없는 기준을 우리에게 적용한다고 추정하는 경향이 있다. 게다가 얄궂게도, 우리 자신에게는 뛰어난 성과를 기대하는 반면 상대에게는 거의 성과를 기대하지 않는다. 이는 다른 사람들은 사고력이 부족하다는 인식이 가진 긍정적인 면이라 하겠다. 다시 말해, 별 기대를 하지 않는 것이다. 그래서 우리는 스스로의 대화 방식에 자주 실망하는 반면, 우리 앞에 선 사람은 다소 분별없는 껍데기에 불과하다고 지레짐작했다가 실은 그 안에 생각하고 느끼는 인간이 들어 있음을 알고서 대개 기뻐한다.

질리언 샌드스트롬은 연구를 계속하는 사이에 능숙하게 대화하지 못하리라는 두려움(이는 쉽게 해결할 수 있다)에 더해 낯선 이에게 말걸기를 가로막는 훨씬 더 은밀한 장애물이 있음을 알게 됐다. 바로 낯선 이에게 말을 걸지 못하게 하는 사회규범, 즉 우리가 사는 곳에서는 그러지 않는다는 생각이 그것이었다. 낯선 이에게 말을 걸게 만들거나 말을 걸지 못하게 만드는 문화가 어떻게 발전하는지에 관해

---

* 심리학자 오스카 이바라(Oscar Ybarra)는 실제로 별개의 두 연구에서 낯선 이와의 대화가 인지 기능의 향상으로 이어질 수 있음을 밝혀냈다. 이는 어느 정도 낯선 이와의 대화가 운동과 비슷하게 힘이 들기 때문이다.

서는 이 책의 조금 뒤쪽에서 더 자세히 살펴볼 예정이다. 하지만 여기서 살짝 맛보기를 하는 것은 앞으로 다룰 내용을 위해 기초를 다진다는 의미에서 해볼 만한 일이다.

샌드스트롬은 2013년 런던 테이트모던미술관과 함께 한 실험에서 낯선 이에게 말을 걸지 못하게 하는 사회규범과 부딪쳤다. 이 실험의 결과는 이때껏 발표되지 않았다. 샌드스트롬은 이 미술관의 자원봉사자들에게 휑뎅그렁한 터빈홀에서 열리는 전시회에 온 관람객에게 말을 걸게 했다. 자원봉사자들은 전시회에 관한 별도의 교육이나 대화의 주제에 관한 지시를 전혀 받지 않았다. 그저 관람객에게 미술작품을 보고 어떤 생각이 드는지 또는 어떤 느낌을 받았는지 물어보라는 요청만 받았다.

그런 다음 연구자들은 자원봉사자와 관람객을 모두 인터뷰했다. 그 결과, 대체로 자원봉사자와 대화를 나눈 관람객은 전시 작품, 전시회에 온 다른 사람, 더 나아가 인류 전반에까지 연결돼 있다는 느낌이 더 강했다. 이런 상호작용을 한 자원봉사자 또한 그러지 않은 자원봉사자보다 행복감 및 연결돼 있다는 느낌이 더 강했다. 샌드스트롬은 한 실험 참가자가 한 말을 떠올렸다. "기대 이상이었어요. 사람들이 대화 나누는 걸 그렇게 즐거워할 줄 몰랐거든요." 하지만 앞으로도 계속 낯선 이에게 말을 걸지 묻자 이 실험 참가자는 단호히 아니라고 대답했다. 그 이유는 모르는 사람에게 섣불리 말을 걸지 않는 사회규범이라고 샌드스트롬은 생각했다. "그 실험 참가자는 사람들에게 다가가 말을 걸도록 허락을 받은 거예요. 하지만 그런 허락이 없으면 '아니요, 말 걸지 않을 거예요.'라고 하는 거죠."

샌드스트롬은 이 규범에 반격을 가할 방법을 궁리하기 시작했다.

예전에 진행한 실험들이 성공을 거두기는 했으나 단발성이었다. 실험 참가자들은 분명 긍정적인 경험을 했지만 그 경험을 습관화하지는 않았다. "다음에 나눌 대화에 대해 물어보면 사람들은 사실 다시 걱정해요." 샌드스트롬은 상황 조작을 통해 이 문제를 해결해보고 싶었다. 다시 말해, 순전한 반복을 통해 자연스러워져서 평상시의 두려움과 사회적으로 걸리적거리는 것 없이 습관처럼 낯선 이에게 말을 걸기 시작하게 하는 것이다. 비결은 '낯선 이와 대화를 많이 하게 하는 것'이라고 샌드스트롬은 생각했다. 낯선 이와의 충분한 대화를 통해 마침내 불안을 극복하고 변화한 행동을 지속하길 바랐던 것이다.

2019년 샌드스트롬은 구스체이스(GooseChase)라는 앱을 이용해 물건 찾기 게임을 만들고, 일반인 92명에게 찾아야 할 물건의 목록을 제시했는데, 그 목록에는 사람들이 대화를 나눌 상대의 갖가지 유형이 적혀 있었다. 방긋 웃는 사람, '예술가 같아 보이는' 사람, 많은 물건을 나르려는 사람, 슬퍼 보이는 사람, 멋지거나 패션 감각이 있거나 운동선수 같아 보이거나 문신을 하거나 '눈에 띄는 넥타이'를 매고 있는 사람 같은 식이었다. 샌드스트롬은 실험 참가자들에게 대화를 시작하기에 앞서 낯선 이들이 자신과 이야기를 나누는 데 얼마나 관심을 가질지, 누군가와 이야기를 나누기 전에 얼마나 많은 사람에게 다가가야 할지, 대화를 시작하고 이어가기가 얼마나 어려울지, 대화가 얼마나 오래 이어질지 예상해달라고 했다. 늘 그랬듯 실험 참가자들의 기대는 낮았다. "사람들은 낯선 이에게 말 거는 데 대해 대단히 비관적이다." 샌드스트롬은 이렇게 적었다.

그런 다음 실험 참가자들에게 적어도 한 사람 이상과 대화를 나눈 후 그 경험을 보고해달라고 했다. 아마도 예비 조사 결과가 무엇을 나타내는지 짐작이 갈 것이다. 실험 참가자의 24퍼센트만이 처음 다가간 사람이 자신과 이야기를 나눌 거라 예상했으나, 실제 그 비율은 90퍼센트였다. 더욱이 대화는 실험 참가자가 예상한 것보다 두 배 더 길게 이어졌다.

낯선 이와 대화를 많이 하면 비관적인 생각을 바로잡을 수 있을지 샌드스트롬은 궁금했다. 그래서 미국과 영국에서 각각 한 군데씩 대학을 골라 학생 286명을 모집했다. 여학생이 209명, 남학생이 75명이었는데 두 명은 응답을 거부했으며 중위연령은 20세였다. 이들을 두 개 집단으로 나눴다. 한 집단은 5일 동안 물건 찾기 게임 앱을 이용해 매일 낯선 이에게 말을 걸게 했고, 다른 집단은 목록을 보고 사람을 찾되 말을 걸지는 않도록 했다.

그 결과는 역시나 놀라웠다. 실험 참가자들이 낯선 이와 대화를 시작하고 이어가기는 훨씬 더 쉬웠고, 대화는 그들의 예상보다 세 배 더 오래 이어졌다. 실험 참가자의 82퍼센트가 이 대화에서 자신이 몰랐던 걸 알게 됐다고 말했다. 더구나 낯선 이와의 대화는 시간을 즐겁게 보내는 것 이상의 결과를 가져왔다. 관계가 형성된 것이다. 실험 참가자의 42퍼센트가 대화를 나눈 이와 연락처를 주고받았다. 실험 참가자들은 친구를 사귀고, 데이트를 하고, 함께 커피를 마셨다. 많은 실험 참가자들이 새로운 사람을 만나는 게 재미있다고 응답했다. 그리고 샌드스트롬의 예상대로, 낯선 이와의 대화에 대한 비관적인 전망이 줄어들어 기대치가 실제에 가까워졌다. 물건 찾기 게임을 마치고 일주일 후, 실험 참가자들은 본인의 대화 능력에 대한 자신감이 높아지고 거부에 대한 두려움이 줄어들었다.

샌드스트롬이 내게 물건 찾기 게임 연구에서 나온 학생들의 응답을 보여줬다. 젊은 사람들이 흔히 그렇듯, 많은 실험 참가자가 신랄했다.

- 이야기를 나눈 사람들 대부분이 좋았다. (중략) 친구보다 낯선 사람한테 말 거는 게 더 쉽다는 걸 깨달았다. 그 사람들은 내가 가진 문제를 모르니까. 대부분의 대화가 잡담이었으나 그 덕분에 나는 행복했다. 다른 사람도 궂은 날이 있다거나 참 고약한 시절이라는 데 동의한다는 사실을 알게 됐기 때문이다.
- 이 과제 덕분에 원래대로라면 일상에서 이야기를 나눌 일이 없었을 사람들과 더 친숙해진 것 같다. 또 그저 몇 마디로 끝나는 상호작용에 그치지 않고 대화를 나눌 수 있었으며, 그래서 더 행복하고 만족스러웠다.
- 낯선 이들은 대체로 친절하고 도움이 된다.
- 나는 혼자 있는 것과 고독을 즐기지만 요즘에는 사회적 접촉이 조금 아쉽다. 친구 사귀는 법을 잊어버린 것 같지만, 이 연구가 사람들은 대부분 친절하며 내가 그냥 밖으로 나가기만 하면 된다는 사실을 상기시켰다.
- 세상과 좀 더 연결된 것 같고 또 주변 사람들이 더 친근해진 것 같다. 대화는 아주 좋다. 가끔 할 말이 없기도 하지만 낯선 이들은 대화를 살리려 애쓰곤 한다. 그게 내 마음을 따뜻하게 해준다.
- 이 경험은 놀라웠다. (중략) 나는 가을 학기 교환학생이어서 이 지역 사람들이나 (몇몇 교환학생 외에) 다른 학생들을 거의 모른다. 한 '외부인'이 지역 사람들과 연결되고 향수병을 줄이는 데 이 경험이 정말로 도움이 됐다. 하하! (중략) 나는 예전에 얘기해본 적 없는 동급생들한

테 말을 걸었고 공부하는 동안 다시 만날 실제 친구들을 사귀었다. 교환학생에게 이런 기회를 줘서 무척 감사하다!

- 정말로 착한 여학생을 만났다. 엄청 친절하다. 새 친구를 사귀는 건 언제나 즐겁다.
- 약간 노력을 기울이면 쉽사리 친구를 찾을 수 있다.
- 좋은 친구가 될 것 같은 사람들을 만났다.
- 여자 화장실에서 친구를 만났다.

물론 이 가운데 일부 경험은 대학이라는 환경과 관련이 있다. 모두가 어떤 공통점을 갖고 있다. 나이가 같거나 같은 학교에서 공부하거나 같은 화장실을 썼다. 그래도 그 결과는 희망을 북돋았다. "많은 사람이 새로운 친구를 만날 수 있게 돼 기분이 아주 좋아요." 샌드스트롬의 말이다. "얼마나 많은 학생들이 친구를 사귀는 데 어려움을 겪는지 당황스러울 정도거든요."

샌드스트롬은 코로나19 사태가 닥친 후 또 다른 실험을 시도했다. 이번에는 낯선 이와의 대화를 고독감을 치유하는 데 이용할 수 있을지 밝히고자 했다. 고독감은 이미 심각한 사회문제였는데, 전 세계에 걸친 유행병으로 인해 악화됐다. 샌드스트롬은 학생들이 줌, 구글 행아웃 등 다양한 통신 플랫폼을 통해 낯선 이와 대화를 나누게 했다. 그에 앞서 대화를 나누기가 얼마나 어려우리라 생각하는지, 대화가 얼마나 이어질 거라 생각하는지 등 늘 하는 질문을 했다. 하지만 이번에는 사람들이 대체로 얼마나 호의를 보일 거라 생각하는지, 그리고 본인이 외로움, 사회적 고립감, 사회적 연결감을 어느 정도로 느끼는지 물었다. 다시 한 번, 실험 참가자들은 낯선 이에게 말을 거는 게 어려운 일이 아니며 대화가 본인의 예상보다 더 오래 이어진다는 사실을 알게 됐다. 온라인에서도 말이다. 더욱이 낯선 이와 대화를 나눈 후 외로움과 고립감이 줄어들고 다른 사람들의 선의에 대한 믿음이 강해졌다고 보고했다.

샌드스트롬의 연구에서 나온 조사 응답지를 죽 읽으면서 미묘한 안도감 같은 것이 계속 느껴졌다. 나는 이 안도감에 대해 궁금했다. 왜 사람들은 낯선 이와 즐겁게 대화를 나눈 후 안도감을 느낄까? 내가 묻자, 샌드스트롬이 잠시 망설이다가 대답했다. "그 안도감은 세상이 무서운 곳이라는 메시지가 알고 보니 속임수였구나 하는 느낌인 것 같아요." 이 말은 닉의 이야기를, 두려움 많은 어린 시절과 그레이하운드 요법을 떠올리게 했다. "불특정한 누군가와 이야기를 나눠 보니 대화가 잘되고, 그래서 어쩌면 세상이 그렇게까지 나쁘진 않은 것 같은 거죠."

이는 우리를 커다란 의문으로 이끈다. 왜 아주 흔해 보이는 잠깐 동안의 상호작용조차 우리를 기분 좋게 만들까? 왜 낯선 이에게 말을 걸 생각을 하면 부자연스러운 느낌이 들지만, 실제로 말을 걸어 처음의 불안이 지나가고 나면 애초에 이런 식으로 행동하도록 설정돼 있는 것처럼 느껴질까? 그 답은 우리가 이렇게 행동하도록 설정돼 있기 때문이다. 우리는 기나긴 과정을 거쳐 현재에 이르렀다. 단지 우리가 이런 식으로 행동하도록 진화한 것만은 아니다. 이런 식으로 행동했기 때문에 진화한 것이기도 하다. 그리고 우리는 아주 오랫동안 그래왔다.

인간 역사에서 아주 먼 어느 시점엔가, 우리는 낯선 이들을 만나기 시작했다. 낯선 이들을 죽이거나 피하지 않고 그들로부터 배우고 그들과 거래했다. 우리는 낯선 이들의 자원에 접근할 수 있는 기회와 동료애를 얻었고, 그 관계를 활용해 그들의 더 먼 이웃, 그리고 더 먼 이웃의 자원, 기술, 아이디어를 소개받았다. 이로부터 문명이 생겨났다. 뿐만 아니라 새로운 종이 생겨났다. 우리는 즐거이 낯선 이에게 말을 걸고, 손을 흔들고, 낯선 이를 쳐다보기도 하는 동물이 됐다. 이 동물은 가장 편한 상태에서는 자연스럽게 새로운 이들을 찾는다. 우리는 과학자들이 말하는 '진화상의 극적 변이'가 됐다. 즉, 초협력하는 유인원 말이다. 이 희귀한 동물은 낯선 이들과 함께 살면서 함께 일할 수 있다.

어떻게 이런 일이 일어났는지, 또 우리가 어떻게 지금까지 살펴본 것을 경험할 수 있는 종이 됐는지 알고 싶다면 조지아로 가봐야 한다. 거기서 한 여성을 만나 침팬지에 대해 알아봐야 한다.

3   초협력하는 유인원, 보노보와 인간

보노보는 침팬지와 달리 스스로 친화력을 갖게 됐다. 그리
고 이런 방식으로 진화한 유인원이 또 하나 있다. 인간이다.

조지아주 애틀랜타에 있는 여키스국립영장류연구소 동물자원부 부
책임자인 조이스 코언(Joyce Cohen) 박사는 가끔 한 침팬지를 다른 낯선
침팬지에게 소개한다. 코언 박사가 한 침팬지를 다른 침팬지에게 소
개하는 이유는 다양한데, 무리 내에서 침팬지가 사망할 경우 나머지
침팬지를 다른 무리로 보내야 할 수도 있기 때문이다. 또 노쇠한 침
팬지를 따로 수용하기 위해 나이 든 침팬지로 새 무리를 만들거나,
연구 혁신을 위해 공간을 재구성해야 할 때도 침팬지 무리를 합사해
야 한다. 하지만 이유가 무엇이든 신중해야 한다. 침팬지는 낯선 상
대 앞에서 광분하는 경향이 있기 때문이다.

침팬지를 합사할 때는 매일 침팬지를 돌보는 동물 관리 직원, 침팬지의 건강을 체크하는 수의사, 침팬지의 성격을 아는 동물행동전문가가 머리를 맞댄다. 이들은 문제의 침팬지에 대한 모든 사항을 그러모아 잘 어울릴 수 있는 침팬지의 목록을 만들면서 생각한다. A 침팬지를 B 무리에 합류시키면 이미 있던 서열에 무슨 일이 일어날까? 새로운 일원이 합류하면서 충격을 받거나, 깨지거나, 새로 형성되는 동맹관계에는 어떤 것이 있을까? "침팬지들 사이에서는 친구가 누구인지, 승강이가 벌어지면 누가 지지해줄 것인지가 사회의 기초예요." 코언 박사의 말이다. "그래서 어느 한쪽으로 치우치지 않도록 균형을 잡는 게 중요하죠."

원래 무리에 있던 침팬지와 새로 오는 침팬지가 이미 아는 관계라면 이 과정은 더 수월해진다. 인간과 마찬가지로, 한 침팬지가 다른 침팬지를 보증하는 셈이다. 하지만 완전히 낯선 침팬지를 무리에 들여야만 할 때가 있다. 이런 경우가 가장 골칫거리다.

이때 아수라장이 펼쳐지지 않게 하는 방법은, 먼저 무리에서 한 침팬지를 빼내 신참을 만나게 하는 것이다. 이 둘이 사이좋게 지내며 동맹을 맺으면 신참이 무리에 들어가는 게 수월해진다. 낯선 두 침팬지는 같은 방에 바로 합사하기보다는 '상견례 문(howdy door)'이라고 일컫는 울타리 안에 넣는다. 이 울타리 중간에는 투명판이나 철망이 있어 분리된 두 침팬지가 서로를 관찰할 수 있다. 그러고서 연구자들은 그냥 지켜본다. "공격적인 행동을 보이면 계획 전체를 재고할 수도 있어요." 코언 박사의 말이다. 하지만 두 침팬지가 서로 괜찮아하면 적당한 시간이 지난 후 '상견례 문'을 열어 서로 손가락을 접촉할 수 있게 한다. 이게 잘되면(잘 안 될 수도 있다) 직원들은 천천히 두 침팬지가 함께할 수 있도록 환경을 조성한다. 그러면 어떤 침팬지들은 즐겁게 팬트후트(pant-hoot, 침팬지들이 다양한 환경과 상황에서 다양한 목적을 위해 의도적으로 내는 복잡한 구조를 가진 소리-옮긴이)를 하거나 상대를 껴안기도 한다. 만약 이러한 반응이 나타나면, 둘이 한층 더 강한 유대를 형성하도록 며칠 또는 일주일 동안 함께 둔다. 그런 다음에는 이 무리에 세 번째 침팬지를 추가해 새로운 동맹을 맺게 하거나, 두 침팬지는 분리하고 앞서와 같은 과정을 통해 무리의 다른 일원에게 신참을 다시 소개한다. 만약 이 쌍이 잘 안 되면 두 침팬지는 완전히 분리하고 무리의 또 다른 일원에게 신참을 소개하는 과정을 다시 시작한다. 때로는 침팬지들이 스스로 불화를 해결하도록 내버려두기도 한다. 침팬지들은 소리를 지르거나 올라타기 행동(짝짓기 행동이기도 하지만 상대를 제압하는 행동이기도 하다-옮긴이)을 하거나 물거나 때려서 관계의 성격을 확립하려 한다. 그런 후에는 악수, 쓰다듬기, 껴안기 같은 화해의 몸짓을 보이며 관계를 규정한다. "때로는 침팬지들이 자기네끼리 다툼을 해결하는데, 그게 가장 좋죠."

◆ ◆ ◆

이제 또 다른 유인원인 보노보가 낯선 상대를 만나면 무슨 일이 벌어지는지 보자. 보노보는 침팬지와 유전자가 거의 동일하다. 이는 인간과 유전자가 거의 동일하다는 뜻이다. 하지만 침팬지와 달리 보노보는 야생에서 다른 무리와 어울리는 게 관찰된다. 심지어 먹이를 낯선 상대와 나누기도 한다. 침팬지가 낯선 상대를 싫어하는 반면 보노보는 낯선 상대를 좋아한다고 여겨진다. 이는 보노보가 자기 무리의 일원보다 낯선 상대와 함께 있는 걸 더 좋아할 수도 있다는 뜻이다.

몇 년 전, 콩고민주공화국의 롤라야 보노보 보호구역에서 연구 중인 듀크대학의 연구자 브라이언 헤어(Brian Hare)와 징지 탄(Jingzhi Tan)은 보노보의 이런 성향이 어느 정도인지 알아보고자 몇 가지 실험에 착수했다. 두 연구자는 한 보노보를 먹이가 가득 있는 방에 뒀다. 양쪽에는 두 개의 다른 방이 있었다. 한 방에는 낯선 보노보가 있고, 다른 방에는 이 보노보가 속한 무리의 일원이 있었다. 실험 대상인 보노보는 자기 혼자 먹이를 다 먹어치우거나 양쪽 방의 문을 열어 친구 또는 낯선 상대와 먹이를 나눠 먹는 선택을 할 수 있었다.

어떤 결과가 벌어졌을까? 실험 대상인 보노보는 먹이를 나눠 먹는 걸 선호할뿐더러 낯선 상대와 나눠 먹는 걸 선호했다. 다양하게 설계한 몇 차례 실험에서도 같은 결과가 반복됐다. 실험 대상인 보노보는 매번 먹이를 나눠 먹었고 친구보다는 낯선 상대와 나눠 먹길 선호했다. 보노보는 낯선 상대를 만날 기회가 없을 때만 먹이를 혼자 먹었다. 침팬지와 달리 공격 행동은 없었다. 2013년 두 연구자는 낯선 보노보들은 수가 더 많은 다른 무리의 방에도 들어갈 수 있었다고 썼다. 이는 "자기 무리의 수가 세 배 더 많지 않으면 신속히 물러서는, 이방인공포증 반응을 보이는 야생 침팬지와 뚜렷이 대비"된다.

보노보는 왜 이런 행동을 보일까? 답은 간단하다. 보노보에게는 낯선 상대에게 관대할 때 유리한 점(잠재적 관계)이 불리한 점보다 더 많다. 실용주의인 셈이다. 교류 행사에 나온 인간이 그러듯, 보노보도 누군가와 연결고리를 만들어 자신의 관계망에 추가하고 싶어 한다. 탄이 말한 대로 "우리가 만난 낯선 이가 장차 우리의 친구 또는 동맹이 될 수도 있다. (중략) 우리는 우리에게 중요해질 수 있는 사람에게 친절해지고 싶어 한다." 보노보도 마찬가지란 얘기다.

이제 침팬지와 보노보의 유전자는 거의 일치하는데, 왜 한쪽은 낯선 상대를 환대하고 다른 쪽은 적대하는지를 알아보자. 이 물음에 대한 답은 콩고강의 구불구불한 강둑 사이에 있다. 침팬지와 보노보는 210만 년 전에서 87만 5000년 전 사이의 어느 시점에 다른 종으로 갈라졌다(둘은 원래 우리 인류와 함께 생물분류 체계상 영장목 사람과 판(Pan)속의 마지막 공통 조상에서 비롯된 사이다). 하버드대학의 영장류학자 리처드 랭엄(Richard Wrangham)에 따르면, 최초의 분기는 지구가 더 냉각되고 건조해진 홍적세 빙하기 동안 일어났을 가능성이 크다. 강우량이 줄면서 예전에는 건널 수 없었던 강을 건널 수 있을 정도로 콩고강의 수량이 줄어들었다. 그리고 일부 침팬지들이 강을 건넜다. 그 지역에는 고릴라도 있었으나, 이들은 콩고강 한쪽 면의 산에서 먹이를 구했기 때문에 이동하지 않았다.

수천 세대가 지난 후, 강우량이 다시 늘어 강이 불자 이 유인원들은 서로 분리됐다. 강 양쪽 땅에는 초목이 우거졌다. 하지만 이제 큰 차이가 생겼다. 한쪽의 침팬지 무리는 고릴라와 땅을 공유해야 하는 반면 다른 쪽의 침팬지 무리는 거의 땅을 독점했다. 보노보는 살기가 더 수월해졌고 침팬지는 더 어려워졌다는 뜻이다. 보노보는 먹이를 구하러 멀리 갈 필요가 없었고, 고릴라와의 먹이 경쟁에서 영원히 벗어날 수 없는 침팬지는 언제나 먹이를 찾아 때로는 혼자서 대단히 멀리까지 가야 했다.

침팬지는 자주 혼자서 먹이를 찾으러 나섰기 때문에 수컷이 혼자 남은 암컷을 대상으로 성교를 강요하기 쉬웠다고 랭엄은 주장한다. 따라서 가장 공격성이 강한 수컷이 가장 자주 짝짓기를 했으며, 이는 이 종이 시간이 흐르면서 공격성과 지배성을 선택했다는 뜻이다. 반면 보노보는 멀리 갈 필요가 없었다. 암컷들은 서식지에 가까이 머물면서 함께 사회적 유대를 단단히 형성해 수적 우위로써 수컷의 공격을 막아냈다. 그래서 암컷 침팬지보다 더 큰 힘을 갖게 된 암컷 보노보는 짝짓기 상대로 공격성이 덜한 수컷을 선택하기 시작했고, 이 종은 모계 중심이면서 온순한 성향을 갖는 쪽으로 진화했다. 그 결과, 수컷 보노보는 어미와 긴밀한 유대를 형성하고 암컷에게 성적 공격성을 거의 보이지 않는다. 그리고 다른 수컷이 짝짓기를 못 하게 막으려 하지 않는다. 수컷 침팬지와 달리, 수컷 보노보가 새끼를 죽인 경우가 관찰된 적은 없다. 또 갇힌 상태에서 보노보가 다른 보노보를 죽인 경우가 관찰된 적도 없다.

갈등이 생기면, 보노보는 보통 놀이와 성교로 해결한다. 침팬지가 영역을 지키기 위해 경계를 순찰하고 다른 무리와 대립하며 때로는 죽이기도 하는 반면, 보노보가 다른 무리와 맺는 관계는 긍정적이고 유희적이면서 성적인 성질을 띠곤 한다. 보노보는 기꺼이 공유하지만 침팬지는 자기 새끼들과도 공유하기를 꺼린다. 수컷 보노보는 수컷 침팬지보다 새끼를 더 많이 둔다. 아마도 싸움과 경쟁에 그렇게 많은 시간을 들이지 않기 때문일 것이다. 그래서 한 침팬지를 새 무리에 들이는 건 걱정이 따르지만 보노보의 경우에는 훨씬 더 쉽다. "신참 보노보는 새끼라도 별일 없이 무리에 들어갈 수 있다." 브라이언 헤어는 이렇게 썼다. "여러 주, 여러 달 또는 여러 해 분리됐던 수컷 어른이 다수 포함된 두 무리는 놀이와 그 결과 이루어지는 성적 접촉만으로도 다시 하나가 되기도 한다."

그렇기는 해도 침팬지는 대단히 사회성이 있는 동물이다. 침팬지는 애정을 가질 수 있고, 서로 도우며, 지능이 높고, 적어도 자기 무리 내에서는 협력할 수 있다. 하지만 이들의 관계는 대개 느슨하고 거래 관계에 가깝다. 동맹이 중요하지만 또한 동맹관계가 예고 없이 바뀔 수 있다. 1978년 세계적인 영장류학자 제인 구달은 탄자니아의 곰베 침팬지 보호구역에서 한 침팬지 무리가 뚜렷한 이유 없이 다른 무리를 조직적으로 몰살시켰을 때 깜짝 놀라 지켜봤다. 약탈하던 한 침팬지 모녀는 갓 난 새끼 열 마리를 죽여 잡아먹었다. "나는 항상 침팬지가 꽤 다정하고 인간보다 온순하다고 생각했어요." 구달은 당시 〈사이언스 뉴스〉에 이렇게 말했다. "지금은 침팬지가 인간과 대단히 비슷한 점이 있다는 걸 알죠."*

◆ ◆ ◆

침팬지와 보노보의 차이는 행동 특성을 넘어선다. 이 두 종은 실제로 생김새가 좀 다르다. "침팬지가 건장한 보디빌더라면 보노보는 지식인처럼 보인다." 침팬지와 보노보를 연구한 영장류학자 프란스 드 발(Frans de Waal)은 이렇게 썼다. "목이 가늘고 피아노 연주자 같은 손을 가진 보노보는 체육관보다는 도서관에 더 알맞은 것 같았다." 하지만 보노보가 '지적인' 외모를 하고 있기는 하지만 뇌는 더 작다. 수컷 보노보는 수컷 침팬지보다 얼굴이 여성스럽다. 두개골이 더 짧고 넓으며 눈은 더 크다. 송곳니는 더 작고 입술과 꼬리의 색은 침팬지보다 더 엷다. 또 보노보는 세로토닌 수치가 더 낮은데 이는 공격성의 감

* 인간을 변호해보자면, 우리는 서로의 아기를 잡아먹는 그 정도의 잔혹함은 자제한다.

소와 연관이 있으며, 뇌 부위에 회백질이 더 많은데 이는 다른 보노보의 고통을 인지하고 공격 충동을 조절하는 것과 연관이 있다. 수컷 침팬지는 사춘기를 지나면서 테스토스테론 수치가 높아지는 반면(그래서 수컷 침팬지들은 위험한 일을 함께한다), 수컷 보노보는 테스토스테론 수치가 거의 안정돼 있다. 말하자면 상당히 낮다.

이는 모두 과학자들이 말하는 '가축화 증후군'의 징후로서 가둬 사육한 은빛여우, 개, 기니피그 같은 길들인 다양한 동물에게 나타난다. 또, 이들은 모두 길들지 않은 동물보다 공격성 수준이 낮고 친사회성 행동 및 놀이성의 수준이 높다. 하지만 보노보는 은빛여우, 기니피그, 그리고 개와 다르게 어느 정도는 자기가축화했다. 이들을 온순하게 만든 건 사육자가 아니었다. 보노보는 스스로 친화력을 갖게 됐다. 그 방법이 그들의 환경에서 가장 잘 통했기 때문이다. 그 덕분에 보노보는 적응할 수 있었다. 그리고 이런 방식으로 적응한 유인원이 또 하나 있었다. 바로 우리 인간이었다.

4 인간이 친구를 만든 이유: 기후, 고기, 살인

인간은 세 가지 요인 때문에 낯선 이들과 식탁에 앉아 즐거운 시간을 보내는 사회적 동물이 됐다.

몇 년 전, 나는 맨해튼의 2번가 지하철 승강장에 서 있었는데 계단 위에서 30대로 보이는 백인 엄마가 유모차를 밀며 계단 쪽으로 다가오고 있었다. 다른 방향에서는 한 10대 흑인 청년과 그의 여자 친구가 내려오고 있었다. 뉴욕시에서는 하루에만도 셀 수 없이 여러 번 마주칠 법한 이 상황에서, 청년은 계단 위를 보더니 빠른 걸음으로 아이 엄마에게 다가가 유모차를 나르는 걸 도와주겠다고 했다. 그 엄마는 도움을 받아들였다.

　아이 엄마와 아이 그리고 청년이 계단을 내려올 때, F선 열차가 요란한 소리를 내며 들어왔다. 청년의 여자 친구가 짜증 나는 목소리로

이 사실을 언급했다. 그들이 계단을 다 내려왔을 즈음 차량 문이 닫히고 있었고 여자 친구의 조바심은 분노로 바뀌었다. 청년은 유모차를 조심스럽게 승강장에 내려놓았다. 아이 엄마는 깍듯이 고맙다는 인사를 하고 갔다. 여자 친구는 청년 탓에 열차를 놓쳤다고 불평했다. 이 모습을 지켜보던 한 나이 지긋한 양복 차림의 남성이 청년에게 다가가 말했다. "좋은 일 했네, 젊은이." 나도 같은 말을 해줬다. 내 아내와 나도 최근에 아기를 낳아서 아는데 방금 한 일은 정말로 도움이 된다고 청년에게 말했다. 내가 그렇게 한 건 나이 지긋한 남성의 말마따나 청년의 행동이 좋은 일이기 때문이었고, 또 잠시 기죽은 청년의 얼굴이 환해지는 게 보여 안쓰러웠기 때문이다.

말했다시피, 4.4분마다 신생아가 한 명씩 태어나고 거의 500개에 달하는 지하철역 가운데 4분의 1만이 승강기를 갖춘 뉴욕시에서 이는 보기 드문 광경이 아니었다. 하지만 잠시 생각해보자. 젊은 남성이 낯선 여성을, 그러니까 성과 인종과 나이가 다르고 예전에 만난 적도 없으며 아마 다시 만날 일도 없을 사람을 도왔다. 병적일 정도로 개인주의가 강한 3억 2800만 명의 낯선 이들로 이뤄진 데다 인종차별로 역사가 얼룩진 이 나라에서, 심지어 840만 명의 낯선 이들이 사는 이 도시에서 말이다. 그렇다. 겉으로 드러난 두 사람의 유사성이 이들의 차이를 메워주었다. 두 사람은 모두 서양식 옷을 입었고, 도시교통공사(MTA)의 계속되는 서비스 질 저하와 불친절에 이골이 난 기색이 뚜렷했고, 아무도 물개처럼 짖어대거나 장도리를 휘두르며 난동을 피우지 않았기 때문에 틀림없이 상대에게 좋은 인상을 주었을 것이다.

하지만 그래도 둘은 서로 완전히 낯선 이였다. 청년은 낯선 이를 돕느라 두 가지 비용을 치렀다. 하나는 시간이다. 늦어서 열차를 놓쳐버렸다. 두 번째는 탁 까놓고 생물학적으로 말해, 자신의 유전자를 전할 기회를 날려버렸을지 모른다. 이는 자연계에서 보기 드문 일이다. 자연계에서 게임의 핵심은 번식이다. 세 침팬지가 같은 상황에 놓였다면 상황은 아주 다르게 전개됐을 것이다. 어미 침팬지는 공격을 받고 새끼 침팬지는 잡아먹힐 수 있어서, 계단은 훨씬 더 더러워졌을 터이다.

그렇다면 이 청년은 왜 그랬을까? 18세기 사상가 애덤 스미스는 사람이라면 타고난 '칭찬받는 사람이 되고 싶은' 욕구에 대해 썼는데, 실제로 이 청년은 어느 정도 칭찬을 받았다. 하지만 여자 친구가 소리를 질러댈 때, 우연히 마주친 두 낯선 이와 죽은 경제학자의 칭찬은 위안이 되지 못한다. 그렇다면 이 장면 너머를 살펴보자.

도대체 왜 우리는 낯선 이를 도울까? 진화생물학자들과 철학자들은 오랫동안 이 현상을 이해하려고 고심했다. 이들은 이를 이타주의의 역설이라고 한다. 이는 인간 경험의 보편적 특징이며, 우리 종이 낯선 이들과 갖는 신기한 관계를 이해하는 열쇠다.

만약 인간이 제각각 적자생존을 목표로 진화하게끔 설정돼 있다면, 그래서 미래 세대에 유전 형질을 전하기 위해 가차 없이 이기적으로 자기 자신과 가까운 친척을 우선시하게끔 돼 있다면, 우리는 어째서 그렇게 자주 시간과 노력, 돈을 들이고 때로는 목숨이 위험해지기까지 하면서 예전에 만난 적도 없고 다시 만날 일도 없는 사람들을, 다시 말해 은혜를 갚지 못하리라는 게 거의 확실한 사람들을 돕는 걸까?

경제학자들은 오랫동안 이런 장면이 사소한 오류의 결과이거나(서

투른 웨이터가 수프를 내오다가 쏟듯 정상적인 가족에 대한 이타주의가 친구들과 낯선 이들에게 쏟아지는 것이라는 말이다) 계산의 산물이라고 주장했다. 우리는 이기적이면서 합리적이어서 이타주의가 유리하다고 생각하기 때문에 그렇게 한다는 말이다.

이 땅 위에서 몇 주 이상 보낸 사람이라면, 인간이 스스로의 이성을 거뜬히 통제할 수 있다는 생각이 몹시 우스울 것이다. 하지만 여전히 인간 본성에 대한 이런 비관적 평가를 수용하는 사람들은 언제나 있었다. 그래서 우리는 우리가 돌이킬 수 없이 타락했다는 말을 들어왔다. 아담과 이브, 판도라의 상자, 토머스 홉스가 말하는 '만인 대 만인의 투쟁'이라는 자연 상태, 그리고 인간은 신을 구역질 나게 만든다는 18세기 설교가 조너선 에드워즈의 주장부터 〈브레이킹 배드〉와 〈비프〉 같은 텔레비전 드라마까지, 끈덕진 믿음이 있다. 사람들의 마음속은 구제할 길 없이 이기적이고 끔찍하며 문명은 그 성취, 다시 말해 교양과 법에도 불구하고 비열함, 탐욕, 폭력으로 들끓는 분화구 위에서 흔들리는 암석, 부서지기 쉬운 지각에 지나지 않는다는 믿음 말이다. 그리고 이를 뒷받침하는 증거는 많다.

나는 인간이 서로에게 가한 믿기 힘든 잔학 행위를 잘 알고 있다. 아일랜드계 보스턴 사람인 나는 영원한 적의의 성모 제단에 예배를 올리는 것으로 유명한 민족의 일원이다(아일랜드인 상당수를 차지하는 로마 가톨릭교도들은 오랫동안 아일랜드를 통치한 영국에 맞서 독립운동을 펼쳤다. 로마 가톨릭에서는 성모 마리아를 영원한 구원의 성모라 칭하는데, 이런 투쟁의 역사를 가졌기에 '구원'이 아니라 '적의'의 성모에게 예배를 올린다고 표현했다-옮긴이). 그리고 뉴욕시에 사는 사람으로서 지하철 출입문 앞에 서 있는 사람, 혼잡한 거리에 골프용 우산을 들고 나온 사람,

눈치 없이 끼어드는 운전자 같은 사람들에게 분노하느라 내 시간의 20퍼센트를 꼬박 날리면서, 이들의 행위가 조너선 에드워즈가 옳았음을 말해주는 반박할 수 없는 증거라 여긴다.

무슨 말이냐 하면, 나는 인간이 온순하다는 생각이, 다시 말해 보노보처럼 스스로를 길들여 낯선 이를 좋아하게 됐다는 생각이 들지 않는다는 말이다.* 사실 이런 생각이 처음에는 지나치게 감상적이고 위험하리만치 순진하다는 느낌이 들었다. 하지만 인간이 길들여졌다는 게 믿기 어렵다면 우리가 기준치를 잘못 잡고 있기 때문일지도 모른다. 그렇다. 며칠 전 지하철에서 한 남성이 내게 무례하게 구는 바람에 서로 가시 돋친 말들이 오갔다. 하지만 서로 낯선 침팬지 50마리를 같은 지하철에 집어넣었다면 대학살이 벌어졌을 것이다.

자기가축화 또는 자기길들이기라는 개념은 우리 종이 어떻게 완전히 낯선 이들 사이에서 살 수 있는지 이해하는 데 도움이 되는 열쇠다. 왜 낯선 이에게 말을 걸면 기분이 좋아지는지 이해하는 실마리이기도 하다. 이는 낯선 이와 잘 지내는 것이 인간의 타고난 능력임을 암시한다. 이 사실 자체가 이 능력에 어떤 식으로든 적응력이 있다는 뜻이다. 다시 말해, 낯선 이에게 말 걸기가 진화상 이점으로 작용한다는 말이다.

우리가 어쩌다 이렇게 됐는지 알아보기 위해, 이제 행운을 비는 인

---

* 계몽주의 사상가 요한 프리드리히 블루멘바흐(Johann Friedrich Blumenbach)도 비슷한 생각을 했다. 그는 이렇게 말했다. "인간은 가축화한 동물이다. 다른 동물들은 인간의 가축이 되기 위해 먼저 야생의 삶으로부터 분리되어 지붕 아래 살면서 길들여졌다. 그런 반면에 인간은 선천적으로 가장 가축화한 동물로 결정된 채 태어났다. 가축화한 다른 동물들은 인간을 통해 비로소 인간만큼 완성된 상태의 가축이 됐다. 인간은 스스로 완성된 유일한 동물이다."

사와 함께 우리 친구를 지하철 승강장에 남겨두고 오래전의 역사로 되돌아가보자.

◆ ◆ ◆

이야기는 마찬가지로 홍적세 빙하기인 약 250만 년 전에 시작된다. 이 무렵 난잡한 우리의 작은 친구 보노보가 세상에 나타났다. 대기가 식고 강수량은 줄어들었다. 우리의 먼 조상들은 이제 숲이 아닌 건조하고 사방이 트인 초원에서 살아야 했다. 이 초기 인류는 에덴동산에서 쫓겨난 아담과 이브처럼 낯선 곳에 있는 자신을 발견했다. 포식자들이 돌아다니고 굶주림과 가뭄이라는 유령에 시달렸다. 이런 환경에서 생존하기란 어려운 일이어서 사회적 혁신이 필요했고, 우리는 오늘날과 같은 인간이 되는 길로 들어섰다.

최초의 혁신은 식량과 관계가 있었다. 어느 시점에, 아마도 200만 년 전, 인간들은 죽은 대형 동물을 먹기 시작하고 나중에는 사냥을 하기 시작한 것 같다.* 고기를 먹으면서 얻은 이득은 상당했다. 영양가가 높고 지방이 많은 식량이 풍부해진 것이다. 하지만 사냥은 힘들었다. 사방이 트인 초원에서 인간은 포식자에게 취약했고, 최고의 사냥감과 동물 사체를 놓고 대형 고양잇과 동물 및 하이에나와 경쟁해

---

* 정확한 시기는 분명치 않다. 최초의 사람속(屬)인 호모 하빌리스가 동물 사체로 먹거리를 보충하기 시작했고, 이로부터 100만 년 후에는 인간이 사냥을 시작했다고 오랫동안 여겨졌다. 하지만 최근 케냐에서 발견된 자른 자국이 있는 가젤의 뼈가 당시에 이미 일부 사람들이 석기로 사냥을 했음을 말해준다. 2011년에는 케냐의 투르카나 호숫가에서 도구 한 벌이 발견됐는데, 그 시기가 330만 년 전까지 거슬러 올라간다. 이는 초기 인류보다 수십만 년 앞선다.

야 했다. 살아남으려면 함께 뭉쳐야 했다. 영국의 고고학자 스티븐 마이든(Steven Mithen)은 250만 년 전에 나타난 분류 체계상 최초의 사람 속(屬)인 호모 하빌리스에 대해 이렇게 썼다. "끽해야 키 1.5미터, 몸무게 50킬로그램에 고작 던질 돌덩이 몇 개뿐, 하이에나와 맞붙어 싸울 장비를 별로 갖추지 못한 그들은 무리 생활을 피할 수 없었을 것이다." 이 무리는 결국 오늘날 우리가 아는 수렵채집인 또는 수렵채집형 유목민으로 진화했다. 이는 지구상 가장 오래 지속된 형태의 인간 사회 구성으로, 우리가 지구에서 지낸 99퍼센트의 시간 동안 살아온 방식이었다.

육식은 인간의 신체와 뇌를 팽창시켰다. 그래서 150만 년 전 무렵 더 크고 영리하며 다리가 더 긴 호모 에렉투스가 돌아다니기 시작했다. "이들은 상당수가 무리를 지어 돌아다닌 최초의 인간들이었다." 스미스소니언박물관의 인류 기원 프로그램을 지휘하는 고인류학자 릭 포츠(Rick Potts)는 이렇게 썼다. 다리가 길고 육식을 하는 유목민인 호모 에렉투스는 다리가 짤막하고 먹이 찾기가 까다로운 동물들보다 유리했다. 고기는 어디서든 언제나 먹을 수 있는 반면 풀과 버섯은 먹을 수 있을지 못 먹을지를 우연이 결정할뿐더러, 잘못 먹었다가는 대단히 불쾌한 결말로 가는 지름길이 되는 수가 있었다.

이제 이들 인간은 식량을 찾아다니는 동안 포식자에게 난도질당하는 일을 그럭저럭 피할 수 있었으나, 여전히 사냥한 대형 사냥감을 보급하고 관리하는 문제에 어려움을 겪었다. 동물을 뒤쫓아 죽여서 주거지로 운반해와 도축해 나누는 일, 이 모든 일은 다른 동물의 이해력을 넘어서는 어려운 문제를 제기했다. 그래서 초기 인류는 협력하는 법을 익혔다. 대부분의 유인원이 혼자서 먹이를 모으는 반면 초기 인류는 함께 먹이를 모으는 법을 익혔다. 이는 그럴 수밖에 없었기 때문이다. "초기 인류는 협력이 실패할 경우 만족스런 대비책이 될 만한 선택지를 전혀 또는 거의 갖고 있지 않았다." 듀크대학의 발달심리학자로 유인원과 인간의 진화에 관해 연구해온 마이클 토마셀로(Michael Tomasello)는 이렇게 썼다. "그들은 매일 다른 사람과 협력해야 했고 그렇지 못하면 굶주려야 했다."

그들에 대해 우리가 아는 건 많지 않다. 과학자들의 말대로, 행동은 화석화되지 않는다. 다시 말해, 수렵채집인은 자신의 이메일을 보관해두지 못했다. 하지만 수렵채집인 사회에 관한 최신 현장 연구에서, 식량 공급이 어떻게 이뤄졌는지 추론해볼 수 있다. 인류학자 킴힐(Kim Hill)은 1970년대부터 파라과이 동부 삼림지대에 살고 있는 아체족에 관해 광범위한 현장 연구를 진행했는데, 이들 사회에서 식량을 공유하는 방식에 대해 이렇게 이야기했다.

고기는 보통 사냥꾼이 아닌 남성 연장자가 조각 또는 조각 더미로 분배해 나눠준다. 이때 몫을 받는 각 가정을 호명하는 또 다른 남성의 도움을 받는다. 무리의 다른 일원은 어느 가족이 아직 못 받았는지 분배하는 사람에게 재빠르게 일깨워준다. 이들은 자기 가족이 받지 않았다고 직접 말하는 대신 다른 가족들을 언급한다. 고기는 무리의 성인 일원이 똑같이 나누되 사냥꾼은 자신이 사냥한 동물은 먹지 않는다. 그의 아내와 아이들 역시 무리 내 다른 사람보다 더 많은 몫의 고기를 받지 않는다.

인류학자들은 전 세계 수렵채집인 문화에서 다양하게 변형된 이런 체계를 관찰했다. 이런 변형이 우리 인간을 유인원과 구별 짓는다.

침팬지가 철저히 그대로 되갚아주는 유형(직접 호혜주의로도 알려진 '네가 내 등을 긁어주면 나도 네 등을 긁어줄게' 유형)의 협력을 한 반면, 초기 인류는 훨씬 더 유연하고 생산적이며 시간이 지날수록 강력해지는 유형의 협력, 다시 말해 간접 호혜주의 협력 능력을 발전시켰다. 간접 호혜주의는 위험에 대비해 다른 사람들과 공동출자하는 보험처럼 작용했다. 그래서 보험과 마찬가지로, 사람들은 신뢰, 선의, 지연된 만족에 대한 용인 같은 몇 가지 능력을 발전시켜야 했다. 운수가 좋지 않은 사냥꾼은 무리의 다른 일원에 의지해 부족분을 채울 수 있을 터였다. 다른 일원이 그렇게 하는 건 정확히 똑같은 양의 고기를 보상받을 수 있으리라 기대해서가 아니라, 자신도 사냥물이 부족할 때 이 체계가 채워주리라는 믿음이 있기 때문이었다.

이렇듯 협력하며 살기 위해서, 인간들은 우리가 이 책에서 다루는 공동 지향성 및 집단 지향성과 관련한 몇 가지 새로운 정신 능력을 발전시켜야 했다. 이는 다른 사람들에게 목표를 명시해서 하나의 짝 또는 무리로서 그 목표에 다가가는 능력이다. 심리학에서 마음이론은 다른 사람들이 우리와 다른 생각을 가지고 있음을 이해하고 그들이 어떤 생각을 하는지 추론하는 능력에 대해 이야기한다. 그리고 우리 자신과 다른 사람들을 똑같이 놓고 본다는 건 우리의 협력자(들)도 똑같은 인간이며, 우리 자신이 그런 것처럼 동정받을 만하다고 인정하는 것이다.

이런 초기 인간 무리에서 자격은 취소 불가능한 게 아니었다. 자격은 그 자리에 있거나 친척이라는 이유만으로도 부여됐다. 협력이란 무리의 신(神), 업보, 초자연적 힘 같은 것이었다. 그것을 존중하는 사람들에게는 이익을 나눠주고, 존중하지 않는 사람들에게는 벌을 내렸다. 이런 처벌은 동료들에 의해 위반의 심각성에 따라 비난, 험담, 조롱, 망신시키기, 추방, 심지어 처형의 형태로 이루어졌다. 터무니없이 이기적인 행동으로 무리를 위험에 빠뜨리면 동료의 자격을 박탈당하고 이방인, 인간 이하, 짐승 같은 존재가 돼 즉석에서 '우리'로부터 쫓겨나 잊힐 가능성이 높았다. 현대 콩고의 음부티족이 이런 조치를 '숲에게 문제를 맡긴다'라고 하는 건 기억할 만하다.

협력이 생긴 이유가 사람들이 친절하려 노력하거나, 높은 도덕 수준을 열망하거나, 미덕을 보이기 위해서가 아니라는 점에 주목할 필요가 있다. 협력은 생존을 위해서였다.

마이클 토마셀로는 협력을 위한 이런 노력이 인간 도덕성의 시초라고 봤다. 즉, 도덕성이란 개인의 요구와 집단의 요구 사이에서 균형을 이루는 새로운 방법이자 다른 사람과 관계를 맺는 방식이었다. 사람들이 함께 사냥하고, 함께 먹고, 함께 아이들을 키우며 서로의 생각과 요구를 직감하면서 개인과 집단의 경계가 흐릿해지기 시작했다. 그렇다. 인간은 언제나 뚜렷한 개성을 가졌으나, 우리 없는 나는 없고 아마도 나 없는 우리는 없을 터이기에, 어느 정도 서로 침투해 모난 구석이 무뎌져서 무리의 일원에게 공감할 수 있게 됐다. '나'와 '너'가 합쳐져 '우리'가 됐다.

나는 이 책에서 사회화 르네상스에 대해 몇 차례 다룰 것이다. 이것이 그 첫 번째다. 인간은 존재의 실존적 위협에 대응해 처음으로 사회화됐다.

그러면 이렇게 말할지도 모르겠다. '좋다, 그런데 그게 무슨 대수인가. 당신은 방금 전에 부족주의를 이야기하지 않았나.' 인간이 자기 무리의 일원에게는 다정하고 친절한 반면, 낯선 이에게는 완전히 나쁜 놈일 수 있음을 우리는 아주 잘 안다. 이런 성향은 실재하고 극심하며 우리의 일부다. 생화학 차원에서도 그렇다.

인간은 옥시토신이라는 호르몬을 분비한다. 옥시토신은 엄마, 아기와 가장 밀접한 관련이 있다. 옥시토신은 모유 생성을 자극하는데 젖을 먹이는 동안 엄마와 아기의 뇌에서 분비돼 둘이 유대를 형성하도록 돕는다. 또 옥시토신은 무리를 결속시키는 데 큰 역할을 한다. 옥시토신이 분비될 때, 우리는 무리 내 다른 사람을 좋아하고, 공감하며, 공통된 규범을 따르고, 동료 무리 일원을 신뢰하고 그들과 협력할 수 있다. 반면, 다른 무리의 위협을 받을 때는 그에 맞서 부족을 지키는 데 옥시토신이 도움이 된다. 다른 사람들을 비인간화해 그들의 고통을 보지 못하게 하기 때문이다. 지극히 작은 옥시토신 분자 속에 인간 존재의 다정함과 공포스러움이 모두 들어 있다.

그렇다. 우리는 동족을 선호하도록 설정됐다. 이는 아마도 심리학에서 가장 확고부동한 사실일 것이다. 하지만 문제는 우리가 부족주의를 완전히 잘못 이해하고 있다는 점이다. 인간이 200만 년 동안 소규모 가족 무리와 함께 자신들의 작은 영역에 머물면서 낯선 이에게 빗장을 지르다가, 역사의 어떤 우연 또는 지독한 오산으로 순식간에 크고 작은 도시들에서 낯선 이에게 둘러싸이게 됐다는 생각은 틀렸다. 사실 인간은 대단히 오랜 시간 동안 이동하고 뒤섞여왔다. 하버드대학의 유전학자 데이비드 라이시(David Reich)는 아주 오래된 DNA를 분석해 오랜 역사에 걸친 인간의 이동을 연구한다. 시간이 흐르면서 하나의 종족으로부터 이 모든 다양한 무리가 갈라져 나왔다는 인간에 대한 통념은 적어도 과학이 규명할 수 있는 한에서는 잘못된 것이라고 라이시는 밝혔다. "인간 무리는 죄다 교잡체였다." 라이시는 이렇게 썼다. "뒤섞임(교잡)이 우리 정체성의 바탕이며, 우리는 이를 부인하지 않고 받아들여야 한다."

실제로 수렵채집인 무리는 인구가 증가해 이동하게 되면서 낯선 이들과 접촉하는 일이 더 많아졌다. 이웃 무리가 영역을 빼앗으려고 습격하기도 했다. 수컷 침팬지는 이런 방식으로 영역을 확장하는데, 영장류학자들이 연합 살상 공격이라고 부르는 전략을 이용한다. 하지만 문화인류학자 레이먼드 켈리(Raymond Kelly)에 따르면, 인간의 경우에는 기술 혁신 덕분에 호전성이 덜한 길로 향했을지도 모른다.

대략 40만 년 전, 던지는 창을 발명하면서 인간의 확산이 가속화됐다고 켈리는 주장했다. 멀리서 사람을 죽일 수 있는 이 무기는 폭력으로 영역을 빼앗는 시도에 치명적 결과를 안겼다. 그 이전에 공격은 수의 문제였을 것이다. 손도끼를 든 열 명의 남성은 손도끼를 든 두 명의 남성을 제압해 땅을 빼앗았다. 하지만 창이 발명된 뒤에는 열 명의 남성이 다른 무리의 영역에 침입하면 나무 위에 숨은 한 명이 무리의 세 명을 창으로 제거할 수 있었다. 다른 무리를 힘으로 지배하기가 어려워지면서, 켈리가 말하는 '전쟁 없는 구석기 시대'가 열렸다.*

창이라는 도구의 등장은 폭력 충돌을 억제하는 것 외에 그보다 더 긍정적인 효과를 보이는 결과로 이어졌을지 모른다. 다시 말해, 다양한 무리 사이에 긍정적 사회관계가 맺어졌을지 모른다. 켈리는 2005년의 한 논문에 이렇게 썼다.

---

* '전쟁'이란 종잡을 수 없는 용어다. 리처드 랭엄 같은 일부 과학자들은 언제든 남성 무리가 적을 집단으로 공격하는 것이 전쟁이라 정의한다. 이는 침팬지의 분쟁 방식이다. 하지만 인간이 저지른 대규모 학살의 고고학적 증거는 남아 있지 않다. 대량 살상의 가장 이른 증거는 농업혁명이 시작될 무렵인 약 1만 년 전으로 거슬러 올라갈 뿐이다.

창은 무리 사이에 일어나는 치명적 폭력의 진화 및 이웃하는 무리 사이에 형성되는 상호 관계의 성격에 중대한 전환점을 가져왔다. (중략) 이런 환경에서 공격은 더 이상 영역을 획득하는 수단으로서 유리하지 않았다. 대신 갈등을 피하고 무리 사이 우정, 상호의존, 공유, 협력 관계를 발전시키는 게 유리했다.

이로써 우리는 지하철에서 낯선 이를 돕는 종이 되는 방향으로 나아가게 됐다. 그러다가 30만 년 전 호모 사피엔스, 즉 '지혜로운 인간'이 나타났다. 이 말은 상당히 터무니없지만, 우리는 대부분의 시간 동안 꺼져 있는 전구도 '빛이 환한 전구'라 하지 않는가(영어 단어 'lightbulb'는 말 그대로 하면 빛이 환한 전구를 뜻한다-옮긴이). 창이 날아와 폐를 관통하는 위험을 감수하지 않고는 땅을 훔칠 수 없었기 때문에, 인간 무리는 인구가 증가하면서 공간이 필요하면 싸움을 벌일지, 아니면 새로운 땅을 찾을지 선택해야 했다. 갈등을 피하려는 욕구가 이들로 하여금 점점 더 멀리까지 가게 만들었고, 그러면서 초기 인류가 아프리카 너머로 가는 길이 열렸다고 켈리는 주장한다. 이는 직립보행하는 종이라는 현재 우리 인간의 특성을 규정한 또 다른 중대한 발전이었다. 우리는 방랑자이자 여행자, 이방인이자 일시 체류자였다. "우리는 이제 장거리 이동이 인간 역사의 근본을 이루는 한 가지 과정임을 안다." 고고학자 클라이브 갬블(Clive Gamble)과 인류학자 티머시 얼(Timothy Earle)은 이렇게 썼다. "우리는 이동하도록 만들어졌고, 이동하면서 진화했다."

이동하며 뒤섞이고 인구가 증가하면서, 우리는 자기길들이기 과정을 시작했고 서서히 모습이 달라졌다. 짙은 눈썹이 엷어지고, 얼굴이 짧아지며 여성화됐고, 송곳니가 뭉툭해졌다. 뇌 용량은 약간 줄어들었는데, 이는 길들여진 동물의 세로토닌 수치가 증가하는 것과 관련이 있다. 알다시피, 세로토닌은 공격성을 제어한다. 눈은 커지고 공막이 색소를 잃어 흰자위가 됐는데, 이는 우리가 쳐다보는 상대에게 우리의 의향을 드러낸다. 침팬지나 늑대에게는 이것이 상당한 약점이 될 터이다. 미식축구에서 공을 던질 때마다 의향이 드러나는 쿼터백을 생각해보라. 하지만 인간에게는 말을 통하지 않고 빠르게 의도를 전함으로써 얻는 이득이 잠재적 적에게 다음 움직임을 예측당하는 단점보다 더 크다. 그럴 때 다른 사람과 더 쉽고 효율적으로 협력할 수 있기 때문이다.

이런 과정의 어느 시점에, 호모 사피엔스는 언어를 사용하기 시작했다. 언어가 출현한 시기는 정확히 알 수 없지만, 무리의 규모가 커지면서 언어가 발달했을 가능성이 크다고 많은 과학자들은 생각한다. 영국의 인류학자 로빈 던바(Robin Dunbar)에 따르면, 영장류 무리의 규모가 커지면서 유인원이 서로 털을 다듬어주는 시간도 늘어났는데, 털 다듬기는 단순히 털을 깨끗이 하는 것 이상의 유대와 소통의 가치를 가졌다. 그래서 무리가 커지면서, 익숙하던 방식으로 무리의 다른 모든 일원이 이에 참가하는 게 불가능해졌다. 사회 정보를 더 효율적으로 전달하는 방식이 필요했다. 인간에게 그것은 언어였다고 던바는 생각한다.

그러면 자기길들이기는 수렵채집인에게 무엇을 가져다줬을까? 우선 하나는, 이동이 더 수월해졌다. 우리가 낯선 이들과의 협력을 받아들이면, 우리는 투쟁 또는 도피보다 더 많은 선택권을 가질 수 있다. 지난 한 세기 반가량 이뤄진 이들 무리에 대한 동시대 연구에서 우리가 알게 된 것은, 수렵채집인의 지배적인 생활 방식은 분열-융합형이라 불리는 것이었다. 분열-융합형 사회에서 우리는 무리들 사이를 이동해 다닌다. 때때로 무리를 떠나 다른 무리에 합류한다. 때로는 결혼을 통해 새로운 무리의 일원이 되거나, 다른 무리 출신의 여성이 결혼을 통해 우리 무리의 일원이 되기도 한다. 또는 사촌이 무리를 떠났다가 우리가 만난 적 없는 친구와 함께 돌아오고, 우리가 사촌 대신에 그 친구와 짝짓기를 할 수도 있다. 때로는 무리가 너무 커져 유지하기가 힘들어져서 작은 무리로 쪼개지기도 한다.

사람들이 무리 사이를 이동한 결과, 무리 자체가 더 다양해졌다. 2011년 이뤄진 현대의 32개 수렵채집 사회에 대한 통계 분석은 대체로 각 무리의 약 4분의 1에 해당하는 일원만이 유전자상 친척이고, 4분의 1은 결혼을 통해 친척이 됐으며, 또 4분의 1은 결혼을 통해 남편 형제의 배우자 같은 먼 친척이 됐고, 나머지 4분의 1은 아무런 관계가 없었다. 이들은 과학 용어로 말해, 유전자상 낯선 사람들이었으나 가족 같은 대접을 받았다. 오늘날 인류학자들은 이런 사회관계의 범주를 명예 친척(honorary kin)이라고 부른다.

수렵채집 생활에서는 갈등이나 텃세가 없었다는 말이 아니다. 갈등이나 텃세가 있었다. 인구가 과밀해지거나 자원을 놓고 경쟁이 벌어지면 우리 안의 침팬지가 분발했을 것이다. 하지만 수렵채집 사회의 폭력을 연구한 미국 인류학자 더글러스 프라이(Douglas Fry)에 따르면, 분열-융합형 사회의 이런 관계망은 인류에 가장 지독한 불행을 남기는 '우리'와 '그들' 사이의 적대를 방지하는 '강력한 방호벽' 역할을 했다. 이는 프라이의 말대로 "분명하게 규정된 무리가 없으면 무리에 대한 충성심이 존재할 수 없기" 때문이다. 고정된 '우리'가 없으면 고정된 '그들'도 없다.

2013년 프라이와 동료 파트리크 쇠데르베르(Patrik Söderberg)는 과거의 현장 연구에서 나온 데이터를 이용해 진정한 수렵채집 사회에 해당하는 21개 대표 표본에서 치명적인 폭력 사례를 조사했다. 두 사람은 인류학자가 아닌 이들이 진정한 수렵채집 사회라 할 수 없는 사회에 대한 연구를 근거로 확신에 차 내놓은 이론에, 즉 초기 인류가 끊임없이 전쟁을 치르며 살았다는 이론에 질리고 말았다. 가장 자주 인용되는 일부 사회는 사실 신분이 있는 더 복잡한 사회이거나, 더 복잡한 사회와 부정적인 접촉을 한 사회이거나, 술 같은 것에 접근할 수 있는 사회였다. 프라이와 쇠데르베르는 분석을 통해 "가장 치명적인 사건을 저지른 건 개인 단독이고 거의 3분의 2가 사고, 가족 간 분쟁, 규칙 위반에 따른 무리 내 처형, 또는 특정한 여성을 두고 벌인 경쟁 같은 대인관계와 관련한 동기에서 비롯했다"고 밝혔다. 세 개 사회에서는 살인이 전혀 발생하지 않았다.

사실 대부분의 인류 역사에서 낯선 이를 살해하는 건 보통 타당치 않은 일이었다.[*] 인류학자들이 연구한 많은 수렵채집 사회에서 이방인혐오증과 폭력은 대가가 컸다. 생각해보라. 흔히 지형은 예측할 수가 없다. 때로는 먹을거리가 풍부하고 또 때로는 그렇지가 않다. 때로는 물을 얻기 쉽지만 또 때로는 그렇지가 않다. 그래서 무리들은 다른 무리와 관계를 발전시켜야 했다. 힘든 시기에는 이웃 무리의 도

---

[*] 폴리 위스너(Polly Wiessner)가 칼라하리 사막의 주/와시(Ju/Wasi)족과 함께 지낸 뒤 내게 들려준 이야기가 이를 말해준다. 위스너는 미국에서는 때로 사람들이 낯선 이를 살해한다고 그들에게 말했다. "모두가 그냥 웃음을 터뜨리더군요. 이런 거죠. '왜 모르는 사람을 살해하지? 내 형제가 내가 갖지 못한 걸 가졌다면 그를 살해하겠지만 모르는 사람을 살해하진 않을 거야!'" 부족민은 위스너의 말이 의아했던 것이다.

움에 의지하고, 좋은 시기에는 이웃 무리가 이들의 도움에 의지했다. "이런 평등주의 사회의 진화에 대해 우리는 거의 아는 바가 없다." 인류학자 폴리 위스너는 이렇게 썼다. "하지만 분명한 건 일단 개인과 사회 집단 사이에 평등주의 관계가 확립되면 공유, 상호의존, 이동이 대단히 수월해진다."

인류학자 로버트 통킨슨(Robert Tonkinson)은 오스트레일리아의 광활한 서부 사막 지역에서 마르두족을 연구하는 동안 이를 직접 관찰했다. "무리 간 갈등이나 불화를 허용해 사회 및 영토 경계를 굳히면, 말 그대로 자멸을 초래하고 만다. 무리는 자기 영역 내의 물과 식량 자원으로 다음에 비가 올 때까지 버틸 수 있으리라 기대할 수 없기 때문이다." 2004년 통킨슨은 이렇게 썼다. "따라서 마르두족의 언어에 '불화'나 '전쟁'에 해당하는 단어가 없고 불화와 관련 있는, 오래도록 지속된 무리 간 적대를 드러내는 증거가 없다는 건 그리 놀라운 일이 아니다."

앞서 말한 대로, 우리는 흔히 인간에 대해 최악을 생각한다. 우리의 오랜 조상들이 필시 낯선 이들을 혐오하고 끔찍한 폭력을 휘둘렀으리라는 끈질긴 믿음은, 우리의 본성이 이방인혐오증을 타고났으며, 낯선 이를 평화롭게 대하는 게 통칙이 아니라 예외라는 인상을 남겼다. 수렵채집 사회에 대한 심각한 오해가 이런 믿음을 강화했다. "'부족'이라는 용어는 수렵채집인이 폐쇄된 영역에 한정된 집단이며 관습의 명령을 따르고 권위의 지배를 받는다는 오해를 조장한다." 1976년 인류학자 엘리너 리콕(Eleanor Leacock)은 이렇게 한탄했다. "사람들은 '부족민'이라는 말이 암시하는 것보다 훨씬 더 세계시민이었다. 그들은 이동해 다니고, 거래하며, 협상하고, 선택 가능한 다양한 행동들 사이에서 끊임없이 선택했다."*

간단히 말해, 프라이와 쇠데르베르에 따르면 수렵채집 사회는 "전쟁을 일으키기에 적합하지 않다. 수렵채집형 유목민의 기본값은 이웃과 전쟁하는 게 아니라 잘 지내는 것이다. 전쟁, 평화, 인간의 본성과 관련해 수렵채집형 유목민 연구에서 얻을 수 있는 교훈은 이 점이 가장 중요하다."

이것은 분명 우리의 사촌인 침팬지와는 다른 점이다. 침팬지는 "낯선 침팬지를 보기만 해도 두려움, 적대감, 공격성이 촉발된다." 생물학자 피터 리처슨(Peter Richerson)과 인류학자 조 헨릭(Joe Henrich)은 이렇게 말한다. "인간은 위협적이거나 적대적이라고 추정되는 무리의 일원이 아니라면 낯선 사람을 잠재적 협력자로 여긴다." 자기길들이기가 작동하는 것이다.

무리들이 만나 사회관계망이 커지면서, 이들 사이에는 간접 호혜주의 관계가 더욱 뚜렷하게 형성됐다. '우리'는 우리 무리를 넘어 확대됐다. 자기길들이기설의 주요 지지자인 브라이언 헤어는 이를 '유례없는 친화력'이라 말한다. "수백 명, 그다음에는 수백만 명의 혁신자가 유례없이 낯선 이들을 받아들여 협력했기 때문에 인간 문화의 혁신이 증폭됐다"고 말이다. 인구밀도가 높아지면서 더 많은 생각과 더 정교한 관습이 생겨난 데 더해 잠재적 짝과 동료가 더 많아졌

* 수렵채집인은 또 남녀에게 동등한 자격을 허용했다고 리콕은 말했다. 좀 더 복잡한 사회에서 벌어지는 예속과 반목은 없었다. "평등주의 무리 사회의 구조상 남성에 대한 특별한 존중은 필요치 않았다." 리콕은 이렇게 썼다. "남성이 여성의 필요와 감정에 민감한 정도보다 여성이 남성의 필요와 감정에 더 민감해야 할 경제상·사회상 의무가 없었다." 남녀가 하는 일이 달랐으나, 채집과 육아같이 여성이 하는 일과 사냥과 방어같이 남성이 하는 일의 명예에는 차이가 없었다. 두 가지 모두 무리의 생존에 똑같이 중요했고, 그래서 존중됐다.

다. 조 헨릭은 《성공의 비밀: 문화가 어떻게 인간 진화를 이끌고 인간 종을 길들이며 더 똑똑하게 만들까(The Secret of Our Success: How Culture Is Driving Human Evolution, Domesticating Our Species, and Making Us Smarter)》에서 협력하는 대규모 인간 집단의 가치를 말해주는 좋은 비유를 들고 있다.

아주 큰 선행인류 집단이 둘 있다고 해보자. 천재족과 나비족('social butterfly'는 사회성이 좋은 사람이라는 뜻으로 쓰인다-옮긴이). 천재족은 열 명 중 한 명이 어떤 발명품을 생각해낸다고 하자. 나비족은 훨씬 더 멍청해서 1000명 중 한 명만이 같은 발명품을 생각해낸다. 천재족이 나비족보다 100배 더 똑똑하다는 뜻이다. 하지만 천재족은 사회성이 떨어지고 친구가 한 명밖에 없다. 반면 나비족은 친구가 열 명 있고 사회성이 좋다. 이제, 두 집단의 모든 사람이 스스로 생각해내거나 친구한테 배워서 어떤 발명품을 손에 넣으려 한다. 친구한테 배우기가 쉽지 않다고 해보자. 친구가 그 발명품을 갖고 있더라도 그 친구에게 배워서 발명품을 만들어 낼 확률은 절반밖에 되지 않는다. 모든 사람이 혼자 생각해내거나 친구한테 배운 후, 천재족과 나비족 가운데 어느 쪽이 그 발명품을 더 많이 갖고 있을 거라 생각하는가?

천재족에서는 다섯 명 가운데 한 명에 약간 못 미치는 18퍼센트가 발명품을 갖게 된다. 천재족 가운데 절반이 완전히 혼자서 생각해낸다. 반면 나비족은 99.9퍼센트가 발명품을 갖게 되지만 0.1퍼센트만이 스스로 생각해낸다.

초기 인류는 여전히 자기가 속한 무리를 선호했다. 하지만 그 무리가 점점 커졌다. 그러면서 같은 무리의 일원임을 빠르게 한눈에 밝힐 수 있는 방법이 필요했다. 이것이 현재 우리가 알고 있는 문화의 출현으로 이어졌다. 사람들은 공유하는 방언과 관습을 발전시키고 물질문화를 이용해 소속을 나타냈다.

고고학자들은 아프리카와 서남아시아에서 7만 년에서 9만 년까지 거슬러 올라가는 장식용 조개와 깎아 만든 물건을 발견했다. 이 물건들을 서로 거래하거나 착용해, 만나는 이들에게 자신이 낯설기는 하지만 정말로 낯선 사람은 아님을 보여줬을 가능성이 크다. 이때 우리 안에서는 다시 한 번 독특한 화학반응이 일어났다. "옥시토신과 더불어, 먼 거리에서도 낯선 이가 우리와 비슷하다는 걸 알아채고 그에게 호의를 느낄 수 있었다." 브라이언 헤어는 이렇게 썼다. 이것이 두 번째 사회화 르네상스다.

문화가 어떻게 작동하고, 실제로 낯선 이에 대한 두려움을 얼마나 빠르게 덜 수 있는지 밝히는 데 도움이 되는 심리학 개념이 있다. 단순 소속감이 그것이다. 예를 들어보자. 나는 가끔 보스턴 레드삭스 팀 야구모자를 쓴다. 말한 대로, 나는 뉴욕에 살고, 그래서 레드삭스 팀 야구모자를 쓰면 국외자가 될 수 있다. 보스턴에 사는 뉴욕 양키스 팀 팬처럼, 혐오받는 타자가 아니라 용인되는 소수자 말이다. 그래서 뉴욕에서 이 모자를 쓰면 거리에서 낯선 이들이 말을 걸어온다. 이것은 이 야구모자가 가진 힘이다. 그들은 나에 대해 아무것도 모르지만, 이 야구모자가 내가 말을 걸어도 안심할 수 있는 사람이자 함께 나눌 이야깃거리가 있으리라는 확신을 준다.

단순 소속감이라는 개념을 발전시킨 사회심리학자 그레고리 월턴 (Gregory Walton)과 제프리 코언(Geoffrey Cohen)에 따르면, 인간은 "사회적 연결 가능성을 드러내는 아주 사소한 단서에도 대단히 민감하다." 작은 유사성이 "사회관계의 통로, 다시 말해 다른 사람 또는 집단과 사회적으로 연결되는 단서" 역할을 한다. 인간은 소속 욕구가 강해 낯선 이를 만나면 이른바 우연한 유사성을 찾는다. 낯선 이와 사소하더라도 공통점이 있으면 우리 가운데 한 사람으로 여기기 때문에, 그에게 말을 걸고 신뢰하며 좋아할 가능성이 훨씬 더 클 것이다. 이런 공통점이 레드삭스 팀 야구모자일 수도 있다. 역사를 보자면 레드삭스 팀 야구모자가 상식이나 시민의식을 보증해주지는 않지만 말이다. 또는 이런 공통점이 반려견일 수도 있다. 히틀러도 개를 키웠고, 이름이 블론디인 이 개가 죽었을 때 대단히 슬퍼했지만 말이다.

이런 유사성이 갖는 힘에 대한 연구가 활발히 이뤄지고 있는데, 무의미한 공통점조차 낯선 이들이 서로 더 좋아하고 돕게 만든다는 사실을 보여준다. 심리학자 야로 더넘(Yarrow Dunham)이 이끈 한 연구는 5세 아이들을 실험에 참가시켰다. 동전 던지기로 아이들을 빨간색 무리와 파란색 무리로 나눠 그에 맞춰 빨간색 또는 파란색 티셔츠를 준 다음, 빨간색 또는 파란색 셔츠를 입고 있는 낯선 아이들의 사진을 보여줬다. 그리고 각 사진의 아이가 얼마나 좋은지 평가하게 했다. 동전 다섯 개를 준 후 그 동전을 가질 자격이 있어 보이는 사진 속 아이들에게 나눠주게 하고 '누가 모든 친구를 위해 쿠키를 만들었을까?' '누가 물어보지도 않고 돈을 가져갔을까?' 같은 질문을 했다. 또 사진에서 놀이친구가 될 수 있을 것 같은 아이를 선택하게 했다.

아이들은 자신과 성별이 같은 아이를 가장 선호했으나, 그다음에는 자신과 같은 색 무리의 아이들을 압도적으로 좋아해서 동전을 더 많이 주고 같이 놀고 싶어 했으며, 그 아이들의 성격을 더 긍정적으로 판단했다.

심리학자 제임스 존스(James Jones)가 이끈 또 다른 연구는 실험 참가자들에게 무의미한 유사성을 가진 상대들을 소개했다. 성의 철자가 몇 개 같거나 무작위로 배정한 것 같은 상대의 번호가 실험 참가자의 생일 날짜와 비슷한 식이었다. 그런 다음 '곧 나눌 대화에서 이 사람을 알게 되길 바라는 마음이 드는가?' '이 사람을 알게 되면 얼마나 좋아할 것 같은가?' 하는 질문을 했다. 실험 참가자들은 무의미한 유사성을 가진 사람들에게 더 마음이 끌렸다. 존스와 동료들은 이후 한 연구에서 실험 참가자들에게 데이트 상대로서 본인이 가진 가장 큰 결점을 써달라고 요청해 위협감을 조성했다. 그리고 위협감을 느낀 사람들이 자신과 비슷한 성을 가진 가상의 상대에게 훨씬 더 마음이 끌렸다는 사실을 알아냈다. 우리는 위협을 느끼면 '우리 무리'의 정의가 터무니없을 때조차 결속한다.

1989년 심리학자 존 핀치(John Finch)와 로버트 치알디니(Robert Cialdini)가 진행한 또 다른 연구는 이런 경향이 훨씬 더 터무니없게 나타날 수 있음을 보여줬다. 두 연구자는 실험 참가자들에게 라스푸틴(러시아의 수도사로 니콜라스 2세와 알렉산드라 황후의 신임을 얻어 국정에 간섭했다-옮긴이)의 일생에 관한 '러시아의 미친 수도사'라는 기사를 읽게 했다. 실험 참가자 가운데 절반이 자기 생일이 라스푸틴과 같다고 믿게 만들었고, 나머지 절반에게는 라스푸틴의 생일 날짜를 알려주지 않았다. 생일이 같은 실험 참가자들은 이 사디스트이자 과대망상 환자인 라스푸틴의 성격에 대해 훨씬 더 호의적인 견해를 보였다. 여기서 단순 소속감이 얼마나 강력한 효과를 갖는지 알 수 있다. 또, 이미 잘 알려진 '우리' 무리에 대한 애착뿐 아니라 '우리' 무리의 정의가 얼마나 유연할 수 있는지, 그리고 인간 역사를 통틀어 '우리' 무리가 얼마나 쉽게 확대돼왔고 또 확대될 수 있는지 알 수 있다. 상황만 따라주면 그렇게 되는 데 많은 시간이 걸리지도 않는다.

◆ ◆ ◆

이제, 분명히 해보자. 나는 지금 사람들이 타고나길 선량하다고 말하려는 게 아니다. 인류 확산의 추진력은 선량함과 무관했기 때문이다. 그것은 팽창, 번식, 기술 발전에 따른 역량 강화와 관련이 있었다. 결국 초협력성은 양날의 검이다. 우리는 초협력성으로 무리가 결속해 고아가 된 낯선 이의 아이를 키울 수도 있고, 저 아이가 속한 무리에 대한 조직적 인종 청소를 벌일 수도 있다. 하지만 협력해 무리를 확대하려는 본능과 그에 따른 성공은 우리가 낯선 이들과 친해지고, 함께 일하며, 대화를 나눌 수 있는 강력한 능력을 가졌음을 보여주는 증거다. 이 능력은 선천적이다. 로마 황제 마르쿠스 아우렐리우스는 거의 2000년 전 인간 동포에 대해 이렇게 썼다. "그와 나는 한 사람의 두 손, 두 발, 두 눈꺼풀처럼 또는 윗니와 아랫니처럼 함께 협력하도록 타고났다. 서로를 가로막는 것은 자연법칙에 어긋난다."

무엇보다 우리의 먼 조상이 낯선 이를 만나는 족족 죽였다면, 우리는 하나의 종으로서 지금과 같이 성공하지 못했을 것이다. 복잡한 문화와 기술을 발전시키고, 온갖 기후 속에서 번영하는 법을 익히며, 수백만 사람들이 어쨌든 그럭저럭 대량 살육 없이 살아가는 도시를 세우지 않았을 것이다. 인류 형성기 수천 년 동안, 끊임없는 초경계 상태에서 웅크린 채 거주지로부터 멀리 벗어나지 않으면서 낯선 이들과 섞이는 일 없이 늘 전쟁을 벌이기는 했지만 말이다. 이것이 내게 희망을 북돋운다. 또 이것이 남성의 치명적 집단 폭력을 조장하는 어린이 책을 찾아보기 힘든 이유라고 나는 기꺼이 단언한다.

우리는 선천적으로 선하거나 악하지 않다. 우리가 어떤 사람인지는 상황에 따라 달라진다. 영장류학자 프란스 드 발은 인간을 '양극성을 가진 유인원'이라 부른다. 나는 이 말을 좋아한다.

어마어마한 학문 분야와 협동 연구하는 듀크대학의 앨런 뷰캐넌(Allen Buchanan)과 보스턴대학의 러셀 파월(Russell Powell)은 좀 더 적절한 비유를 들었다. 두 사람은 인간이 윤리 '조절장치'를 갖고 있다고 주장한다. 그래서 상황에 따라 좀 더 포용성을 갖거나, 아니면 좀 더 배타성을 갖도록 조절할 수 있다. 이 책의 목적상, 포용성이란 낯선 이를 윤리적으로 충분히 배려해 동등한 사람으로 대한다는 뜻이다. 배타성이란 낯선 이는 인간이 아니기에 무심히 고통을 가하거나 죽일 수 있다고 생각한다는 뜻이다.

고고학 기록에 근거해 볼 때 우리가 아는 전쟁, 다시 말해 무리가 무리와 싸울 때 발생하는 대량 살육은 비교적 최근에 나타난 현상이다. 예를 들어, 대량 살육을 암시하는 가장 이른 고고학 증거는 농업이 출현한 직후인 1만 년 전으로 거슬러 올라가는데, 케냐의 투르카나 호숫가에서 발견됐다. 이와 비슷한 것이 독일에서도 발견됐다. 집단 처형의 증거로 여겨지는 이 유적은 시기가 7000년가량 거슬러 올라간다. 여기서 발견된 모든 희생자의 정강이뼈가 산산조각 나 있는데, 이 유골의 동위원소를 분석한 결과 이들이 외부인임이 드러났다.

수렵채집 방식의 사회 구성이 족장 사회와 국가같이 더 복잡한 사회에 자리를 내준 건 약 1만 2000년 전 농업이 시작될 무렵이었다. 족장 사회와 국가는 축적하고 탐내고 차지하려고 싸움을 벌일 수 있는 재산, 지위, 소유 같은 특징을 가졌다. 농업은 인구의 폭발로 이어졌으나, 또한 인간이 처음으로 정해진 땅에 뿌리를 내리게 했다. 우리 조상들은 더 이상 갈등이 일어날 경우 숲속으로 사라지거나 떠나버릴 수가 없었다. 이제 지켜야 할 것이 있었으며, 이는 이웃 또한 우리가 훔쳐올 만한 가치가 있는 것을 가졌음을 뜻한다. 그러면서 우리가 아는 바와 같은 전쟁이 시작됐다.

마찬가지로 사회 계급화도 시작돼, 계급과 정치적 위계질서가 생겨나고 경쟁과 질투가 따라왔다. 이 새로운 사회는 협력이 아닌 지배를 지향했다. 사회가 거래와 싸움에 더 중점을 두면서 여성의 지위가 낮아졌다. 종교가 형성되고, 이와 함께 정치권력 및 정복 의지와 결합한 남성 위계질서가 형성됐다.

수렵채집 사회의 전통이 어느 정도 남아 있었으나 유럽의 탐험가들 및 이주자들과 접촉하면서 그 쇠퇴가 앞당겨졌다. 이들은 이 평등주의 사회가 이뤄놓은 정교한 균형을 돌이킬 수 없이 파괴했으며, 최악으로는 이 사회들을 전멸시켰다. 초기 인류학자들에 의해 낯선 이에게 가장 폭력성을 보이고 이방인혐오증을 드러낸다고 알려진 전통 사회들은 더 복잡한 사회에서 온 낯선 이들과 접촉했다가 참혹한 결과를 맞이한 경험을 갖고 있었다.

1835년 프랑스의 역사가 알렉시 드 토크빌(Alexis de Tocqueville)은 미국 원주민의 상황에 대해 이렇게 썼다. "유럽의 폭정은 가족들을 흩어놓고, 전통을 지우고, 기억의 사슬을 파괴함으로써 이들을 이전보다 더 난폭하고 덜 문명화한 상태로 만들었다." 이로부터 15년 전인 1820년 미국의 지리학자 제다이디아 모스(Jedidiah Morse)는 미국 원주민 사회를 둘러본 후 미합중국 전쟁부 장관에게 쓴 편지에서 똑같은 말을 했다. "언제나 백인과의 교류가 가장 적은 인디언들한테서 가장 큰 환대와 호의를 경험했습니다."

이런 일이 전 세계에서 일어났다. 인도와 미얀마 사이에 있는 벵골만의 한 군도에 사는 안다만섬 사람들은 이방인혐오증이 극심하다고 알려져 있다. 이들은 5만 년 전 아프리카에서 이동해 이후 대체로 외부와 접촉하지 않은 채로 남았다고 여겨진다. 철저히 가려진 안다만섬 사람들은 '지구상에서 가장 수수께끼 같은 사람들'이라고 일컬어진다. 따라서 그들이 낯선 이에게 보이는 태도가 우리의 본성이라고 생각하기 쉽다. 하지만 그들에게도 트라우마의 역사가 있다. 18세기 초 유럽에서 온 외부인들과 처음 접촉하자마자 이들이 가져온 병원균과 폭력으로 인해 많은 섬 사람이 죽었다. 그 후 안다만섬 사람들이 낯선 이에게 느끼는 두려움은 초자연성을 띠었다. "죽거나 살해된 낯선 이의 사체는 묻지 않고 바다에 던져 넣거나 잘라서 불태웠다." 1906년 인류학자 래드클리프브라운(A.R. Radcliffe-Brown)은 이렇게 말했다. "이런 관습은 낯선 이의 사체가 남아 있을 때 생길 위험을 없애는 것이다. 이들은 죽은 사람의 피와 기름이 사악한 영향을 미칠까 봐 두려워했는데, 그 피와 기름이 연기가 돼 하늘로 올라가면 무해해진다고 여겼다."

하지만 우리가 수렵채집인에 대해 아는 바로는, 다시 말해 수시로 협력이 이뤄진 시기에는 낯선 이를 살해하는 일은 하나의 가능성으로 남아 있었다. 인구가 늘고 지적 수준이 높아지면서 우리의 윤리 조절장치는 요동쳤다. 때로는 배타성이 최대 상태에 놓여 지옥이 펼쳐졌다. 하지만 이 조절장치는 좀 더 자주 반대 방향으로 돌아가, 우리 특유의 재능인 사회성이 '우리'를 더 유연하게 확대해 정의하도록 이끌었다. 그렇다. 우리는 동족을 선호하지만 '동족'이란 사실 뚜렷하게 정해지지 않은 개념임이 드러났다. 오늘날 냉소주의자, 이념주의자, 극단주의자들은 '우리'와 '그들'을 나누는 문화적·심리적 경계선이 변경할 수도 침범할 수도 없는 것이라 흔히 오해하지만, 그것은 말뚝 울타리만큼 구멍이 숭숭 뚫려 있는 것에 가깝다. 우리는 만나야만 했다.

5 　우리는 어떻게 집단 대화를 할까

낯선 이에게 좀체 말을 걸지 않는 건 그가 온전한 인간임을
확신하지 못하기 때문이다.

나는 낯선 사람에게 말 거는 법을 익히기 위해 여러 가지 탐색을 하
면서, 나 같은 초보자도 쉽게 접근할 수 있는 방법을 찾고 싶었다. 낯
선 이에게 말을 걸어도 될 뿐 아니라 대화 시도가 거부당할까 봐 너
무 염려하지 않아도 되는, 이런 환경이 잘 조직된 곳 말이다. 그래서
나는 맨해튼 중간 지구의 한 작은 식당에서 노란색 모자를 쓴 한 남
성과 마주 앉게 됐다.

84세의 론 그로스는 작가이자 컬럼비아대학의 저명한 교육학자
다. 컨버세이션스뉴욕(Conversations New York, CNY, '뉴욕의 대화')이라는 단체
의 공동설립자이기도 하다. 그로스는 25년여 동안 이 단체의 운영을

지원해왔다. 컨버세이션스뉴욕은 낯선 사람들이 모여 자유롭게 집단 대화를 나누는 모임을 정기적으로 개최한다. 그로스는 나와 만나기 전 이메일을 통해 내게 "이마누엘 칸트가 추천한 대로 챙이 있는 노란색 모자를 쓰"겠다고 했다. 나는 이 말이 무슨 뜻인지 잘 몰랐다. 약속 장소에 도착해보니, 그로스는 챙이 빙 둘러진 샛노란 모자를 쓰고 있었다. "나는 여행할 때 늘 이 모자를 쓴다오. 그러면 목적지에 도착했을 때 사람들이 금방 날 알아볼 수가 있거든요."

"그런데 그게 칸트와 무슨 상관이 있나요?" 내가 물었다.

"칸트의 정언 명령을 잘 아시리라 믿소. 우리가 하고자 하는 바가 누구에게나 통용될 수 있도록 행동해야 한다는 거지요. 그런데 몇 년 전 운전사가 내게 그러더군요. '그로스 씨, 그 모자를 쓴 건 참 좋은 아이디어네요. 공항에 막 도착한 사람들이 모두 그런 모자를 썼으면 좋겠어요!' 그래서 나는 생각했어요. '아! 이 사람이 칸트를 논박하는군!' 물론 난 진심으로 그의 통찰에 동의했다오." 이후 노란색 모자는 모든 컨버세이션스뉴욕 참가자의 사실상 유니폼이 됐다.

그로스는 이런 단체를 운영할 법한 인물은 아니다. 그는 에너지가 넘치고 일대일로 이야기 나누는 것을 좋아하지만, 그렇다고 황야에서 낯선 이에게 말을 거는 유형은 아니다. 의외로 내향적인 사람이라는 얘기다. 한때 그는 롱아일랜드에 있는 자기 집 옆 동네 수영장을 피했다고 한다. 사람들이 거기서 하는 일이라곤 수다 떠는 것이었기 때문이다. 그러나 결국 아내 손에 이끌려 수영장에 가야 했다. "난 탁자와 의자가 있는 자리를 찾아 일거리를 가져갔지요. 요컨대, 내가 이런 일을 하리라곤 그때는 생각조차 하지 못했다오."

그로스는 어쩌다가 이런 단체를 만들게 된 걸까? "내가 나 자신 때문에 사람들에게 다가가지 못한다는 걸 깨달았지요. 사람들 속에서 움츠러들지 않으려면 실제로 뭔가를 해야 했어요." 그로스는 저작인 소크라테스에 관한 책을 포함해 연구 작업을 이어가면서 대화가 학습 도구로서 대단히 중요하다는 사실을 알고 있었다. 머리로 아는 걸 넘어 "다른 사람들에게 마음을 열면 무슨 일이 일어나는지" 직접 탐구하고도 싶었다.

◆ ◆ ◆

컨버세이션스뉴욕 행사는 대학 내 강당이나 공원에서 주로 열리고, 각 모임에는 40~80명에 이르는 사람들이 참가한다. 참가자들은 여러 무리로 나뉘어 90분 동안 시사 또는 철학 문제를 주제로 이야기를 나눈다. 이 모임에 참가하는 사람들은 나이, 성별, 인종, 민족, 성격이 놀라우리만치 다양하다. 그로스는 이 집단 대화를 감독하면서 대화를 이끌기도 하고, 너무 공격성을 보이거나 다른 사람의 말을 가로막는 참가자에게는 주의를 주기도 한다.

사람들은 컨버세이션스뉴욕에서 특정 주제를 가지고 생각과 이야기를 주고받는다. 이 대화 자체도 중요하지만 그로스는 또 다른 의도를 갖고 있는데, 이것이 우리의 목적과 관련이 있다.

그는 좋은 대화를 나누는 법을 사람들에게 가르치고 싶어 한다. "대화를 하려면 세 가지 인식을 가져야 한다는 걸 사람들에게 알려주고 싶어요. 어떤 대화인지에 대한 인식, 무슨 말을 하고 싶은지에 대한 인식, 그리고 내가 이 대화 과정에 좋은 방식으로 기여하고 있는지, 고압적이진 않은지, 상관없는 이야기를 하지는 않는지, 말을 지어

내고 있지는 않은지 하는 메타 인식이 깔려 있어야 해요. 그래야 좋은 대화를 할 수 있죠."

그로스가 말하는 세 가지 인식은 2장에서 보았듯 낯선 이와의 대화가 인지상 부담이 되는 이유이기도 하다. 기자인 나로서는 이것이 피할 수 없는 현실이다. 대화를 하는 내내 열심히 귀를 기울이지만, 머릿속으로는 궁금한 것을 알아낼 최선의 방법이 무엇일지 자문하고, 그 사람이 나를 좋아하도록 애쓰면서, 동시에 기사에 필요한 취재거리를 얻지 못해 보수를 받지 못할까 봐 남몰래 전전긍긍하기 때문이다. 그뿐인가. 다람쥐에겐 몹쓸 짓이지만 내 집중력은 다람쥐 정도에 지나지 않는다. 그로스가 말한 세 가지 인식은 나한테도 쉬운 일이 아니었다. 하지만 나는 컨버세이션스뉴욕에 마음이 끌렸다. 각계각층의 낯선 사람 일곱 명과 대화를 나눌 수 있다는 게 특히 좋은 훈련이 되리라 생각했기 때문이다.

나는 컨버세이션스뉴욕이 여는 두 번의 대화에 참가했다. 대화 자체도 활기 넘치고 재미있었지만 가장 흥미로웠던 건 집단 대화가 저절로 체계를 잡아가는 과정을 지켜보는 것이었다. 집단이 스스로 방향을 잡아가며 마침내 균형을 찾았다. 4장에서 이야기한 많은 요소가 실제로 작동한다는 걸 알 수 있었다. 사람들은 대화하려는 집단 의사를 갖고 있었다. 남들이 우리와 다른 생각을 가졌고, 이 차이를 이해하려고 노력해야 하며(이것이 핵심이었다), 서로를 동등하게 대하는 걸 당연한 일로 여겼다. 대화가 잘 이뤄질 수 있었던 이유는 아주 오래전 형성돼 언어와 결합한 이런 능력 덕분이었다.

집단 대화의 본질은 결국 협력에 기반을 둔 모험이다. 협력에 기반을 둔 다른 모든 모험과 마찬가지로, 집단 대화는 시작하는 최선의 방법을 알아내고 누가 무엇을 할지 그리고 어떻게 모두가 맞춰 갈지 정하는 데 시간이 좀 걸린다. 예를 들어, 아메리카 원주민 한 명, 젊은 아시아계 미국인 두 명, 트럼프에게 투표한 지지자 한 명, 은퇴한 백인 남성 기업 임원 한 명, 젊은 흑인 여성 한 명이 포함된 집단과 인종주의에 대해 대화를 나눈다고 하자. 처음에는 사람들이 겁을 많이 내거나 방어하는 태도를 보인다. 서로 머뭇거리느라 대화가 자주 끊기기도 한다. 두 사람이 서로에게 딱딱거릴 때도 있다. 이런 상황은 완전히 이해할 만하다. 우리는 이 사람들이 누군지 모르고, 솔직히 어떤 기대를 하고 있지도 않다. 어쩌면 사람들이 각자의 고정관념에 따라 살아간다고 생각해서, 그들이 하는 말을 진지하게 귀담아듣지 않을지도 모른다. 또 어쩌면 사람들이 말하기도 전에 이미 속으로는 무시하고 있는지도 모른다.

하지만 이들과 마주 앉으면, 그 사람의 생각과 말에 신경이 쓰이기 시작한다. 그러지 않을 수가 없다. 어쨌든 바로 앞에 앉아 있으니 말이다. 눈을 마주치고, 목소리를 듣고, 신체언어를 관찰하며, 이들이 나보다 사고 능력이 부족한 사람들이 아님을 빠르게 알게 된다. 온전한 인간임을 부정할 수가 없는 것이다. 게다가 유형에 부합하길 완강히 거부할 때, 이들이 복잡한 존재라는 게 드러난다. 이는 페이스북이나 트위터에서 벌어지는 많은 논쟁과는 다른 세계다.

페이스북이나 트위터에서는 우리에게 모욕당한 사람들의 얼굴에 떠오른 고통이나 분노에 찬 표정을 의식할 필요 없이 하고 싶은 말을 떠들어댈 수 있다. 상대방도 마찬가지다. 또 동맹자들로부터 받은 '좋아요' 수와 클릭 수와 승인이 다른 사람들의 복잡성을 축소하도록 자극한다. 하지만 지금 마주 앉은 이들은 아바타가 아니다. 이렇게 실제로 한자리에 앉을 때 더 좋은 대화가 오가고, 대화가 잘못 탈선하는 일이 없다.

상황을 정리하면서 어색한 15분이 지난 후 집단이 함께 뭉치기 시작했다. 마치 마술 같았다. 이 과정은 아주 매끄러우면서 빠르게 진행됐다. 사람들은 곧 편안해졌고, 그래서 이전에는 과민한 반응을 보였던 것에도 호기심을 갖고 말을 주고받으며 반박을 이어갔다. 사람들이 주고받는 대화를 들으면서 나는 매우 놀랐는데, 내가 누군가가 하는 말에 정말로 놀란 지가 얼마나 오래됐는가를 문득 깨달았다. 이는 내가 필터버블(filter bubble, 인터넷 정보제공자가 이용자의 관심사에 맞춰 정보를 제공해 이용자가 선별된 정보에 둘러싸이게 되는 현상−옮긴이) 안에서 내 생활의 많은 시간을 보냈기 때문인 것 같았다.

몇 분이 지나고, 대화는 깊어졌다. 사람들은 개인사를 공유하며 자기 논의에 살을 붙이기 시작했다. 자연스럽게, 좋은 대화로 빠져들었다. 그 자리에 있는 사람들의 뜻밖의 면이 드러나기도 했다. 예를 들어, 나이 지긋한 백인 전직 임원은 베트남전 당시에 양심적 병역 거부자였다고 말했다. 호기심이 편견을 깨는 해결책이라는 주제에 대해 이야기를 나누고 있었는데, 그가 말했다. "다른 사람들에게 계속 호기심을 갖고 그 사람이 왜 그렇게 생각하는지 궁금해하는 건 결국 내가 왜 이렇게 생각하는지를 궁금해하는 거죠." 젊은 아시아계 미국 여성은 자신이 겪은 쓰라린 차별 경험에 대해 이야기했다. "내가 바꿀 수 없는 한 가지는 내 피부색이에요." 여성의 말을 듣고 트럼프의 지지자가 대꾸했다. "누가 또 당신에게 욕을 하면 그냥 '고맙네요. 이제 기분이 좀 나아졌나요?'라고 말해줘요."

아주 짧은 시간 동안이었지만 자기노출은 또 다른 자기노출로 이어져, 우리는 제시된 주제보다 훨씬 더 흥미로운 이야기를 나누었다. 이것은 자기노출 상호주의 효과라고도 알려져 있는데, 말하자면 한 사람이 개인 문제를 드러내면 다른 사람도 그에 부응하는 것이다. 이런 자기노출은 사람들에게 즐거움을 준다. 심리학자 다이애나 타미어(Diana Tamir)가 이끈 연구에 따르면, 사람들이 개인 문제를 노출하면 보상과 관련이 있는 중뇌변연 도파민계를 형성하는 뇌 부위가 자극을 받는다고 한다. "개인 경험에 대한 정보를 전달하려는 인간의 경향은 자기노출의 실질적 가치에서 생겨난 건지도 모른다." 타미어는 이렇게 적었다. 그 가치는 자기노출이 더 깊은 대화를, 나아가 더 깊은 관계를 이끌어 새로운 관계로 발전하거나 기존의 관계를 강화할 수 있다는 것이다.

심리학자 낸시 콜린스(Nancy Collins)와 린 캐럴 밀러(Lynn Carol Miller)의 기존 연구를 분석한 결과에 따르면, 자기노출을 하는 사람은 상대방에게 더 호감을 샀다. 그 효과는 이미 서로 아는 사람들 사이에서 더 강했지만 처음 만나는 낯선 이들 사이에서도 "자기노출이 미치는 영향을 간과하지 않는 게 중요하다"고 두 연구자는 적었다. 게다가 그 효과는 양방향이라고 이들은 밝혔다.

심리학자 지크 루빈(Zick Rubin)은 이런 대화에서는 어느 정도 상대의 행동을 모방하는 모델링(modeling)이 일어난다고 말했다. "사람들은 서로에게 어떤 반응이 필요한지에 대한 단서를 알아차리고 기대한다." 루빈은 이렇게 쓰고 있다. "다른 사람이 우리에게 자신을 드러내면, 우리는 그가 우리를 좋아하고 신뢰한다고 결론지을 가능성이 크다. 이런 상황에서 상대방이 기대하는 반응을 보이는 건 상대가 적절한 이에게 애정과 신뢰를 주었음을 그에게 보여주는 것이다." 예를 들어, 컨버세이션스뉴욕에서 만난 한 상대가 "어떤 사람이 어제 기차에서 내게 악의에 찬 말로 인종차별을 해서 감정을 주체하지 못하고 눈물을 흘렸어요"라고 말하는데, 내가 "어젯밤에 그 경기 봤어요?"라고 대꾸하면 상대는 자신이 부적절한 이에게 신뢰를 줬다고 생각하고서 대화를 멈출 것이다.

◆ ◆ ◆

다시 컨버세이션스뉴욕으로 돌아와서, 우리의 집단 대화는 계속되었고 처음에는 더디 가던 시간도 눈 깜짝할 사이 지나가버렸다. 참가자 모두가 둘러앉은 가운데 론 그로스가 모임을 정리하며 참가자들의 소감을 들었다. 어떤 이는 집단 대화가 너무나 잘돼 놀랍다고 했다. 한 남성은 이렇게 물었다. "싫어하는 누군가를 존중하는 게 가능할까요?" 이 남성은 쭈뼛쭈뼛 자기 인생에서 싫어하는 사람이 둘 있다고 인정했다. "두 명뿐인가요?" 론 그로스가 키득거렸다. "난 수십 명은 떠올릴 수 있거든요." 이름이 에인절('천사')인 라틴계 남성은 얄궂게도 자신이 나이 많고 험상궂어 보이는, 이름마저 세이튼('악마')인 인물과 짝이 됐다고 무미건조한 어조로 말해 웃음을 자아냈다. "이런 일은 여기서만 일어날 수 있죠." 중년의 한 흑인 참가자는 함께 대화를 나눈 집단에 대해 이렇게 말했다. "우린 오늘 함께 성장했어요. 함께 현명해졌죠."

론 그로스는 이 행사에서의 경험이 대단히 뜻깊다는 말을 참가자들로부터 늘 듣고 있다고 했다. 거의 말을 하지 않은 것 같은 사람들조차 그렇다고 한다. 한 사람은 삶이 최악의 상태일 때 집단 대화에 참가하기 시작했고 그 상태에서 회복하는 데 정말로 이 대화가 도움이 됐다고 이메일에 썼다. "이 일이 이런 영향을 미칠 거라고는 짐작도 못했죠. 정말 놀랍게도, 몇몇 사람들에게는 상당히 뜻깊은 영향을 미치는 것 같아요."

나 또한 그랬다. 처음 컨버세이션스뉴욕의 대화에 참가한 후(결국 몇 차례 더 참가했다) 나는 서늘한 봄밤 속으로 걸어 나가 집으로 가는 지하철을 탔다. 피곤했지만(알다시피, 이런 대화는 인지상 부담이 크다) 기분이 좋았고 약간 마음이 들떴다. 나는 내가 더 현명해졌다고는 말하지 않으련다. 하지만 나와 다른 삶을 사는 낯선 이들과의 깊은 대화가 지혜로 가는 길에는 언제나 새로운 사람들이 줄지어 서 있다는 사실을 일깨워줬다. 우리가 아직 만나지 못한 사람들 말이다. 물론 낯선 이와의 대화가 그곳에 이르는 유일한 방법은 아니다. 하지만 꽤 좋은 방법인 것만은 확실하다.

6   구석기인들이 낯선 사람을 사귀는 법

'감정 없는 괴물'을 친구이자 짝, 협력자로 바꿀 수 있었던
것은 환영 의식 때문이었다.

또 다른 이야기를 해보자. 얼마 전 내가 사는 아파트 근처 공공도서
관 분관에 앉아 일을 하고 있는데 갑자기 용변이 마려웠다. 나는 건
너편에 앉은 50대 초반쯤 돼 보이는 안면 없는 남성에게 나직이 말을
건넸다. "실례할게요. 제 컴퓨터 좀 봐주실래요? 화장실을 다녀와야
해서요." 그가 외국인 억양이 심한 영어로 말했다. "그래요. 다녀오세
요." 나는 화장실에 들른 뒤 그에게 고맙다고 인사했다. 잠시 후 그의
전화기가 울렸고 그가 자신의 노트북을 가리키며 말했다. "죄송한데
요. 좀 봐주실래요?" 내가 말했다. "물론이죠, 다녀오세요."
　내 노트북 가격은 약 1000달러다. 작아서 쉽사리 숨길 수 있고 무

게도 거의 나가지 않는다. 이 노트북을 분실하면 나는 굉장히 곤란해진다. 맞은편 남성 또한 마찬가지리라. 물론 법이 있긴 하지만, 경찰이 도난당한 노트북 하나 찾겠다고 헬리콥터를 띄우지는 않을 것이다. 피해 당사자가 도둑을 뒤쫓아가 혼쭐을 내줄 수도 있겠지만, 도서관에서 싸우는 사람들을 본 적이 없고 나는 수년 동안 누군가에게 주먹을 날린 적이 없다. 게다가 뛰는 걸 싫어한다.

내 말은, 마음만 먹으면 아주 쉽게 노트북을 훔칠 수 있었다는 말이다. 하지만 우리는 그렇게 하지 않았다. 나는 내 재산을 지키기 위해 남성에게 도움을 요청했고, 그는 기꺼이 도왔다. 그다음에는 그가 도움을 요청했고, 나는 은혜를 갚았다. 그게 다였다. 우리는 길들여진 셈이다. 초협력하는 유인원인 것이다.

그 후 내가 야외 탁자에 앉아 점심을 먹고 있을 때 그가 다가와 말을 걸기 시작했다. 우리는 함께 앉아 이야기를 나누었다.

그와 나 사이에 있었던 일은 흔한 시나리오다. 우리 모두는 언제나 이렇게 한다. 하지만 우리가 선뜻 그리고 별생각 없이 이렇게 한다는 사실 자체는 놀랄 만하다. 밝혀진 대로, 우리는 매우 오랫동안 단순하지만 구조화한 상호작용을 이런저런 형태로 해왔다. 인간 사회성의 선례들이 우리가 낯선 이와 평화롭고 유익하게 상호작용하도록 돕는 기제로 진화했다. 인류학자들은 이런 선례를 환영 의식이라 부른다. 내가 그랬듯, 이 환영 의식이 작동하는 방식과 생겨난 이유를 이해하고 나면 분명 곳곳에서 목격하게 될 것이다.

◆ ◆ ◆

완전히 낯선 이, 다시 말해 어느 누구와도 사회관계를 맺지 않은 누군가를 만나는 건 수렵채집인 무리에게 매우 드문 일이었을 것이다. 하지만 사회관계망이 커지면서 완전히 새로운 사회관계 범주가 처음 생겨났다. 바로 내집단의 낯선 이들이었는데, 이들은 10만 년 전에 나타났다고 추정된다. 하버드대학의 인류학자 조 헨릭은 이렇게 설명한다. "이들은 사회관계가 단절돼 있다는 의미의 낯선 이가 아니다. 전체 무리 내에서 만나지 못하거나 전체 무리 내 모두를 만나려면 수십 년이 걸릴 수 있다는 의미의 낯선 이다." 인류학자들은 무리 연합(band nexus, 독일 인류학자 한스-요아힘 하인츠는 사회조직을 가족 및 확대가족, 무리, 무리 연합의 세 단계로 구분하는데, 무리 연합이란 말 그대로 몇 개의 무리가 연합한 형태다-옮긴이)으로 알려진 전체 무리가 700~1000명 정도로 이뤄졌으리라 추정한다. 4장에서 말한 대로, 이들은 문화로 결속했다.

이 내집단의 낯선 이들은 어떻게 만났을까? 모든 사회는 서로 다르고, 말했다시피 인류학자들이 연구한 사회가 우리 옛 조상들의 사회와 다를 수도 있다. 따라서 확언할 수는 없다. 하지만 전 세계의 많은 사회가 환영 의식을 발전시켰다. 이는 "낯선 이들의 접근을 허용하는 매우 양식화한 상호작용 방식"이라고 헨릭은 말한다. 새로운 사람들을 다루고 유익한 교류의 가능성을 열어두는 한편 낯선 이가 무리에 일으킬지 모를 혼란을 경계하는 방법이었다.

여기서 약간의 심리학 배경 지식이 도움이 된다. 다른 사람들은 우리보다 모자라다는 인식의 문제, 즉 대체로 낯선 이들, 그 가운데서도 특히 외집단의 낯선 이는 우리보다 사고 능력이 부족하다고 믿는 경향이 있음을 우리는 안다. 또 우리가 속한 무리를 더 높이 평가하는 경향이 있다는 사실을 알고 있다. 심리학에서는 이를 '내집단 편애'라고 한다. 이는 꼭 우리가 다른 무리를 싫어한다는 뜻은 아니다. 하지만 위협을 받게 되면, 실제 위협이건 단순히 위협을 감지한 경우이건, 윤리 조절장치가 균형을 잃어 낯선 이를 짐승이나 병원균 또는 악마라고 쉽사리 확신하기도 한다. 이런 비인간화가 작동해 비극을 낳은 사례는 많다. 인도네시아의 파푸아섬 서쪽에 사는 코로와이족의 예를 들자면, 이들의 언어에서 '이방인'에 해당하는 랄레오(laleo)는 두 가지 뜻을 갖는다. 첫 번째는 '다른 지방에서 온 사람'이라는 뜻이고, 두 번째는 '감정이 없는 괴물'이라는 뜻이다. 다행히도 코로와이족은 외부인과 평화롭고도 적극적으로 거래하는 자신들의 능력에 자부심을 갖고 있었기에, '가벼운 예'로 남을 수 있었다.

그렇다면, 환영 의식도 내집단 편애 그리고 낯선 이는 우리보다 지능이 모자라다는 인식에 대한 반응이라 생각할 수 있다. 헨릭은 말한다. "낯선 이가 두려운 이유는 무슨 짓을 할지 모른다는 거죠. 하지만 낯선 이들이 만날 때 이 의식을 한다는 공통의 합의가 있으면, 적어도 '좋다, 우린 평화로운 교류를 하려는 참인데 의식을 따르고 빗나가는 사람이 없는 한 모두가 편안할 것이다'라는 뜻을 알릴 수가 있죠." 헨릭은 한 사례를 들려줬다. "오스트레일리아 원주민 마을에 다가갈 때는 걸어서 갈 수 없어요. 그러면 거친 싸움이 벌어질 테니까요. 원주민 마을에서 멀리 떨어진 곳에 점포를 차려놓고 무기를 멀찌감치 둔 채 앉아서 그 사람들이 다가오길 기다려야 하죠."

최근의 한 사례는 이렇게 조심히 접근하지 않으면 최악의 사태가 일어날 수 있다는 것을 보여준다. 2018년 미국인 선교사 존 차우는 이 뱅골만 안다만 제도의 노스센티널섬 사람들이 악마에 사로잡혔다고 믿었다. 그는 섬의 해변에 다가가 자기가 쓰는 언어로 원주민을 향해 예수 그리스도가 가진 구원의 힘에 대해 외쳐대기 시작했고, 원주민은 화살을 쏴 대응했다. 그는 일기에 이렇게 썼다. "섬 사람들이 곧바로 날 받아들이지 않아 실망스러웠다." 당연한 결과였다. 그의 행위는 전통 사회의 사람들에게 자신을 소개하는 방법으로 아주 부적절했고, 그는 결국 목숨을 잃었다.

이 선교사와 달리 환영 의식을 잘 치러 자신이 위험한 존재가 아니라 이로운 존재일 수 있음을 보여줄 수도 있다. 면밀한 관찰을 거치는 매우 구조화된 이 과정은 낯선 이들 사이의 긴장을 완화하고 친근함을 조장해서 관계를 쌓기 위한 것이다. 즉, 침팬지 방에 있었던 상견례 문인 셈이다.

민족지학 기록에는 다양한 환영 의식의 사례가 많다. 1932년 인류학자 도널드 톰슨(Donald Thomson)은 오스트레일리아 북부 요크곶에서 목격한 장면을 묘사했다.

원주민 세 사람이 각각 작살 한 다발, 작살 발사기, 불쏘시개를 들고 덤불에서 나와 마을 북쪽에 나타났다. 방문객 접근이 관찰되자 마을에 암암리에 흥분이 일었다. 그들은 마을 북쪽 주변 약 12미터 안으로 천천히 다가왔다. 마을에서는 각자 앞에 무기를 놓아둔 채 몇십 센티미터 떨어진 땅바닥에 쪼그리고 앉아 약 10분 또는 15분 동안 말없이 방문객을 관찰했다. 얼마 뒤 한 '장로'가 무기 없이 마을에서 출발해 왼편에 선 남자 쪽으로 무심히 걸어가, 이곳 원주민이 앉기 전 그러듯 가까운 땅바닥을 발로 얕게 파더니 방문객으로부터 약 1미터 떨어진 땅바닥에 쪼그리고 앉았다. 여전히 말 한마디 없었다. 이들은 서로를 쳐다보지도 않고 계속 눈을 내리뜨고 있었다. 몇 분이 흐른 후, 마을의 장로가 낮은 목소리로 몇 마디 말을 하자 상대가 똑같이 무심한 방식으로 대답했다. 여전히 눈을 들어 쳐다보지도 않았다. 지켜보는 마을 사람들에게 가장 사소한 관심이나 감정도 드러내지 않으려고 말이다. 마침내 장로가 바트(Bat, '불')라는 한마디 말을 외치자 한 소년이 연기를 피운 작은 나무 조각을 갖고 나와 장로에게 건넸다. 그러자 장로는 이 불을 자신과 자신이 말을 건넨 방문객 사이 땅바닥에 뒀다. 예전에는 분명 이것으로 의식이 끝났으나 이번 경우에는 담뱃대에 불을 붙여 방문객에게 건넸다. 이제 두 번째 남자가 마을을 출발해 무심히 다가가 맨 오른편 남자에게 말을 건네고 선물을 해 화답을 받았다.

40년 후 오스트레일리아 인류학자 니컬러스 피터슨(Nicolas Peterson)은 이와 비슷한 의식에 대해 썼다. "대륙 전역에서, 찾아오는 사람이나 단체가 원주민에게 그 존재를 알리지 않으면 적대 행위의 서곡으로 간주돼 그 영역을 점유한 이들의 공격을 자극할 수 있다. 하지만 입문 의식을 거치고 나면 그 영역의 일상 자원에 대해 원주민과 동등한 이용 권한을 갖는다."

1934년 인류학자 빅토르 레브젤터(Viktor Lebzelter)와 리처드 뉴스(Richard Neuse)는 당시 부시맨으로 알려진 칼라하리 사막의 산족 사이에서 또 다른 의식을 관찰했다.* "무기를 지닌 두 낯선 부시맨은 서로 가까

---

* 산족은 순수한 수렵채집인이라고 볼 수 없는데, 지난 1000년 동안 목축민들과 교류해 왔기 때문이다. 하지만 환영 의식에 대한 접근 방식이 수렵채집 무리와 비슷하여 언급했다.

워지면 무장해제 후 인사를 한다. 마을이나 농가를 방문한 부시맨은 일정한 거리를 두고 무기를 내려놓은 다음, 땅에 앉아 사람들이 질문할 때까지 필요하면 몇 시간이고 참을성 있게 기다린다."

1957년 미국의 인류학자 로나 마셜(Lorna Marshall)은 칼라하리 사막 서부의 !쿵족('!'는 국제음성기호로 잇몸으로 내는 치경 협착음을 나타낸다-옮긴이)과 함께 지낸 후 쓴 책에서 이때 어떤 대화가 오가는지 알려주었다. "!쿵족 언어에서 '낯선 이'에 해당하는 말은 '주 돌레(ju dole)'이다. '주'는 사람, 돌레는 낯설다 또는 해롭다는 뜻으로, 한 단어가 두 가지 뜻을 갖는다. 마치 이 둘이 한 가지 의미인 것처럼 말이다." 그렇지만 나쁜 사람이 좋은 사람으로 바뀌는 데는 오랜 시간이 걸리지 않는다고 마셜은 밝혔다. "!쿵족 사람이 낯선 이를 만났는데 그가 자기 친척과 이름이 같다는 사실을 알게 되면 안심하고 소속감을 느낀다."

어떤 환영 의식은 좀 더 난폭해서 신참 괴롭히기에 가까운 시련이나 시합을 포함하는데, 낯선 이를 환영하고 그의 가치를 잠재적 동맹자로 정립하는 두 가지 목적에 기여한다. 1885년 인류학자 프란츠 보애스(Franz Boas)는 캐나다 배핀섬 남동부에 살던 이누이트족의 환영 의식에 대해 인상적인 글을 발표했다.

촌락 주민들은 낯선 이가 찾아오면 큰 축하 잔치로 환영한다. 한 줄로 선 주민 앞에 이방인이 선다. 그가 천천히 다가가 팔짱을 끼고 머리를 오른쪽으로 기울이면 원주민 중 한 남자가 그의 오른쪽 뺨을 힘껏 친 다음 차례로 머리를 기울여 낯선 이가 자기 뺨을 때리길 기다린다. 이 과정이 진행되는 동안 다른 사람들은 공을 가지고 놀며 노래를 부른다. 이 행위는 어느 한쪽이 그만둘 때까지 계속된다.

서부 부족들의 환영 의식에는 권투, 레슬링, 칼 시합이 추가되기도 한다. 데이비스 해협(그린란드와 캐나다 배핀섬 사이의 해협)과 주변 나라에서 낯선 이가 도착하면 언제나 '어떤 식으로든' 시합이 이뤄진다. 두 남자가 커다란 가죽 위에 앉아 웃통을 벗은 후 서로 상대의 구부린 팔을 펴려고 시도한다. 이긴 사람은 상대를 죽일 권한을 갖기 때문에, 이런 시합은 때로는 위험하지만 대부분은 한바탕 잔치처럼 평화롭게 끝난다.

드물게 수렵채집인이 적절한 경로에서 벗어나 낯선 이를 마주칠 경우에도 싸움을 피할 방법이 있었다. 미국의 인류학자이자 역사가이며《총, 균, 쇠》의 저자인 재레드 다이아몬드는 이런 만남이 어떻게 처리되는지 설명한다. "(긴장 상황은) 두 사람이 앉아 각자 본인과 친척의 이름을 대고 본인이 그 친척과 정확히 어떤 관계인지 밝히면서 공통의 친척을 확인하는 노력을 계속함으로써 해소될 수 있다. 둘이 서로 어떤 관계가 있을 것이기에 공격할 이유가 없으리라는 것이다." 이 과정이 '몇 시간 동안' 계속될 수 있다고 다이아몬드는 쓰고 있다. 만약 서로 아무런 관계가 없으면 두 가지 선택이 있었다. 싸우거나 도망가거나.

인간 사회의 인구와 복잡성이 증가하면서 형식은 바뀌었지만 환영 의식은 계속됐다. 사람들이 마을을 이뤄 정착하고 농업에 숙달해지자, 새로운 일원을 끌어모으는 게 지도자의 위신을 나타내는 지표가 됐다. 어떤 사람들은 낯선 이를 끌어모으는 마력을 갖고 있다고 주장하기도 했다. "신참은 그 부족의 자산이다." 1972년 인류학자 오토 프리드리히 라움(Otto Friedrich Raum)은 아프리카 남부 줄루족에 대해 이렇게 썼다. "낯선 이는 물자, 후손, 전문 지식과 기술로 마을의 부를 더

해준다. 그는 사회를 분화시켜 더 폭넓은 개성과 관심사를 갖게 해주어 환영받았다." 낯선 이는 우선 자신이 위험한 사람이 아님을 보여줘야 했다. 줄루족 사이에서 낯선 이는 강한 동시에 약한 존재로 여겨졌다. 그는 비밀에 싸여 있고 위험한 외래의 영향을 불러올 수 있다는 점에서 강했다. 하지만 또한 '우리'에 속해 있지 않기에 약했다. 그래서 낯선 이가 제기하는 위험을 그가 선사하는 기회와 조화시키기 위해 환영 의식이 필요했다.

"낯선 이가 마을에 들어오는 건 연속 장애물 넘기와 흡사하다." 라움은 이렇게 썼다. 낯선 이는 마을 입구에 도착해 경의를 표한다. 그러면 소년을 내보내 그가 어디서 왔는지 알아본다. 소년은 마을로 돌아가 이 정보를 지도자에게 전한다. 지도자의 말에 따라 소년이 낯선 이를 마을 안으로 안내하고, 낯선 이는 오두막을 배정받는데 때로는 이 소년의 집에 배정된다. "그는 배정받은 오두막을 떠날 수 없다." 라움은 이렇게 쓰고 있다. "만약 그 오두막을 떠나면 정신이 나갔다는 의심을 받는다."

1977년 인류학자 해리엇 응구바네(Harriet Ngubane)는 응유스와 보호구역에서 관찰한 이런 과정의 한 가지 형태에 대해 썼다. "이 기간 동안 지역민은 낯선 이를 관찰하면서 그가 '위험한'지 아닌지, 그리고 자신들의 사회생활에 동화될 수 있을지 여부를 결정한다. 검증 기간이 지난 후 낯선 이를 받아들인다는 뜻을 내비치면 그는 집을 지을 수가 있다. 그러고 나면 새로운 환경에 적응하기 위해 지역의 주술사를 불러와 주술을 통해 자신과 집을 강화한다."

이 모든 의식의 주제어를 주목해보자. 규약, 경의, 시간, 의미 있는 접촉, 사소한 공통점. 낯선 이를 만날 때 우리는 무엇을 해야 할지 알고, 그렇게 한다. 그러면서 어느 정도의 예측 가능성, 더 폭넓은 문화에 대한 친근감, 그리고 받아들여줄 이들에 대한 경의를 드러낸다. 이런 규약에 따라 때로 무장해제한 채 몇 시간 동안 앉아 있거나 심지어 얼굴을 거듭 얻어맞음으로써, 낯선 이는 자제력을 보여준다. 이 자제력은 그가 혼돈의 동인이 될 가능성이 낮음을 말해주는 동시에 훌륭한 인간의 특성을 가졌다는 증거이자, 온전한 생각을 갖고 있으므로 받아들여도 안전하다는 징표다.

◆ ◆ ◆

내가 도서관에서 했던 상호작용으로 돌아가보자. 처음 그 남성과 접촉을 시작할 때, 나는 그에게 내 노트북을 들이밀며 "이걸 지켜봐달라"고 말하지 않았다. 의도적으로, 내가 차분하고 예측 가능한 사람이라는 것을 전달하려고 했다. 눈을 맞췄으나 노려보지 않았다. 공손하고 조용히 그의 물리적·심리적 공간에 들어가 그의 자원을 이용할 수 있게 허락해줄 것을 요청하고, 그가 그 여부를 결정하도록 맡겼다. 물론 나는 그가 허락하리란 걸 직감적으로 알았다. 우리 모두는 지금껏 그래왔다. 많은 수렵채집인 무리와 마찬가지로, 언제나 허락을 구했고 또 허락해주었다.

나의 접근이 허락되면서 상호 관계가 형성됐다. 그래서 나는 호의를 갚아야 했고, 그렇게 했다. 하지만 내가 그러지 않았더라도 아마 그는 다른 사람을 돕는 일을 그만두지 않을 것이다. 앞서 간접 호혜 관계라는 개념에 대해 이야기했는데, 어쩌면 그는 자신의 친절을 우주의 '호의' 은행에 넣어둔 동전이라고 여겨 나중에 다른 사람, 다시 말해 어떤 개인이나 초자연적 힘이 갚아주리라 생각했을지도 모른다. 어쩌면 초협력자인 그는 이런 생각은 전혀 하지 않았을지도 모른다. 인간의 행동은 흔히 어떤 문제에 대한 실질적 대응으로 시작된다. 만약 어떤 행동을 충분히 반복하면, 시간이 지나면서 유전자에 암호화되어 별생각 없이도 그냥 행동하게 된다.

나는 이후 그를 보지 못했다. 아마도 다시는 보지 못할 터이다. 하지만 우리는 잠시 동안 작은 '우리'를 형성해 서로를 명예 친척처럼 대했다. 공공도서관에서 만난 완전히 낯선 두 사람이 함께한 저 간결하면서 전혀 특별할 것 없는 순간에 수만 년의 인간 역사가 절정에 이른 것이다. 수백만 명이 사는 도시에서, 모습도 다르고 말도 다른 낯선 이들 사이에서 이런 일이 일어난다는 사실, 게다가 우리가 대수롭지 않게 여길 정도로 자주 일어난다는 사실은 분명 절망의 순간에도 마땅히 그 진가를 인정해야 할 성취의 증거다.

이제 우리는 아주아주 오래 달리는 기차를 타고 미 대륙을 횡단하면서 이런 상호작용을 해볼 작정이다.

7   암트랙 미국횡단열차 속에서 보낸 42시간

"이 기차에는 와이파이가 없습니다. 그러니 여러분은 서로 말을 걸어야 한답니다."

새벽빛 속, 캘리포니아와 애리조나의 경계선 근처 어딘가에서 두 사람이 양배추에 대해 이야기를 나누고 있다. 한 사람은 키가 크고 햇볕에 탄 피부에 플란넬 셔츠를 입은 건장한 남자로 목장 주인처럼 보인다. 그를 목장 주인이라고 하자. 60대 중반쯤 돼 보인다. 다른 한 사람은 나이가 더 많은 중국계 미국인 남성이다. 그는 《식물의 역설》이라는 책을 읽고 있다. 그를 채식주의자라고 하자. 새벽 5시 30분, 우리는 모두 깨어 있다. 암트랙(전미여객철도공사)이 이 시간에 아침 식사를 제공하기 때문이다. 나는 멍하니 커피를 마시며 전망차 창밖으로 스쳐 지나가는 흐릿한 풍경을 바라보고 있다. 새벽빛 속에서 관목이 우거진 애리조나가 캘리포니아로 바뀐다.

목장 주인이 이리저리 돌아다니다 채식주의자의 책을 흘깃 보고는 옆자리에 앉는다.

"과학에 관심이 많은가요?" 목장 주인이 묻는다.

채식주의자가 그렇다고 대꾸한다. 목장 주인이 무슨 책이냐고 묻자 채식주의자가 설명한다. 많은 과일과 채소에서 발견되는 식물 기반 단백질인 렉틴의 위험성에 관한 책이라고. 이것이 그대로 단식과 다이어트에 관한 대화로 이어진다. 채식주의자가 은퇴한 후 오랫동안 채식을 해왔다고 말한다. 또 정기로 단식을 한다고 한다. 내가 끼어들어 단식을 하면 성미가 고약해지지 않느냐고 묻는다. 거구에 수염을 기른 뒤편의 남자가 내 질문을 듣고서 입을 연다. "난 틀림없이 성미가 고약해질 거 같소만! 난 고기가 필요하거든!" 채식주의자가 고개를 끄덕이며 시인한다. 단식을 할 때는 조금 피곤해지고 대체로 기분이 좋지 않다고.

목장 주인이 이 말에 관심을 기울이면서 눈을 가늘게 뜨고 묻는다.

"양배추는 어떻게 생각해요?"

"양배추요?"

"그래요, 양배추."

"양배추는 좋죠."

"정말이오?"

때는 2019년 5월, 나는 시카고에서 로스앤젤레스까지 약 42시간 동안 기차를 탔다. 당시 나는 낯선 이와의 대화에 능숙해지는 방법을 탐색 중이었고, 좀 더 자연스럽게 사람들과 대화를 나눠보고 싶었다.

낯선 이와의 대화가 거의 필수인 상황을 찾는다면 미국은 그 일에 성공할 가능성이 높은 곳이다. 서구 국가 가운데 드물게도 미국인들은 대체로 수다스럽다. 나는 언제나 미국의 이런 점을 좋아했다. 버릇처럼 쓰는 '낯선 이를 만난 적이 없다'(처음 만난 사람도 원래 알던 사람처럼 친근히 대했다는 뜻−옮긴이)라는 문구가 사람을 매력 있고 덕이 있는 인물로 돋보이게 한다고 여겨져 매일 셀 수 없이 많은 부고 기사에 등장하는 건 미국뿐이지 싶다.

그래서 나는 미국에서 낯선 이와의 대화를 연습하기로 마음먹었다. 하지만 구체적으로 미국의 어디로 가야 할까?

나는 소설가이자 여행 작가인 폴 서루가 1975년 펴낸 《폴 서루의 유라시아 횡단 기행》을 읽었다. 주로 기차를 타고 세계를 반 바퀴 달리면서 낯선 사람에게 말을 거는 이야기였다. 서루는 누군가와 유익한 대화를 나눈 후 이렇게 썼다. "기차에서 나눈 대화는 공통된 여정, 식당차의 안락함, 서로 다시는 만날 일이 없으리라는 분명한 인식 덕분에 편안하고 허심탄회했다." 또 나는 기차를 타고 전국을 횡단하는 사람들에 관한 잡지 기사를 최근에 우연히 읽었다. 이 기사의 필자는 기차족이 "수다로 코카인을 흡입한 듯 활력을 얻는 사람들"이라고 말했다.

특히 무엇보다 내 마음을 끈 건 미국인들이 기차에 매혹돼 있다는 사실이었다. 당시 미국인들은 기차로 인해 변화하고 있었다. 나는 그런 사람과 편지를 주고받은 적이 있는데, 게이브리얼 커헤인이라는 미국 뮤지션이다. 2016년 미국 대통령 선거 후, 커헤인은 미국이라는 나라에 대해 낙담했다. 그래서 자신의 필터버블에서 벗어나기 위해 2주 동안 기차를 타고 다니며 동료 미국인들과 시간을 보냈다. 사실

그는 낯선 이들에게 말을 건네고 싶었다. 모르는 사람이라는 의미의 낯선 이뿐 아니라 문화상·정치상 멀어진 이들 말이다. 이 여행의 결과, 2018년 찬사를 받은 《여행자의 책(*Book of Travelers*)》이 탄생했다.

"이 경험은 큰 변화를 가져왔어요." 커혜인이 내게 말했다. "대체로, 우리가 국민 정서를 이해할 때 쓰는 디지털이라는 렌즈가 심히 왜곡돼 있다는 내 믿음을 한층 굳혀줬죠. 우리에게 심각하고 매우 중대한 이념상의 차이가 없다는 말이 아니에요. 상대를 얼굴 없는 열혈 디지털 아바타가 아니라 살아 있는 인간으로 대할 때, 그 차이를 다루기가 훨씬 더 쉽다는 말입니다." 커혜인은 이 경험으로 다른 지역 사람들에 대한 자신의 편견을 마주하지 않을 수 없었다. 하지만 정치 이야기는 좀체 나오지 않았다. 자연스럽게도, 그가 사람들과 나눈 대화는 대부분 가족에 관한 것이었다. 가족에 대한 사랑과 가족을 위한 희생에 관한 이야기 말이다. "오히려 그게 인간에 대한 믿음을 주더군요."

내게는 이것으로 충분했다. 나는 암트랙의 전국횡단열차인 사우스웨스트치프의 침대차를 예약했다. 출발하는 날, 나는 택시를 타고 라과디아 공항으로 갔다. 신문 가판대 앞에서 한 상냥한 여성이 내게 어디로 가느냐고 물었다. 나는 시카고로 가지만 실은 거기서 기차를 타고 로스앤젤레스까지 갈 예정이라고 답했다.

"아이고, 얼마나 걸려요?"

"대략 이틀이요."

"비행기를 타는 게 어때요?"

"항상 횡단열차를 타보고 싶었는데, 마침 일 핑계로 탈 방법을 찾았거든요."

"이해가 안 되네요. 그냥 비행기를 타지 그래요?"

"재밌을 거예요."

그 여성이 나를 빤히 쳐다본다.

"모험이죠! 새로운 사람들을 만날 거예요! 풍경이 멋질걸요! 침대도 있답니다!"

"침대는 호텔에도 많아요."

"제 마음을 바꾸진 못할 거예요."

그 여성은 웃음을 터뜨리더니 내게 행운을 빌어주었다. 시카고행 비행기에 탑승하러 가는 길, 무빙워크에서 커다랗고 기이한 모양의 플라스틱 상자를 든 남성을 만났다. 나는 질리언 샌드스트롬의 조언대로 내 호기심을 따르기로 했다.

"이게 뭔가요?" 내가 물었다.

"시체요." 그가 대답했다. 그러고선 잠시 멈칫하더니 말을 수정했다. "농담이에요. 상품 전시회에 쓸 판매대예요."

몇 시간 후, 나는 유니언역에서 아주 큰 기차에 올라타 내 객실로 이동했고, 우리는 역을 떠났다.

◆ ◆ ◆

기차가 천천히 움직여 여행이 시작되자, 콜롬비아 태생의 타고난 연기자인 승무원이 우리 2층 침대차 승객들에게 두 가지 공지사항을 알린다. "커피는 따뜻한 커피, 갓 볶은 커피, 진한 커피가 있고 콜롬비아산입니다. 저 역시 콜롬비아산이고요." 그러고는 이렇게 말한다. "이 기차에는 와이파이가 없습니다. 두 달 전에 없애버렸죠. 그러니 여러분은 서로 말을 걸어야 한답니다. 여러분이 서로를 좋아하시길 바랍니다." 승무원이 침대차의 규정과 편의시설에 대해 알리고 있을 때, 여행객들은 벌써 돌아다니면서 다른 객실에 머리를 들이밀고 자기소개를 하며 "그쪽이 내 옆방인가요?" 하고 묻는다.

내가 이 여행에서 바라던 바가 곧장 실현됐다. 장거리 기차 여행의 장점은 낯선 이들이 망설임이나 자의식 없이 섞인다는 점이다. 완벽히 유동하는 사회 환경인 것이다. 수렵채집 사회처럼 분열-융합형이다. 사람들은 섞이고 만나며 자신이 전에 만난 사람을 다른 사람에게 소개한다. 이렇게 하면 낯선 이에게 말을 걸려고 할 때 느끼기 쉬운 어색함도 덩달아 줄어든다. 기차에 타고 있다는 이유로 대화에 초대되고(이것이 사회규범이다), 같은 이유로 언제나 대화를 시작하는 데 쓸 수 있는 말이 있다. '어디로 가시나요?'

사람들은 거의 언제나 대화를 나눌 의지가 있다. 누군가에게 말을 거는 데 대해 미안해하거나 어떤 핑계를 댈 필요가 없다. 승객들은 끊임없이 대화를 나누거나 이미 진행 중인 대화에 동참한다. 뭔가 흥미로운 대화가 들리면 점잖게 슬그머니 다가갈 수 있다. 장담하건대, 이렇듯 활짝 열린 사회성은 몇 가지 요인과 관련이 있다. 첫째, 이 가운데 많은 사람이 낯선 이에게 곧잘 말을 거는 남부와 중서부 출신이다. 둘째, 우리는 모두 같은 금속제 컨테이너 안에 있는데, 이는 우리가 서로에게 빠르게 동질감을 느낀다는 뜻이다. 셋째, 일행이 네 명이 아닌 한 식사 때마다 낯선 이와 밥을 먹게 된다. 나처럼 혼자라면 식당차에서 여기 앉으라고 손짓을 보내오는 식탁으로 가 이야기를 나누게 될 터이다.

나는 첫 번째 식사를 사우스캐롤라이나에서 온 은퇴한 부부인 페니, 빌과 함께 했다. 두 사람은 남편 빌의 형제를 만나려고 캘리포니아로 가고 있었다. 빌은 퇴역한 해군 장교로, 그의 직업상 이 부부는 전 세계를 돌아다녀야 했다. 페니는 이사를 스물아홉 번 했다고 내게 말했다. 한번은 캐나다의 노바스코샤로 휴가 갈 계획을 세웠는데, 수포로 돌아가고 그 대신 파리로 떠나야 했다. 페니는 기뻤으나 빌이 파리에 계속 살아야 한다고 하자 낙담했다. 당시 페니는 완전히 지쳐서 다신 이사를 가고 싶지 않았다. 프랑스어도 할 줄 몰랐다. 페니처럼 타고나길 말이 많은 사람에게 그건 가혹한 일이었다. "우리 엄마는 늘 말씀하셨죠. '페니야, 이야기 그만하고 밥 먹어!'" 페니가 내게 말한다. "선생님들은 내 통지표에 쓰시곤 했죠. '페니는 항상 말을 하고 있습니다!' 바로 그게 나인 걸요!"

파리에서는 개를 키우는 게 도움이 됐다고 한다. 이 우연한 유사성이 페니와 낯선 이들 사이의 장벽을 무너뜨렸다. 페니는 머핀이라는 개와 산책하는 동안 마주치는 한 남성에게 인사를 하기 시작했다. 어느 날, 그가 말했다. "봉주르, 개 이름이 뭐예요?" 페니는 머핀이라고 알려줬다. 그러자 그가 말했다. "농, 농, 농! 개 이름은 크루아상이에요!(모국어에 대한 자부심이 높은 프랑스인이 영어식 '머핀'을 용납지 못하고 프랑스식 '크루아상'으로 바꿔 불렀다-옮긴이)" 그 후 마주칠 때마다 그는 말하곤 했다. "봉주르, 페니! 봉주르, 크루아상!" 두 사람은 사이가 더 좋아졌다. 그 후로 페니는 가는 곳마다 주인들에게 개 이름을 묻는다. 그게 사람들과 말을 트는 확실한 방법이라고 한다.

자신이 자주 써먹는 한 가지 대화 팁도 소개했다. 사람들이 '안녕하세요?'라고 물으면 '네, 잘 지내요'라고 대답하는 대신 '네, 아주 잘 지내고 매일 더 잘 지낼 거예요'라고 대답하는 거라고 한다. 페니 본인이 사람들에게 안녕하냐고 물어서 '잘 지낸다'고 대답하면 '정말로 요?'라고 되묻는다. 그러면 바로 대화를 시작할 수 있다고 한다. "사람들은 대화를 나눠야 해요." 페니가 힘주어 말했다.

우리의 대화는 다양한 주제로 두 시간 동안이나 이어졌다. 대단히 흥미롭고 기분 좋은 대화였다. 페니는 두 차례나 내가 '국보급'이라고 말했다. 까놓고 말해 내가 국보급 수다쟁이임을 알아차리는 건 시간 문제다. 그러나 우리의 네 번째 식사 동료인 살갗이 햇볕에 탄 건장한 중년 여성은 그다지 말이 없었다. 캘리포니아에 이민자들이 들끓는 건 자기 생각에 범죄 음모의 일부라는 말만 했을 뿐. 영국 태생이라는 이 여성은 '사랑'이라고 적힌 티셔츠를 입고 있다.

그날 밤, 우리는 캔자스주의 홍수 때문에 기차 운행이 중단됐다는 소식을 들었다. 한밤중에 기차에서 우르르 내려 버스에 옮겨 타고 세 시간을 달렸다. 그러는 동안에도 사람들은 수다를 떨었다. 내 뒤에 앉은 사람들은 이런저런 잡담을 나누며 서로를 알아가다가 둘 다 같은 토네이도에 타격을 입은 적이 있음을 알게 됐다. 하지만 두어 시간 후 피곤이 몰려오자 버스 안은 침묵에 빠졌다. 그때 키가 크고 쉰 목소리의 한 남성이 버스 앞쪽으로 가 운전사에게 뭐라 뭐라 말하고는 자리로 돌아와 앉았다. 20분 후 그가 다시 운전석으로 다가갔고 운전사가 날카롭게 대응했다. "선생님, 자리에 가 앉으세요." 승객들이 놀라 시선을 주고받는다. 20분 후 우리는 고속도로에서 벗어나 경찰차로 가득한 주유소 주차장으로 들어섰다. 쉰 목소리의 남자가 버스에서 내려 별말 없이 경찰에게 자수했다. 그가 운전사에게 '캘리포니아에 죽여야 할 사람들이 있'으니 속력을 높이라고 요구한 사실을, 우리는 나중에 알게 됐다.

다음 날, 대번에 '살인범'으로 알려진 그 남성은 기차 안 화제의 인물이 됐다. 인디애나주에서 온 은퇴자 하나, 켄터키에서 온 젊은 여성 둘과 함께 블러디메리(보드카와 토마토주스로 만든 칵테일-옮긴이)를 곁들인 점심 식사를 하면서, 우리는 식당차의 창으로 지나가는 미국 서부의 무시무시한 공허에 대해 이야기를 나눴다. 은퇴한 남성이 이건 아무것도 아니라고 말했다. 그는 최근 성인 교육반에서 우주의 크기에 대해 가르치기 시작했다. 그가 25센트짜리 동전 하나를 식탁 위에 탁 올려놓고서 말했다. "우리 태양계가 이 동전이라고 하면 우리 은하계는 미국 대륙 크기예요." 그 후 우리는 경외감에 대해 이야기했다. 그때 기차가 뉴멕시코 사막 한가운데에서 멈춰 섰고, 다른 식탁에 있던 누군가가 "어, 이번엔 또 뭐야?"라고 말했다.

"잘 모르겠지만 밖에 버스 두 대가 주차돼 있네요." 내가 농담을 했다. "그 가운데 한 대는 살인범이 운전하고 있어요." 우리 식탁에 함께 앉은 한 여성이 맞장구를 쳤다. "그 남자가 우릴 향해 손을 흔들고 있어요!" 그러면서 여성은 손을 흔들어 보인다.

여행의 나머지 시간도 이런 식으로 흘러갔다. 사회복지사, 낙농가, 미술 교사 등과 때로는 무심하고, 또 때로는 깊이 있고 개인적인 대화를 넘나들었다. 기차 안 사람들은 대부분 중년 이상이고 그중 4분의 3은 백인이지만 기차를 타고 덜커덩거리며 미국 서부를 가로지르는 이틀 동안은 모두가 한데 섞였다. 여유로운 시간과 아름다운 풍경 덕분에 사람들은 편안해졌고 남의 눈을 신경 쓰지 않게 되었다.

하루쯤 지나자, 나는 대화하는 법을 다시 배우는 느낌이 들었다. 그냥 편안히 앉아 흘러가는 대로 놔두면 된다. 경쟁이 아니라 협력이다. 기차에서 이루어지는 대화는 안정되고 회복되는 느낌을 준다. 그 덕분에 다른 사람들이 복잡성을 갖는다는 사실을 부인할 수 없다. 모든 사람이 꽤 괜찮은 동행이고, 모두의 이야기가 꽤 괜찮은 이야기다. 이들은 서로 연결돼 있다는 느낌이 들 만큼 친숙하지만 한편으로는 흥미로울 만큼 서로 다르다.

이 점이 우리의 대화를 다시 양배추로 돌아오게 했다. 목장 주인과 채식주의자가 단식이라는 주제에 대해 할 말이 다 떨어지면, 목장 주인과 내가 대화에 빠져들었다. 목장 주인의 말하기 방식에는 그의 외모와 어울리지 않는 별난 구석이 있었다. 내가 무슨 일을 하고 있는지 묻자 그는 이렇게 대답했다. "요즘 나는 생각을 해요. 어쩌면 너무 많이."

"무슨 생각을 하는데요?"

목장 주인은 자기 견해는 중요하지 않다고 거듭 말하고서 운을 뗐다. 오늘 새벽 일찍, 실은 객실에서 창밖을 바라보다가 어떤 생각이 스쳤단다. 그는 오랫동안 다른 차원의 존재를 믿었고 그들이 생각보다 우리 가까이에 있을지 모른다고 생각했다. 오늘 새벽, 반대 방향으로 가는 화물 기차가 지나칠 때, 어떤 의미에서, 그 화물 기차가 시야를 가리고 있음을 알아차렸다. 하지만 눈을 가늘게 뜨면 빠르게 스치는 철도 차량들 틈으로 달빛이 비치는 사막을 여전히 볼 수 있었다. 그는 이 화물 기차가, 우리가 보지도 못하는, 알 수 없는 화물로 가득 찬 다른 차원이라 상상했다. 우리는 기차 차량들 사이 틈을 통해 우리의 세계를 볼 뿐이다.

"어쩌면 다른 차원을 인식하는 건 단지 속도의 문제일지 모르죠." 목장 주인은 우리 눈앞을 지나가는 다른 차원을 인식할 수 있을 만큼 마음의 속도를 늦추는 것도 가능하지 않을까 하고 생각한다. 다른 차원이 있다는 사실에 위안을 얻지만, 그래도 다른 차원과 우리가 얼마간 거리를 두고 있다는 사실에 만족한다. "밖을 돌아다니다가 다른 차원과 마주치고 싶진 않거든요."

나는 낯선 이들이 그와 같다는 생각이 들었다. 매일 우리 앞을 조용히 지나가는, 알 수 없는 화물로 가득 찬 배, 우주 전체가 담긴 컨테이너. 전통문화를 간직한 일부 섬 사람들은 이를 글자 그대로 믿었다. 낯선 이들이 수평선 너머의 다른 차원에서 오는 방문객이라고. 어떤 의미에서는 이들이 옳다. 낯선 이들은 다른 차원에서 오는 방문객이다. 그래서 우리가 그들을 보는 법을 익히지 않는다면 보지도 못한 채 평생을 보낼 수 있다.

캘리포니아 사막 너머로 동이 틀 때, 목장 주인과 나는 전망차의 창밖을 바라봤다. 목장 주인은 우리는 기차를 타고서야 이런 생각을 할 수가 있다고 말하고는, 내가 채 이름을 묻기도 전에 일어나 멀어져갔다.

8   환대는 인류의 본능이자 도덕이다

인간의 사회성이란 환대 없이 불가능하다. 환대는 우리와
함께, 우리의 일부로서 진화했다.

어느 마을에 두 남자가 들어섰다. 두 사람은 초라한 행색을 한 채 집
집마다 다니며 사람들이 가련한 이방인에게 인정을 베푸는지 확인했
다. 한 사람은 그리스도교 전통에서 하느님의 아들인 예수이고, 다른
한 사람은 그의 제자이자 교회의 반석인 성 베드로다. 예수와 베드로
는 한 나이 든 농사꾼 아낙의 집에 이르렀고 빵을 구걸했다. 여인은
두 사람에게 빵 부스러기를 내줬다. 예수는 여인에게 한 번의 기회를
더 주기로 했다. 기적을 일으켜 여인의 화덕 속 빵을 크게 키워준 것
이다. 하지만 여인은 이번에도 부스러기만 내줄 뿐 빵을 나눠주지 않
았다. 예수와 베드로는 이 인색한 여인을 올빼미로 바꿔놓았다.

이는 유럽 중세 시대의 설화로서 여러 가지 버전의 판본이 존재한다. 발트해 국가들에서 발견된 판본에는 예수와 베드로가 이 구두쇠 여인에게 징그러운 뱀 두 마리를 자식처럼 키우게 하는 벌을 내린다. 스칸디나비아반도에서 발견한 또 다른 판본에는 여인이 벌을 받아 딱따구리로 변신한다. 독일에서는 예수와 베드로가 여인을 뻐꾸기로 바꿔놓는다.

이 설화는 비단 기독교에서만 전승되거나 유럽이나 중세에 한정된 이야기도 아니다. 모로코에서 나온 한 판본은 에스파냐, 러시아, 터키에서 나온 판본과 내용이 똑같은데, 여기서 예언자 마호메트는 거지 행색을 하고 마을을 다닌다. 부유한 한 집주인은 거지를 위해 양을 잡길 거부하고 대신 고양이를 삶는데, 이에 마호메트는 죽은 고양이를 되살리고 인색한 집주인을 올빼미로 바꿔놓는다. 반면 아메리카 원주민의 설화에서 인색한 마을 사람들에게 외면당하는 건 늙은 여인과 손자다. 짐작하다시피, 이들은 구두쇠들과 그 자식들을 모두 새로 바꿔놓는 벌을 내린다.

일본의 민속 설화에서, 낯선 사람(いじん[異人], 또는 '다른 사람')은 대개 땜장이, 이방인, 거지 등 다양한 종류의 취약한 외부인으로 나타난다. 하지만 이들은 사실 신, 승려, 왕자, 또는 마법의 힘을 부여받은 인물이다. 한 설화에서 불교 승려인 고보 다이시는 물이 부족한 마을에 방문해 거지 행색으로 물 한 잔을 달라고 부탁한다. 이때 한 여인이 멀리 있는 우물에 가 물을 길어다준다. 이 여인의 환대에 보답하기 위해 승려는 지팡이로 땅을 쳐 샘이 솟게 만든다. 물이 풍부한 옆 마을에서는 물을 부탁했다가 거절당한다. 이에 노한 승려는 지팡이로 땅을 내려쳤고 마을은 우물이 말라 쇠퇴한다.

서구에서 신이 낯선 사람, 즉 소외된 이웃 속에 있다는 생각을 처음 퍼뜨린 건 아마도 고대 그리스인일 것이다. 그리스인은 낯선 사람이 뭇 신들의 아버지이자 이방인의 수호자이기도 한 제우스의 보호를 받는다고 믿었다. 제우스는 자주 떠돌이로 변신해 사람들이 이방인을 박대하지 못하게 했다. 기원전 8세기에 쓰인 그리스 서사시 《오디세이아》에서 영웅 오디세우스의 예전 하인은 오랜 이별 후 옛 주인을 만난다. 그는 비록 몰골이 상한 오디세우스를 알아보지 못하지만, 그럼에도 환대를 베푼다. "뭘 좀 먹고 포도주를 마신 다음 어디서 왔는지 그리고 어떤 풍파를 겪었는지 들어봅시다. 모든 나그네와 거지는 제우스 신한테서 오는 것이니." 기원전 360년 플라톤은 《법률》에서 이렇게 경고했다. "신중함의 불씨를 가진 사람은 세상을 살면서 이방인에게 죄를 짓지 않으려 최선을 다할 것이다." 이 불씨는 수천 년 동안 타오르며 전 세계 민속 전통 속으로 들어갔다. 미국의 블루스 가수 엘모어 제임스는 「낯선 이의 블루스(Stranger Blues)」에서 이렇게 노래했다. "어째서 불쌍한 낯선 이를 그렇게 괴롭히는 거지/ 어째서 불쌍한 낯선 이를 그렇게 괴롭히느냐고/ 모두가 기억해야 해/ 뿌린 대로 거두리란 걸."

◆ ◆ ◆

우리는 낯선 이들과 협력하는 법을 익힌 덕분에 오늘날의 '우리'가 될 수 있었다. 명예 친척을 만드는 능력을 발전시킨 덕분에 유전자상 낯선 이를 가족처럼 대하게 되었고, 간접 호혜주의를 수용하는 능력을 발전시킨 덕분에 다른 무리와도 중요한 관계를 쌓을 수 있었다.

문화를 발전시켜, 간단한 장식물로 낯선 이와의 공통점을 발견했고 그들과 안전하게 교류하기 위한 환영 의식을 만들었다. 이 모든 발전으로 호모 사피엔스는 먼 조상들의 상상력을 무색케 할 만큼 '우리'를 확대할 수 있었다.

이렇게 해서 낯선 이들과 함께하는 우리의 삶은 뒤이은 진화상의 커다란 도약을, 다시 말해 세 번째 사회성 르네상스를 맞이하게 된다. 즉, 환대 말이다. 명예 친척과 마찬가지로, 환대는 새로운 문제에 대한 현실성 있는 해결책으로 시작됐고, 시간이 가면서 인류의 성공에 꼭 필요한 것으로 드러났으며, 우리 도덕성의 일부가 됐다. 우리가 무심코 행하는 것, 우리의 유전자에 암호화돼 있는 것의 일부분 말이다. "한 가지 분명한 사실은 인간이 친족 관계나 교환경제나 성별 구분을 알고 행하는 것과 마찬가지로 환대 역시 꽤 폭넓게 알고 행한다는 점이에요." 환대를 연구하는 미시건대학의 인류학자 앤드루 슈라이옥(Andrew Shryock)의 말이다. "환대는 우리와 함께, 우리의 일부로서 진화했습니다." 슈라이옥은 덧붙였다. "인간의 사회성이란 환대 없이 불가능해요."

물론 낯선 사람을 환대하는 전통은 단지 설화에 그치지 않는다. 이 전통은 수천 년 동안 실제로 살아 있었다. 여행 경험이 풍부한 핀란드의 철학자 에드워드 웨스터마크(Edward Westermarck)는 사회학 창시자 가운데 한 사람으로 여겨진다. 그는 1906년 《도덕 개념의 기원과 발달(*The Origin and Development of the Moral Ideas*)》이라는 책에서 낯선 사람에게 환대를 베푸는 수십여 개 전통 사회를 조사했다. 웨스터마크는 이렇게 언급했다. "낯선 이를 특별한 경의를 표하며 환영했다. 가장 좋은 자리를 내줬고, 가장 좋은 음식을 차렸으며, 가정의 모든 일원보다 그를 더 우대했다."

낯선 사람을 접대하는 건 이렇듯 명망 있는 일이어서 사람들은 낯선 사람을 대접하려고 경쟁했다. 웨스터마크는 이렇게 썼다. 시나이의 아랍인들은 "이방인이 마을로 오는 게 멀리 보이면 그를 처음 언급한 사람, 어른이든 아이든 '저기 내 손님이 온다!'라고 외친 사람이 그날 밤 이방인을 맞았다." 웨스터마크는 많은 문화에서 환대 개념과 초자연 현상이 섞여 있다고 밝혔다. 낯선 이는 은혜와 두려움을 동시에 지닌 존재다. 그는 이렇게 썼다.

이로쿼이족의 종교 지도자들은 다음과 같은 수칙을 제시했다. "낯선 이가 집 주변을 돌아다니면 그를 집에 맞아들이고 환대하며 언제나 '위대한 영혼'(인디언 부족의 주신-옮긴이)을 언급하길 잊지 마라." 뉴헤브리디스 제도(1980년 영국과 프랑스로부터 독립한 오세아니아의 남태평양에 있는 섬나라 바누아투의 옛 이름-옮긴이)에 있는 애나이티엄섬의 원주민들은 환대를 베푸는 행위가 저승에서 가장 큰 보상을 받는다고 주장했다. 칼미크족은 환대가 부족하면 신들이 화가 나 벌을 내린다고 믿는다. 콘드족은 신이 인간에게 지운 첫 번째 의무가 환대라고 말한다. "관습을 무시하는 죄를 지은 사람은 현생에서건 훗날 다른 몸으로 환생해서건 신의 분노로 벌을 받는다." 그 벌은 죽음, 가난, 질병, 자식을 잃는 것 등 다양한 형태의 재앙이다. 인도 경전은 환대는 가장 중요한 의무이고 환대를 행하면 보상이 따른다고 거듭 강조한다. 《베다》의 시인은 말한다. "박대하는 사람은 숨을 쉬는 해도 살아 있는 것이 아니다." 힌두교 경전의 하나인 《비슈누 푸라나》에 따르면, 환대가 필요한 가난하고 소외된 이방인을 무시하는 사람은 지옥에 간다. 반면 이방인을 예우하는 집주인은 가장 큰 보상을 얻는다. "손님을 하룻밤 접대하는 이는 지상의 행복을 얻는다. 둘째 밤을 접대하면 공계(空界, 힌두교에서는 많은 신이 천상과 공계와 지상의 3계에 소속돼 제각기 직분을 갖고서 인간세계와 관계를 갖는다고 생각했다-옮긴이)의 행복을, 셋째 밤은 천상의 지복을, 넷째 밤은 최고 지복의 세계를 얻고, 여러 밤을 접대하면 무한한 세계를 얻는다."《마하바라타》에 따르면 "예전에 만난 적 없는 지친 나그네에게 먹을 것을 거저 주는 이는 큰 공덕을 얻는다."

많은 사회에서 환대에는 한계가 없었다. 형제를 죽인 사람이 환대를 청해도 응해야 했다. 게다가 누군가 손님을 죽이러 오면 목숨을 잃는 한이 있더라도 그를 지켜야 했다.

슈라이옥에 따르면, 많은 문화에서 환대와 종교는 무관하지 않다. "환대는 종교로 발전했고 종교와 함께 발전했어요. 환대가 신성에서 힘을 얻는지, 아니면 신성에 힘을 부여하는지 말하기는 어려워요." 다시 말해, 우리가 환대 때문에 종교를 믿는지, 아니면 종교 때문에 환대를 하는지를 딱 잘라 구분하기란 불가능하다. 슈라이옥은 오랫동안 아랍의 환대인 카람(karam)을 연구했는데, 이것이 그를 요르단의 발가족으로 이끌었다. 2012년 슈라이옥은 발가족에 대해 이렇게 썼다. "찾아오는 손님이 없고, 손님을 대접할 공간이 없으며, 먹을 것과 마실 것을 내올 형편이 안 되는 집은 단지 사정만 어려운 것이 아니라 명예롭지 못했다." 여기서 환대는 일종의 깊은 신앙, 다시 말해 "'아버지와 할아버지로부터' 물려받은 '살갗을 태운 화상 자국' 같은 것"이다. 요르단 발가족의 한 남성은 슈라이옥에게 이렇게 말했다. "카람은 그저 먹을 것과 마실 것의 문제가 아니에요. 환대는 영혼으로부터 나오는 거예요. 피에서 나오는 거죠."

환대의 의무가 어느 정도였냐 하면, 베두인족은 이따금 낯선 이를 접대하는 데 혈안이 돼 '아랍의 광기(hiblat al-'arab)'라고 부르는 상태에 빠졌다. 손님에게 모든 걸 내주려는 마음에 압도된 것이다. 슈라이옥은 여러 해 동안 요르단 계곡의 특정한 민간설화를 연구했다. 이 설화 속 남자는 낯선 사람에게 내줄 만한 더 가치 있는 것이 없어 자기 아이들을 내줬다. 같은 메시지를 가진 설화는 더 많았다. 광신자가 신을 찾느라 모든 걸 잃을 수 있듯이, 환대하는 사람인 카림(karim)도 낯선 나그네를 만났을 때 완전한 환대라는 이상만을 좇다가 파산하기도 했다.

오늘날 환대라고 하면 우리는 보통 개인 서비스업을 생각한다. 이 개인 서비스업은 대화 대신 와이파이, 아낌없는 진수성찬 대신 오전 7시와 9시 사이 로비에 차린 커피와 수축 포장한 머핀을 제공하며 요금을 받고 지친 여행자를 접대한다. 하지만 우리의 먼 조상들에게 낯선 이를 접대하는 일은 지금과는 완전히 다른 것이었다. 이 일상의 실천은 초자연의 차원으로 고양돼, 신과 성직자 그리고 낯선 이를 박대하는 데 대해 비싼 대가를 치르게 할 힘을 가진 누군가가 집행하는 침범할 수 없는 법이 됐다.

이는 다음 질문으로 이어진다. 왜 그랬을까?

그리스인들은 환대에 대해서만큼은 많은 공로를 인정받고 있다. 그리스어로 환대는 제니아(xenia)인데, 이 말의 뿌리는 '낯선 사람'을 뜻하는 제노스(xenos)이다. 영어의 제노포비아(이방인공포증)와 제노필리아(이방인애호증)가 여기서 유래했다. 하지만 그리스인들이 환대의 전통을 만든 건 아니었다. 얼마나 오래됐는지는 정확히 알 수 없지만, 고고학적 증거에 따르면 우리가 현재 알고 있는 환대는 오랜 시간 이어진 수렵채집 생활 방식이 쇠퇴하고 농업혁명이 시작된 무렵인 약 1만 년 전에 본격적으로 행해진 것으로 보인다. 협력, 명예 친척, 환영 의식과 마찬가지로, 초기 단계의 환대는 단순히 좋은 일 또는 도덕적인 일이 아니라 실제적 효과를 갖는 일이었다. 환대가 유효하게 작용했기 때문에 사람들은 환대를 했다.

케임브리지대학의 고고학자 마틴 존스(Martin Jones)는 인간이 정착해 농사를 짓기 시작한 무렵의 물자와 식량, 문화가 장거리에 걸쳐 이동한 흐름을 연구한다. 이 시기의 유물 중에는 늘 이동하는 종이었던 인간의 이동 거리가 갑자기 늘기 시작해 점점 더 길어졌음을 보여주는 증거가 대단히 많이 남아 있다고 존스는 말한다. 고고학자들은 터키 중부와 남서 아시아를 잇는 오솔길에서 유프라테스강 전체 길이에 달하는 약 2800킬로미터를 이동한 조개들, 그리고 장식용 칼날에 쓰인 반짝이는 검은색 흑요석을 발견했다. 이 거리가 오늘날에는 별 의미 없어 보일지 몰라도 당시에는 엄청난 거리였다. 이동하는 데 타고난 종에게도 말이다.

존스에 따르면, 이를 가능하게 만든 게 환대였다. 인간은 수렵채집에서 농업으로, 유목 생활에서 정착 생활로 옮겨갔다. 마을이 형성되자, 이동하는 낯선 이들은 마을을 사실상 환승 중심지로 이용할 수 있었다. 존스는 이렇게 썼다. 정착민들은 말뚝을 박으면서 "확고한 인간 풍경을 만들어내고 있었다. 그 덕분에 상당히 멀리까지 이동이 가능해졌다. 영속성과 이동성이 동시에 존재하는 이 새로운 풍경 속에서 때때로 완전히 낯선 이들 사이에 사회적 만남이 생겨났다." 오늘날에는 크고 작은 도시들, 호텔과 에어비앤비, 공항, 버스터미널이 있어서 장거리 여행을 쉽게 할 수 있다. 당시에는 갓 생겨난 정착지가 이런 역할을 했다.

존스는 DNA 분석에 의거해 이 여행자들이 주로 남성이었다고 추정한다. 좀 더 구체적으로 말하자면 딱히 할 일이 없는 남성, 즉 '잉여' 또는 '쫓겨난' 남성들이었다. 전통적으로 남성의 일인 사냥이 농사에 자리를 내주기 시작하면서 남성은 할 일이 줄어들었다고 존스는 추정한다. 오늘날에도 세계에는 많은 잉여 남성이 있고 특히 젊은 잉여 남성은 사회의 골칫거리다. "젊은 잉여 남성의 행동 또한 대체로 예측할 수 있는 양상을 따른다." 이 문제를 연구하는 정치학자 밸러리 허드슨(Valerie Hudson)과 앤드리아 덴 보어(Andrea Den Boer)는 이렇게 쓰고 있다. "이론에 따르면, 잉여 남성은 사회의 다른 남성에 비해 비행과 폭력을 통해 만족을 구하는 경향이 있고, 좀 더 동등한 위치에서 다른 사람과 경쟁할 수 있는 자원을 확보하려고 한다." 하지만 1만 년 전에는 비디오게임과 백인 민족주의가 아직 발명되지 않았기에, 이 잉여 남성들은 그저 길을 나섰다. 이들이 대거 방랑자와 행상인이 돼 병아리콩, 무화과, 콩, 다양한 밀뿐 아니라 장식용 조개, 도구, 무기 같이 지위를 나타내는 물건들을 갖고서 정착지에서 정착지로 매우 다양하게 먼 거리를 다녔다고 존스는 생각한다. "이들이 새로운 영토로 이주하면서 현대 세계의 거주 양상을 형성하는 데 하나의 원동력이 됐다."

천 년가량 지나 제멋대로 뻗어나간 사회관계망이 구축되면서, 사람들은 정착할 곳을 찾아 이동하며 가축화한 동물, 새로운 농사 및 건축 기술, 새로운 문화 및 종교 신념을 가지고 갔다. 사회관계망이 커지고, 혁신의 속도가 빨라지고, 새로운 사람들이 만나 인구가 섞이면서 점점 훨씬 더 큰 사회관계망이 형성됐다. 개인 사이의 친밀한 만남으로 시작된 것이 시간이 지나면서 전통을 이뤘고, 이 전통이 '문명의 주춧돌'이 됐다고 존스는 적었다.*

◆ ◆ ◆

여행자에게 왜 환대가 좋은지는 분명하다. 먹을 것과 잘 곳이 거저 생기기 때문이다. 하지만 집주인들에게는 뭐가 좋을까? 그들은 이미 집, 먹을 것, 옷을 가지고 있는데, 왜 그걸 모르는 이와 나눠야 할까? 위험할 수도 있는 낯선 사람을 왜 집 안으로 들이는 걸까? 1906년 에드워드 웨스터마크도 같은 의문을 가졌다. "낯선 사람은 다른 상황에서는 열등한 존재나 적으로 취급돼 약탈하거나 죽여도 처벌받지 않는 대상이지만 손님이 되면 특별한 혜택을 누리는 대상이 되는데, 인류의 도덕 개념을 배우는 이들이 있다면 분명 이 점이 가장 흥미로운 대비로 느껴질 것이다. 어떤 이는 이렇게 물을지 모른다. '도대체 왜 낯선 이를 받아들여야 하는가?'"

이 질문에 대한 답은 여러 가지일 수 있다. 어쩌면 집주인은 낯선 사람이 어려움에 처한 것을 보고 공감 내지 동정을 느꼈을지 모른다. 특히 시나이 사막 같은 혹독한 기후에서 낯선 사람을 환대하길 거부하는 건 살인 행위와 마찬가지였다. 그가 죽더라도 아무 일도 일어나

---

* 인간의 문명에 대한 반대 주장도 있다. 인간 문명은 생태계의 재앙이고, 인간은 지구에 암 같은 존재이며, 우리 모두가 그냥 수렵채집인에 머물렀다면 더 나았으리라는 주장 말이다. 나는 이런 주장에 공감한다. 그렇지만 인간 문명이 스스로 한 약속을 지키려면 아직 갈 길이 멀기는 해도, 나는 여전히 인간 문명을 좋아한다. 내가 가장 좋아하는 사람들은 다른 무엇도 아닌 바로 인간이다.

지 않을지 모르지만 행여나 신이 노하거나, 이웃이 우리를 부끄러워하거나, 지평선 너머에 있는 그의 친구들이 복수를 하러 올지도 모를 일 아닌가. 그럴 바에는 과감히 환대하는 편이 낫다.

하지만 환대는 위험 관리의 문제만은 아니었다. 낯선 사람은 잠재적 협력자였다. 고대 그리스의 경우에 지중해 지역은 무법 상태여서 다른 곳에서 온 누군가와 관계를 형성할 수 있는 기회를 날리는 건 바보짓으로 여겼다. 이런 관계들이 연줄, 소식, 잠재적 동맹자를 제공해 그리스 세계를 여행할 수 있게 했다. 다른 곳에서 온 사람을 대접하면 그 역시 훗날 다른 곳에 갔을 때 안전하게 머물 곳을 얻을 수 있다. 더욱이 대접이 좋은 집주인이라는 평판이 생기면 찾아오는 낯선 이들과 관계의 폭이 넓어졌는데, 이것은 매우 중요했다. 그리스인들의 경우 "환대를 청하는 낯선 이를 받아들여 대접하는 일을 특권이자 침범할 수 없는 의무"로 여겼다. 역사가 오스카 니바켄(Oscar Nybakken)은 이렇게 적었다. "낯선 사람은 거의 언제나 도착하자마자 곧바로 환영을 받았다. 환영을 늦추면 집주인에게 불명예였다."

《오디세이아》에는 이런 생각을 완벽히 포착한 장면이 나온다. 키클롭스를 만날 때, 오디세우스와 부하들은 환대를 요구한다. 이에 키클롭스는 오디세우스를 멍청이라 부르며 자기 종족이 어떤 신보다 더 강한 힘을 가졌기에 제우스가 두렵지 않다고 말한다. 그러고는 오디세우스의 부하 몇 명을 잡아먹는다. 오디세우스는 분노한다. "미쳤군. 앞으로 어느 여행자가 널 만나러 오겠느냐?" 신을 두려워하지 않는, 말 그대로 외눈박이 괴물이라 하더라도 낯선 이들이 와서 함께 머물길 원치 않는다는 건 틀림없이 제정신이 아니라는 생각이 이 말의 밑바탕에 깔려 있다. 그 정도로 환대는 소중했다.

다시 한 번 말하지만, 환대가 성행한 건 인간은 본래 선하다고 집주인들이 확신해서가 아니었다. 오히려 그 반대였다. '손님'을 뜻하는 라틴어 단어 호스티스(hostis)가 '낯선 이'와 '적'을 모두 뜻한다는 사실이 이를 방증한다. 환대는 불안한 환경에서 두려움을 덜고 기회를 잡는 목적에 유용했다. 낯선 이가 다가오면 사람들은 양가감정을 느꼈다. 낯선 이는 알 수 없는 사람이고, 알 수 없는 사람은 위험과 기회 모두를 내포했다. 위험할 수 있다는 건, 우리의 가족을 죽이거나 약탈하거나, 아니면 우리의 삶 또는 마을 생활에 혼돈의 씨앗을 뿌릴 수 있기 때문이다. 기회일 수 있다는 건, 그가 뭘 아는지, 뭘 갖고 있는지, 누구인지 아무도 모르기 때문이다.

우리는 낯선 이를 환대함으로써 그 두려움을 받아들였다. 그를 집 안으로 데려와, 말 그대로 길들이면서 먹을 것과 마실 것과 잠잘 곳을 권했다. 그러면서 안심하고 그 개인을 탐구했다. 철학자 니체는 환대가 "낯선 이의 적의를 무력화하는" 방법이라 주장했다. 하지만 그만큼 집주인의 두려움 또한 무력화했을 것이다. 그와 앉아서 먹고 서로 눈을 마주 보며 여러 시간 동안 이야기를 나누면서(그들에게는 멍하니 들여다볼 아이폰이 없었다는 사실을 고려하면 그랬을 가능성이 상당히 크다) 긴장을 늦췄을 것이다.

그러고 나면 작은 '우리'가 형성되기도 하고 어떤 특별한 일이 일어나기도 했다. "두려웠던 이방인이 자신이 가진 가능성을 집주인에게 드러내 보이면서 반가운 손님이 될 수도 있다." 1975년 네덜란드 신학자 헨리 나우웬(Henri Nouwen)은 이렇게 썼다. 그 가능성은 우정이거나 동맹이거나 거래 동업자일 수도 있다. 어쩌면 물을 찾아낸 곳을 알려주거나 새로운 작물의 씨앗을 건네거나 농사 기술을 전해줄 수도 있다. 어쩌면 그가 가져다주는 선물이 칼이나 장식용 구슬, 심지어 농담, 노래, 재미있는 이야기나 단조로움을 깨줄 좋은 우정일 수도 있다. 게다가 언제든 우리가 그가 사는 지역에 가면 그는 은혜를 갚을 터이다. 이것이 우리가 수렵채집인 무리에서 본 간접 호혜주의의 시초다. 호혜주의는 "사회를 결속시키는 접착제"라고 뛰어난 인류학자인 줄리언 피트리버스(Julian PittRivers)는 주장했다. "뭔가를 주고받으면 관계가 맺어진다."

하지만 이런 상호작용에서 호의나 접대보다 훨씬 더 뜻깊은 것이 교환되기도 한다. 이것이 이 책에서 진행하는 작은 프로젝트의 핵심에 더 가까이 우리를 데려간다. 지난 세기의 철학자, 인류학자, 사회학자, 신학자들은 낯선 이에 대한 환대에는 단지 정보나 확실한 동맹자를 얻는 것 이상의, 훨씬 더 뜻깊으면서 딱 꼬집어 말할 수 없는 이점이 있다고 주장했다. "낯선 이의 도착은 일상의 영원한 반복을 깨고 비범함으로 가는 문을 열어준다." 독일 사회인류학자 플로리안 뮐프리트(Florian Mühlfried)는 이렇게 쓰고 있다. "그래서 낯선 이는 익숙함을 깨뜨리는 힘이 있다고 여겨진다."

1985년 예일대학 신학대학원 원장이었던 토머스 오글트리(Thomas Ogletree)는 이렇게 말했다.

낯선 이를 환대하는 일은 새롭고 익숙하지 않은 미지의 것을 맞이하는 일이다. (중략) 낯선 이는 우리가 예전에 들어본 적 없는 이야기를 갖고 있다. 그 이야기는 우리의 시각을 바꾸고, 상상력을 자극하며, 새로운 관점에서 세상을 보도록 요청한다. 이야기의 공유가 위험한 일로 드러날 수도 있지만 꼭 그렇지만은 않다. 축제 분위기가 만들어지기도 한다. 사회와 문화의 차이를 넘어 마음과 마음의 만남을 축하하는 기쁨을 불러일으킬 수도 있다. 낯선 이는 사실로 상정하는 의미의 세계에 도전하거나 그것을 전복하지 않는다. 그 세계를 풍부하게 만들며 심지어 변화시킨다.

대부분의 지역에서, 특히 서구에서 이런 환대는 대체로 사라졌다. 정부가 복지 프로그램, 공공주택, 쉼터, 정식 이민 경로, 난민 보호시설을 통해 그 일을 대신 맡고 있기 때문이다. 개인 서비스 산업은 자원을 가진 국내 여행자들을 위해 그 빈자리를 일부 메웠다.

하지만 요르단의 발가족을 연구한 슈라이옥은 현재와 같은 거대하고 복잡한 사회의 발흥이 "우리가 아직 규정하거나 진단하거나 해결할 수 없는 환대의 문제를 낳았다"고 말한다. 산업화 국가들은 이전의 많은 사회가 그랬듯이 계속해서 새로운 사람을, 이민자와 문화가 다른 이방인을 받아들이지만, 개인에 대한 환대가 쇠퇴함에 따라 우리는 접촉을 잃었다.

대체로 도시민들은 이 새로운 사람들과 함께 앉아 만나지는 않는다. 그러는 사람들이 일부 있기는 하다. 새 이민자의 정착을 돕는 지역사회 단체에서 일하거나 자원봉사를 하는 사람들 말이다. 이제 낯선 이들을 맞는 것은 국가가 그 역할을 넘겨받았고, 그래서 많은 도시민의 마음속에서 이민자들은 추상화되었다. 스웨덴의 연구자 비푸라넨(Bi Puranen)은 많은 중동 난민을 받아들이면서 극심한 반발을 겪는 자국의 모순을 지적했다. "스웨덴은 다른 어느 나라보다도 1인당 받아들이는 난민 수가 많아요." 푸라넨은 이메일에 이렇게 썼다. "하지만 그게 환대일까요? 난민이 스웨덴의 가정에 초대되는 경우는 거의 없거든요."

환대란 두려움을 이기고 낯선 이가 드러내는 기회를 받아들이는 것이며, 그 반대도 성립한다. 이런 접촉이 없으면 두려움을 무력화하기가 더욱 어렵다. 우리는 선천적으로 낯선 사람을 경계하기 때문이다. 정확한 자극을 받으면 이들에 대한 좋지 않은 편견이 활성화되고 상상이 제멋대로 날뛰며 이들을 인간 이하로 생각하기도 한다.

마을을 지나가는 낯선 이들을 대접하는 책임이 개인에게 주어지는 시대로 되돌아갈 것 같지는 않다. 하지만 환대를 주고받으려는, 새로운 사람들과 연결되려는 인간의 본능은 여전히 남아 있다. 이는 수천 년 동안의 실천에서, 그리고 환대는 단지 선행일 뿐만 아니라 나중에 여러 가지 보답을 받으리라는 믿음에서 비롯한다. 우리는 이런 본능을 가지고 무엇을 할 수 있을까?

이 물음에 답하기 위해 나는 로스앤젤레스로 갔다. 그 도시의 어느 거리 모퉁이에는 좀 당황스러운 경험이 기다리고 있었다.

9   경청이 고독과 갈등을 해결할 수 있을까

눈을 맞추며 경청해줄 때 우리 몸에서 분비되는 옥시토신
은 긴장과 불안, 우울감을 완화한다.

나는 로스앤젤레스 거리의 어느 모퉁이에서 벤 매시스라는 남자와
함께 '프리 리스닝'이라고 쓴 조잡한 판지를 들고 서서 누군가가 말
을 걸어오길 기다리고 있다. 매시스는 배우이자 연기 강사이면서 어
번컨페셔널(Urban Confessional, '도시의 고해성사실')이라는 단체의 설립자다.
어번컨페셔널은 판지에 글씨를 써서 대충 만든 표지판을 들고 사람
들이 많이 오가는 곳을 찾아간 다음, 그곳에 서서 이야기하고 싶어
하는 사람들의 말을 무조건 경청해주는 운동을 하고 있다. 나는 어번
컨페셔널의 활동을 다룬 기사를 읽고 솔직히 의구심이 들었다. 훤한
대낮에 붐비는 거리에서 대충 만든 표지판을 든 채 누군가 다가와 속

내를 털어놓도록 청한다는 게 왠지 모르게 께름칙했다. 그럼에도 나는 매시스에게 연락했고, 42시간 동안 기차를 타고 그를 만나러 갔다.

무엇이 그를 움직여 이런 활동을 하게 만들었을까?

매시스의 경우, 그건 위기였다. 그는 조지아주에서 나고 자랐으며 2005년 캘리포니아대학 어바인 캠퍼스에서 연기 전공으로 석사학위를 받았다. 클린트 이스트우드가 감독한 〈아메리칸 스나이퍼〉에 출연했고, 러셀 크로 주연 영화 〈로빈 후드〉에서는 발성 코치로 일하기도 했다. 부업 삼아 연기를 가르쳤는데 연기 스튜디오를 열 정도로 이 일을 좋아했다. 스물여섯 살에는 결혼도 했다. 일이 술술 풀렸다.

"그랬는데 어떤 계기로 어번컨페셔널을 시작하게 된 거예요?" 함께 아침을 먹으면서 내가 물었다.

"이혼을 했거든요." 매시스가 대꾸했다. "멋진 이야기는 모두 거기서 시작하잖아요."

영화 속 주인공들이 그렇듯, 벤 매시스는 이혼으로 나락에 떨어졌다. 하지만 절망하지 않았다. 그의 아버지는 해외 선교를 하는 비영리단체를 운영했는데, 매시스는 예전에 이곳에서 자원봉사를 했던 경험을 떠올렸다. "누군가를 도우면 그 과정에서 오히려 도움을 주는 사람이 회복되기도 하거든요." 그래서 그는 방법을 찾기 시작했다. 2012년 5월 어느 날, 연기 스튜디오로 가는데 한 노숙인 남성이 그에게 다가와 돈을 구걸했다. 돈은 없었으나 어떤 충동이 매시스를 사로잡았다. 그는 노숙인 남성에게 함께 기도를 하자고 제안했다.

"저도 제가 그런 말을 하게 될 줄 몰랐어요." 매시스는 자신이 왜 그런 행동을 했는지 정확히 설명할 수가 없었다. 노숙인 남성과 대화하려는 것도 아니었고 그의 영혼을 구하려는 것은 더더욱 아니었다.

그저 두루 안녕을 비는 기도, 일종의 '자유 기도'(성직자가 특정한 주제를 가지고 이끄는 기도가 아닌 개인이 자유로이 올리는 기도-옮긴이)를 하고 싶었을 뿐이었다. 두 사람은 기도를 했고, 천만뜻밖에도 매시스는 그 남성과 교감하는 듯한 느낌을 받았다. 두 사람은 잠시 동안 모든 걸 내려놓고 오직 서로를 위해 거기에 존재하는 기분에 휩싸였다.

그날의 경험은 매시스에게 오랫동안 여운을 남겼다. "생각해봤죠, 어떻게 다시 그런 경험을 할 수 있을까? 자유 기도에 가장 가까운 게 뭘까? 그러다가 떠올린 게 프리 리스닝, 즉 무조건 경청해주기였어요." 매시스는 그날 연기 스튜디오에 가서 화요일에 거리로 나가 무조건 경청해주는 사람이 돼 낯선 이들의 이야기를 들어줄 거라고 수강생들에게 말했다. 수강생 가운데 몇 명이 동참하기로 했다. 첫 번째 날, 한 여성이 다가와 매우 심오한 이야기를 나눴고, 또 다른 여성은 이들을 비웃었다. "프리 리스닝이라고? 30년 동안 내 이야기를 그냥 들어준 사람은 아무도 없었지. 왜 이런 짓을 하는 거지?"

하지만 매시스는 아랑곳하지 않고 이 일에 더 매달렸다. 1년 동안 매일, 하루에 꼬박 네 시간씩 이야기를 들었다. 그러면서 이혼으로 망가진 스스로의 상태를 추슬렀고, 나중에 어번컨페셔널이 되는 토대를 만들었다. 한편으로는 이야기를 들어주는 동안 자신이 상대에게 의미 있는 영향을 미치는 것처럼 보인다는 사실에 주목했다. 사람들은 뭔가를 파는 게 아닌지, 사이언톨로지 교인이 아닌지, 개종시키려는 건 아닌지, 또는 소셜미디어 놀이가 아닌지 하는 의심을 가라앉히고 나면, 정말로 마음을 터놓았다. 매시스는 이것이 자신에게도 도움이 된다는 사실을 깨달았다. "내가 현명했다면 다른 사람도 모두 괴로운 처지에 있다는 걸 알고서 그들의 고통에 연대감을 느꼈을 테죠. 그런 면도 없지 않았지만, 그보다는 잠시나마 나 자신이 아닌 다른 대상에게 집중하는 게 정말로 좋았어요."

사람들의 동참이 늘고 어번컨페셔널이 커지면서, 매시스는 자원봉사자를 위한 몇 가지 간단한 지침을 마련했다.

첫째, 프리 리스닝이 봉사자 자신을 위한 일이 아님을 분명히 할 것. 프리 리스닝은 이야기를 하는 사람의 인정을 구하거나 자신의 특별함을 알리기 위한 일이 아니다. "만약 우리가 이야기하러 오는 사람을 우리에게 필요한 존재로 여긴다면 가슴 아픈 일일 뿐이죠." 프리 리스닝은 다른 사람들의 이야기가 흐르는 도관이 돼야 한다.

둘째, 80 대 20의 '불균형 대화'를 준수할 것. 봉사자는 전체 대화의 20퍼센트 이상을 자기 이야기를 하는 데 할애하지 않아야 한다.

셋째, 공감하고 동의할 것. 봉사자는 상대의 관점이 틀렸다고 반박하거나, 그의 문제를 해결하려 하기보다는 공감하고 이해해야 한다.

넷째, '세심한 비언어 표현'을 할 것. 봉사자는 눈을 마주보고 고개를 끄덕이며 공감의 추임새를 넣고, 대화 중에는 핸드폰을 확인하지 않아야 한다. 이는 이야기하는 사람에게 관심을 기울이고 있다는 것을 보여주기 위해서다.

마지막은 '침묵을 존중하기'다. 이야기하는 사람이 잠시 멈출 때 끼어들어 공백을 채우려 해서는 안 된다. 말하는 사람이 생각하고 자기 생각을 정리할 수 있도록 둬야 한다. 이는 간단해 보이지만 실제로는 무척 어렵다.

매시스는 전문 임상 지식이 아니라 경험을 바탕으로 이런 지침을 정리했다고 한다. 하지만 그의 직관은 예리하다. 임상심리학의 창시자 가운데 한 명인 칼 로저스(Carl Rogers)까지 거슬러 올라가는 상당수의 연구가 여러 면에서 같은 결론에 도달했다. 공감하며 경청하기가 개인을 치유하고, 사회문제를 완화하고, 전쟁을 끝낼 수 있다는 것이 로저스의 생각이었다.

최근에는 경청을 연구하는 이스라엘의 저명한 경영학 교수인 구이 이츠하코브(Guy Itzchakov)와 아비 클루거(Avi Kluger)가 〈하버드 비즈니스 리뷰〉에서 경영자가 좋은 경청자가 되기 위한 최고의 방법으로 매시스가 권장한 지침을 주장했다. "100퍼센트 주의를 기울일 게 아니라면 듣지 마라." "끼어들지 마라." "판단하거나 평가하지 마라." "해결책을 강요하지 마라." "더 좋은 질문을 하라." '더 좋은 질문을 하라'는 건 이야기하는 사람이 말하는 바를 더 잘 표현하도록 도움이 되는 질문을 하라는 뜻이다. 이야기를 들어줄 사람이 있다고 느끼는 사람은 더 행복하고 덜 불안하다고 느낀다는 사실을 연구자들은 밝혀냈다. 게다가 거부당하거나 부인당할 걱정 없이 속내를 이야기하면 더 자유롭다고 느끼게 되고, 그 결과 자기방어가 줄어 더 솔직하게 말할 가능성이 크다.

사람들이 편안함을 느끼는 한편으로 답이 정해지지 않은 질문을 받으면 자기방어를 할 필요를 느끼지 않기 때문에 더 진실하게 자신의 말과 생각을 들여다볼 기회를 얻는다고 칼 로저스는 주장했다. 이는 어떤 생각이나 경험을 더 분명하고 자세히 설명하는 데 도움이 되고, 그래서 더 명확하게 이해하고 기억하며, 그 결과 어쩌면 이전에 의식하지 못한 복잡성 또는 모순이 드러나 자신을 더 잘 인식하게 한다. 모순처럼 들릴지 모르지만, 실제로 이야기를 잘 들어주면 더 잘 말하고 더 잘 생각하게 된다. 더 차분해지고 냉철해지며 미묘한 차이를 더 잘 알아차려서 자신을 더 잘 인식하게 된다.

어번컨페셔널의 자원봉사자들은 거리에 나갈 때 두 명이 짝을 지어 서 있는다. 자원봉사자들에게 안전하다는 느낌을 심어주려고 만든 규칙이지만, 두 사람이 함께하면 이야기하는 사람이 처음에 부담이 덜할 수 있기 때문이기도 하다. 이야기하는 사람이 다가오면 자원봉사자들은 표지판을 치워서 이야기하는 사람이 남의 시선을 의식하거나 낙인 찍히는 듯한 기분을 느끼지 않도록 배려한다. 그렇게 하면 주변 사람들에게는 그냥 세 사람이 거리에서 이야기를 나누는 것처럼 보이기 때문이다. 대화 내용 또한 아무것도 기록되지 않는다. 대화가 끝나면 그것으로 끝이다. 대화에 참여한 사람들 말고는 어느 누구도 대화 내용을 알지 못하고, 그래서 구글이 이를 가공해 광고주에게 팔아넘기는 따위의 일은 일어나지 않는다. 경쟁 상대나 이념이 다른 적 또는 그 밖의 다른 악당이 우리를 해코지할 목적으로 우리의 트위터 계정을 뒤져도 그 대화 내용은 나오지 않을 것이다. 그 대화는 한순간 공기 중에 떠올랐다가 사라진다.

하지만 프리 리스닝은 실제로 도움이 된다. 매시스와 그의 수강생과 친구들은 여러 해 동안 프리 리스닝을 해왔는데, 그동안 이들의 활동에 주목한 사람은 딱히 없었다. 2016년 미국공중보건국장인 비벡 머시는 "소셜미디어는 어디에나 존재하지만 우리는 고독과 사회적 고립의 급속한 확산에 직면하고 있"으며, 이는 사람들의 신체 건강 또한 심각하게 손상시킨다고 말했다. 고독감을 느끼는 사람들의 비율이 높아지고 있다는 이 같은 보고에 경각심을 갖게 된 연구자, 활동가, 서구 정부는 이 문제를 해결할 방법을 찾기 시작했다. 그러면서 일부 사람들이 어번컨페셔널과 연결되었고, 입소문을 타고 미국 전역과 전 세계에 걸쳐 단체의 활동이 확산됐다. 매시스는 전 세계 사람들로부터 참여 가능하냐는 문의를 받기 시작했다. 현재는 50개가 넘는 나라에 어번컨페셔널 연계 단체가 있다.

◆ ◆ ◆

애리조나주립대학의 저명한 인간소통전문가인 세라 트레이시(Sarah Tracy) 박사도 어번컨페셔널에 관심을 가진 이 중 하나다. 트레이시는 학생들이 대면 접촉을 거의 하지 않는 점을 우려해왔다. 디지털 생활로 인해 이전 세대가 당연시하던 기초 사회성이 점차 약해져가고 있다고 생각한 것이다. 실제로 학생들은 점점 더 고립되면서 다른 사람과 친해지는 데 어려움을 겪고 있었다. 심지어 한 학생은 전화 저편의 낯선 사람과 이야기하는 게 스트레스여서 피자를 주문할 때 전화 주문을 해야 하는 곳은 피한다고 털어놓았다.

트레이시의 우려를 뒷받침하는 연구들은 더 있다. 미국대학건강협회의 한 연구에 따르면, 절반 이상의 대학생이 외로움을 느낀다고 보고했다. 건강보험회사인 시그나가 2018년 진행한 대규모 조사에 따르면, 18~22세 젊은이들이 다른 연령 집단보다 더 높은 수준의 고독감을 보고했다. 이들 가운데 69퍼센트가 주변 사람이 사실상 자신과 함께 있지 않다고 생각하고, 68퍼센트는 자신을 정말로 잘 아는 사람이 없다고 생각했다. 다른 세대는 이 연구의 저자들이 결론지은 대로, 다음과 같은 단순한 이유로 사정이 훨씬 더 나았다. "의미 있는 직접 상호작용을 자주 하는 사람은 다른 사람과 대면 상호작용을 거의 하지 않는 사람보다 고독감 지수가 훨씬 더 낮다."

이런 대면 접촉이 부족해지면 외로워지는 것 이상의 일이 벌어지기도 한다. 사회성이 손상되는 것이다. 또 다른 연구는 지난 30년 동안 대학생들의 공감 능력이 40퍼센트 낮아졌다고 보고했다. 대면 접촉은 공감 능력을 형성하는 열쇠다.

트레이시 박사는 어번컨페셔널에 대해 듣고서 학생들을 도울 유용한 도구가 될 수 있겠다고 생각했다. 그래서 프리 리스닝을 과제로 내기로 했다. 학생들이 듣는 법을 배우고, 더 나아가 오프라인에서 낯선 이들과 좀 더 편안하게 친해질 수 있도록 도움을 주기 위해서였다. "사람들은 듣는 능력이 자연스럽게 발달한다고 생각하지만 오늘날에는 그렇지가 않아요." 학생들이 "대답해야 할 의무나 기대 또는 섣부른 판단 없이 상대의 관점이나 이야기에 대해 마음을 열고 들음으로써 얻는 최고의 보상"을 경험하는 방법을 프리 리스닝이 제공한다고 트레이시 박사는 이메일에 썼다. "학생들은 다른 사람이 자신과 마찬가지로 고립감을 느낀다는 걸 알게 될 거예요. 이 자체가 고독감을 처리하는 데 도움이 됩니다. 게다가 자기가 다른 사람, 특히 낯선 이를 자신의 세계로 진심으로 초대하는 경우가 얼마나 드문지, 또 저항감 없이 상대의 이야기를 무조건 경청하기란 얼마나 어려운지 분명히 느낄 수 있거든요."

트레이시 박사의 학생 가운데 한 사람이 캘리포니아 토박이인 니키 트러셀리(Nikki Truscelli)였다. 트러셀리는 애리조나주립대학에서 소통학 박사학위를 받았다. 그녀는 프리 리스닝에 대해 처음 듣고서 무조건 해봐야겠다고 생각했다. 그래서 캠퍼스에서 프리 리스닝을 시작했고 굉장히 만족스러워했다. "처음엔 저도 거북했어요. 하지만 시작이 어렵지, 일단 시작하고 나면 우리가 할 일이 이것이구나라는 깨달음이 자연스럽게 들어요." 트러셀리의 말이다. 그녀는 이것이 학생들에게도 분명 도움이 되리라는 확신이 생겼다. 애리조나주립대학은 미국에서도 규모가 큰 대학으로 손꼽힌다. 트러셀리는 "넓은 교내에서 학생들이 실제로 친해지는 일이 얼마나 드문지에 주목"했다. 그래서 자신이 출강하는 수업에 프리 리스닝을 포함시켰다.

"프리 리스닝을 선택한 학생들은 인생이 바뀌는 경험을 하죠. 몇몇 학생한테서 이런 이야기를 들었어요. '다른 애들도 불안에 시달리거나 아주 우울하거나 향수병을 앓거나 하는 줄은, 또 자살한 친구가 있는 줄은 몰랐어요.' 꼭 프리 리스닝이 아니더라도 그냥 예전에 대화를 나눠본 적 없는 교수와 좋은 대화를 나눌 수도 있어요. 그러면서 정말로 특별한 공간이 생기고, 더 나아가 공동체가 생기는 거죠. 우리가 프리 리스닝 표지판이 필요 없는 곳에서 살 수 있게 되길 바랄 뿐입니다."

2018년 벤 매시스는 사람들이 프리 리스닝을 할 때 정확히 무슨 일이 일어나는지 더 잘 이해하기 위해 이 주제를 연구할 수 있을지 트레이시, 트러셀리, 그리고 다른 몇몇 학자들과 이야기를 나눴다. 이 가운데 한 사람이 트러셀리의 친구이자 박사과정을 밟는 크리스 티소트(Cris Tietsort)였다. 티소트와 동료 카일 해너스(Kyle Hanners)는 한 가지 연구 계획을 세웠다. 18세 또는 19세인 14명의 참가자를 모집해 5주 동안 매주 한 차례 프리 리스닝을 하고 진행 상황을 보고하게 한 것이다.

티소트에 따르면, 프리 리스닝에 대한 학생들의 반응은 몇 가지로 뚜렷이 구별됐다. 하나는 프리 리스닝을 '이상하고 새로운 것'이라 여기는 반응이었다. 이런 학생들은 캠퍼스에서 핸드폰을 들여다보지 않고 주위에 주의를 기울이며 조용히 서 있지 못한다. 이들은 "자신이 주위를 거의 살피지 않는다"는 사실을 깨달았다. 두 번째 반응을 보인 학생들은 온라인과 대면에서 대인 간 상호작용을 통제하는 데 익숙했다. "이들은 통제되지 않는 대화는 하지 않아요." 터소트의 말이다. "다른 사람과 대화를 시작하지 않죠. 남이 이야기하는 동안 침묵을 지키는 데 익숙하지 않고, 묵살당하거나 취약하게 노출된 상태에도 익숙하지 않은 거예요." 한 학생은 심지어 이렇게 말했다. "내가 원하지 않는 한, 누군가와 이야기를 나누지 않아요." 그래서 이런 학생들은 상호작용에 대한 통제를 포기하고 그저 캠퍼스에 서서 불안해했다. 하지만 일단 이를 이겨내면 그 효과가 엄청났다. 한 학생은 낯선 이들이 자신에게 이야기를 털어놓은 후 "눈에 띄게 행복해하거나 그 정도까지는 아니더라도 좀 더 여유로워졌다"고 보고했다.

또 다른 학생은 자신이 그 사람들에게 '선물'을 준 것 같다고 느꼈다. 이 말은 낯선 이들과 소통하면서 선물을 교환하는 전통 사회의 관습에 다시 귀 기울이게 한다. 본인이 대담하고 자기주장을 굽히지 않는다고 자부한 학생들은 대화를 장악함으로써 대화가 가져다줄 수도 있는 예기치 못한 통찰, 이야기, 뜻밖의 일을 차단해왔다는 사실을 깨달았다. 대화할 때 침묵을 불안하게 여기는 학생들은 침묵을 메우려 끼어들면 이야기는 더 겉돌 뿐이라는 사실을 깨달았다. 상대가 하려는 말을 찾아내도록 놔두고 뒤로 물러서 있을 때 대화는 더 자연스럽게 펼쳐졌다. "섣불리 입을 열지 않은 덕분에 말하는 사람을 제대로 이해할 수 있어서 정말로 좋았어요." 한 청년이 말했다.

터소트는 신원 확인이 가능한 정보를 모두 지운 데이터를 내게 보여줬다. 한 학생의 경험이 특히 좋은 예였다. 이 학생을 브리라 하자. "정말로 두려웠어요. 서 있는 것만으로도 이미 괴상야릇했죠. 표지판을 들고 있는 건 더욱 그랬고요. 게다가 혼자였어요. 처음 25분 동안은 누가 다가오지도 않아서 다소 모멸감을 느꼈어요." 하지만 어느 순간 사람들이 다가와 이야기하기 시작했고, 브리는 그 경험이 마음에 들었다. 브리는 자신이 바쁘지 않거나, 이야기를 하지 않거나, 전화기를 붙들고 있지 않은 때가 없었다는 사실을 깨달았다. "프리 리스닝을 할수록 '이제는 내가 인간성을 믿고 있구나'라는 생각이 들었어요. 어느 하루 썩 잘 지내지 못하더라도 예전만큼 기분이 엉망은 아니에요. 훨씬 나아졌어요. 이제 엘리베이터에 누군가와 함께 타면 사소한 몇 마디라도 말을 걸어볼 작정이에요."

내향성이 강한 학생들도 처음의 불안에서 벗어나면 프리 리스닝이 어렵지 않다고 보고했다. 낯선 이들과 할 이야기가 없다고 걱정한 몇몇 학생은 통제를 포기함으로써 대화가 유기적으로 이뤄지고 급속히 깊어지자 깜짝 놀랐다. 어떤 학생은 그러면서 더 친해지고 공감하며 다른 사람에 대해 가졌던 고정관념을 떨치게 됐다고 했다. 한 학생은 강의실에 들어설 때 '사람들이 있네'라고 생각하곤 했으나 이제는 "친구들이 있네"라고 말한다고 했다. 또 다른 학생은 경청하면서 "대화하는 법을 배운 것 같다"고 보고했다.

◆ ◆ ◆

로스앤젤레스로 다시 돌아와, 벤 매시스와 나는 아침 식사를 마친 뒤 프리 리스닝을 하기에 적당한 길모퉁이를 찾았다. 솔직히 말하자면, 나는 프리 리스닝을 할 생각에 딱히 즐겁지는 않았다. 나는 물론 밥벌이로 질문을 하고 이야기를 듣기는 하지만 대개는 기자라는 신분으로 보호받는다. 누군가를 인터뷰하는 절차에 따라 정해진 규칙과 한도 내에서 일한다. 나는 판지로 대충 만든 팻말을 들고 길거리에 서 있는 일반인이 아니고, 덧붙여 말하자면 아주 쉽게 당황하는 편이기도 하다. 이건 과장이 아니다. 당황하면 평소에는 좀 노르께하게 흰 얼굴이 굴욕이리만치 벌겋게 달아오른다. 하지만 프리 리스닝을 효과적으로 하려면 나의 특성은 억눌러야 했다. 프리 리스닝에서 중요한 건 나 자신이 아니라 열린 마음과 환대이기 때문이다.

"여기 서서 무슨 말로 대화를 시작하나요?" 길모퉁이에 자리를 잡으면서 매시스에게 물었다. "사람들이 다가와 '왜 이런 일을 하는 거죠?'라고 물을 거예요." 매시스가 말한다. "그러면 '당신을 위해 이 일을 하고 있답니다'라고 대답하죠. 이것만으로도 사람들을 흥분시키기에 충분해요. 어떤 사람들은 눈물을 흘리기도 하죠. 예전에 그런 적이 있었거든요. 또 어떤 사람들은 대가를 바라는 일 없이 뭔가를 한다는 생각을 이해하지 못해요. 그래서 나는 이 일이 좋아요." 매시스가 우리 앞쪽에 멈춰 선 스포츠카를 향해 고개를 끄덕였다. 차 안에 탄 다소 젊은 남성이 목을 길게 빼고 표지판에 쓰인 문구를 쳐다보더니, 차에서 내려 다가왔다.

"자, 시작합시다." 매시스가 말했다.

"여기서 뭘 하는 거예요?" 남성이 묻는다. "이게 뭐죠? 여길 세 번 지나쳤는데 안 물어볼 수가 없네요."

"우린 이야기를 들으려고 여기에 있답니다." 매시스가 대답했다.

남성은 이 말을 믿을 수 없어 하며 즐거워했다. 그는 최근에 술을 끊었는데, 우리가 하는 일이 '익명의 알코올 중독자들'(Alcoholics Anonymous, 알코올 의존증 환자를 위한 자조 모임-옮긴이)을 떠올리게 한다고 했다. 거

156

기서는 공감하는 청중에게 자유로이 말할 수 있는데, 이것이 의사나 치료사보다 훨씬 더 도움이 됐다고 한다. 그는 반신반의하면서도 서성거리면서 계속 이야기를 했다. 우리는 음주 그리고 일과 관련한 어떤 어려움에 대해 듣고, 그와 아내가 아이를 가지려고 수년 동안 얼마나 애썼는지 그리고 마침내 성공했지만 첫째 아이에, 곧이어 아이가 둘이나 더 생겼으며, 이제는 아이 셋이 너무 많아 걱정이라는 이야기를 들었다. 그가 하하 소리 내 웃었다. 그러고도 한참 더 이야기하고는 벤에게 명함을 주고 또 와서 이렇게 이야기할지 모른다고 덧붙였다. 그는 이야기를 털어놓고서 기운을 차린 것 같았다.

한 여성은 지나가며 우리가 사회복지사인지 물었다. 시에서 할 수 있는 자원봉사를 찾아보라는 말과 함께, 시에는 사회복지 일을 하는 사람들이 있고 본인 역시 그런 일을 하고 있으며 "이야기할 사람이 없다고 느끼면 어떤 이는 자살할 수도 있"기 때문에, 이 일은 꼭 필요하다고 말했다.

잠시 후, 캐딜락 62컨버터블을 탄 남성이 빨간 신호등에 차를 세우고 우리를 살펴보더니 창밖으로 소리친다. "내 변속기에 대해 이야기하고 싶은데요!"

마침내 프리 리스닝 시간이 끝나갈 무렵, 나이 든 키 큰 남성이 다가와 신에게 이름이 있다고 생각하는지 물었다. 내가 미끼를 덥석 물었다. 그러자 여호와의 증인에 대한 긴 연설이 이어졌다. 이는 보통 피해야 한다는 신호이지만 나는 버티면서 그의 이야기를 들어주었고 애매한 부분에 대해서는 질문을 했다. 얼마 뒤 그는 거듭 고맙다고 인사하며 악수를 나누고는 사라졌다. 매시스가 '보셨죠?'라는 듯 나를 쳐다봤다. 한 가지에 대해서는 그의 말이 옳다. 일단 어색함을 이

거내고 나면 대화 자체는 그다지 어렵지 않다. 그렇다. 입을 다물고서 끼어들지 않기가 어렵다. 특히 우리 모두가 핵 외교부터 아보카도 토스트까지 긴급한 문제에 대해 의견이 다른 사람을 격렬히 비난할 태세가 돼 있는 시대에는 말이다. 하지만 마음을 열어 보이면 사람들은 다가온다. 제한을 두지 않는 질문으로 이야기가 시작되면 가만히 듣는다. 그러면 사람들은 더 많은 이야기를 털어놓는다. 재치 있거나 재미있는 이야깃거리가 있어야 한다는 부담에서도 자유롭다.

나는 즐겁게 시간을 보내고 왔으나 왠지 고양된 느낌이었다. 이상하게 은혜로운 느낌이었다. 이는 물론 내가 받은 것보다 더 많이 베풀 때 느끼는 기분이다.

나중에, 이렇듯 서로 눈을 마주 보고 친밀한 대화를 나누면서 얻는 기운이 유대감 형성을 돕는 분자인 옥시토신과 관련이 있는지 나는 궁금했다. 낯선 이와의 대화가 옥시토신의 분비를 촉발할 수 있을까? 나는 에머리대학에서 옥시토신 연구를 이끄는 래리 영(Larry Young)에게 물었다. 그는 실제로 눈을 맞추며 대화를 한다면 그럴 수 있다고 말했다. "서로의 눈을 보는 한 가지 목적은 상대가 우리와의 긍정적 관계를 생각하도록 만드는 것이거든요. 그래서 잘하면 아마 상대의 옥시토신 분비를 일으킬 것이고, 그러면 우리가 자기네 무리에 속한다고 생각할 가능성이 더 커져요." 상황에 맞고 섬뜩하거나 공격성을 띠는 것이 아니면 신체 접촉 또한 같은 효과를 낸다고 한다.

하지만 그저 이야기를 나눈다고 해서 옥시토신의 분비가 촉발될까? "정말로 서로 연결돼 있다는 느낌을 주는, 그러니까 같은 무리에 속한다는 느낌을 주는 뭔가에 대해 이야기를 나눈다면 그럴 거라고 봐요." 영의 말이다. 낯선 이와의 긍정적 상호작용 후에 느끼는 이상한 안도감도 옥시토신과 관련이 있을까? 영은 관련이 있다고 한다. 옥시토신은 불안을 완화하기 때문이다. "옥시토신은 차분함과 긴장 완화를 유발합니다. 아이를 간호하는 엄마를 보면 차분해 보이잖아요. 옥시토신 때문이에요."

◆ ◆ ◆

프리 리스닝 후에는 이상한 일이 일어난다. 첫째, 실제로 기분이 좋아진다. 적어도 나는 그랬다. 매시스와 함께한 실험이 효과가 있었기 때문에, 나는 확실히 안도감을 느꼈다. 또한 마음이 한결 가벼워지고, 프리 리스닝 연구에 참가한 학생들처럼 조금 더 차분해지며 더 존재감을 느끼고 더 마음이 열리면서, 그랬다, 세상이 조금 더 나아진 것 같았다. 살짝 약물에 취한 것 같은 느낌이었는데, 어쩌면 정말 그랬을지도 모른다. 옥시토신이 작용하고 있었으니 말이다.

하지만 또한 뭔가 다른 일이 일어나고 있는 것 같은 느낌이었다. 경청을 연구하는 이들은 설명을 위해 '이용 가능성' '열린 마음' '공간 확보' 같은 말을 흔히 쓴다. 프리 리스닝을 할 때, 사람들은 가만히 서 있다가 완전히 낯선 이들이 두려움을 가지고 다가오면 반갑게 맞이한다. 잠시 어색하고 반신반의하는 시간이 지나고 나면 이들의 방어 심리가 줄어든다. 이윽고 편안해져 이야기를 시작하고 그러면서 부담을 덜어내며 경청자에게 자신의 삶을 언뜻 드러내 보인다. 니키 트러셀리의 말을 기억하라. "일단 시작하고 나면 우리가 할 일이 이것이구나라는 깨달음이 자연스럽게 들어요."

어쩌면 정말 그럴지도 모른다. 우리는 아주 오랫동안 무시해온 근본적인 것, 우리 피 속에 흐르는 것, 살갗을 태운 화상 자국 같은 것, 우리 본성에 영원히 새겨진 것을 프리 리스닝이 만족시키기 때문에 기분이 좋은지도 모른다. 어쩌면 우리는 환대를 행하고 있는지도 모른다.

퀘이커교인인 신학자 파커 팔머는 환대를 "낯선 이를 집이건, 개인의 인식과 관심의 공간이건 자기 세계에 초대하는 것"이라고 정의했다. 그는 이렇게 말한다. "환대를 하면 어떤 중요한 전환이 일어난다. 우리의 세계가 순식간에 확대된다. 더 이상 갑갑하고 비좁고 한정되지 않으며 열리고 확장되고 자유롭다."

이는 확실히 프리 리스닝에 적용되는 말이다. 그들과 나, 우리는 뭔가를 주고받았다. 이로써 우리가 연결되고, 이것이 어쩌면 내가 세상과 더 연결된 느낌을 받은 이유일지 모른다. 나는 우리가 주고받은 것이 뭔지 모른다. 하지만 로스앤젤레스에서 저 표지판을 들고 서 있는 며칠 동안 내게 말을 거는 사람이 부쩍 많아진 건 사실이다. 거리에서, 상점에서, 지하철에서. 이게 가장 이상한 일이었다. 매시스는 함께 아침을 먹으면서 이런 일이 일어나리라고 예측했다. "열려 있는 마음이 겉으로 훤히 드러나거든요. 그러면 사람들이 말을 걸어오기 때문에 어딜 갈 수가 없어요."

10 나와 너를 '우리'로 만든 신들

대혼돈 시대, 수백만 명의 낯선 사람을 '인류'라는 더 넓은
바다의 속으로 던져 넣은 건 대중 종교였다.

벤 매시스는 믿음을 가진 사람으로, 어번컨페셔널을 만들 때 기도에
영감을 받았다. 이 기도는 매시스와 생활고로 어려움을 겪는 한 남성
사이의 소박한 교감 행위였다. 두 사람은 사회 지위와 환경 등 여러
가지 요인으로 인해 서로에게 낯선 사람이었다. 하지만 잠시 동안 명
예 친척 또는 손님과 집주인 같은 사이가 되어 뜻깊은 것을, 다시 말
해 인간애를 그리고 슬픔을 함께 나눴다. 바로 그 순간 어번컨페셔널
이 생겨났다. 이 단체는 잠시나마 사람들 사이의 장벽을 낮춰 새로운
'우리'를 만들어냄으로써 공동체를 지향한다. 이런 의미에서, 프리 리
스닝은 종교와 비슷하다. 게다가 종교 이야기는 따지고 보면 낯선 이

들의 이야기다.

아브라함은 낯선 이였다. 《창세기》에서 신은 75세의 팔팔한 아브라함에게 말한다. "네 고향과 친척과 아버지의 집을 떠나 내가 보여줄 땅으로 가거라." 아브라함은 고향인 수메르인의 도시 우르를 떠나 115년간 이방인으로 살았다. 그 과정에서 아브라함에게서 비롯된 세 종교인 유대교, 그리스도교, 이슬람교의 토대를 놓았다.

아브라함은 한동안 지금의 요르단강 서안지구인 헤브론에 살았으나 거류 외국인이었다. 이런 이유로 아내 사라가 127세라는 젊은 나이에 죽었을 때 묏자리를 살 수 없었다. 그래서 사회 기득권층인 '땅의 주민들(헷족, 즉 히타이트인)'에게 땅을 살 수 있도록 허가해달라고 호소해야 했다.

아브라함이 그들 앞에 서서 말했다. "나는 여러분과 함께 사는 이방인이요 거류민입니다." 성경에서는 이 말이 거듭 언급된다. "땅을 영구히 팔지는 못한다. 모든 땅은 내 것임이라. 너희는 내 앞에 이방인이며 거류민이다." 신이 이스라엘 사람들에게 이렇게 말했다. "저희는 저희의 모든 조상들처럼 주님 앞에 이방인이며 거류민입니다." 이스라엘 사람들이 신에게 한 말이다. "주여, 제 기도를 들어주십시오. (중략) 저는 저의 모든 조상들처럼 주님과 함께 있는 이방인이며 거류민입니다." 다윗 왕이 신에게 한 말이다.

아브라함의 이 말은 효과가 있었다. 그들은 아브라함에게 작은 땅덩이를 살 권리를 허가했다. 아브라함은 그곳에 사라를 묻었고 자신도 묻혔는데, 그 이후로 줄곧 사람들은 헤브론을 두고 싸우고 있다. 사람들이 종교, 특히 유일신을 섬기는 거대 종교를 비판할 때 겨냥하는 지점은 분열을 일으킨다는 점이다. 스스로 신의 명백한 명령을 따른다고 믿음으로써 다른 집단의 구성원을 비인간화하는 인간 본연의 능력을 강화한다는 말이다. 이것은 특히 주요 도시에 사는, 신을 믿지 않는 많은 '야만인'들 사이에서 인기를 끄는 주장이다. 물론 성경뿐 아니라 실제 세계에도 이를 뒷받침하는 역사상 증거는 많다. 내가 종교를 믿지 않는 건 이런 이유에서다.

그렇지만 나는 대중 종교에 대해 생각을 달리하게 됐다. 종합하면, 나는 대중 종교가 인류가 이룬 특별한 성취라고 생각한다. 수백만 명의 낯선 이를 포용해 '우리'를 확대하는 능력에 있어 전례 없는 도약을 이루어냈기 때문이다. 게다가 낯선 이들의 가치를 보여주고 함께 어울려 살아가는 법을 배우는 데 도움이 되는 지혜를 성경에서 많이 찾아볼 수 있다.

어쨌든, 사람들은 대학살을 정당화하기 위해 종교를 필요로 했던 건 아니었다. 1만 년 전, 다시 말해 아브라함에서 비롯된 세 종교가 출현하기 6000년 전에 발생한 대량 학살의 증거를 고고학자들이 찾아낸 사실을 기억하길 바란다. 수렵채집 사회의 폭력을 연구한 더글러스 프라이는 이런 대량 학살이 농업의 출현 이후에 생겨났다고 했다. 사람들이 정착해 인구밀도가 높아지면서 사회가 복잡해지고 위계가 생겨나 평등주의가 약해진 무렵, 즉 지위와 재산, 방어해야 할 땅을 갖게 된 무렵 말이다. 인류는 대혼란을 허락할 십자가 또는 초승달 모양이 새겨진 깃발을 기다리고 있지 않았다. 유일신 종교에 앞서 대혼란이 존재했을 뿐 아니라, 이런 대혼란으로 인해 종교가 생겨났다. 대혼란이 종교가 발명된 이유인 셈이다.

서력기원(예전에는 그리스도가 태어난 해를 뜻하는 라틴어 'Anno Domini'의 약자인 A.D.를 썼으나 현재는 종교 색채를 띠는 A.D. 대신 'Common Era'의

약자인 C.E.를 사용한다)에 가까워지면서, 예수나 마호메트라는 이름을 경건하게 부르는 사람들이 생겨나기 전, 제국들이 일어났다가 무너졌다. 기원전 12세기에 그리스, 히타이트, 이집트 제국이 모두 무너졌다. 한때 역사가들은 약탈하는 '해양 민족'이 이 제국들을 무너뜨렸다고 생각했다. 크레타섬과 아나톨리아(오늘날 터키 지역-옮긴이)의 뱃사람들인 이 해양 민족이 지중해에서 와서 레반트(그리스, 시리아, 이집트를 포함하는 동부 지중해 연안 지역의 역사상 지명-옮긴이)를 휩쓸며 마을과 도시를 약탈했다고 여겼다. 하지만 현대 역사가들은 그렇게 생각하지 않는다. "그 해양 민족은 재앙의 원인이라기보다는 징후였을지 모른다." 종교사학자 캐런 암스트롱(Karen Armstrong)은 이렇게 썼다. "기후 또는 환경 변화가 대규모 가뭄과 기근으로 이어졌고, 이런 붕괴 상황에 창의적으로 대응할 유연성이 부족한 지역 경제를 파괴했을지 모른다."

원인이 무엇이건, 그 여파는 완전한 혼돈이었다. 폭력, 사회 불안, 대량 이주, 궁핍, 소외, 불평등 그리고 엄청난 인간의 고통. 삶은 견디기 힘들었으며 사람들은 이동하고 뒤섞이고 충돌했다. 사람들을 결속시키고 삶의 고통을 처리하는 데 도움이 될 새로운 방법을 찾아야 했다. 그리고 많은 이에게, 그것은 종교의 형태로 나타났다.

믿음을 가진 이들은 종교의 힘을 직관으로 이해한다. 가장 단순한 의미에서, 대중 종교는 위안과 소속감을 제공한다. 혼돈에서 질서를 세우고 의식(儀式), 예배, 공동체로 낯선 이들, 죽음, 신, 운명 등 미지의 것에 대한 두려움을 누그러뜨린다.

과학자들도 사회에서 종교가 갖는 중요성을 강조한다. 이 책에서 몇 차례 등장하는 진화생물학자인 조 헨릭은 종교가 "인간 사회의 규모를 확대하는 기술"이라고 말했다. 종교는 더 많은 사람이 낯선 이들을 명예 친척으로 받아들여 협력하기 위한 방법이었다. 인간은 오래전부터 언어 또는 문화나 의식을 통해 낯선 이들을 명예 친척으로 받아들이고 그들과 협력하고, 그들을 위해 희생하며, 그들을 가족같이 돌봐왔다. 특히 서구의 종교는 이를 엄청난 규모로 이뤄냈다. 부족주의, 다양성, 인구밀도, 질병 등 사람들을 갈라놓는 많은 문제를 해결함으로써, 이동을 통해 새로운 관계를 맺는 사람들 사이에서 생기는 온갖 고통거리를 해결했다.

실제로 연구자들은 사회의 인구 규모와 그로부터 발달하는 종교 신념의 유형 사이에 연관성이 있음을 밝혀냈다. 2019년 옥스퍼드대학의 하비 화이트하우스(Harvey Whitehouse)가 이끈 전 세계 조사는 과거 1만 년 동안 존재했던 414개 사회의 데이터를 분석했다. 이에 따르면, 일단 사회 인구가 약 100만 명에 이르면 신의 도덕화가 나타난다. 그리스도교의 신 또는 카르마 같은 것이 대표적이다. 이 힘은 사람들을 지켜보면서 선행을 보상하고 반사회성 행위를 벌한다.

어떤 점에서, 이런 힘은 규모가 커져 더 이상 모든 사람을 감시할 수 없는 사회에서 천상의 감시 체제로 기능했다. 하지만 더 깊은 차원에서는 주요 종교의 출현이 새로운 종류의 사회 긴장을 완화하는 데 도움이 됐다. 이 연구의 저자들은 이들 종교가 부족의 경계를 넘는 새로운 소속 방식을 만들어냄으로써, 그렇지 않으면 계속해서 전쟁을 벌였을 많은 다양한 민족으로 이뤄진 제국을 유지하는 데 도움이 됐다고 생각한다. 이들 종교는 다양한 사회·문화·민족·인종 집단을 수용하고 낯선 이에 대한 신뢰를 높여서 사람들이 그들을 알아가는 데 시간을 들일 필요가 없는 더 큰 텐트를 만들었다. 종교는 모르는 사람들에 둘러싸여 있으면서 외로움을 느끼지 않고 살 수 있는 방법을 제공했다.

이것이 종교의 특별한 재능이다. "종교는 인간의 고독에 대해 대단히 잘 아는 것 같다." 영국의 철학자 알랭 드 보통은 주장한다. "우리는 종교가 내세 또는 초자연성을 띠는 교리의 기원에 대해 이야기하는 것을 거의 믿지 않는다. 그렇지만 종교가 우리와 낯선 이들을 갈라놓는 것이 무엇인지 알뿐더러 우리가 다른 사람과 관계를 쌓지 못하게 가로막는 편견마저 누그러뜨린다는 점에서는 찬사를 보낼 만하다." 드 보통은 가톨릭교 미사를 차이들 사이에 다리를 놓아 경계를 넘는 본보기로 든다. "미사에 참석한 사람들은 나이, 인종, 직업 또는 교육 수준이나 소득 수준이 균일하지 않다. 특정한 가치에 헌신한다는 공통점만으로 하나가 된 무작위 표본의 영혼들이다. 미사는 보통 우리가 소속되어 활동하는 경제 및 지위 면의 하위 범주를 적극 무너뜨려 우리를 더 넓은 인류라는 바다의 속으로 던져 넣는다."

이 장에서, 나는 서양의 종교에 중점을 두려고 한다. 동양에도 낯선 이와 어울려 살아가는 전통이 존재하고 있고 이는 의문의 여지가 없다. 가족과 친구를 넘어 타자의 행복을 비는 자애 명상의 다양한 형태가 유교와 불교에 나타난다. 공자는 이 책의 프로젝트와 관련해 많은 가르침을 준다. 그 가운데 두 가지는 예를 들면 다음과 같다. "다른 사람이 나를 알아주지 않는 것을 걱정하지 말고 내가 다른 사람들을 알지 못하는 것을 걱정하라." "군자는 두루 사귀어 편벽하지 않다. 소인은 편벽해 두루 통하지 못한다." 힌두교와 불교는 공통적으로 아예 낯선 이는 없다고, 모든 사람이 없어서는 안 될 전체의 일부이며 우리는 서로가 없으면 아무것도 아니라고 가르친다. 특히 카스트제도가 지배하는 시대에 처음 부처를 따르던 사람들에게 이는 급진적인 생각이었다.

하지만 여기서는 서양의 종교를 중점적으로 살피고 싶다. 그 기원이 우리가 서 있는 역사의 순간을 되비춰주기 때문이다. 맥길대학의 비교종교학 교수인 아르빈드 샤르마(Arvind Sharma)는 서양 종교와 동양 종교의 차이를 이렇게 분석했다. "서양의 종교를 구성하는 종교 공동체는 대체로 문화가 다른 사람들로 이뤄져 있다. 이들은 종교가 같기 때문에 같은 사람들로 여겨질 수 있다. 반면 동양의 종교 공동체는 대체로 문화가 비슷한 사람들로 구성되었고, 그래서 다른 사람들이 다른 종교를 견지하도록 기꺼이 내버려둔다." 다시 말해, 서양의 종교를 형성한 건 위기의 시대를 살아갔던 서로 다른 이질적인 사람들, 즉 낯선 이들이었다. 서양의 종교가 만들어진 과정을 보면 우리는 왜 낯선 이들과 함께 살아야 하는지, 그렇게 하는 길은 무엇인지 더 잘 이해하게 된다. 우선 저 정신없이 휘몰아치는 홍수, 유혈, 천연두 그리고 굶주린 고래와 말하는 나무들을, 소년 시절의 내 마음에 지울 수 없는 상흔을 남긴 울부짖고 질주하는 공포를 찾아가보자. 바로 《구약성경》 말이다.

◆ ◆ ◆

《구약성경》이 낯선 이들을 어떻게 다루는지 찾아보려고 성경을 다시 읽고 있다고 하자, 내 친구가 이렇게 대답했다. "내가 맞혀볼게. '모두 잡아먹어라'라고 하지." 그렇다. 낯선 이들을 살해하는 이야기가 정말로 많다. 다행히도 먹는 일은 거의 없지만 말이다. 이는 성경이 쓰인 시대를 반영한다. 성경은 '전시(戰時) 문학'이었다고 가톨릭 연구학자 제임스 캐럴(James Carroll)은 쓰고 있다. "성경에 드러난 폭력성은 저자들이 살던 현실이 반영된 것이다. 당시에는 순전한 폭력이 절대 원리가 되는 세상이었다."

하지만 《구약성경》의 분노와 정복, 무너진 도시, 창과 불에 의해 땅과 하늘로 떠밀리는 많은 사람에 대한 이야기 안에는 놀랍게도 낯선 이들을 위해 마련해둔, 애정이 깃든 자리가 숨어 있다. 이 낯선 이들은 행동을 일으키는 촉매이자 영향을 퍼뜨리는 행위자다. 이들이 없었다면 《구약성경》의 이야기는 일어나지 않았을 것이다.

아브라함으로 다시 돌아가보자. 《창세기》에서, 아브라함은 세 명의 손님을 맞고 환대한다(다시 환대 이야기가 나온다). 사실 이들은 신을 대변하는 천사들이었다. 한 천사가 90세인 사라에게 아이를 갖게 되리라고 장담한다. 그 아이가 이스라엘인의 조상인 이삭이 된다. 다른 두 천사는 아브라함에게 사악한 도시 소돔이 곧 파멸을 맞으리라고 알린다. 아브라함은 조카 롯과 그의 가족이 그 재앙을 면하게 해달라고 간청한다. 천사들은 이를 승낙하고 다시 환대가 필요한 낯선 이들로 가장하고서 롯에게 경고하러 소돔으로 간다. 롯은 이들을 후하게 대접하지만, 천사들의 존재만으로도 소돔 사람들은 광란 상태에 빠진다. 한 무리가 롯에게 천사들을 넘기라고 요구한다. 일설에 따르면, 소돔 사람들의 대죄는 성적 일탈(천사들을 강간하고 싶어 했기 때문이다) 또는 환대하지 않음(마찬가지로 천사들을 강간하고 싶어 했기 때문이다)이다. 이들의 터무니없는 행동이 정해진 운명을 부추겨 소돔은 완전히 파괴되고 만다.* 나중에 《신약성경》에서 그리스도가 제자들에게 "낯선 이를 대접하다가 자기도 모르는 사이에 천사를 대접한 사람도 있으니 낯선 이들을 대접하는 일을 잊지 마라"고 경고하는 대목에서는, 거의 소돔의 폐허에서 올라오는 연기와 부패의 냄새가 느껴질 정도다.

《출애굽기》에서는 이스라엘 사람들이 이집트에서 노예가 된다. 이곳에서, 또 다른 예언자인 모세는 동료 이스라엘 사람을 학대하는 낯선 이를 살해한다. 모세는 이 일로 목숨을 잃게 될까 봐 두려워 미디안 땅으로 도망을 치다가 목동들로부터 괴롭힘을 당하는 일곱 자매를 맞닥뜨리고 이들을 보호한다. 이 자매들은 집으로 가 미디안의 사제인 아버지 이드로에게 모세가 한 일을 고하고, 이드로는 딸들에게 모세를 찾아서 집에 데려와 식사를 대접하라고 한다. 모세가 이방인이라는 점은 중요하지 않았다. 자매들이 모세에게 함께 집에 가길 청했고, 모세는 이드로의 집에 머물면서 그의 딸 십보라와 결혼해서 아들을 낳는다.

모세는 낯선 이를 살해한 후 자기 삶을 돌아보며 생각한다. "나는 낯선 땅의 낯선 이다." 그래서 아들의 이름도 게르솜이라고 짓는다. 이는 '낯선 땅의 이방인'이라는 뜻이다. 그러나 이드로는 문화가 다른 낯선 이이기는 하지만 유대인들의 이야기에서 중요한 역할을 하게 된다. 현명한 조언자 역할을 해서, 모세가 이스라엘 민족을 이끌어 노예 상태에서 벗어나게 하는 임무를 성공으로 이끌기 때문이다. 크리스티아나 밴 하우튼(Christiana van Houten)은 이드로가 "우리의 적이

* 여기서 롯이 노략질을 하는 무리에게 처녀인 두 딸을 내주겠다고 대응한 것은 주목할 만하다. 이는 '온당한' 조치로 간주된다. 나중에 롯의 아내가 소금기둥이 된 후, 아버지와 함께 소돔의 잔해 위 한 동굴 안에 숨은 두 딸은 임신하기 위해 아버지를 인사불성이 되도록 취하게 만들어 성관계를 갖는다. 이들은 임신에 성공하는데, 미국 유타주의 모아브시는 이들의 한 자손의 이름을 땄다.

아니라 우리를 보완하는, 특정한 유형의 낯선 사람"의 완벽한 보기라고 주장한다. 그는 우리를 도와주고 개선시키는 낯선 이다. 이런 낯선 이들 없이 탈출은 일어나지 않고, 이스라엘 민족은 이집트의 속박에서 벗어날 수가 없다. 그러면 성경의 기나긴 이야기는 사실상 여기서 끝나고 말았을 것이다.

물론《구약성경》은 그 주인공들이 약속의 땅으로 가는 도중에 만나는, 이스라엘 사람이 아닌 이민족에게는 무자비하다. 이민족 사람들은 그들이 속한 집단의 일원으로만 규정된다. 이들에게서 인간의 자취는 보이지 않는다. 소름 끼치는 집단 학살 사건이 등장하는《여호수아》에서, 이제 모세의 후계자인 여호수아가 이끄는 이스라엘 사람들은 가나안의 일곱 민족을 몰살할 의도로 요르단강을 건너 약속의 땅 가나안으로 들어간다. 그들은 신의 명령에 따랐다.《신명기》에서 신은 이스라엘 사람들에게 이민족을 몰아내라고 주문한다. "그들을 쳐 전멸시켜라. 그들과 계약을 맺지 말고 불쌍히 여기지도 마라. (중략) 너희 하느님 주께서 그들을 너희에게 넘기시고 강력한 파괴력으로 말살해 진멸시키실 것이다."

몇몇 민족은 실제로 완전히 말살당한다. 이 군사작전에 대한 이야기는 끔찍한 죽음을 아무런 연민 없이 무감각하고 장황하게 설명하면서 펼쳐진다. 여호수아는 막게다를 수중에 넣고 그 왕과 백성들을 죽였다. 여호수아는 리브나를 수중에 넣고 그 왕과 백성들을 죽였다. 여호수아는 라키시를 수중에 넣고 그 백성들을 죽였다. 여호수아는 게제르의 왕 호람을 죽이고 그 백성을 죽였다. 여호수아는 아이(Ai)를 불태우고 영원히 폐허로 만들었다. "그리고 아이의 왕을 저녁이 될 때까지 나무에 매달아두었다. 해가 지자마자 여호수아는 그의 주검을 나무에서 내려 도시 성문 어귀에 내다버리라고 명했다." 누군가는 《여호수아》에서 이후 수천 년 동안 뒤따르는 종교 폭력의 원형을 보는 것도 무리가 아니다. 《여호수아》에서 신이 보이는 행적은 정서가 불안한 10대 소년의 일기와 어떤 면에서는 비슷하게 읽힌다. 신학자 대니얼 호크(L. Daniel Hawk)는 이렇게 썼다. "종교 이념이 지지하고 승인하며 축성하는 폭력이 횡행하는 시대에, 독자들에게 이것은 다시 말할 가치가 없는 추악하고 역겨운 이야기다."

그렇다 하더라도, 다시 말할 가치가 없진 않다. 대학살 속에서도 낯선 이들이 중요한 역할을 하기 때문이다. 가나안의 여러 도시에 살고 있는 이방인들에 대한 이야기를 읽다 보면, 여호수아는 아무런 죄책감 없이 이들을 때려 부수고 죽인다. 하지만 이들 개인을 실제로 만날 때 《여호수아》의 어조는 달라진다. 인물의 성격을 더 치밀하게 묘사할 뿐 아니라 낯선 이들이 인간이 된다. 이들은 고정관념을 거부하고 이스라엘 사람들을 놀라게 하며, 심지어 그들을 돕기도 한다. 그렇다. 《구약성경》은 낯선 이들에 대한 살육을 즐긴다. 하지만 동시에 낯선 이들 없이는 일어나지 못했을 변화에 대해 이야기한다. 인간이 낯선 이에 대해 느끼는 양가감정이 모든 페이지에 얼룩져 있다.

라하브를 예로 들어보자. 여호수아는 침략 전 미리 예리코를 살피기 위해 정탐꾼을 보낸다. 정탐꾼들은 매춘부인 라하브의 집에 묵는데 운 좋게도 라하브의 집은 예리코의 유명한 성벽 바깥에 붙어 있었다. 매춘부이면서 가나안인인 라하브는 그 두 가지 사실만으로도 예리코에서는 불리한 처지다. 하지만 라하브는 위기 앞에 동요하지 않고 순발력 있게 대응한다. 정탐꾼이 부근에 있다는 소문이 퍼지고, 예리코의 왕이 라하브에게 그들을 넘길 것을 요구하자 라하브는 왕이 보낸 사람들을 속여 정탐꾼들을 숨겨주고, 그들에게 주민들이 겁을 먹어 의미 있는 저항을 하지 않으리라는 귀중한 정보를 제공한다. 정탐꾼들은 이 정보를 가지고 떠나고, 이스라엘 군대는 진군해, 계약의 궤를 가지고 도시를 일곱 차례 돌면서 트럼펫을 울리며 성벽을 무너뜨리고, 라하브와 그 가족을 제외한 모든 주민을 죽인다. 성서학자 아드리아네 레빈(Adriane Leveen)은 이 모순을 이렇게 요약한다. "《여호수아》에서 이스라엘 사람들이 맨 처음 만나는 낯선 이는 매춘부로서, 그 만남이 매우 유리하게 작용한 덕분에 이 매춘부는 그야말로 이스라엘 민족의 구세주가 된다. (중략) 이스라엘 사람이 아니라 낯선 이인 라하브가 신의 계획 실행에 시동을 건 셈이다."

이처럼 낯선 이(들)와 관계를 맺고 온전한 인간으로 인정받아 끔찍한 결과를 모면하는 이야기는 더 있다. 대니얼 호크는 그 역학을 훌륭하게 요약한다. "그 땅의 사람들이 얼굴 없이 남아 있는 한, 그들은 아무런 가책 없이 죽임을 당할 수 있다. (하지만) 다른 사람들이 인간임을 인정하게 되면 살인은 훨씬 더 심란한 일이 된다."

특히 《히브리 성경》, 즉 《구약성경》을 열렬한 이방인공포증에 의한 대학살로 기억하는 사람들에게, 게르(ger)의 존재는 뜻밖일 것이다. 《구약성경》 영어 번역본에서 보통 '이방인(stranger)'으로 언급되는 게르는 이스라엘인 사이에서 살아가는 비이스라엘인, 즉 거류 외국인이다. 게르는 완전한 외부인인 외국인과는 다르다. 《히브리 성경》에서 게르는 여호수아의 군대가 칼로 베어 죽인 많은 얼굴 없는 이방인보다 훨씬 더 나은 대접을 받는다. 이 이방인들은 이스라엘 사람들이 누리는 많은 권리를 인정받는다. 근친상간과 신성모독을 하지 않고 이방의 신을 섬기지 않는다는 현지의 규약을 지키는 한, 그리고 죽은 동물이나 죽은 사람의 주검을 만진 후에는 손을 적절히 씻고 짐승의 피를 식재료로 삼지 않는 식으로 모든 이스라엘 사람에게 적용되는 정결법을 따르는 한 말이다.

게르는 현지의 법을 따르는 대가로 이스라엘 사람과 동일한 많은 권리를 부여받는다. 사법제도를 이용할 수 있는 권리를 갖고, 안식일에 쉴 수 있으며, 신에게 제물을 바칠 수 있고, 할례를 받으면 유월절(이집트 탈출을 기념하는 유대인의 축제-옮긴이)을 기념할 수 있다. 또 이스라엘 사람에 의해 노예로 팔릴 수 있지만 부유한 게르는 이스라엘 사람을 노예로 살 수도 있다. 《레위기》에서 신은 모세에게 말한다. "이방인이든 본토인이든 한 법이 있을 따름이다. 내가 너희 하느님 주이기 때문이다."

또 게르만이 누리는 여러 가지 특권이 있다. 예를 들어, 이스라엘 사람은 서로 돈을 빌려줄 때 이자를 붙일 수 없지만 게르는 그럴 수가 있다. 만약 농부가 농작물을 수확하다가 땅에 떨어뜨리면 게르가 먹을 수 있도록 남겨둬야 하며, 포도밭에서 포도를 떨어뜨리는 경우에도 마찬가지지만 외국인에게는 그런 작물을 팔아도 된다. 이스라엘 사람은 죽은 짐승의 고기를 발견하더라도 먹을 수가 없다. "죽은 짐승의 고기는 성 안에 머무는 이방인에게 먹으라고 주든지 외국인에게 팔든지 해라." 이런 법은 이스라엘 사람과 게르 사이의 경계를 강조하는 역할을 한다. 이스라엘 사람은 그에 따른 모든 권리와 특권을 가진 이스라엘 사람으로 남을 것이고, 게르는 사법제도를 이용할 수 있는 권리를 갖고 주류 사회와 상당히 친밀한 관계를 유지하며 길에서 죽은 짐승의 고기를 무료로 받아 먹는 게르로 남을 것이다.

그런데 왜 이것은 인종차별 정책이 아닌 걸까? 다수가 취약한 소수에게 영원한 이등 시민이 되도록 강요하는 상황이 어째서 진보인 걸까? 몇 가지 이유가 있다.

첫째, 이런 타협은 당시에는 전례가 없었다. 메소포타미아에서, 무엇보다 위대한 바빌로니아 왕 함무라비의 법전에 고아와 과부에 대한 특별대우를 정한 법이 있기는 하지만, 특히 게르 같은 외국에서 온 이방인을 돌보도록 법을 규정한 경우를 학자들은 거의 찾지 못했다. 그렇다고 이전에는 이들을 함부로 대했다는 뜻은 아니다(알다시피 당시에는 환대의 전통이 확립돼 있기는 했다). 이 낯선 이들에 대한 도의상의 관심이 꼭 성문법으로 명시될 가치가 있었던 건 아니라는 뜻이다. 게르와 이들에게 부여한 법적 지위는 새로운 것이었다. 그리고 이런 의미에서 이는 진보였다.

둘째, 게르의 취지는 또한 연민과 개인 경험에 뿌리를 두었다. 고아나 과부의 경우에는 꼭 본인이 같은 처지가 아니더라도 그들에게 연민을 가질 수 있다. 하지만 이 경우와 달리, 《구약성경》은 이방인과 거류민을 잘 대접하도록 거듭 강조했는데, 이는 이스라엘 사람들이 이방인이 된다는 게 어떤 것인지 누구보다 잘 알았기 때문이라고 일부 학자들은 생각한다. 《구약성경》의 신은 이 점을 거듭 강조한다. "너희는 이방인을 괴롭히지 말고 억압하지 말라. 너희도 이집트 땅에서 이방인이었기 때문이다." 《출애굽기》 22장에서 신은 이렇게 말하고 23장에서 다시 덧붙인다. "또, 이방인을 억압하지 말라. 너희가 이집트 땅에서 이방인으로 살아보았으니 이방인의 심정을 잘 알 것이다." 이스라엘 사람들은 이방인으로 산다는 게 어떤 것인지 잘 알았다. 먼 타국에서 노예가 돼 고통받고 굶주리며 황야를 떠돌았기 때문이다. 그 과정에서 다른 이방인들의 역경에 공감할 줄 아는 능력을 갖게 됐다. 게르는 믿음을 가진 이의 도의상 관심의 범위가 부족주의의 한계를 넘어 확장됐음을 나타낸다. '우리'에 소속되지 않은 사람들의 보호를 법으로 정한 것이다. 인류가 낯선 이들 사이에서 살아가는 시대에, 이것은 하나의 성취였다. 발판으로 삼을 수 있을 성취 말이다.

◆ ◆ ◆

그러다가 예수 그리스도가 등장했다. 그가 태어난 세상 역시 혼란스러웠다. 특히 도시들이 그랬다. "제국의 도시들은 믿을 수 없을 정도로 난장판이었다." 사회학자이자 종교사가인 로드니 스타크(Rodney Stark)는 이렇게 적었다. 게다가 이들 도시의 인구밀도는 현대의 감수성으로는 상상도 할 수 없을 정도였다. 안티오크라는 도시는 인구밀도가 1에이커(약 4047제곱미터)당 117명이었다. 2010년 맨해튼의 인구밀도보다 1에이커당 8.5명이 많다. 하지만 맨해튼은 수직 도시다. 안티오크에는 5층이 넘는 건물이 거의 없었다. 안티오크는 고통의 구덩이였다. 건축물은 조악하고 공동주택은 사람들로 빼곡했다. 건물이 자주 붕괴됐다. 흔히 실내 조리용 화덕이 원인이 돼 대화재가 일어났다. 지진과 만연한 노숙과 가난이 있었다. 어떤 형태였든 이 도시의 하수도는 개방돼 있었고 비누는 아직 발명되지 않았다. 로드니 스타크가 지적한 대로, 이 도시인들은 "우리의 상상 이상으로 불결한 생활을 했"음에 틀림없다.

그리고 낯선 이들이 있었다. 로마 제국은 장거리 무역과 제국 활동으로 통합돼 있었기에, 로마인들은 일찍이 유례가 없을 정도로 여행할 수 있었고, 그래서 이동하며 섞였다. 우리는 오늘날의 다양성에 대해 전례가 없었던 것처럼 이야기하지만 그렇지가 않다. 로마 세계는 "제대로 된 용광로였다"고 역사가 램지 맥멀런(Ramsay MacMullen)은 썼다. "100년 전의 영국 제국을 모든 지역이 접해 있어서 랑군(미얀마 수도인 양군의 옛 이름-옮긴이)에서 벨파스트까지 바다를 건너는 일 없이 여행할 수 있는 통합된 하나의 땅으로 상상해보면, 그리고 무한에 가깝게 다양한 언어, 종교 집단, 전통, 교육 수준을 하나의 전체로 인지할 수 있다면, 그 시대 지중해 세계의 실체가 떠오를 것이다."

이런 인구의 유입은 도시에 좋았다. 부분적으로는 그 과정에서 물자와 사상이 활발히 오갈 수 있었고, 또 암울하기는 하지만 사망률이 무척 높은 와중에 인구 수준을 유지해야 했기 때문이기도 하다. 그리스도 시대가 시작될 무렵 "그리스-로마의 도시들이 그야말로 인구를 유지하려면 계속해서 이주자의 유입이 필요"했다. 스타크는 이렇게 쓰고 있다. "그 결과, 어느 순간 인구의 상당 부분이 최근에 이주해온 이들로 구성됐다. 그리하여 그리스-로마의 도시들은 낯선 이로 가득했다." 이런 상황에서의 삶이 이 이방인들의 결속 본능을 자극했다. 그래서 도시는 여러 민족의 집단 거주지로 쪼개져 공공연히 싸우고 자주 폭동이 일어났다. 도시는 지옥이었고 죽음이 사방에 널려 있었기에, 도시민들은 세상의 종말을 목격하고 있는 게 아닌가 생각했다.

이때 예수가 갈릴리에 나타났다. 갈릴리는 예루살렘에서 멀리 벗어난, 그 자체가 잡다한 사람들이 섞여 난폭한 곳이었다. 유대인, 사마리아인, 그리스인, 시리아인이 뒤섞여 서로 어깨를 맞대고 살았다. 엘리트층이 신의 아들이 나타나리라 예상하기 가장 힘든 곳이었다. 이는 뉴저지에서 구세주가 나오는 것과 비슷했다.

예수는 예루살렘에 도착해 급진적 복음을 전하기 시작했다. 이 복음은 세 가지를 이야기했다. 삶은 끔찍하고, 신만이 답이며, 낯선 이들로 가득하고 부족 갈등으로 분열된 세상에서 살아갈 방법이 필요하다는 것이었다. 이는 단지 게르 같은 거류 외국인만이 아니라 이웃을 사랑하라는 뜻이었다. 이런 생각은 유대인의 율법에 기초했으나 모든 사람을 포함하는 것으로 확대됐다. 예수는 이웃을 사랑하기가 쉽지 않음을 인정했다. "너희가 형제에게만 인사한다면 남보다 나을 것이 무엇이냐?" 나을 게 없다. 우리의 가족, 부족, 이웃을 돌보기란 그다지 어렵지 않다. 하지만 낯선 이, 죄 지은 이, 따돌림받는 이를 돌보려면 노력이 필요하다.

제우스는 자주 나그네처럼 초라한 행색으로 꾸미고 다녀 사람들이 이방인에게 행동거지를 조심하고 환대하게 했다. 예수 역시 이방인 행색을 하고서, 가장 낮은 이들에게 한 것이 곧 자신에게 한 것이라고 제자들에게 말했다. "너희는 내가 굶주렸을 때 먹을 것을 줬고, 목말랐을 때 마실 것을 줬으며, 나그네일 때 따뜻하게 맞이했다. 또 헐벗었을 때 입을 것을 줬으며, 병들었을 때 돌봐줬고, 감옥에 갇혔을 때 찾아와줬다. 진정으로 말한다. 너희가 여기 있는 형제들 중에 가장 보잘것없는 사람 하나에게 한 것이 곧 내게 한 것이다."

예수가 유대인이 미워한 사마리아인이 유대인을 도운 이야기를 한 것이 가장 유명하다. 이런 입장의 반전은 천재적 발상인데, 심리에 대한 날카로운 이해를 보여준다. 우리는 내가 속한 무리는 관대해서 외부인을 돕는다고 쉽사리 믿는다. 이는 내집단 편애다. 우리는 좋은 사람들이고 도덕심이 있는 사람들이다. 하지만 사람들에게 적이 도덕적으로 행동할 가능성을 고려해보고 필요할 때에는 적을 돕기도 하라고 강제하는 것은 곧 낯선 이의 복잡성을 인정하고 존중하라는 요구다. 앞서 비인간화에 대해 이야기한 것을 떠올려보라. 우리는 낯선 이를 평가절하하고 그 존재의 풍성함, 내면의 삶을 모르는 체하는 경향이 있다. 필요한 상황에서는 그들에게 끔찍한 짓을 저지르기도 한다. 즉, 그들을 인간이라 생각하지 않고 약탈, 학살할 수 있다. 그리스도의 가르침은 대부분 이에 대비한 방지책이다. 낯선 이는 인간 이하가 아닐뿐더러 사실상 예수의 대리인이었다. 그래서 제우스처럼 처벌하고 보상하는 힘을 가졌다.

이것은 그냥 하는 말이 아니었다. 그리스도의 죽음 후 교회가 거둔 성공의 발판은 낯선 이에 대한 돌봄이었다. 초기 기독교인들은 "사회 복지가 대부분 부족한 제국 안에 축소판 복지 국가"를 만들었다. 역사가 폴 존슨(Paul Johnson)은 이렇게 쓰고 있다. 362년 율리아누스 황제는 기독교인들이 "낯선 이들에게 자비를 베풀어" 로마가 나쁘게 보이게 만든다고 불평하는 편지를 썼다. 황제는 다른 편지에 이렇게 썼다. "불손한 갈릴리 사람들은 그들의 가난한 이들뿐 아니라 우리의 가난한 이들 또한 돕고 있는데, 우리가 이들을 충분히 돕지 않는다는 것은 모두가 아는 사실이오." 율리아누스는 380년 로마 제국이 기독교를 국교로 삼기 전 로마의 마지막 비기독교인 황제였다.

그리스도의 가르침은 많은 면에서 도시가 안은 문제에 대한 하나의 해결책이었다. "기독교는 집 없고 가난한 사람으로 가득한 도시에 희망뿐 아니라 구호를 제공했다. 이주자와 낯선 이들로 가득한 도시에 곧장 소속되는 근거를 제공했다." 로드니 스타크는 이렇게 썼다. "폭력으로 얼룩진 민족 간 불화로 분열된 도시에 사회 연대를 위한 새로운 근거를 제공했다. 게다가 유행병, 화재, 지진에 직면한 도시에 사실상의 간호 서비스를 제공했다."

《구약성경》의 유대인들은 이방인이자 거류민으로, 외국 땅에서 노예 생활을 하고 수십 년 동안 뿌리를 내리지 못한 채 황야를 떠돌아야 했다. 예수 시대의 사람들은 이방인이자 거류민으로 말도 안 되게 잔혹하고 예측할 수 없는 세상에서 언제나 이동하고 섞이며 몸부림쳤다. 예수는 이방인이자 이주민이자 외부인이었다. 하지만 우리 모두가 이방인으로서 표류하며 두려워하고 있다는 상호 인정이 새로운 형태의 사회 연대를 낳았다. '우리'가 새롭게 더욱 확대된 것이다. 그 덕분에 기독교인들은 그렇지 않으면 영원한 이방인으로 남았을 사람들과 편안하게 의미 있는 접촉을 할 수 있었고, 지금도 여전히 그렇다. "그들은 순례자가 돼 모든 인종과 국가, 그리고 모든 사회계층에서 인생 여정의 새로운 동반자를 찾을 수 있다." 토머스 오글트리는 이렇게 썼다. "모두가 이방인이므로, 더 이상 이방인은 없다." 그 결과는 지금까지 만들어진 가장 큰 단일 공동체였다. 이는 세계 인구의 3분의 1인 23억 명이 기독교인인 오늘날에도 여전히 그렇다.

◆ ◆ ◆

이슬람교도 낯선 이들의 종교다. 이슬람교의 많은 DNA가, 이슬람교인들이 최초의 이슬람교인으로 여기는 아브라함의 이야기에서 나왔다. 《구약성경》에서 이삭이 태어나기 전, 아브라함의 아내 사라는 아이를 낳을 수가 없었다. 사라는 아브라함에게 몸종 하가르를 대리모로 들이라고 권한다. 아브라함은 이를 받아들이고 하가르는 이스마엘을 잉태한다. 여기서 전통이 갈라졌다. 아브라함과 사라 사이에 이삭이 태어나자, 사라는 이스마엘이 해를 끼치리라 확신하고 하가르와 이스마엘을 사막으로 내쫓았다. 하가르는 먹을 것과 물이 떨어지자 겁에 질려 어쩔 줄 몰랐고 신에게 도움을 간청한다. 신이 하가르에게 아기를 들어 올리라고 말한다. 하가르가 그렇게 하자 물이 땅에서 솟아나 잠잠(Zamzam)이라는 개울을 이뤘다. 물을 발견한 새들이 머리 위에서 원을 그리자 낯선 무리가 새를 보고 다가와 물을 청했다. 하가르는 물을 먹을 것과 여러 가지 물품으로 바꾸었다. 이슬람 전통에 따르면, 이 교환에서 메카라는 도시가 생겨났다. 말이 나온 김에 이야기하자면, 이 도시는 이스마엘의 후손으로 별명이 쿠사이, 즉 '작은 이방인'(Little Stranger, '갓난아이'라는 뜻-옮긴이)인 자이드 이븐 킬라브에 의해 주요 무역항으로 발전했다.

　서기 7세기에 마호메트라는 성공한 상인이 유명해질 무렵, 메카에 불황이 닥쳤다. 연안 무역 길이 메카의 상업을 빼앗아가고 있었다. 게다가 로마 제국과 페르시아 제국의 경쟁으로 더 넓은 세계가 분열되면서 오랜 부족 간 증오가 새로이 불타올랐다. 마호메트는 유일신 아래 모든 사람이 하나가 되게 하라는 알라의 방문을 받은 후 그 임무에 착수한다. 그는 메카 사람들이 자기만 아는 우상숭배자들로, 고아나 가난한 사람뿐 아니라 서로에게 무관심하다고 비난하고, 지배층이 탐욕에 찌들었다고 비난했다. 당연히, 이런 비난을 그냥 보아 넘길 리 없었다. 메카의 지배층은 마호메트에게 등을 돌리고 그 추종자들을 터무니없이 괴롭혔다. 그래서, 그렇지 않으면 마호메트에게 동조하지 않았을 사람들조차 메카 거리에서 전시되는 잔혹한 행위에 역겨워했다. 622년 마호메트는 결국 메디나로 도망쳤다.

　마호메트는 이곳에서 자신의 복음을 전하며 이슬람교 아래 부족들을 결속시켰다. 또한 현지인이 똘똘 뭉쳐 메카에서 자신을 따라온 가난한 피난민들을 적대하지 않게 하려고 애썼다. "예언자 마호메트는 이주민을 현지 이슬람교인과 통합하기 위해 모든 이주민과 현지 이슬람교인이 형제임을 선언하고, 현지 이슬람교인에게 이주민을 도와줄 것을 요청했다." 이슬람 신학자 제키 사리토프라크(Zeki Saritoprak)는 이렇게 쓰고 있다. "이 역사상의 이슬람교 형제단은 무크트(mu'kh't)라 불린다." 이는 무하지룬(이주민들)과 안사르(조력자들)라는 두 개 무리로 구성됐다. 이 형제애는 명예 친척의 한 형태로, 실질적 이익을 가져다줬다. 안사르는 재력과 무관하게 머물 곳과 먹을 것을 제공했다. 안사르가 죽으면 그의 무하지룬이 상속인이 됐다. 이 전통으로 가족 간 민족 간 유대보다 무크트가 더 중요해지면서 인종과 부족 간 불화가 사실상 사라졌다. 사리토프라크는 이렇게 적었다. "이 형제애의 선언은 인간 역사에서 사회의 이질적 부분을 통합하는 가장 중요하고 모범이 되는 실천으로 여겨진다."

마호메트가 메디나를 통합하는 동안, 메카는 하락을 계속했다. 마호메트와 그 제자들에 대한 증오가 한동안 이 도시를 결속시켰으나, 이슬람교인이 대부분 사라지면서 온갖 부족이 다시 서로를 공격했다. 바누바크르족은 이슬람교인의 동맹자인 쿠자아족을 학살했다. 그러자 마호메트는 메디나의 많은 부족을 대표하는 갖가지 사람이 모인 1만 명의 군대를 보냈는데, 이는 이방인 사이의 전례 없는 통합을 보여주는 것이었다. 메카의 왕은 이 군대를 보고 놀랐다고 한다. "이게 무슨 군대인가?" 마호메트는 아무런 저지도 받지 않고 메카로 입성했으며, 모두를 죽이는 대신에 누구든 항복하는 사람들을 사면했다. "가라, 너는 자유다."

이슬람교에서, 낯선 사람은 주요 주제다. 유대교나 기독교와 마찬가지로, 《쿠란》은 낯선 이에 대한 친절을 유일신 숭배 바로 다음에 두고 있다. "알라를 숭배하라. (중략) 그리고 부모, 친척, 고아, 알마사킨(al-Masakin, 가난한 사람들), 가까운 이웃, 낯선 이웃, 옆에 있는 동반자, 나그네에게 좋은 일을 하라." 하지만 이슬람교에서 이방인이라는 것은 단순히 이웃 그 이상인데, 사실상 비범함, 다시 말해 신성함의 표시다. "이슬람교는 낯선 것으로서 시작했고 시작과 마찬가지로 낯선 것으로 돌아갈 터이니, 따라서 낯선 이들에게 기쁜 소식일 터이다." 마호메트는 이렇게 말했다. "이 세상에서 이방인 또는 나그네인 것처럼 살라." 이 말은 여행을 계속하라는 뜻이며 그 끝에 진정한 고향이 기다린다는 것을 의미한다. 유대교나 기독교와 마찬가지로, 이슬람교에서(이들은 모두 이방인과 거류민의 신앙이다) 공통성, 즉 연대의 원천은 소외다. 이슬람교는 유일신을 숭배하면서 부족 간 분열을 초월해 한 가족이 되는 낯선 이들의 공동체다.

한편으로 보면, 영원한 이방인이라는 생각은 어두운 길로 이끌릴 수 있으며 실제로 그랬다. 광신자들은, 이방인이라는 데 큰 영광이 있기에 이방인으로 남아야 하며 이슬람교인이 아닌 다른 사람과 섞이는 것은 아무런 의미가 없다고 생각하기에 이르렀다. 성벽을 세우고 총안이 있는 흉벽에 군사를 배치하거나 신앙심 없는 자들을 공격해야 한다고 생각하기에 이르렀다. 이슬람교가 생겨나고 첫 몇 세기 동안, 이슬람교 신앙은 기독교 신앙과 마찬가지로 제국의 야망과 쌍을 이뤄 대륙을 가로지르고 잔혹한 행군을 추진해 에스파냐부터 중앙아시아에 이르는 제국을 건설했다.

나는 여기서 이슬람교의 실체에 대해 논쟁하려는 게 아니다. 《구약성경》에 어두운 부분이 있듯이, 이슬람 극단주의자들과 이슬람교를 비판하는 이들 모두가 폭력을 정당화하는 것으로 지적하는 구절들이 《쿠란》에 있음을 나는 알고 있다. 게다가 나는 뉴욕시에 살고 있다. 늘 이 도시의 좋은 면을 보지만, 다른 한편으로 나쁜 면이 드리우는 지울 수 없는 그늘 속에서 살고 있다. 그렇지만 나는 이슬람교가 분열된 사회의 통합에 대해 이야기하는 것에, 낯선 이들을 대하는 법을 가르치는 것에 더 관심이 있다. 《쿠란》에는 이슬람교 신앙을 믿는 사람을 상대로 이야기하는 절과 전체 인류를 상대로 이야기하는 절이 있다. 후자는 "사람들이여"로 시작하는데, 그 가운데 한 절은 이렇다. "사람들이여, 하느님이 너희를 창조하사 남성과 여성을 두고 종족과 부족을 두었으되 서로가 서로를 알도록 하였노라."

이는 번역문으로 보면 불명확할지 모른다. 어쨌든 부족주의란, 대중적 정의에 따르면 서로를 알고 싶어 하지 않는 것이다. 하지만 이맘(이슬람교의 종교 지도자―옮긴이)이면서 뉴욕대학교 최초의 이슬람교 사제이자 뉴욕경찰청 및 뉴욕소방국 소속 이슬람교 사제였던 카리드 라티프(Khalid Latif)에 따르면, 이 절에서 리 타아리포(lee ta'aarifoo)라고 발음하는 '안다'는 것의 핵심은 잡다한 문제에 대한 답을 안다는 것과 다르다. 아는 사이 또는 경험으로 얻는 지식과 더 비슷한 뜻이다. "기본적으로 이 절은 너희를 이렇듯 다양하게 창조했다고 말하고 있어요." 라티프의 말이다. "겉보기에 다른 인종 배경 출신인 '너'와 '나'가 이런 배경으로 만들어진 것은 단지 서로를 의식하거나 우리 쌍방이 존재함을 인식하도록 하기 위함이 아니라, 아마도 경험으로 서로를 이해하도록 하기 위함이라고 말하고 있는 거죠. 우리가 서로를 알게 되는 것, 기본적으로 이것이 인간화의 한 요소가 되는 겁니다."

다시 말해, 이런 개념에서는 다른 사람의 존재가 이상 현상이 아니다. 에덴동산의 자연 질서 같은 것으로부터의 일탈이 아니다. 다양성이 요점이다. 더욱이 그것은 기회이기도 하다. 다른 사람들을 돌보도록 그들을 알 수 있는 기회이면서, 그 과정에서 우리 자신을 더 잘 알게 되는 기회, 세계와 낯선 이들의 삶의 상황 속에서 우리의 진정한 신념을 찾는 기회다. "다른 사람에 대한 고정관념을 갖고서 시간을 보낼 게 아니라 실제로 다른 사람과 함께 시간을 보내면 분명한 차이가 있다고 말하고 있는 거죠. 그리고 저런 접촉이 열쇠입니다."

마호메트는 마지막 설교에서 이 점을 강조했다. "너희는 모든 이슬람교인이 다른 이슬람교인의 형제임을 안다." 그런 다음 계속해서 이렇게 말한다. "모든 인류는 아담과 이브한테서 나왔다. 아랍인이 아랍인 아닌 사람보다 우월하지 않고 아랍인 아닌 이가 아랍인보다 우월하지도 않다. 또 백인이 흑인보다 우월하지 않고 흑인이 백인보다 우월하지도 않다. 다만 신앙심과 선행으로 구별될 뿐이다." 오늘날 전 세계 이슬람교인은 18억 명으로, 세계 인구의 4분의 1에 해당한다.

내가 이런 이야기를 하는 이유는 두 가지인데, 독자 여러분을 개종시키려는 건 전혀 아니다. 말했다시피, 나는 종교의 비합리성 때문에 신을 믿지 않는 야만인이다. 제임스 조이스는 종교가 그물과 같다고, 자신의 잠재력을 최대한 발휘하고 싶다면 국적과 마찬가지로 피하는 게 좋다고 말했다. 나는 조이스의 말에 동의하는 편이다. 그렇지만 종교를 가진 사람을 꺼리지 않으며, 종교가 믿는 이에게 큰 위안이 될 수 있고, 가장 좋은 경우에는 상대가 누구든 가리지 않고 남을 돌보는 행위로 이어질 수 있음을 안다. 생각이 다른 사람들을 때려눕히지 않는 한 뭘 하든 나는 상관하지 않는다. 정치학자 로버트 퍼트넘(Robert Putnam)의 사회자본에 관한 책에서 인용하자면, 종교는 최상으로는 다리를 놓아주고 최악으로는 전쟁을 일으킨다.

이런 말을 하는 이유는, 이 모든 것에도 불구하고 나는 대중 종교를 특별한 성취로 보기 때문이며, 더 중요하게는 희망의 원천으로 보기 때문이다. 신이 있어서 우리의 상처를 달래주고, 선행을 보상하며, 우리가 죽은 후에는 쌓인 원한을 갚아주리라는 희망이 아니다. 아니, 내게 대중 종교는 영감의 원천이다. 극심한 갈등과 분열의 시대에, 인간이 사실상 헤아릴 수 없이 많은 낯선 사람 사이에 속하는 방법을 생각해냈기 때문이다.

이렇게 말하면 신성모독임을 인정하며 이에 대해 사과한다. 하지만 내게 종교는 목적이 아니다. 완성된 것이 아니다. 일련의 사회성 르네상스에서 또 하나의 단계에 지나지 않는다. 우리가 엄청난 수의 낯선 이들과 유대를 형성하는 놀라운 능력을 갖고 있으며, 사실은 사소한 몇 가지 공통점(하나의 경전을 따르고, 기도를 올리며, 특정한 옷을 입고, 도둑질하지 말고 낯선 이에게 친절하라는 것과 같은 기본 도덕 수칙을 따르는 것 등)을 바탕으로 다른 사람의 선량함에 대한 믿음을 거의 무한한 정도로 확대할 수 있음을 이 사회성 르네상스는 보여준다. 내게, 이는 진보다.

만약 미국의 기독교인이 이전에 만난 적 없는 수단의 기독교인과 함께 있으면서 즉시 편안함을 느낄 수 있다면, 미국인이 낯선 수단인과 함께 있으면서 편안함을 느끼는 것도 가능하지 않을까?

♦ ♦ ♦

그리스도 시대의 그리스-로마 세계와 마호메트 시대의 아랍 세계
가 맞닥뜨린 가장 시급한 문제는 두 가지였다. 빈곤의 위기, 그리고
낯선 이들이 함께 살아가는 세계에서 오는 소속감의 위기. 빈곤의 위
기가 발생한 원인은 어느 정도 법 집행기관, 복지 기관, 의료 서비스,
쉼터 등 중앙집권화한 기관이 없다는 데 있었는데, 이 부재가 이전
사회성 르네상스들을 일으켰다. 소속감의 위기는 우리가 현재 맞닥
뜨린 곤경과 다르지 않았다. 사회가 낯설어진 것이었다. 낯선 사람들
이 쏟아져 들어왔으며, 그 안에서 사람들은 방향을 잃었다.

우리는 세계의 상황 속에서 우리 자신을 규정한다. 세계가 변화하
면 우리 자신에 대한 이해가 압박을 받고, 우리가 사는 세상과 우리
의 관계가 뒤집힌다. 이런 일이 벌어지면 대개는 두 가지 선택지를
갖는다. 더 이상 유효하지 않은 과거를 회복하려 하거나 소속될 새로
운 방법을 찾는다. 종교는 많은 이에게 부족과 민족과 인종을 넘어
소속되는 새로운 방법을 가르쳤다. 종교만이 우리를 결승선에 이르
게 하리라고는 생각하지 않는다. 역사를 보면 종교들 사이에 너무나
많은 갈등이 있었기 때문이다.

이제 우리에게는 새로운 사회성 르네상스가 필요하다. 우리는 낯
선 이들에게 말을 걸어야 한다. 하지만 우리는 그러지 않는다. 낯선
이에게 말을 걸면 개인 차원에서 문명 차원까지 좋은 일이 일어날 수
있는데도, 이 간단하면서 매우 효과적인 상호작용을 하지 못하게 우
리를 가로막는 힘들이 많은 것 같다. 그 힘은 다른 사람들은 사고 능
력이 부족하다는 인식의 문제처럼 우리도 모르게 작용하는 것이거

나, 종파주의와 편견처럼 잘 드러나지 않으면서 복잡한 것이거나, 잘
못 설계된 공공장소처럼 단순한 것이거나, 도시 삶의 속도이거나 또
는 알다시피 핀란드 같은 나라에서의 시민의식일 수 있다. 이유가 무
엇이건, 이것만큼은 분명하다. 너와 나, 우리가 새로운 사회성 르네상
스를 제대로 일으키려면 먼저 낯선 사람에게 말을 걸지 못하게 하는
힘을 잘 다뤄야 한다.

2부

우리는 왜
낯선 사람에게 말을 걸지 않을까

11   거리에 넘치는 예의 바른 무관심

도시의 과부하 속에서 침묵은 사람 간의 예의범절이자 적
당한 거리두기 방식이 되었다.

2011년 헌터 프랭크스는 친구와 함께 미국을 걸어서 횡단하기로 마
음먹었다. 두 사람은 로스앤젤레스에 사는 젊은 예술가로, 토킹2스트
레인저스(talking2strangers, '낯선 이에게 말 걸기')라는 멀티미디어 프로젝트를
위해 이 여정을 기록하기로 계획했다. 비록 이 여정은 뉴멕시코까지
가는 데 그쳤으나, 프랭크스가 인생의 진로를 결정하는 데는 이것으
로 충분했다. 프랭크스는 이렇게 말한다. "이 프로젝트를 통해 세상
에는 대단히 다양한 이야기와 공동체 그리고 수많은 인간 유형이 있
다는 걸 알게 됐죠. 그 이야기를 듣는 게 값지다는 것도요." 토킹2스
트레인저스는 잘 모르는 타인을 형체 없는 커다란 덩어리처럼 인식

했던 그의 생각을 송두리째 바꿔놓았다. "잘 알지도 못하는 우리에게 아무런 목적 없이 물과 먹을 걸 제공해주었어요. 사람들의 따뜻한 마음씨를 제대로 느낀 거죠."

2012년 프랭크스는 대학에서 소통학과 시각예술을 공부한 후 샌프란시스코 시장실의 시정혁신실 커뮤니티 관리자로 일하게 됐다. 이곳에서 자유와 자금을 얻은 그는, 이 도시의 해진 사회관계망을 다시 엮는 프로젝트를 시작했다. 그는 낯선 사람들에게 말 걸기와 예술을 결합하는 공공 프로젝트의 가능성을 봤다. 이런 상호작용이 자신을 얼마나 바꿔놓았는지를 경험했기 때문에, 이 프로젝트가 고독감 및 소외감과 싸울 수 있는 한 가지 방법이라고 생각했다. "내가 가끔 외로움을 느끼듯 다른 사람도 그러리라고 판단했어요. 그리고 이 프로젝트를 시작하고 나서는 모든 사람에게 이 일이 절실히 필요하다는 걸 알게 됐죠." 이로써 앞으로 뭘 해야 할지가 더욱 분명해졌다.

2013년 프랭크스는 전업 예술가로서 창의적개입자연합(League of Creative Interventionists)이라는 단체를 시작했다. 이후 권위 있는 지원금을 몇 차례 따내 미국 전역에서 프로젝트를 시작했다. 그 하나가 '두려움진료소(fear doctor)'다. 프랭크스는 만화 〈피너츠〉에 나오는 루시의 정신과의사 부스와 비슷한, 칸막이 된 작은 공간을 길가에 설치했다. 그러면 사람들이 다가와 자신이 두려워하는 것에 대해 이야기하고, 프랭크스는 내담자와 몇 가지 질문을 주고받은 뒤 '냉철한 처방'을 내린다. 여기에는 몇 차례 심호흡을 하거나, 누군가를 위해 시간을 더 내기로 결심하거나, 잠시 혼자만의 시간을 갖거나, 엄마에게 전화하기 등 소소한 조치들이 포함된다. 프랭크스의 말에 따르면, 이는 사람들에게 "이봐, 괜찮아. 여기 이렇게 왔잖아. 두려워해도 괜찮아. 그런 감정을 갖는 건 아무 문제없어'라고 상기시키는" 방법이다.

이런 노력은 어번컨페셔널과 마찬가지로 나의 타고난 의심병을 불러일으켰다. 나 같은 사람은 거리의 낯선 이에게 곧바로 나 자신을 완전히 노출하려 하지 않는다. 그래서 어떻게 사람들을 편안하게 만들고 사람들로 하여금 자기 이야기를 하게 만드는지 궁금했다. "특별한 노하우는 없어요. 사람들은 속내를 털어놓는 데 갈급한 것 같아요. 특히 힘든 일이 있을 경우에는 말이죠. 속내를 털어놓을 데가 별로 없으니까요." 예를 들어, 누군가가 뱀이 두렵다고 하면 프랭크스는 자유로이 대답할 수 있는 질문을 하고, 그러면 상대는 마음속 좀더 깊은 곳에 있는 것을 드러내기도 한다. 가끔 그 모든 것의 밑바닥에 혼자가 될까 봐 두려워하는 마음이 있음을 인정하기도 한다.

프랭크스는 또한 샌프란시스코에서 평판이 나쁜 동네 한 곳을 정해 '동네 엽서 프로젝트'를 진행했다. 그는 이 동네 주민들한테서 긍정적인 이야기를 수집해 엽서에 쓴 다음, 다른 동네 주민들에게 우편으로 보냈다. 요컨대 다른 동네 주민들에게 그들이 무시하는 동네의 풍요로움과 복잡성을 소개한 것이다. 그 결과를 보고 프랭크스는 용기백배했다. 그는 사회통합 프로젝트를 의뢰하는 나이트재단(Knight Foundation)으로부터 지원을 받아, 이 재단이 협력하는 네 개 도시에 머물면서 작업을 이어갔다. 이 가운데 한 도시가 오하이오주 애크런이었다. 프랭크스는 엽서 프로젝트의 성공에 힘입어 대규모 공동 식사라는 발상을 내놓았다. 그는 애크런의 각 동네에 가서 손님을 모으는 일을 도울 대표들을 찾았다. 각자 좋아하는 요리법을 제안해달라고 요청해 식사에 나오는 접시에 인쇄해서 다른 손님이 집에 가져갈 수 있게 했다. 프랭크스는 철거가 예정된 고속도로가 있다는 사실을 알게 됐고, 그곳이 500명을 위한 곡선형의 기다란 식탁이 놓이는 무대가 됐다.

도착한 손님들은 다른 동네에서 온 낯선 사람과 함께 자리에 앉았다. "부유한 중년 백인 남성이 정신 문제가 있어 보이는 사람 그리고 저소득층인 유색인과 나란히 앉는 거죠. 일반적인 상황이라면 그 사람들이 그렇게 긴 시간 동안 나란히 앉아 있는 일은 없을 거예요." 진행자가 함께 머물며 간간이 대화 분위기를 조성하고, 개인과 도시 전체가 맞닥뜨린 문제에 대해 질문했다. 이는 손님들이 이야기를 나누도록 허용됐을 뿐 아니라 이야기를 나눌 거리가 있었다는 뜻이다. 이로써 계층이 서로 다른 낯선 이들이 이야기를 나누지 못하게 만든 두 가지 문제를 해결한 것이다. 게다가 식사 시간이었기 때문에 자리를 뜰 수가 없었다. 그래서 이야기는 더 길어졌고 대화도 더 깊어졌다. 대성공이었다. 사람들은 이 공동 식사를 매우 좋아했다.

"우리 인간은 서로 연결되고 싶어 합니다. 마음에 드는 방식으로 이 세상에 존재하려면 연결이 필요해요. 하지만 아주 많은 힘이 그 실행을 가로막죠." 프랭크스는 지난 5년 동안 낯선 이들이 서로 이야기를 나누지 못하게 만드는 차별이나 규범 같은 외부 요인에 중점을 뒀다. 하지만 최근에는 내부 요인도 생각하기 시작했다. 그는 자신과 같은 사람들을 더 만나고 싶어 한다. 자신과 생각이 같고 이런 유형의 상호작용에서 희망을 얻는 사람들 말이다. 또, 연결되는 삶이 가져다주는 이점을 다른 사람들이 차례차례 경험하고 마침내 임계점에 도달했을 때 지금의 문화를 변화시킬 수 있을지 궁금하다. "변화의 바람을 몰고 올 사람들을 어떻게 확보해야 할까요? 거리에서 마주치는 모든 사람이 서로 인사하는 게 새로운 규범으로 자리 잡았으면 좋겠어요. 호기심과 연결감이 두려움과 고립감을 넘어서는 세상을 만드는 거예요. 일상의 사소한 상호작용에서 시작해 문화와 사회의 모든 측면으로 이어지길 바라는 거죠."

하지만 지금은, 말은 쉽다고만 해두자.

◆ ◆ ◆

약 1만 2000년 전 인간은 정착해서 농부가 됐다. 더 이상 생존을 위해 이동하며 대형 사냥감을 사냥할 필요가 없었다. 먹을 식량을 재배할 수 있었다. 예전에는 불가능했던 방식으로 땅을 소유할 수 있었고 여러 세대에 걸쳐 그곳에서 살 수 있었다. 많은 이에게, 떠돌아다니는 시대는 끝났다. "사람들은 평생 동안 똑같은 사람들과 함께 지냈다." 캘리포니아대학 로스앤젤레스 캠퍼스의 고고학자 모니카 스미스(Monica Smith)는 이렇게 쓰고 있다. "결혼식이 있거나 도붓장수가 물건을 가지고 올 때나 새로운 얼굴을 볼 수 있었다. 낯익음이 인간관계의 변함없는 척도였으며 낯선 이들은 경계와 의혹의 대상으로 여겨졌다."

하지만 사람들이 정기로 순례를 했다고 스미스는 적었다. 작은 마을의 주민들은 의식이 열리는 장소로 여행하곤 했다. 그곳에서 다른 마을 사람들과 부족들을 만나 어울리고 물자와 기술을 교환하며 짝을 찾기도 했다. 이는 축제, 다시 말하면 모임 자체의 즐거움을 위한 모임이었으며, 여기에 더 먼 이웃들과 긍정적 관계를 유지한다는 보너스가 더해졌다. "의식이 열리는 장소는 공동의 목적을 위해 사람들을 불러 모음으로써 소통하고 상호작용하는 능력을 발전시켜 아주 많은 낯선 이를 상대할 수 있게 했다." 이런 모임, 그리고 이를 통해 연마한 능력이 마침내 6000여 년 전 도시의 발흥으로 이어졌다. 이것이 인류가 다음으로 맞이한 중요한 사회성 르네상스다.

도시는 순수한 필요에서 생겨나지 않은, 광범위한 형태의 최초의 인간 사회조직이었다. "우리는 소규모 농업 생활이 성공하는 데 필요한 것을 모두 갖추었다. 그 덕분에 인구가 증가해 작은 마을을 하나씩 늘리는 것만으로도 지구를 뒤덮기에 충분했다." 스미스는 이렇게 썼다. "분명, 우리의 도시인 선조들에게 단조롭고 단순한 마을 생활은 충분치가 않았다. (그들은) 시골에서 얻을 수 없는 많은 무형의 것을 원했다. 군중의 열광, 새로운 발명품과 새로운 음식이 불러일으키는 흥분, 마을 저 너머에 있는 연애 상대와의 만남이 자극하는 감질나는 매혹."

앞서 이야기한 환영 의식, 환대, 때로는 끔찍한 죽음에서 드러나듯 우리 인간은 수만 년 동안 낯선 이들을 조심스럽게 대했다. 하지만 이젠, 더 많은 낯선 이를 포용할뿐더러 사실상 낯선 이들의 존재에 의해 규정되는 존재 방식에 진입하고 있었다. 낯선 이들이야말로 (우리와 다를뿐더러 우리가 모르는 사람들) 도시의 실체이자 도시가 존재하게 된 근본 이유였다. "도시는 다른 종류의 사람들로 구성돼 있다." 아리스토텔레스는 《정치학》에 이렇게 썼다. "비슷한 사람들은 도시가 생겨나게 할 수 없다." 이로써 우리는 또 한 번 침팬지 조상으로부터 완전히 벗어나게 됐다. 이제 인간은 어찌할 도리 없이 그리고 영구히 낯선 이들의 수가 압도적으로 많은 상황에 자신을 몰아넣고 있었다. 기억하다시피, 침팬지들은 이런 상황을 못 견딜 것이다.

일부 사람들이 이런 발상에 불안해하며 악몽 같은 폭력과 타락을 예견한 건 당연한 일이었으며, 지금도 여전히 그런 사람들이 있다. 《구약성경》에서, 최초의 도시를 세운 인물은 형제를 살해한 나쁜 종자인 카인이었다. 로마를 세운 인물도 형제를 살해한 로물루스였다. 사상가들은 흔히 도시가 인간의 성격을 타락시킨다고 비난한다. 철학자 장자크 루소는 시골 사람의 소박성을 이상화하면서 도시인을 '도시의 원숭이들'이라고 비난했다. "종교나 원칙이 없이 책략으로 가득하고 게으르며 나태함, 무기력, 쾌락, 크나큰 욕구로 상상력이 타락한 도시 사람들은 괴물을 낳고 범죄를 부추길 뿐이다."

거의 모든 사회학 사조는 도시가 그 안에서 사는 사람에게 가하는 온갖 정신 장애를 지적하는 데 전념했다. 대부분의 사회학 사조가 20세기 초 무렵에 만들어졌으며, 모두 개인주의를 우려했다.

1897년 사회학자 에밀 뒤르켐(Emile Durkheim)은 아주 많은 낯선 이에 둘러싸이면 우리 뇌는 뒤죽박죽인 상태가 된다고 주장했다. 도시인은 매 순간 낯선 이에게 적응해야 하기 때문에(어떤 사람들은 이를 두고 '사회성이 있다'고 말할지 모른다) 불가피하게 자신에 대한 이해가 떨어져 혼란과 절망을 겪다가 결국에는 자살을 저지르리라고 여겨졌다. 독일의 사회학자 게오르크 짐멜(Georg Simmel)은 1908년 낯선 이들에 대해 짧지만 영향력 있는 글을 썼는데, 여기서 그는 낯선 이들을 물리적 근접성과 사회적 원격성의 결합으로 규정한다. 도시가 흥미진진할 수 있음을 인정하지만, 도시에서 살아가려면 성격의 "많은 부분을 바꿔"야 하며, 도시인은 자극의 맹공격으로 인해 무관심해지고 무감정해지며 "개인에 대한 모든 것에 무심"해져서 다른 사람과 수학 방정식의 '수'처럼 관계를 맺게 된다고 주장했다.* 하지만 도시인이 주변 모든 사람에 대해 시골 사람과 같은 식으로 느낀다면 "상상

도 못할 정신 상태에 빠질 것"이므로 이런 심리 상태가 정상적이라고
했다.

1938년 루이스 워스(Louis Wirth)는 짐멜과 맥을 같이해 도시가 "새로
운 생물 및 문화 혼종의 가장 좋은 번식지"인 반면 친밀한 우정을 불
가능하게 만들어 "주로 익명에, 얄팍하고, 오래가지 못하는" 인간관
계만 양산한다고 주장했다. 도시민이 친구를 얻을 수는 있다고 인정
하면서도, 그 우정이 철저히 "목적을 이루기 위한 수단으로 여겨"진
다고 했다.

6000년 전 도시가 발명되었을 때, 정체성이 혼란스러워지고 진정
한 인간관계를 맺을 수 있는 능력이 훼손되는데도 사람들은 즉각 도
시를 좋아하게 됐다. 확실히 도시는 오늘날과 마찬가지로 당시에도
경제 면에서 기회를 제공했다. 하지만 모니카 스미스가 쓴 대로, 또
다른 일이 일어나고 있었다. "우리의 집단의식에 암호화돼 있으면서
분출할 기회를 기다리는 어떤 억눌린 능력이 있는 것 같았다." 그게
무엇이었을까?

사회관계망을 확대하려는 성향은 우리의 본성이다. 이것이 도시가
가진 매력의 일부분이다. 도시에는 사람이 더 많기 때문이다. 하지만
현재 세계 인구의 절반이 넘는 사람이 살고 있는 도시로 우리가 몰려
가는 데는 좀 더 개인적인, 좀 더 무형의 이유가 있다. 아서 에런(Arthur
Aron)이라는 미국의 저명한 심리학자가 이와 관련해 내놓은 심리학
개념이 자기확장이다.

---

* 2장에서 심리학자 줄리아나 슈뢰더가 도시인이 서로를 물건처럼 대하는 데 대해 한
이야기를 기억할 것이다. 짐멜은 이미 한 세기 전에 그런 이야기를 했다.

에런은 사람이 완전히 고정된 정체성을 갖거나 성격이 정해져 있다고 생각하지 않는다. 나의 정체성과 너의 정체성 사이에 통행할 수 없는 벽이란 없다. 그보다는 "각자의 자아는 대체로 평생 동안 맺은 다양한 관계의 산물"이라고 생각한다. 우리가 자라면서 많은 사람을 만나고 다양한 관계를 맺으며 변화한다는 뜻이다. 아마도 정체성의 핵심은 안정돼 있지만, 살아가면서 의미 있는 상호작용을 한 모든 사람으로부터 조금씩 얻는 부분이 있고, 그것이 우리가 좀 더 복잡해지는 데 도움이 된다. 한 사람을 강이라고 생각해보자. 물은 물이지만 그 물은 자신이 흐르는 강바닥의 특성도 함께 띤다. 인간도 어느 정도 마찬가지다.

"우리는 우리 자아에 다른 자아를 포용할 정도로 다른 사람의 자원, 관점, 정체성을 받아들인다." 2013년 에런은 이렇게 썼다. "그럴 때 그 다른 사람이 우리의 정체성에 스며들어 우리가 자유로이 이용할 수 있는 도구를 향상시키고, 우리가 세상을 보는 방식을 형성한다." 에런은 이 과정을 '자기확장'이라고 한다. 그는 내게 자기확장은 주로 친밀한 관계에서 오지만 지인, 책, 여행, 개인 경험 같은 많은 원천을 통해 이뤄질 수 있으며, 이는 "낯선 이들에게도 적용돼야 한다"고 말했다. 자기확장은 인간의 가장 강력한 욕구의 하나라고 그가 설명한다. 우리가 확장 기회를 추구하는 건 자연스럽다는 뜻이다.

이 자기확장 욕구가 스미스가 말하는 분출할 기회를 기다리는, 다시 말해 우리가 도시로 몰려가게 하는 억눌린 능력일 수도 있다. 또한 이것이 명예 친척과 환대 이면에 숨은 힘일지도 모른다. 어쩌면 우리는 줄곧 상황이 허락하는 한 관계망을 확대하는 한편으로 우리 자신을 확장하는 수단으로서 새로운 사람과 상호작용하고 싶었던 건

지도 모른다. 그러면서 안전함을 느낄 수 있는 방법이 필요했을 뿐인지도 모른다. 그런데 도시가 발명되자, 도시는 이런 기회를 전례 없는 규모로 제공했다. 이것이 도시가 가진 힘이다. "도시가 잘못 운영돼 범죄가 들끓고 지저분해지며 부패가 만연해질 수 있다." 도시사회학자 리처드 세넷은 이렇게 쓰고 있다. "하지만 많은 사람이 최악의 도시에서도 살 만한 가치가 있다고 생각한다. 왜 그럴까? 도시는 우리를 더 복잡한 인간으로 만들어줄 가능성이 있기 때문이다."

내 친구인 빌리 지랄디는 《영웅의 시신(The Hero's Body)》이라는 책을 썼는데, 척박한 고향 뉴저지를 떠나는 이야기를 하면서 이런 점을 훌륭하게 포착했다. "나는 언제나 사람들이 작은 도시를 떠나는 이유와 같은 이유로 고향을 떠났다. 그곳을 소중히 여기지 않아서가 아니라 나의 성장이 다른 곳을 기대한다고 생각했기 때문이다." 내가 좋아하는 아르헨티나 작가 호르헤 루이스 보르헤스도 비슷한 말을 했다. "나는 내가 실제로 존재하는지 확신하지 못한다. 나는 내가 읽은 모든 작가들, 내가 만난 모든 사람들, 내가 사랑한 모든 여성들, 내가 방문한 모든 도시들이다." 이는 어쩌면 짐멜이 경고한 '상상도 못할 정신 상태'일지 모른다.

그러니까 도시의 모순은 우리를 수십만 또는 수백만 명의 낯선 이들 속으로 던져놓고는 그들에게 말을 걸어선 안 된다고 넌지시 또는 분명하게 지시한다는 점이다. 질리언 샌드스트롬은 이런 사회규범을 우려했으며, 니컬러스 에플리와 줄리아나 슈뢰더는 지하철 실험에서 이 사회규범의 효과를 관찰했다. 초사회성을 가진 종의 일원이 이야기를 나누고 싶어 하는 사람이 없다고 믿게 된 탓에 서로 따닥따닥 붙어 있는 공간에서 아무 말도 하지 않았던 것이다. 어떻게 이런 일이 일어났을까?

스탠리 밀그램에 대해 들어본 적이 있을 것이다. 미국 심리학자인 밀그램은 악명 높은 실험을 했다. 실험 참가자들은 단지 실험실 복장을 한 사람이 지시했다는 이유로, 완전히 낯선 이에게 전기 충격을 가해 죽음에 이르게 했다(물론 실제로 죽은 게 아니라 죽은 것처럼 보이게 했다). 다행히 밀그램은 참가자들의 악몽에 나타날 것 같지는 않은 다른 중요한 연구도 여럿 진행했다. 이 연구들은 인간이 도시 환경에서 어떻게 낯선 이들과 함께 살아가는지를 살폈다. 밀그램의 실험은 학생이 지하철에서 정당한 이유 없이 낯선 이에게 자리를 내달라고 부탁하는 것에서부터 길에서 얼마나 많은 사람이 위를 올려다보고 있어야 다른 사람들도 멈춰 서서 위를 올려다보는지 알아보는 것까지 다양했다. 전자의 경우 학생들은 당황해하며 부탁했고 대부분 통근자들이 자기 자리를 내줬으며, 후자의 경우 한 사람이 위를 올려다보고 있으면 4퍼센트의 사람들이 멈춰 서고 15명이 올려다보고 있으면 40퍼센트의 사람들이 멈춰 섰다.

하지만 우리의 목적에 중요한 밀그램의 개념은 '과부하'라는 것이다. 인간은 컴퓨터와 마찬가지로, 처리할 정보가 너무 많으면 통제력을 잃고 혼란 상태에 빠진다고 밀그램은 주장했다. 우리는 과부하에 어떻게 대처할까? '입력'을 조절한다고 밀그램은 말한다. 얼마나 주의를 기울일지, 자극을 얼마나 받아들일지를 관리하는 것이다. 입력을 조절하는 전략은 앞을 멍하니 처다보거나 얼굴을 찌푸려 사람들이 우리에게 말 걸기를 단념하게 만드는 것에서, 일상의 상호작용을 대부분 일시적이면서 피상적인 수준으로 유지하는 것까지 다양하다. 우리는 이를 위해 '각본'을 개발한다. 다른 사람을 알은체하면서도 이야기를 나눌 생각이 없음을 미묘하게 알릴 수 있는 각본 말이다. 우리는 관심도 없고 듣지도 보지도 않으면서 계산원에게 "어떻게 지내세요?"라고 간단한 인사말을 한다. 그러면 계산원은 똑같이 무심하게 "좋아요, 잘 지내세요?"라고 대답한다.

영향력 있는 20세기의 또 다른 사회학자인 린 로플런드(Lyn Lofland)는 도시 현장 연구를 많이 했는데, 사람들이 입력을 조절하기 위해 이용하는 방식을 다수 관찰했다. "자리에 앉아 있거나 기다리는 상황이면 책이나 잡지나 편지같이 들여다볼 수 있는 소품이 있다." 로플런드는 이렇게 썼다. "시선을 무생물에 집중한다. (중략) 주위를 살펴보고 싶으면 사람들의 목 아래만 쳐다본다." 사람들은 뭔가 이상해 보이면 피하거나, 아니면 다른 사람이 그에 대해 자신에게 말을 거는 걸 허용치 않으려고, 그게 완전히 정상이라는 듯이 행동한다고 로플런드는 말했다.

낯선 이에게 말을 걸지 못하게 만드는 사회규범은 속도에 의해서도 강화될 수 있다. 느긋하게 산책을 나가면 다른 사람들을 제대로 보고 뭔가를 알아차리고서 상호작용할 가능성이 더 크다. 하지만 느긋한 산책은 빠르게 돌아가는 대도시에서 흔히 할 수 있는 일이 아니다. 1970년대 이후 연구자들은 한 도시의 평균 걸음 속도, 인구 규모, 부 사이에 양의 상관관계가 있음을 발견했다. 도쿄나 런던처럼 크고 인구밀도가 높은 곳은 삶의 속도가 더 빨라서 시민들이 자발적 상호작용을 하는 경향이 덜할 수 있다. 반면 작은 도시와 마을들은 속도의 맹렬함이 덜할 것이다. 큰 도시 같은 곳에서는 시간이 돈이기 때문에 속도와 효율이 먼저라고 주장하는 사람도 있다. 하지만 스탠리 밀그램은 감각의 과부하가 도피반사를 촉발한다고 생각했다. 이유가 무엇이든, 그 결과 낯선 이들과 상호작용할 기회가 줄어들었다.

지금 도시인들이 다른 사람을 완전히 외면한다는 말이 아니다. 오히려 대개 서로를 매우 의식한다. 그것을 드러내는 방법이 좀 더 미묘할 뿐이다. 이를 설명해줄 또 하나의 중요한 개념이 있는데, 20세기의 또 다른 도시사회학자인 어빙 고프먼(Erving Goffman)이 제안한 예의 바른 무관심(civil inattention)이 그것이다. 예의 바른 무관심은 도시 거리를 지나가는 두 낯선 이 사이에 열리는 침묵의 의식이다. 군걱정을 하는 사상가들이 도시의 삶에 대해 생각하는 것과 달리, 도시의 통행인들이 서로에게 완전히 그리고 냉정히 무관심한 것은 아님을 고프먼은 관찰했다. 많은 이가 말을 하지 않음으로써 상대를 배려했다. 이는 냉담한 무관심의 표현이라기보다는 독특한 형태의 협력이다. 서로가 과부하에 대처하도록 돕는 것이다.

우리는 두 가지 방식으로 예의 바른 무관심을 베푼다. 옆으로 비켜서서 다른 사람이 지나갈 공간을 내주거나, 또는 잠깐 눈을 마주치거나 빠르게 고개를 끄덕이고는 눈을 내리뜬다. 예의 바른 무관심은 환영 의식에서 보이는, 어느 정도 양가감정에서 생겨나는 정중함의 한 형태다. "개인은 예의 바른 무관심을 보임으로써 상대의 현재 의도를 의심할 이유가 없고, 상대를 적대하거나 피하고 싶은 이유가 없으며, (중략) 상대가 자신을 보는 것과 자신이 상대를 보고 있음을 그가 의식하는 것을 피할 이유가 없고, 자신을 또는 자신이 있는 장소와 무리를 부끄러워하지 않음을 암시한다."*

---

* 이 말이 도시 또는 다른 어떤 곳에서든 모든 사람의 인간성이 인정된다는 뜻은 아니다. 고프먼은 끔찍한 관심, 두려움, 또는 증오의 시선을 받는 장애인과 소수자의 경우에 인간성이 부인될 수 있음을 관찰했다고 언급했다.

사람들이 예의 바른 무관심으로 훨씬 더 의미 있는 것을 소통한다고 린 로플런드는 주장했다. "(낯선 이가) 기본적인 인간성을 가지고 있음을 알고, 그가 인간 가족 안으로 들어오도록 인정하며, 그의 시민권 주장을 받아들임"을 예의 바른 무관심이 암시한다고 생각했다. 이는 비인간화와 다른 사람들은 사고 능력이 부족하다는 인식의 문제에 대한 견제다. 말하자면, 예의 바른 무관심은 도시의 건강에 중요하다. 시민들을, 도시를 결속해 공통의 인간성을 구축하는 미묘하지만 강력한 방법인 셈이다. 하지만 솔직히 말하자면, 찾아볼수록 이런 예의 바른 무관심은 드물었다. 내 경험상 눈을 맞추는 일은 좀체 없고, 고개를 끄덕이는 일도, 서로의 인간성을 인정하는 신호도 없었다. 거의 아무것도. 왜 그럴까? 이 질문에 답을 찾기 위해 클리프 애들러라는 사람을 소개하고 싶다.

◆ ◆ ◆

클리프 애들러는 뉴욕의 택시운전사다. 40년 넘게 운전을 하고 있다. 인품이 좋고 대화에 능한 애들러는 최근 몇 년 동안 승객들의 상호작용 방식에 두드러진 변화가 있음을 관찰했다. 처음 택시 운전을 시작했을 때는 사람들이 지금과는 달랐다. 어느 날 아침, 식사를 함께하면서 애들러가 내게 말했다. "전엔 승객이 대개 이야기를 잘 받아주는 편이었지. 예를 들어, 내가 쳐다보면서 '양키스 팬이요, 메츠 팬이요?'라고 물으면 승객은 이런저런 이유로 양키스 팬이라거나 메츠 팬이라고 말해. 자기가 브롱크스에서 자랐다거나 삼촌이 어쩌고저쩌고 아버지가 이러쿵저러쿵. 그러면서 이야기를 나누지." 애들러가 커피 한 모금을 홀짝 마신다. "그런데 난 메츠 골수팬이라서 가끔 양키스 팬들은 그냥 자기 방식대로 살라고 내버려둬. 택시를 세우고 밖으로 끌어내 목을 조르는 일이 좀 자주 있기는 하지만."

앞서 이야기한 에플리와 슈뢰더의 연구에, 사람들이 택시운전사에게 말을 걸게 하고, 나중에 택시운전사를 좋아하는지 그리고 택시를 타고 가는 동안 즐거웠는지 보고하게 하는 실험이 포함돼 있었음을 기억할 것이다. 요즘에는 그런 일이 드물다고 애들러가 말한다. 승객은 핸드폰을 들여다보며 택시를 타고, 주소를 불러주고는 가는 내내 액정 화면만 들여다본다. "사람들이 확실히 친화성이 있거나 열려 있지 않아. 인사도 하지 않지, 전혀." 때로 택시로 공항까지 가는 데 한 시간이 걸리기도 하는데 목적지에 도착하면 요금을 내고 가버린다. "'감사합니다, 좋은 하루 되세요'라고 해도 아무런 대꾸가 없어. 입도 벙긋하지 않지. 그냥 짐을 갖고 휙 가버려. 나하곤 볼일이 끝났거든. 난 그냥 기계야."

그럴 때 애들러는 기분이 어떨까? 어떻게 대처할까?

"그냥 각자 세계로 가는 거지." 애들러가 어깨를 으쓱한다. "달리 어떻게 말해야 할지 모르겠네."

어빙 고프먼은 잡지와 신문이 '스크린'(일종의 '차단막')이라고 했다. 사람들 앞에서 잡지와 신문이 원치 않는 접촉을 저지하는 기능을 한다는 말이다. 그 이후 우리는 말 그대로의 스크린(텔레비전, 컴퓨터, 휴대전화기 등의 '화면')을 포함해 더 많은 선택지를 발전시켜 이런 목적을 달성하고 있다. 우리는 대부분의 의사소통을 이메일이나 문자메시지로 돌려 상호작용을 통제할 수 있다. 낯선 이들을 수신거부 목록에 포함시켜 성가시게 뭘 사라는 말을 못하게 하고, 앱을 통해 인터넷 쇼핑으로 배달 주문을 할 수 있으며, 직접 상점에 가더라도 무인 계산대를 이용할 수 있고, 공공장소에 있는 동안 이어폰을 귀에 꽂은 채 휴대전화기만 들여다볼 수 있다. 이 모든 게 과부하에 대처하는 전략일 수 있다.[*] 하지만 이런 것들에 의존할 경우 실제로 사람들과 상호작용하는 우리의 능력은 약화된다. 하루 종일 인간과 접촉하는 일 없이 지낼 수 있기 때문이다. 앞 장에서 대학생들이 모르는 사람과 대면해서 대화하는 데 어려움을 겪는 것을 보았다. 상호작용의 부족이 급속히 확산하는 고독감의 숨은 원인이라고 전문가는 추측한다. 사회성의 약화가 새로운 사람을 만나는 일을 더 어렵게 만들기 때문이다.

분명히 말해두자면, 나는 기술이 어떻게 인간이 가진 온갖 특별한 것을 망쳐놓는지 장광설을 늘어놓으려는 게 아니다. 물론 나는 새로운 기술에 비판적인 편이긴 하다. 하지만 또한 기술이 소외된 사람들 또는 외딴곳에 사는 까닭에 공동체를 찾을 수 없는 사람들에게 생명줄이 될 수 있음을 안다. 샌앤토니오에 있는 텍사스대학의 율리야 캐넌(Yuliya Cannon)은 성전환한 사람들이 이용하는 소셜미디어에 관한 연구를 진행한 결과 이렇게 결론지었다. "소셜미디어는 사회 유대를 구축하고, 교육을 받고, 사회에서 소외된 개인들이 쉽게 이용할 수 없는 자원을 공유하는 플랫폼이 됐다."

게다가 우리는 기술을 통해 다른 문화와 다른 지역의 낯선 이들이

---

[*] 우리가 자극의 부하를 훨씬 더 큰 부하로 대체하고 있다는 주장도 있다. 캘리포니아대학 샌디에이고 캠퍼스의 로저 본(Roger Bohn)과 제임스 쇼트(James Short)가 2009년에 진행한 연구의 결과, 2008년 사람들은 1980년에 비해 데이터를 400퍼센트 더 많이 소비했다. 이 수치는 점점 더 가파르게 올라가는 중이다.

제공하는 새로운 생각과 관점에 접근할 수 있다. 리빙룸컨버세이션스(Living Room Conversations, '거실의 대화') 같은 단체는 낯선 이들과 온라인으로 흥미로운 주제에 대해 대화를 나눌 수 있는 기회를 제공한다. 나도 이를 통해 몇 차례 대화를 나눴는데, 도전 의식을 북돋우고 즐거우면서 배울 점이 많았다.

그렇지만 기술이 또한 실제로 만나 관계를 맺는 우리의 능력을 해칠 수도 있음을 연구자들은 밝혀내고 있다. 어떤 사회 상황에서는 스마트폰이 있다는 것만으로도 유해할 수 있는데, 심리학자들이 말하는 '부재하는 존재'로 이어질 수 있기 때문이다. 다시 말해, 거기에 있지만 없는 존재가 되는 것이다. 심리학자 라이언 드와이어(Ryan Dwyer)가 이끈 연구에 따르면, 가족이나 친구와 식사를 하는 동안 전화기를 식탁 위에 두라는 말을 들은 실험 참가자는 정신이 더 산만해서 호주머니에 전화기를 넣어두라고 요청받은 실험 참가자보다 식사를 즐기지 못했다. 조지타운대학의 코스타딘 쿠슈레브(Kostadin Kushlev)가 이끈 연구는 낯선 이들을 짝지어 대기실에 10분간 있게 했는데, 절반은 전화기를 가지고 있고 절반은 그렇지 않았다. 전화기를 갖지 않은 이가운데 94퍼센트가 낯선 이와 상호작용한 반면, 전화기를 가진 사람의 경우에는 그 수치가 70퍼센트로 떨어졌다. 더욱이 전화기를 가진 사람은 갖고 있지 않은 사람보다 미소 짓는 일이 30퍼센트 적었다. 쿠슈레브와 동료들은 2019년에 이뤄진 한 연구와 그 보고서를 검토한 결과 이렇게 결론지었다. "스마트폰이 우연한 사회 상호작용을 완전히 대체해 (중략) 사람들이 폭넓은 사회 환경으로부터 얻는 정서상의 이점을 시종일관 해치는 것 같다." 연구 데이터가 이를 뒷받침한다. 2015년 퓨리서치센터의 한 여론조사는 18세에서 29세까지의 젊은이 가운데 거의 절반이 다른 사람하고의 상호작용을 피하기 위해 전화기를 이용한다고 밝혔다.

스마트폰과 소셜미디어는 중독성이 있음이 드러났다. 기술은 도파민을 한 방울도 분비하지 않고서도 우리를 사로잡아 이것들을 강박적으로 사용하게 만들었다. 이것이 어느 정도 스마트폰과 소셜미디어가 갖는 매력을 설명해준다. 하지만 스마트폰과 소셜미디어가 이렇듯 빠르게 우리를 사로잡은 이유에 대한 또 다른 의견도 있다. 이것이 우리의 탐사와 관련이 있다. 이른바 최소 노력의 원칙에 따르면, 인간은 저항이 가장 적은 경로를 따르는 경향이 있다. 낯선 사람하고의 상호작용은 인지상 부담이 크고 적어도 통제할 수 없는 대화를 포함하기 때문에, 사람들은 자연히 디지털 방식의 소통에 이끌리는 경향이 있다. 전화기가 제공하는 편리성은 시간을 절약하고 상호작용을 순조롭게 하는 데 도움이 된다. 하지만 이런 방식으로 소통할수록 오프라인에서는 사회성이 떨어지고 모르는 사람과 이야기를 나누는 데 대해 불안이 커진다. 어느새, 우리는 도시에서 수백만 명에 둘러싸여 살면서 음식 배달 플랫폼 그럽허브(Grubhub)로만 음식을 주문하고 있다. 피자가게 점원과 통화하는 일이 그야말로 너무 벅차기 때문에 말이다.

우리가 이렇게 집단으로 디지털 기술에 빠져들면서 공공장소의 성격도 바뀌고 있다. 1989년 사회학자 레이 올든버그(Ray Oldenburg)는 《제3의 장소》라는 책을 발표해 파장을 일으켰다. 이 책에서 그는 '제3의 장소들', 다시 말해 술집, 커피숍, 또는 미용실같이 사람들이 모이는 장소를 관찰했다. 올든버그는 이런 장소들이 개인의 행복 그리고 도시와 마을의 화합에 지극히 중요하다고 생각했다. 가장 좋은 경우에,

이 제3의 장소는 지역주민에게 동등한 사람으로서 만나 어울릴 수 있는 장소를 제공해 이웃을 통합한다고 보았다. 이런 장소는 새로 온 사람들에게 '통관항' 역할을 한다. 새 집에 대해 알게 되고 관계를 맺고 친구를 만들고, 어쩌면 일자리를 얻을 수도 있는 곳이면서, 어려운 시기에는 구호를 위한 집결지나 집단 치유를 위한 장소가 될 수 있다.

"제3의 장소의 '회원'이 되는 것만큼 지역사회에 대한 개인의 소속감에 도움이 되는 건 없다." 올든버그는 이렇게 결론지었다. "이는 생존 그리고 참으로 번영과 관련이 있다." 올든버그는 이런 장소가 사라지는 데 대해 한탄했다. 1980년대에 많은 미국인이 교외지역으로 빠져나간 결과 "물질의 획득 그리고 편안함과 즐거움의 추구에도 불구하고 삶은 지루함, 고독감, 소외감, 높은 물가에 시달리게" 됐다. "공적 생활이 그 어느 때보다 낯선 이들로 채워지고, 낯선 이들이 그어느 때보다 우리를 두렵게 만들면서" 이런 동향이 이상과는 거리가먼 상황을 낳았다고만 말해두자.

그 사이에 많은 사람이 도시로 다시 돌아왔으나, 기술로 인해 여전히 제3의 장소가 주는 중요한 이점을 누리지 못하고 있다.

어느 날 밤, 나는 술을 마시면서 유명한 바텐더이자 뉴욕 알파벳시티 지역에 있는 포링리버스라는 칵테일바의 주인인 호아킨 시모에게 물었다. 이 사업을 시작한 이래 달라진 게 뭐냐고. 그건 간단하다고 그가 말했다. 사람들이, 특히 젊은 사람들이 더 이상 이야기를 나누지 않는다는 거였다. "세대 차이죠. 20대들은 자리에 앉아 주문한 다음에는 안전한 전화기로 시선을 돌려요. 그 아이들은 길을 잃었어요. 나는 사람들을 만나러 술집에 가곤 했는데, 이상해요." 시모의 말에 따르면, 15년 전 이 지역의 많은 곳이 텔레비전을 치우기 시작했고 그 덕분에 대화를 장려하는 효과가 있었다. "대략 20분 동안은 효과가 있었죠." 시모가 자신의 아이폰을 꺼내 흔든다. "그러다가 이게 나와서 주변 사람과 교감하려는 사람의 의지에 큰 타격을 줬어요. 최악이죠."

현재 시모는 직원을 구하는 중인데, 대화에 능숙하면서 칵테일 외의 관심사와 이야깃거리를 가진 사람을 찾고 있다. 시모는 접객업소로서 낯선 이와 관계를 맺는 측면에 큰 비중을 두고 있다. 하지만 이는 쉽지 않은 일이다. 요즈음에는 다른 사람에게 말을 걸려고 하면 어리둥절해하거나 어색해하거나 두려워한다. 이것이 술집의 성격을, 마찬가지로 도시의 성격을 이해하지 못한 결과라고 시모는 생각한다. "우리가 공공장소로 나오면 개인 공간은 끝나거든요. 그러니 누군가가 자기 영역 안으로 들어온다고 화내면 안 되죠. 우린 대중 앞에 있으니까요. 사람들이 자기 영역을 아주 신성시하게 된 것 같아요."

◆ ◆ ◆

같은 공간에 있는데도 우리를 갈라놓는 또 다른 요인이 있다. 현대 도시의 심각한 문제인 부의 격차를 보자. 여러 연구에 따르면, 부유한 사람과 부유하지 않은 사람을 짝지어 대화하게 할 경우 부유한 사람이 대화를 독점하고, 고개를 끄덕이거나 눈을 맞추거나 추임새를 넣는 등 대화에 주의를 기울이고 있다는 비언어 신호를 보이지 않는 경우가 많다.

2009년 캘리포니아대학 버클리 캠퍼스의 심리학자 마이클 크라우스(Michael Kraus)와 대커 켈트너(Dacher Keltner)는 부유한 학생을 부유하지 않은 학생과 짝지어 모의 취직 면접시험을 보게 하는 실험을 진행했다. 두 사람이 5분 동안 서로 알아가는 시간을 가진 다음, 실험자가 가상의 일자리를 놓고 두 사람을 함께 면접했다.

뒷부분은 가짜였다. 두 심리학자가 정말로 알고 싶은 건 두 사람이 서로를 알아가는 과정이었다. 이를 위해, 실험 참가자에게 '자신을 어떻게 설명하겠습니까?'와 같은 질문이 포함된 목록을 주고 대화하게 했다. 그런 다음, 고개를 끄덕이거나 눈썹을 치켜뜨거나 웃음을 터뜨리거나 상대를 쳐다보거나 하는 등의 사회적 호응을 드러내는 신호와, 매무새를 가다듬거나 가까이 있는 물건을 만지작거리거나 뭔가를 끼적이거나 하는 등의 사회적 비호응을 드러내는 신호를 관찰했다. 그 결과, 사회경제 지위가 높은 실험 참가자의 호응도가 상당히 낮았고 사회경제 지위가 낮은 실험 참가자는 호응도가 더 높았다. 또, 여성이 남성보다 호응도가 더 높았다. 크라우스와 켈트너는 자원자를 더 모집해 두 사람이 이야기를 나누는 장면을 관찰하게 했다. 이 관찰자들은 각 실험 참가자의 사회경제 지위를 알지 못했지만 관찰을 통해 정확히 추정했다.

후속 연구로, 계급이 다른 사람들이 낯선 이의 감정을 얼마나 정확히 짐작하는지 보기 위해 또 다른 실험이 이뤄졌다. 이 실험에서도 사회경제 지위가 낮은 실험 참가자가 부유한 실험 참가자보다 정확도가 더 높았다. 왜 그럴까? 재원이 부족하면 환경에 더 빠르게 반응하고 다른 사람에게 더 의존해야 하기 때문이라고 크라우스와 켈트너는 말한다. 가능한 위협과 가능한 협력을 더 잘 알아차려야 하며 세상에 적응해야 한다. 그리고 세상에 적응한다는 건 대개 낯선 이들을 직접 상대해야 한다는 뜻이다. 부유한 사람은 이런 능력을 발전시켜야 할 당장의 필요가 덜하다.

이는 분명히 지나친 일반화다. 부가 모든 이를 사회성 없는 사람으로 만들지는 않는다. 사업가들은 대체로 대단히 사회성이 좋다. 새로운 고객을 만나고, 관계를 쌓고, 새로운 생각을 접하려면 그래야 한다. 어떤 계급이든 배려하고 친화력 있으며 호감이 가는 사람들이 있다. 하지만 대체로 말해, 저와 같은 반사회 경향이 부유한 사람들에게 있다. 이런 경향으로 인해 낯선 이들과의 대화를 통해 그들의 삶을 풍성하게 만들지 못할 수도 있고, 또 엄청난 불평등 시대에 점점 추상화되는 다른 사람들의 삶을 복합적으로 이해하지 못할 수도 있다. 사회의 상층과 하층 사이에 의미 있는 접촉이 없으면 고정관념과 비인간화로 이어진다. 이것은 나쁜 정책으로, 결국에는 사회 갈등을 빚는다. "지위가 없는 사람들은 거의 투명인간이 된다." 2011년 알랭드 보통은 이렇게 썼다. "다른 사람들은 이들을 무뚝뚝하게 대하며, 이들의 복잡성은 짓밟히고 특이성은 무시된다."

한 가지 사례가 있다. 나는 얼마 전 동네에 있는 유기농 식품 판매점인 홀푸드에 갔다. 일요일 오후라서 매장 안이 사람들로 넘쳐났다. 압도적 다수가 백인에 부유층으로, 거의 예외 없이 고급 운동복을 입은 손님들은 마치 카사블랑카에서 마지막 비행기를 타려고 다투는 것 같았다. 이 혼돈 앞에, 한 계산원이 신호등처럼 서 있었다. 여성 계산원은 미소를 지은 채 고객들과 잡담을 나누고 농담을 하며 사람들을 관찰했다. 연결되기 위해 정말로 애쓰면서 말이다. 고객들은 모두 전화기를 들여다보다가 눈을 들어서는 계산원이 마치 말하는 타조인 듯 쳐다봤다. 계산원을 어떻게 대해야 할지 모르는 것 같았다. 어떤 사람들은 짜증을 냈고, 또 어떤 사람들은 긴장해서 그냥 씩 웃었다. 이들은 분명 계산원이 물건, 말하자면 서비스 모듈이길 바랐다. 하지만 그 여성은 물건이 아니었다. 온전한 인간이었고, 계속 연결을 시도하고 있었다.

내 차례가 됐을 때, 나는 이곳에서 일요일 오후 근무를 하면 전투 수당을 받아야 한다고 계산원에게 말했다. 계산원은 얼굴에 미소가 싹 가시더니 그보다는 안쪽 사무실에 치료 전문가가 있으면 좋겠다고 했다. 그 정신과의사가 뭐라고 하겠냐고 묻자 계산원이 대꾸했다. "그러겠죠. 이 사람들은 내 친구들이 아니며, 이건 내 잘못이 아니라고요." 그랬다. 한 낯선 이의 복잡성이 짓밟히고, 그 특이성이 무시됐으며, 수백만 명이 사는 도시에서 소박한 연결마저 거부당했다. 게다가 이런 일은 이 계산원한테만 일어나는 일이 아니었다.

12 낯선 사람은 수상하다는 왜곡된 메시지

'낯선 사람은 위험하다'는 메시지는 다른 사람을 신뢰하는
세대 전체의 능력을 어떻게 약화시켰을까?

세마이족은 말레이시아 중부 산악지대에 산다. 이들은 삶의 전반에
두려움이 스며들어 있다. "온갖 위험이 세마이족 세계 곳곳에 존재한
다." 1979년 인류학자 클레이턴 로버체크(Clayton Robarchek)는 이렇게 썼
다. "이들은 낯선 사람, 초자연적 존재, 폭풍, 짐승을 두려워한다. 사
실상 문화로 구성된 환경의 모든 것이 실재하거나 잠재하는 위협으
로 여겨진다."

세마이족에게는 나비를 보고 웃거나 심지어 잠자리라는 말을 입
밖에 내기만 해도 재앙을 불러온다. 큰 폭풍은 세마이족 아이가 저질
렀을 가능성이 있는 어떤 테를라이드(terlaid, 모욕)에 대한 응쿠(Ngku) 신

의 벌이라고 흔히 여겨진다. 그래서 응쿠 신을 달래려고 아이의 머리 카락을 잘라 폭풍이 절정에 이를 때 태운다. "종종 아이들이 모르고 테를라이드 행위를 저지를 경우에 대비해 모든 아이의 머리카락을 태우기도 한다."

아이들은 모든 것에 경계심을 갖도록 교육받는다. "세마이족은 아 이들이 납치되지 않도록 지키기 위해 낯선 사람을 두려워하도록 가 르쳤다." 1960년대 후반과 1990년대 초반 사이에 세 차례에 걸쳐 세 마이족과 함께 생활한 인류학자 로버트 덴턴(Robert Dentan)은 이렇게 썼다. 세마이족이건 아니건 낯선 이가 마을에 나타나면 어머니들은 아이들을 낚아채며 '무서워라! 무서워라!' 하고 소리친다. "이들은 세 마이족이 서로를 낯선 사람들로부터 보호하지 못할 경우 일어날 무 시무시한 일에 대해 아이들에게 들려준다. (중략) 아이들이 친절하게 구는 낯선 사람을 피하고 친밀하지 않은 그 누구도, 그 무엇도 믿지 않도록 배워야 한다고 세마이족 어른들은 생각한다."

이런 두려움은 성인이 돼서도 지속되고 흔히 악귀, 다시 말해 초 자연적 성격을 띠는 낯선 이가 존재한다는 믿음으로 나타난다. "내 가 연구한 지역에서 악귀는 (중략) 말레이인, 중국인, 인도인 또는 심 지어 외부인들이 맡은 건설공사의 성공을 위해 제물 삼아 땅에 묻을 머리를 모으러 왔다고들 하는 낯선 세마이족이기도 했다." 로버체크 는 이렇게 썼다. "이 악귀의 세마이족 이름인 '마이 카하노 쿠우이(mai kahanoh kuui)'는 말 그대로 '머리를 자르는 이방인'이라 번역된다."

세마이족은 비폭력적이지만, 이들의 평화주의는 이방인혐오증과 마찬가지로 트라우마의 결과라고 인류학자들은 말한다. 이 트라우마 는 강력한 이웃인 말레이인으로부터 수년 동안 끔찍한 핍박을 받으면서 생겨났다. 말레이인은 20세기까지 세마이족을 노예로 삼고 학살했으며, 아이들을 납치하고 집을 약탈해 불태웠다. 이후 이런 참상은 그쳤으나 깊은 트라우마를 남겼다. 그리고 두려움은 문화 속에 암호화됐다. 일상이 된 것이다.

◆ ◆ ◆

서양 사람들의 마음에 더 와닿을 만한 이야기가 하나 더 있다. 1981년 애덤 월시라는 소년이 플로리다주 할리우드에 있는 한 쇼핑몰에서 오티스 툴에게 유괴돼 살해됐다(오티스 툴은 사망 후 연쇄살인범으로 밝혀졌다). 애덤의 머리는 길가 도랑에서 발견됐고 몸은 찾지 못했다. 1984년 애덤의 부모인 존 월시와 레베 월시는 미국실종학대아동방지센터(NCMEC)를 공동 설립했으며, 존 월시는 20년 넘게 방영 중인 인기 텔레비전 프로그램인 〈미국의 지명 수배자(America's Most Wanted)〉의 진행자로 유명해졌다.

센터를 설립한 해에, 두 사람 사이에 아들 칼 월시가 태어났다. 이 센터는 처음부터 칼의 삶과 떼어놓을 수가 없었다. 칼 월시가 자라 아무거나 입으로 가져가는 걸 멈췄을 즈음, 그의 부모는 아들에게 사무실 봉투를 채워 넣는 일을 시켰다. "나는 부모님이 형의 유괴, 실종, 살해에 대한 분노와 감정을 뛰어넘어 이런 일을 막기 위해 힘을 쏟는 걸 보면서 자랐어요." 칼 월시는 부모가 아동보호법을 위해 영향력을 행사하고 센터 운영 자금을 모으기 위해 모금하는 걸 지켜봤고, 아버지가 텔레비전에 출연하며 매우 유명해지는 걸 지켜봤다.

형의 피살 사건이 드리운 그늘 아래서 그는 어떻게 자랐을까? 그의 어린 시절은 어땠을까? "형에게 그런 일이 일어난 후 부모님이 나나 다른 형제자매를 집 밖으로 나가지도 못하게 했으리라고 대부분 생각하는 것 같아요. 그런데 그렇지 않아요. 우린 아주 평범한 어린 시절을 보냈거든요." 물론 규칙이 있었다. 가방에 이름을 써넣지 마라, 낯선 사람과 이야기하지 마라, 낯선 자동차에 타지 마라. 1980년대와 1990년대 초에 성장한 사람이라면 누구나 이런 규칙을 낙인처럼 마음에 새겨 넣었을 것이다. "부모님도 주의를 주시긴 했지만 이런 규칙으로 우릴 눌러대지는 않았어요. 아이들을 집 안에 가둬둘 순 없다는 점을 아셨던 것 같아요. 아이들은 세상 밖으로 나가 경험하면서 성장하잖아요. 그리고 거기에는 사람들과의 교류와 상호작용이 포함되죠."

결국 월시는 아버지가 진행하는 것을 포함해 여러 프로그램의 프로듀서로 일하게 됐고, 여전히 그 일을 하고 있다. 6년 전부터는 미국 실종학대아동방지센터에서도 다시 일하게 됐다. 현재 월시는 한 아이의 아버지로서, 부모가 보여준 불굴의 정신을 대단히 존경한다. 월시의 부모는 칩거하면서 인간에 대해 원한을 품을 수도 있었다. 하지만 그러지 않고 "대부분이 좋은 사람들이라고 믿었다."

월시의 어린 시절은 미국에서 낯선 사람은 위험하다는 두려움이 절정에 이른 시기였다. 아이들에게 낯선 사람에 대한 무서운 경고가 쏟아지던 불안한 시대였다. 미국실종학대아동방지센터는 이런 메시지를 내는 목소리들 가운데서도 두드러지게 중요한 역할을 했다. 두려운 영상 그리고 수상한 승합차와 공짜 사탕에 대한 섬뜩한 인쇄물이 나돌고, 경찰이 학교에 와서 잠시라도 낯선 사람에 대한 경계를 늦출 경우 닥칠 온갖 소름 끼치는 놀라운 일에 대해 아이들에게 경고했으며, 곳곳에서 끊임없이 '낯선 사람과 이야기하지 마라'는 메시지를 냈다. 낯선 사람과 이야기하지 마라. 낯선 사람과 이야기하지 마라.

아이들이 말 그대로 만난 적 없는 세상 모든 사람에게 적의를 품게 만드는 일을 정당화하는 증거가 거의 없다는 사실은 중요하지 않았다. 미국 사법부에 따르면 낯선 사람에 의한 유괴가 "전체 실종 아동 가운데 극히 일부분"에 지나지 않는다는 사실 또한 마찬가지였다. 예를 들어, 2011년 한 해 동안 유괴된 아동 가운데 65명만이 낯선 사람에 의한 것이고, 25만 8000명은 가족 및 유괴된 아동의 지인에 의한 것으로 보고됐다.* 이는 전형적인 도덕의 공황 상태였다. 열렬한 부모의 사랑, 낯선 사람에 대한 자연스런 양가감정, 하락하는 사회 신뢰, 시장 점유율을 높이기 위해 개개 사건을 기꺼이 과장하는 언론이 뒤섞여 만들어진 완전 가연성의 칵테일이었다.

시종일관 이성의 목소리는 드물었다. 인간이 도덕의 공황 상태에 굴복할 때 보통 그렇듯, 그런 목소리가 나와도 무시당했다. 1986년 아동의 안전을 다룬 한 책에 대한 서평에서, 필자는 이렇게 지적했다. "이런 충고가 좋기는 하지만, 아동 학대 대부분이 좌절한 부모, 화난 남자 친구, 시기하는 양부모에 의해 집에서 발생하는 상황에서, 이 책은 외부인으로부터 아이들을 지키는 데 강조점을 두는 바람에 실패하고 있다. 공직에 있는 사람들이, 마치 가해자가 어두운 그늘에서 기다리고 있다가 우리 아이들에게 달려든다는 식으로 굴지 않고,

---

* 아동을 상대로 한 범죄 전체를 보면 낯선 이에 의한 범죄 비율은 높아졌지만, 그 수치는 약 10퍼센트로 여전히 낮다.

218

문제는 대개 우리 가정에 있음을 인정하게 되는 건 언제일까?"

이것은 엄밀히 말해 미국만의 현상도 아니었다. 한 연구자는 캐나다 언론 보도를 광범위하게 검토한 결과 이렇게 말했다. "언론이 아이들을 유괴로부터 안전하게 지키는 법을 조언하거나 도구를 제공하는 모든 사례에서, 아이들을 부모/가족에 의한 유괴로부터 보호하거나 부모/가족에 의한 유괴를 경고하는 신호를 포착하는 데 대해 언급한 경우는 전혀 없었다. 아이들을 '낯선 사람'에 의한 유괴로부터 안전하게 지키기 위한 조언과 방법만 제시할 뿐이었다."

◆ ◆ ◆

우리 세대의 사람들에게, 낯선 사람은 위험하다는 두려움은 1980년대의 질 낮은 예술품처럼 읽힌다. 하지만 이런 메시지와 두려움이 만연하고 그 운율이 극도로 생생해서 다른 사람들을 신뢰하는 세대 전체의 능력을 실제로 약화시켰을지 모른다고 정치학자 로라 니시카와(Laura Nishikawa)와 디틀린트 슈톨러(Dietlind Stolle)는 말했다.

지난 세대에 미국과 서구의 많은 지역에서 젊은이들 사이의 사회 신뢰 또는 일반 신뢰 수준이 역사상 최저치로 떨어졌다. 기성세대도 신뢰 수준이 떨어지기는 했으나 젊은 세대가 가장 급락했다. 아동 1400명을 대상으로 조사하고 그 부모들과 인터뷰를 한 결과, 본래 사람은 선하다고 믿는 부모들도 아이들이 낯선 사람을 두려워하도록 키운다고 니시카와와 슈톨러는 밝혔다. "우리 연구에 따르면, 아이들에게 낯선 사람을 대하는 법을 가르치는 일에 관한 한, 낯선 사람에 의한 아동 유괴와 학대에 대한 부모의 뿌리 깊은 두려움이 이들의 가치관을 흔히 압도한다." 세마이족의 경우와 마찬가지로, 그 두려움은 문화가 됐다.

한 개인이 다른 사람을 신뢰하는 능력은 어린 시절에 상당한 정도로 형성되기 때문에 "이런 양육 가치가 미래 세대의 일반 신뢰 수준에 계속 영향을 미치"리라고 슈톨러는 주장한다. 물론 아이에게 모르는 사람을 조심하라고 가르치는 건 분별 있는 일인 것 같지만, 사회 신뢰감은 매우 다양한 사회관계 및 경험과 직업 기회를 열어준다. 이 연구의 저자들은 궁금해한다. "낯선 이를 두려워하는 것만으로 우리는 사회면·경제면에서 얼마나 많은 기회를 놓치는 걸까?"

캘리포니아주 오렌지카운티에 있는 채프먼대학의 연구자들은 매년 미국인들이 가장 두려워하는 게 무엇인지 알아보기 위해 전국 조사를 실시한다. 일부 조사는 낯선 사람의 위험성을 분석하기 위한 것이다. 2019년 조사에서는 응답자의 7퍼센트만이 좀비, 유령, 어릿광대 아래에 포함되는 포괄적 범주로서 낯선 사람을 두려워한다고 답했다. 하지만 응답자들은 아는 사람보다 낯선 사람에 의해 살해될지 모른다는 두려움이 훨씬 더 컸고(21퍼센트 대 29.7퍼센트), 친숙한 사람보다 낯선 사람에 의한 성폭행을 훨씬 더 두려워했다(19.2퍼센트 대 27.1퍼센트). 하지만 아동 범죄와 마찬가지로, 대다수 살인 및 성폭행은 낯선 사람이 아니라 피해자가 아는 사람에 의해 저질러진다.

질병통제예방센터의 데이터에 따르면, 2016년 미국에서 일어난 살인 가운데 85퍼센트가 피해자가 아는 사람에 의해 저질러졌다. 낯선 사람에 의한 살인은 13퍼센트였다. 미국에서 살해된 여성 가운데 절반이 넘는 이들이 친밀하거나 예전에 친밀했던 파트너 또는 배우자에 의해 살해됐고, 6.8퍼센트가 낯선 사람에 의해 살해됐다. 여성은 낯선 사람보다 부모(8.2퍼센트)나 자녀(9퍼센트)에 의해 살해될 가능성이 더 높다. 남성은 아는 사람이나 친구(35.2퍼센트)에게 살해될 가능성이 낯선 사람(16.8퍼센트)에게 살해될 가능성보다 두 배 더 높다. 성범죄에서도 같은 양상이 보인다. 2017년 질병통제예방센터 조사에 따르면, 여성에 대한 성범죄의 19.1퍼센트, 남성에 대한 성범죄의 18.6퍼센트가 낯선 사람에 의해 저질러졌다. 그 나머지는 피해자가 아는 사람, 특히 현재 또는 이전의 연인이나 배우자에 의해 저질러졌다. 이 이야기를 하는 의도는 어떤 식으로든 범죄의 피해자와 그 가족이 겪는 고통을 가벼이 보거나 통계상 무의미하다고 무시하려는 게 아니다. 다만 가장 큰 위협은 낯선 사람에게서 오는 게 아니라는 불편한 현실에 주목하기 위함이다.

채프먼대학 대학원생인 무하마드 카르코틀리가 친절하게도 내게 채프먼대학이 진행한 두려움 조사 데이터를 분석해줬는데, 이는 더욱 흥미로운 통찰을 가져다준다. 낯선 사람에 대한 두려움을 표시한 사람들 가운데 73.5퍼센트가 여성이며, 이 중 28.6퍼센트가 18~29세, 30.9퍼센트가 30~49세였다. 나이 든 미국인일수록 두려움은 상당히 낮아진다. 이는 1980년대와 90년대 아이들에게 낯선 사람의 위험성이 왜곡되었다는 슈톨러의 주장과 부합한다. 교육 수준이 낮은 사람일수록 낯선 이를 두려워할 가능성이 상당히 높다. 마찬가지로 연 수입이 2만 달러 아래인 저소득층이 다른 어떤 소득 집단보다 더 낯선 이를 두려워한다. 백인 미국인 가운데 48.8퍼센트가 낯선 이를 두려워하는 반면, 흑인 미국인은 24.4퍼센트가 그렇다. 마지막으로, 주택을 보유한 미국인은 세 들어 사는 미국인보다 낯선 이를 두려워할 가능성이 2.5배 높다. 종교, 지역, 소속 정당은 낯선 이에 대한 두려움에 통계상 유의미한 영향을 미치지 않는다. 하지만 어느 당에도 소속되지 않은 사람들은 민주당 지지자와 공화당 지지자보다 낯선 이를 더 두려워하는 것으로 나타난다.

낯선 사람에 대한 두려움이 완전히 타당한 상황이 분명 있다. 우리가 폭력이 많이 일어나거나 불안한 장소에 갈 수도 있다. 강경한 신정 국가에 가서 이교도와 전염병으로 쉽사리 낙인 찍혀 몰살 대상이 될 수도 있다. 동성애공포증 수준이 높은 지역에 사는 성소수자일 수도 있다. 극심한 인종차별 문화 속에 사는 소수 인종일 수도 있다. 또는 고분고분하지 않은 이웃을 비밀경찰에게 고발하도록 독려했던 슈타지 하의 동독처럼 전체주의 국가에 살고 있을 수도 있다.

20세기의 전체주의 동향에 대해 깊이 연구한 역사가 티머시 스나이더(Timothy Snyder)는 폭군의 성공은 종종 이웃, 친구, 가족을 낯선 사람으로 바꿔놓는 데 달려 있다고 지적했다. "친구, 동료, 아는 사람들이 접촉을 피하기 위해 외면하거나 길을 건너갈 때, 두려움이 커졌다." 스나이더는 이렇게 적었다. 극렬 지지자, 광신도, 근본주의자들이 보통 이와 비슷한 일을 하면서 그 추종자에게 다른 사람과의 접촉을 피하도록 경고한다. 알다시피, 다른 사람과의 접촉은 우리를 확장하고 변화시키며 정체성과 세계 인식을 복잡하게 만드는데, 우리가 누구이고 그들이 누구이며 세상이 어떻게 돼야 하는지에 대해 단순화한 시각을 퍼뜨리는 선동가들에게는 이것이 심각한 위협이 되기 때문이다. 신학자 마틴 마티(Martin Marty)는 이렇게 말했다. "극렬 집단의 일원은 자신과 다른 사람 사이에 경계를 긋고 거리를 둔다. 낯선 사람이 혐오감을 일으키기 때문이 아니라 묘한 매력을 갖고 있기 때문이다."

하지만 일반적으로는, 갈등의 맥락을 벗어나야만 비로소 낯선 사람은 위험하다는 메시지 전달이 어떻게 교묘한 순환 고리를 형성하는지 알 수 있다. 우리는 아주 어린 시절부터 낯선 사람은 위험하다고 믿도록 길들여졌다. 그 결과, 낯선 사람과 이야기하지 않는다. 상기하다시피, 질리언 샌드스트롬이 코로나19 상황 동안 학생들을 짝지어 온라인으로 대화를 나누게 한 연구의 결과에 따르면, 낯선 사람과 이야기를 나누면 실제로 사회 신뢰가 높아진다. 이는 도덕의 공황 상태가 다른 사람을 신뢰하는 우리의 능력을 손상시켰음을 뜻한다. 게다가 이런 두려움을 퍼뜨리는 사람들이 제안하는 해결책은 다시 신뢰를 쌓는 데 도움이 될 일을 피하라는 것이다. 그야말로 악순환이다.

상상이 아닌 실제의 트라우마를 극복하는 한 방법으로 낯선 이들과 이야기를 나누는 사람을 만나면서, 나는 더욱 영감을 받고 용기를 얻었다.

◆ ◆ ◆

앞서 나는 낯선 사람에게 말 거는 것이, 심지어 낯선 사람에게 관심을 갖는 것도 전염성이 있는 것 같다고 말한 적이 있다. 우리가 우리의 궤도 안으로 사람을 끌어들일 때 발산하는 에너지에는 뭔가가 있다. 내가 낯선 사람과 좀 더 이야기를 나눠보려 노력하기 시작한 이후 저절로 그런 상황들이 생겨났다. 내가 로스앤젤레스에서 프리리스닝을 하고 돌아온 날 아침, 지하철에서 한 남성이 나를 보며 말했다. "어이, 오늘 좋아 보이는데." 이 말은 선정성과는 거리가 먼, 그냥 관찰일 뿐이었다. 나는 그에게 고맙다는 인사를 했고, 우리는 지하철을 타고 가는 내내 상당히 많은 이야기를 나눴다. 그날 늦게 지하철을 탔는데 '나는 낯선 사람과 이야기한다'라고 적힌 티셔츠를 입은 대학생이 서 있었다. 물론 그는 실제로 그렇게 했다.

한번은 집으로 가는 길에 '내가 읽고 있는 책에 대해 물어보세요'라고 적힌 커다란 천 가방을 든 여성이 걸어가는 걸 얼핏 봤다. 나는 그 여성을 따라잡았다. "실례합니다." 내가 말했다. "그 가방을 봤어요. 그게 효과가 있는지 물어봐도 될까요?" 그러자 그 여성은 효과가 있다고, 사람들이 늘 말을 걸어온다고 했다. 가방을 어디서 구했는지 묻자 '서브웨이 북 리뷰(Subway Book Review)'라는 유명한 인스타그램 계정을 운영하는 친구한테서 얻었다고 했다. 그 친구는 지하철에서 무작위의 낯선 사람들을 상대로 어떤 책을 읽고 있는지 인터뷰를 한다고 했다.

나는 집에 가서 인스타그램 계정 운영자인 울리 보이터 코언에게 이메일을 써 같이 커피 한잔 할 수 있는지 물었다. 그녀에게서 좋다는 연락이 왔다. 보이터 코언은 키가 크고 달변에 재미있으면서 솔직한 사람이었다. 커피 두 잔을 주문해서 빈자리에 앉자 보이터 코언이 입을 열었다. "내 임무는 아주 분명해요. 사람들이 서로 분리되는 쪽으로 진화하는 걸 방해하는 거죠. 그게 내가 이곳에 온 이유예요."

보이터 코언은 39세로, 유대가 강한 독일의 작은 마을에서 외동딸로 자랐다. 어머니는 제2차 세계대전 동안 난민촌에서 태어났으며, 아버지는 제2차 세계대전이 끝나갈 무렵 독일에서 태어났다. 보이터 코언의 부모는 각자 다른 방식으로 전쟁이 남긴 트라우마에 대응했다. 아버지는 방어적이어서 가족에게 안전을 제공하는 데 중점을 뒀다. 반면 어머니는 활기가 넘치는 성격이라 세상과 연결되는 것을 택했다. "어머니는 언제나 낯선 사람에게 말을 걸고, 저를 시에 있는 도서관으로 데려가곤 했어요. 먼 도서관만 골라서 갔기에 가는 길에 더 많은 사람을 만나 수다를 떨 수 있었죠. 그 반면에 우리 아버지는 날 유리 돔 안에 둘 수 있었다면, 그래서 내가 괜찮다는 걸 알았다면 행복한 사람이 됐을 거예요. 아버지는 무엇보다도 나를 사랑하고, 그래서 날 보호하려 한 거죠."

한 사람은 외부 세계의 접근을 막으면서 가장 만족해하고, 다른 한 사람은 인간에게 먹을 것과 물이 필요한 것처럼 인간관계를 필요로 한 것이었는데, 이 두 가지 삶의 방식을 보고 자라면서 성격 형성에 큰 영향을 받았다고 보이터 코언은 말했다. 그녀는 이를 보안(security)과 안전(safety)으로 구분했다. 어머니는 인간관계에서 안전을 구했으며, 이는 다른 사람들이 어머니를 알고 받아들였다고 느꼈다는 뜻이다. 아버지는 잘 정의된 작은 '우리'와 타인 사이에 경계를 유지해 보안을 구했다. 보이터 코언이 어떤 접근법을 선택할지는 분명했다. "나는 아주 분명하게 연결된 삶을 선택했죠." 보이터 코언은 스무 살 때 가방 두 개에 짐을 꾸려서 미국으로 왔다. 대학에서 미디어 관련 학위를 받은 후 2013년 가을 뉴욕시로 이사와 '서브웨이 북 리뷰'를 시작했다. "나 자신을 위해 시작한 거였어요." 보이터 코언이 웃음을 터뜨렸다. "나는 이 도시와 연결되고 싶었어요. (중략) 다른 몽상가들과 예술가들, 그리고 이 도시에 영혼을 불어넣는 사람들을 발견하고 흥분했죠." 보이터 코언의 작업은 니컬러스 에플리나 줄리아나 슈뢰더와 마찬가지로 지하철에 영감을 받았다. "나한테 지하철은 사람들이 매일 모이는 신성한 공간이었어요. 그 안에서 사람들은 가만히 서 있어야 하죠. 그건 우리가 함께 모이는 교회와 같은 경험이었어요.

지하철 안은 대단히 시끄러워지기도 하고 대단히 조용해지기도 해요. 때로 눈을 감으면 혼자인 것 같아요. 그러다가 눈을 뜨면 주변에 수백 명의 사람들이 침묵 속에 함께 서 있는 거예요." 보이터 코언은 잠시 말을 멈추더니 몸짓과 함께 덧붙인다. "정말 놀라워요!"

보이터 코언은 지하철에서 책을 읽는 사람들에게 마음이 끌렸다. 그 사람들이야말로 몽상가, 비판적 사색가, 창조자일지 모른다는 생각이 들었고 그들을 만나고 싶어졌다. 코언은 영화감독으로서 훈련받은 경험, 즉흥 코미디를 한 경험, 모든 사람에게 말을 거는 어머니를 지켜보면서 얻은 통찰을 바탕으로, 사람들에게 읽고 있는 책에 대해 묻기 시작했다. 그런데 지하철에서 모르는 사람에게 말을 거는 건 실례라는 규범에도 불구하고 대부분의 사람이 관심을 보였다. "89퍼센트의 사람들이, 좀 더 과감히 말하자면 열에 아홉이 내가 자신을 알아보고 기꺼이 자기 이야기를 들어주는 것에, 자기 생각을 털어놓을 자리가 있다는 것에 아주 신나했고, 심지어는 모르는 사람과 대화를 나누는 걸 무척 즐거워했어요. 사람들은 종종 내게 고맙다고 인사했는데 그게 정말 감동이었죠. 그래서 나는 오히려 '방금 당신이 나한테 선물을 줬다'고 응답하죠. 그러면 그 사람들은 그래요. '아니, 네가 나한테 선물을 줬어.'"[*]

처음에 이런 만남을 시작했을 때는 체계가 없었다. 그냥 재미있는 책을 읽고 있는 사람들을 찾아 말을 걸었다. 그러면서 보이터 코언에게 낯선 이를 끌어들이는 마력이 생겨났다. "호기심이 많고 열려 있

---

[*] 이는 프리 리스닝 실험에 참가하고서 지역주민들에게 '선물'을 준 것 같다고 말한 애리조나주립대학 학생들을 떠올리게 한다.

는 이라면 누군가 자신과 연결되고 싶어 할 경우 그걸 느낄 거예요."
보이터 코언은 눈을 맞추거나 좋은 하루를 보내고 있는 것으로 보이
는 사람을 찾지만, 일진이 안 좋아 보이는 사람이 관심을 끌 때도 있
다. "며칠 전 한 젊은 남자가 지하철에서 흐느끼고 있더라고요. 내가
다가가서 말을 걸었을까요? 물론 그렇게 했어요. '괜찮아요?' 남자가
그러더군요. '정말로 힘든 날이네요.' 그래서 내가 말했죠. '그럴 수
있어요. 당신 혼자만 그런 게 아니에요.' 그러자 남자가 고개를 끄덕
이며 수긍하더라고요."

보이터 코언은 엄밀히 말하자면 이것이 재미있는 활동이라기보다
는 도의상 의무라고 생각한다. "도시에 산다면, 어떤 공동체에 속해
있다면, 그 공동체 안에서 깨어 있는 정신을 유지하는 한편 같은 환
경에서 살아가는 사람들을 이해하는 게 우리의 책무예요. 그렇지 않
으면 우린 완전히 망가지죠." 그런데 저 도의상 의무감과 그에 따라
행동하는 낙관주의는 쉽게 얻은 게 아니다. 보이터 코언은 때로 무기
력해질 거라는 불안이 있으며, 그래서 상담 치료를 받고 있다고 한
다. 희망이 없다는 생각에 집을 나서기 힘든 날, 자신이 살고 있는 사
회와 자신을 동일시하지 못하는 날이 있다고 한다.

"이 말을 하고 싶네요. 보통의 사람들과 마찬가지로 나는 낯선 이,
그러니까 남자와 관련해 트라우마를 경험한 적이 있어요. 그러나 지
하철에서 낯선 사람과 이야기를 나누는 게 나 자신을 위험에 빠뜨린
다고 생각하지 않아요. 물론 지하철에서 온갖 미친 것들을 보죠. 하
지만 부정적인 경험을 했다고 해서 밖으로 나가 다시 시도하는 걸 멈
춰선 안 돼요. '다시 시도한다'는 건 사람을 신뢰하려고 노력한다는
뜻이에요. 한두 사람이 우릴 망가뜨리려 한다고 해서 다른 모든 사람

도 그러고 싶어 한다는 뜻은 아니니까요."

이 일을 하면서 "주위에 있는 모든 존재를 나와 같은 사람과(科)의 일원으로 받아들일 선택권이 나에게 있다는 걸 알게 됐어요. 그런 선택을 하면 삶이 엄청나게 달라져요. 그리고 믿기 힘든 고통이 따라오죠. 세계 속에서 우리가 차지하는 위치를 이해하게 되기 때문인데, 이것은 눈이 뜨이는 경험이기도 하지만 짜릿한 동시에 고통스럽거든요. 그 선택에는 다른 사람과 우리 자신을 돌보고 사랑해야 할 책임이 따르기 때문이죠."

하지만 보이터 코언은 모든 사람에게 이렇게 하라고 처방하지는 않는다. "어떤 트라우마 생존자들은 괴로운 기억에서 벗어날 수가 없고 다시 시도한다는 것 자체가 자기 능력을 벗어난 일이라고 생각할 수 있음을 충분히 이해해요. 그 사람들에게는 먼저 사회가 신뢰할 만하다는 증명이 필요한 거죠." 하지만 보이터 코언에게 '서브웨이 북 리뷰'는 "사람들 대부분이 좋은 사람이 되고 싶어 한다는 사실을 매일 확인"시켜준다. "'무슨 책을 읽고 있어요?'라고 묻고서 녹음기를 켜고 이야기를 들으면 무척 치유가 돼요. 누군가가 안에서 나를 안아주는 것 같아요. 정말이지 어떤 것하고도 다른 방식으로 저 고립감과 싸우는 거죠. 수년 동안 이렇게 해왔어요."

◆ ◆ ◆

2018년 미국실종학대아동방지센터는 한 가지 소식을 알렸다. '낯선 사람은 위험하다'는 말을 쓰지 않고 데이터를 반영해 좀 더 섬세하면서 현실성 있는 접근법을 택하기로 한 것이다. 칼 월시에 따르면, 모든 낯선 사람에 대한 경고는 유익하기보다는 해롭다. "아이가 위험한 상황에 놓였을 때 도와주는 사람이 낯선 사람일 가능성이 크" 기 때문이다. 그 낯선 사람은 경비원, 소방관, 자기 아이와 함께 있는 어머니일 수도 있고, 또는 아이가 겉으로 드러나는 단서에 기초해 비교적 신뢰할 만하다고 확신하는 다른 사람일 수도 있다. 아이들은 여전히 도와달라고 하거나 몸을 만지는 낯선 사람을 상대하지 말라는 경고를 듣는다. 하지만 어떤 낯선 사람과도 이야기하지 말라는 경고는 도움을 주는 사람들로부터 아이들을 차단한다. 따라서 '낯선 사람은 위험하다'는 말은 쓰지 말아야 한다. 월시는 말한다. "우리는 평생 동안 마음의 상처를 남기는 일 없이 아이들이 안전하고 현명한 결정을 내릴 수 있도록 힘을 실어주려 합니다."

13 　신뢰가 높은 사회가 이방인에게 유독 차가운 이유

왜 스칸디나비아반도 사람들은 낯선 이에게 불친절하고 중동과 남아메리카 사람들은 낯선 이에게 친절할까?

앞에서 우리는, 도시가 수많은 사람과 어울려 살게 하는 동시에 멀어지게 하는 사회규범을 만들어냈다는 것을 이야기했다. 내집단이 아닌 사람에게 불안감을 느끼기도 하고, 몇 세대에 걸쳐 귀 따갑게 들어온 낯선 사람은 위험하다는 메시지가 왜곡된 위협감을 심어 사람들의 신뢰 능력을 손상시켰다는 것도 다뤘다.

　하지만 문화는 어떤가? 지역 또는 국가는 어떤가? 왜 어떤 지역은 낯선 사람에 대해 호의 또는 적의를 보이는 걸까? 이런 문화는 어떻게 생겨났을까? 이것이 이번에 다룰 중요한 문제다.

앞 장에서 신뢰에 대해 잠깐 이야기했다. 이 주제를 탐사하기 시작했을 때, 낯선 사람에 대한 호의가 신뢰와 관련 있을 거라고 나는 생각했다. 특히 일반 신뢰 개념과 말이다. 일반 신뢰는 1948년 독일 정치학자 엘리자베트 뇔레-노이만(Elisabeth Noelle-Neumann)이 만든 설문지로 측정한다. 전 세계 사회 및 정치 변화를 추적할 목적으로 매년 전 세계 데이터를 대규모로 수집하는 세계가치관조사(World Values Survey)에서 이를 이용한다. 설문지는 이렇게 묻는다. "당신은 대체적으로 사람들 대부분을 신뢰하는 편인가요, 아니면 사람들을 상대할 때 아주 조심하는 편인가요?" 전자라고 답한 사람은 신뢰 수준이 높고, 후자라고 답한 사람은 신뢰 수준이 낮다. 일반 신뢰는 전략상 신뢰와는 다르다. 전략상 신뢰(strategic trust)란 누군가를 신뢰할 때의 장단점을 합리적으로 계산하는 경우를 말한다. 그리고 일반 신뢰는 가족이나 가까운 친구들에 대해 갖는 특수 신뢰(particularized trust)와도 다르다.

일반 신뢰는 사실상 낯선 이에 대한 신뢰를 뜻하고, 신뢰 수준이 높은 문화를 가진 사회는 많은 이점을 누린다. "사람들을 신뢰하면 자원봉사를 하고 자선단체에 기부하며 다른 사람들에게 관대하고 경제 성장을 촉진하는 정책과 불우한 사람들을 지원하는 정책을 모두 지지할 가능성이 높다." 신뢰에 관한 최고 권위자인 정치학자 에릭 어슬래너(Eric Uslaner)는 이렇게 썼다. "신뢰 수준이 높은 사람들이 많은 나라일수록 정부가 더 잘 기능하고, 더 많은 소득재분배 정책을 시행하며, 시장이 더 개방돼 있고 부패가 덜하다." 그렇다고 해서 신뢰 수준이 높은 사람들이 물렁하다거나 도덕 상대주의의 대리인이라는 말은 아니다. 이들은 무리에 상관없이 모두가 공동체에 참여해서 규칙을 지키며 게임을 하길 기대한다. 이들은 그저 남을 믿어주고 단기적으로는 선의에 따라 움직인다.

신뢰 수준이 높은 이런 사람들은 누구일까? 대체로 말해, 시골 지역 사람들의 일반 신뢰가 더 낮고, 친구나 지인과의 관계보다 가족 간 유대를 우선시하는 중국 같은 유교 국가의 주민들도 마찬가지다. 수십 년 동안 부패와 전체주의를 경험한 공산주의 유산을 가진 나라들의 국민도 신뢰 수준이 낮다. 남성, 노인, 교육 수준이 낮은 사람, 실업자, 소수자, 종교 근본주의자도 일반 신뢰 수준이 낮은 경향이 있다.

일반 신뢰는 어떻게 생겨날까? 이는 까다로운 문제다. 국가 차원에서, 일반 신뢰는 국민총생산과 대략 상관관계가 있고, 차별 정도와 음의 상관관계가 있으며, 개신교와 강한 상관관계를 갖지만 다른 종교와는 그렇지 않다. 하지만 이 모든 요인은 핵심 요인인 낙관주의에 비하면 중요성에서 뒤진다. 에릭 어슬래너는 미래가 밝으리라는 느낌 그리고 자신의 운명을 합리적으로 통제할 수 있다는 느낌, 즉 낙관주의를 일반 신뢰와 가장 밀접하게 결부시켰다. 어슬래너와 여러 전문가에 따르면, 낙관주의는 사회의 일반 신뢰 수준을 결정짓는 가장 강력한 요인인 소득 평등에서 비롯한다. 고신뢰 사회에서는 모든 사람의 소득 수준이 똑같다는 말이 아니다. 체계가 공정하고 정부는 부패하지 않으며 범죄율이 낮고 모든 사람이 최대한 평등의 기회를 인정받는다. "일부 사람이 다른 사람들보다 훨씬 더 많이 가지면 최상층도 최하층도 상대를 '도덕 공동체'의 일원으로 여기지 않는다. 그들은 사회의 구성원과 운명을 공유하고 있음을 인식하지 못한다."

영향력 있는 또 다른 정치학자 로널드 잉글하트(Ronald Inglehart)도 점진적 현대화 이론으로 비슷한 주장을 했다. 수년간 세계가치관조사를 감독한 잉글하트는 이렇게 썼다. "사람들은 생존이 불안하면 강력한 지도자 뒤에서 똘똘 뭉쳐 외부인에 대해 공동 전선을 펴는 경향이 있다." 생존에 대한 불안이 없으면 사람들은 이런 방어 심리에서 벗어나 개인주의와 연관되는 가치관을 지향한다. 제2차 세계대전 이후 개화한 개인주의 문화는 폭력에 대한 혐오, 조국을 위해 싸우는 것에 대한 염증, 외집단 일원에 대한 관용, 표현의 자유, 새로운 사람과 새로운 생각에 대한 개방성, 협력성, 평등한 정부 참여, 진정한 민주주의를 위한 노력이 특징이다. 그러나 안전의 쇠퇴는 잉글하트가 말하는 권위주의의 반사작용(authoritarian reflex)을 촉발한다. 이는 내부 결속을 강화하고 외집단의 낯선 이들을 추방하거나 억압하면서 움츠러드는 경향을 말한다. 어슬래너와 마찬가지로, 잉글하트는 불평등이 자기표현을 하는 사회의 가장 큰 위협이라고 결론지었다.

개신교 북유럽 국가들은 일반 신뢰 수준이 높고 자기표현과 세속적-이성적 가치관 조사에서도 최고 순위에 올라 있다. 그래서 나는 처음에 일반 신뢰 수준이 높은 사회의 사람들이 낯선 이들과 이야기하고 싶어 할 거라고 생각했다. 그게 퍼즐의 첫 조각인 것 같았다.

하지만 미국의 생물학자 랜디 손힐(Randy Thornhill)과 코리 핀처(Corey Fincher)에 따르면, 한 문화가 낯선 사람에 대해 보이는 개방성을 결정 짓는 또 다른 강력한 요인이 있다. 바로 전염병 발생률인데, 이는 일반 신뢰와 어느 정도 연관된다. 초기 인류는 북위 지역으로 이주하기 전, 적도 근처의 덥고 습한 곳에 주로 살았다. 이런 곳은 질병과 사망의 원인이 되는 전염병의 위협이 더 크다. 전염병은 초기 인류가 두 가지에 적응하게 했다. 첫째는 신체 면역체계인데, 그 이유는 명백하다. 하지만 이 책의 프로젝트와 더 관련이 있는 것은 행동 면역체계다. 요컨대 낯선 이들에게 노출되는 것을 제어함으로써 전염병에 노출되는 것을 막으려는 일련의 행동을 말한다. 그래서 기생충 감염 위협이 높은 곳에 사는 사람들은 낯선 사람을 피하고, 낯선 이들과 그들이 가지고 있을지 모르는 질병을 맞닥뜨리는 데 대한 두려움 때문에 집에서 너무 멀리 나와 돌아다니는 일을 피한다.* 이는 기생충 스트레스 이론으로 알려져 있다.

손힐과 핀처에 따르면, 기생충 스트레스가 높은 지역의 사람들은 서늘하고 건조한 위도 지역 사람들에게서는 보이지 않는 뚜렷한 특성이 있다. 이들은 오염되거나 불결하다고 여기는(이는 혐오와 비인간화로 이어진다) 외집단 사람들에 대해 더 강한 이방인공포증을 드러낸다. 기생충 감염 위협이 높은 지역의 사람들은 새것공포증을 보인다. 다시 말해 새로운 물건, 새로운 생각, 새로운 사람을 불신하고 이들이 온갖 질병을 옮길 수 있다고 의심한다. 또 좀 더 순응주의자인데다 내향성을 보이며 족벌주의를 지향해서 자신과 가장 가까운 사람들을 편애한다. 역사는 외집단의 이방인을 병원균처럼 생각하도록 자극하는 사건들로 가득하다. 나치는 유대인을 유대인 거주지역에 고립시키면서 출입구에 '전염병! 출입 금지!' 같은 메시지가 담긴 표지판을 내걸었다. 미국 국회의원이었던 고(故) 엘리야 커밍스는 열한 살이던 1962년, 흑인과 백인을 분리하는 볼티모어의 공공 수영장을

---

* 우리는 코로나19 위기 동안 이런 모습을 언뜻 보았다. 코로나 위기 동안 모두가, 하지만 특히 아시아인들이 새로운 코로나바이러스를 가지고 있다는 의심을 받아 경계심, 두려움, 때로는 노골적인 적대감에 맞닥뜨렸다. 2020년 하버드대학 경영대학원의 심리학자 애슐리 휠런스(Ashley Whillans)가 진행한 한 연구는 미국인과 캐나다인이 친구나 가족한테서 코로나19를 옮을 위험은 시종일관 그리고 상당히 과소평가하면서, 낯선 사람들이 제기하는 위험은 과대평가한다는 사실을 확인했다.

통합하려는 한 단체의 일원이었다. '수영장에서 세균을 제거하라'라고 쓰인 표지판을 든 약 1000명의 백인과 우연히 마주친 그는 심하게 맞아 평생 지워지지 않는 흉터가 얼굴에 남았다.

하지만 진화의 관점에서 기생충에 대한 공포는 이해가 된다. 전염병 감염의 위협이 높으면 완전히 낯선 사람과 친하게 지내는 데 따르는 비용(치명적 질병)이 이익보다 많을 것이다. 이 이익에는 "무리 간 거래를 통한 이익, 새롭고 더 나은 생각, 결혼을 위한 더 크고 더 다양한 사회관계망 (중략) 그리고 다른 사회적 동맹"이 포함된다고 손힐과 핀처는 썼다. 문제는 기생충 스트레스 반응이 실제의 위협이 낮을 때도 촉발될 수 있다는 점이다. 예를 들어, 세균공포증을 가진 사람은 자신이 사는 곳이 감염 위험이 높은지 어떤지와 무관하게 이런 특성을 보인다고 손힐은 말한다. 전염병에 대해 생각하도록 만들기만 해도, 기생충 스트레스를 받는 사람과 비슷하게 행동할 수 있다. 이런 암시가 "사람들로 하여금 즉각 외부인과의 접촉과 새로운 경험을 줄이는 행동 회피, 가치관, 성격 특성을 채용"하게 만들 수 있다고 손힐과 핀처는 쓰고 있다.

2010년 심리학자 채드 모텐슨(Chad Mortensen)은 실험 참가자를 두 집단으로 나눠 연구를 진행했다. 한 집단에게는 세균과 전염병에 대한 사진과 정보가 담긴 슬라이드를 보여줬다. 다른 집단에게는 지극히 평범해 보이는 건물 사진을 보여줬다. 그 후 각 실험 참가자에게 슬라이드에서 본 것과 비슷한 걸 마주쳤던 경험에 대해 써달라고 했다. 30분 동안 휴식한 후에는 마지막으로 두 가지 설문지를 작성해달라고 했다. 하나는 외향성, 만족감, 성실성, 신경증, 경험에 대한 개방성을 측정하기 위한 성격 목록이고, 다른 하나는 본인이 인지하는 질병

취약성을 측정하기 위한 것이었다. 질병 관련 슬라이드를 본 실험 참가자들은 자신이 외향성, 새로운 사람과 새로운 경험에 대한 개방성, 협력성이 덜하다고 보고했다.

최근의 일을 제외하고는, 20세기 중반 면역학의 급속한 발전으로 서양에서 전염병의 위협은 그 이전보다 훨씬 더 낮아졌다. 실제로 1940년대에 획기적으로 이뤄진 질병 통제가 1960년대 후반 성의 혁명, 시민권 운동, 사회 관용 수준의 증가로 이어졌다고 손힐과 핀처는 적었다. 오늘날 다른 집단의 일원을 불결함과 질병 면에서 낙인찍으려는 시도가 이렇듯 자주 관중을 찾는 이유는 우리가 전염병의 위협에 매우 민감하도록 진화했기 때문이다.

◆ ◆ ◆

이렇게 개신교, 소득 평등, 낮은 범죄율과 부패 수준, 낮은 기생충 감염 위협이 낯선 사람을 신뢰하게 만드는 주요 동인이라면, 북유럽 국가들이 모두 낯선 사람에 대한 신뢰 수준 순위에서 상위권에 있다는 점이 그다지 놀랍지 않다. 이들 사회가 보여주는 신뢰는 유익해서 전문가들은 이를 '노르딕 골드'('북유럽의 금'이라는 뜻, 원래는 스웨덴의 10크로나 동전에 쓰인 금색의 합금으로 현재는 유럽연합의 10유로센트, 20유로센트, 50유로센트 동전에 사용되고 있다-옮긴이)라고 부른다. 이들 국가의 주민은 주위의 낯선 이방인을 질병을 옮기는 사람이 아니라 도의상의 관심과 신뢰를 똑같이 받을 자격이 있는 온전한 인간으로 여길 가능성이 더 높다. 이 모든 사실을 알고, 나는 북유럽 국가 사람들이 낯선 사람과 더 잘 소통할 거라고 추정하게 됐다.

그런데 인정하기 힘들지만 그렇지가 않았다. 일반 신뢰와, 우리가 친화력으로 해석하는 것 사이에 사실은 음의 상관관계가 있는 것 같다. OECD가 편찬한 세계가치관조사의 데이터에 따르면, 35개 OECD 국가 중 신뢰 수준이 높은 상위 국가에는 덴마크, 노르웨이, 네덜란드, 스웨덴, 핀란드, 뉴질랜드, 스위스, 오스트레일리아, 아이슬란드, 독일, 캐나다가 포함돼 있다. 미국은 평균보다 조금 낮고 멕시코, 포르투갈, 콜롬비아는 모두 바닥권에서 맴돈다. 한편 인터네이션스(Inter-Nations)라는 단체는 부분적으로 각 국가의 친화력 순위를 매기기 위해 매년 전 세계 국외 거주자를 상대로 설문조사를 한다. 가장 친화력이 높은 나라에는 멕시코, 포르투갈, 콜롬비아가 포함되고 바닥권에서 맴도는 나라에는 덴마크, 노르웨이, 스웨덴, 스위스, 독일, 오스트리아가 포함된다. 영국은 최하위이고 오스트레일리아는 가장 희귀한 사례다. 즉, 높은 신뢰 수준과 친화력을 보여준다.

스웨덴 연구자로 세계가치관조사의 책임자 중 한 사람인 비 푸라넨에게 이를 어떻게 이해해야 할지 물었다. 어떻게 고신뢰 사회가 친화력이 낮고 저신뢰 사회가 친화력이 높을 수 있을까? 푸라넨은 이 역설을 인정했다. "중동 사람들은 일반 신뢰 수준이 상당히 낮고 낯선 사람, 다시 말해 다른 종교와 국적을 가진 이방인에 대한 신뢰 수준이 특히 낮아요. 하지만 중동 지역을 많이 여행해본 사람은 알죠. 그 사람들이 낯선 사람을 대단히 환대한다는 걸. 반면 스칸디나비아 반도 사람들은 신뢰 수준이 가장 높지만 그다지 낯선 사람을 환대하진 않죠."

지금 캐나다인이나 핀란드인이나 독일인이 낯선 이들을 적대한다고 말하는 게 아님을 알아주길 바란다. 이들이, 말하자면 이탈리아인보다 사교성이 덜한 경향이 있다는 말일 뿐이다. 게다가 신뢰 수준이 높은 사람들이 사교성이 덜한 경향을 갖는 이유는 직관에 반하는 만큼이나 단순하다. 그럴 필요가 없기 때문이다. 우리는 생활 마찰이 어떻게 우리를 사회성 있게 만드는지 거듭 보았다. 효율성 있는 고신뢰 사회에서는 생활 마찰이 아주 적다. 중앙기관은 그러한 기관이 제대로 기능하지 않는 곳에서 흔히 개인의 몫이 되는 일들을 맡아서 처리한다. 하지만 저신뢰 사회에서는 중앙기관에 의지해 그런 일들을 처리할 수가 없다. 그래서 살아남으려면 친구나 낯선 사람이나 비슷하게 친하게 지내야 한다. 이런 친화력을 추동하는 것은 모든 사람에 대한 사랑이 아니라 불안정한 환경에서 삶에 영향을 미치는 혼란, 불안, 위협에 대처해야 하는 필요다. 우리는 앞서 허구의 친족(명예 친척), 환영 의식, 환대에서 이를 보았다. 여기서 다시, 삶의 곤경에 대처하는 현실성 있는 방법으로서 친화력의 한 가지 형태가 발달하기 시작했다.

이를 보여주는 좋은 예를 제시해보려고 한다. 2019년 시카고대학의 사회학자인 유나 블라헤르 데 라 가르사(Yuna Blajer de la Garza)는 멕시코시티의 '비에네-비에네(viene-viene)'에 관한 논문을 발표했다. 이들은 비공식으로 자동차를 주차해주는 프리랜서 주차 요원이다. "비에네-비에네와의 상호작용에서는, 세계 최대 도시의 하나인 멕시코시티에서 차에서 내려 길모퉁이에 서 있는 누군지도 모르는 한 개인에게 자동차 열쇠를 건네고 나중에 자동차를 되찾을 수 있으리라 기대하는 일이 정상으로 여겨진다." 블라헤르 데 라 가르사는 멕시코시티 같은 곳에서는 불가능해 보이는 이 비공식의 신뢰 경제를 연구했다. 나는 멕시코시티에 가본 적이 있고 아주 좋아하지만, 이 도시는 범죄율이 높고 부패가 만연하며 불평등이 걷잡을 수 없는 정도이고 사회 신뢰 수준이 낮다. 하지만 이곳 사람들은 낯선 이에게 자신의 자동차를 맡기고, 이 비공식의 신뢰 경제는 문제없이 돌아간다.

여러 가지 요인이 복잡하게 결합해 이 체계가 뿌리를 내릴 수 있었다. 그 요인에는 계급의 역학관계, 부패한 법 집행, 그리고 이런 서비스에 대한 강력한 수요가 포함된다. 하지만 블라헤르 데 라 가르사가 쓴 대로, 비효율과 역기능이 결합한 결과 필요한 사람들 사이를 연결했다. 그렇게 해서 서로 다른 계급의 일원이 상호작용할뿐더러 서로를 신뢰하고 심지어 일종의 관계를 발전시킬 수 있었다. "결국 멕시코시티에서 매일 일어나는 수많은 교환은 부패한 기관이 있는 거대 도시가 혼란에 빠져들지 않도록 하는 많은 부분 가운데 하나다."

하지만 요즘에는 비에네-비에네들이 주차요금 징수기에 자리를 내주고 있다. "중산층 운전자들은, 특히 젊은 세대는 비인간적인 만큼 효율성 있게 주차할 수 있는 이런 변화에 갈채를 보낸다." 블라헤르 데 라 가르사는 이렇게 썼다. 하지만 "주차요금 징수기는 효율적인 만큼 (중략) 부유한 사람과 가난한 사람이 상호작용하며 서로의 분투와 특권을 인식할 수 있는 여지를 줄였다."

나는 이 논문을 읽은 후 블라헤르 데 라 가르사에게 연락해서 북유럽 국가의 일반 신뢰와 남아메리카 국가의 친화력 사이에 보이는 불일치에 대해 어떻게 생각하는지 물었다. 왜 일반 신뢰가 낮은 사회가 일반 신뢰가 높은 사회보다 어떤 면에서 더 친화력이 높을 수 있는지 물었다. 그의 대답은 사회 마찰(social friction)로 요약되는데, 길게 인용할 만하다.

노르웨이인은 국가가 아주 원활히 기능하기 때문에 사실 신뢰할 만한 사람 또는 신뢰할 만하지 않은 사람에게 의존할 필요가 없어요. (중략) 기관들은 결국 낯선 사람에 대한 신뢰를 완전히 불필요하고 무의미하게 만들죠. 그러므로 하루를 지내면서 누군가의 도움이 딱히 필요하지 않아요. 이것이 더 효율적이라고 생각하겠지만, 여기에는 사회비용이 따릅니다. 반면, 멕시코는 국가 상황이 엉망이에요. 나는 멕시코에서 나고 자랐으며 이 나라를 사랑하지만 사실이 그렇거든요. 하지만 고독감을 느낀다고 말하는 사람들은 많지 않아서 찾기가 상당히 어려울걸요. (중략) 오랜 기간 동안 혼자 있으려 해도 아마 잘 안 될 거예요. 매일의 교환을 위해 다른 사람과 상호작용해야 하고, 길을 찾기 위해 말을 걸어 도움을 청해야 하니까요. 이는 행정 서류 작업을 할 때도 마찬가지입니다. 모든 게 너무 복잡해서 호의를 베풀어 안내해줄 사람을 찾게 되기를 끊임없이 바랄 거예요. 이 나라의 비효율성에 대한 좌절감을 공유하는 것만으로도 친밀감이 생길 수 있죠.

사회 마찰이 어떻게 우리를 친화력 있게 만드는지 보여주는 또 다른 예가 있다. 친화력과 환대로 유명한 미국 남부를 생각해보라.* 심리학자 도브 코언(Dov Cohen)과 리처드 니스벳의 이론에 따르면, 미국 남부는 '명예를 중시하는 문화'를 가졌다. 명예를 중시하는 문화는 법원이나 경찰 같은 강력한 중앙기관이 부재할 때 형성된다. 이런 문화

---

* 이는 작은 도시 사람들은 모두 친절하다는 말이 아니다. 나는 언젠가 "전 세계 카우보이의 수도인" 텍사스주 밴더라카운티에 있는 술집에서 머리카락이 희끗한 한 사람에게 인사를 건넸다가 "난 양키하고 말 안 섞어"라는 말을 들은 적이 있다. 그리고 미국 북부 출신이라는 점이 불리하기는 하지만, 183센티미터 키에 이성애자 백인 남성으로서 내가 얻는 이점을 매우 잘 알고 있다. 어디든 작은 도시에서 내가 받는 환영을, 젊은 흑인 남성 또는 이슬람교인 또는 성소수자는 받지 못할 수도 있다.

는 불안정해서 공격성과 텃세가 특징이다. (이는 특별히 미국 남부만의 현상은 아니다. 명예를 중시하는 문화는 세계 곳곳에서 보인다.) 18세기에 무법 상태인 아일랜드 북부와 스코틀랜드 고지의 접경지역에서 스코틀랜드계 아일랜드인과 스코틀랜드인 양치기들이 밀어닥치면서, 미국 남부의 문화가 형성됐다고 여겨진다. 원래의 조국뿐 아니라 제2의 조국에서도 법 집행이 약했기 때문에, 사람들은 자기 가축을 훔치려 드는 사람은 누구라도 기꺼이 죽여버릴 수 있음을 보여줘야 했다. 나약해서 쉽사리 공격할 수 있는 상대로 보이는 걸 두려워해 아주 사소한 모욕도 폭력으로 되갚았다. 이를 꺼리지 않는 사람들은 명성이, 다시 말해 '명예'가 높아졌다.

"명예를 중시하는 문화는 공격성과 남성의 명예에 크게 의지하는데, 쉽게 훔쳐간 가축에 의존하는 무정부 상태의 지역에 사는 사람들 사이에서 흔히 볼 수 있는 적응이다." 경제학자 폴린 그로스진(Pauline Grosjean)은 한 연구에서 이렇게 썼다. 그로스진은 이 연구에서 1980~2007년 미국 서부의 살인율이 북부보다 거의 세 배가 높은 이유로 명예를 중시하는 문화를 들었다. 이런 차이의 주요 원인은 명예가 문제된 사례에서 발생한 백인에 의한 살인이었다. 그로스진은 현대의 이런 경향이 저 초기 양치기들의 필요에서 생겨났다고 생각한다. "제3자인 법 집행기관이 부재한 상황에서 공격성과 거리낌 없는 살인은 호락호락하지 않다는 평판을 만들어 가축 도둑질을 단념시키는 데 극히 중요하다."

명예를 중시하는 문화는 강력한 중앙기관이 있으면 쇠퇴하며, 전 세계에서 그 영향이 줄어들고 있다. 하지만 그 요소들은 오늘날까지 남아 있다. 코언과 니스벳은 일련의 연구에서 미국 북부 학생들과 남부 학생들(모두 남성)을 모집해 명예를 모욕당하는 상황에 놓이게 했다. 한 연구에서 실험 참가자들은 고속도로에서 거구의 남성 실험자에 의해 충돌 사고를 당한 후 '멍청한 놈'이라는 말을 들었다. 남부 학생들은 이런 모욕을 받고 더 분노했고, 북부 학생들은 웃긴다고 생각했다. 또 다른 실험에서, 실험 참가자들은 교실에서 동급생으로 가장한 실험자로부터 야유와 조롱을 당했다. 실험 후, 남부 학생들은 북부 학생들보다 테스토스테론과 스트레스 호르몬인 코르티솔 수치가 훨씬 더 높게 나왔다. "모욕을 당하지 않은 남부 학생들은 북부 학생들보다 더 예의 바르지만, 일단 모욕을 당하면 다른 어떤 집단보다 훨씬 더 공격성이 강했다."

예의 바름과 폭력성 사이의 이런 연관성을 일러 예의 바름의 역설이라고 한다. 코언과 동료인 조 반델로가 2004년에 쓴 대로 "폭력과 친화력은 대개 반대된다고 여겨진다. 사교성, 환대, 개방성, 따뜻함은 공격성으로 이어지지 않을 것 같지만, 이 두 가지 정반대되는 기질은 동전의 양면처럼 공존할 수 있다. (중략) 폭력 또는 폭력의 위협이 친화력, 사교성, 예의 바름이 규범인 사회를 만들 수 있다."

다시 한 번 말하지만, 이는 미국 남부 지역에 한정되지 않는다. 예의 바름의 역설은 아시아, 중동, 지중해 지역, 아프리카의 많은 전통 사회에서 나타난다. 인류학자인 앨런 피스크(Alan Fiske)와 동료들은 한 연구에서 이렇게 적었다. 이들 문화의 사람들은 "서로 유난히 어려워하는 경향이 있"고 그래서 "지극히 예의 바르거나 정중하거나 관대하게 행동하지만 이 사회 행위에는 그에 상응하는 애정, 호감, 또는 신뢰의 감정이 수반될 수도, 수반되지 않을 수도 있다." 이런 행동은 누군가의 명예를 의도치 않게 모욕하는 바람에 뒤따를 수 있는 복수

극을 방지하기 위한 것이다.

그렇다고 해서, 모든 친절한 사람이 친절하지 않으면 유리창 너머로 집어던져질까 봐 두려워서 친절하게 군다는 말이 아니다. 문화의 진화는 그보다 더 복잡하다. 어떤 문제에 대한 현실성 있는 대응으로 시작한 행동이 시간이 지나면서 존재의 방식으로 굳어질 수도 있다. 이를 기능적 자율성이라 한다. 그래서 문화를 이루는 실타래를 명확히 풀어내기란 불가능하지만, 명예를 중시하는 문화에서 생겨난 의식화한 예의 바름이 시간이 지나면서 단순한 예의 바름과 친화력이 되어 그대로 유지됐다고 주장할 수 있다. 명예를 중시하는 문화 가설에 관한 전문가인 리처드 니스벳에게 이런 생각을 얘기하자, 그는 간단히 대답했다. "아주 마음에 드는 생각이네요."

우리는 생활 마찰이 친화력을 낳는 다른 곳에서도 이런 과정이 작동하고 있음을 볼 수 있다. 미소 짓거나 웃음을 터뜨리는 것을 예로 들어보자. 단일민족 국가의 주민이 일반 신뢰 수준이 높은 건 사실이지만, 과거 500년 동안 다른 나라로부터 이민자를 받아들인 경험이 있는 국가의 주민이 감정 표현을 더 많이 하며, 더 자주 미소 짓고, 소리 내 웃을 가능성이 높다는 사실을 연구자들은 밝혀냈다. 사회과학자들은 북아메리카, 중앙아메리카, 남아메리카, 그리고 최고 희귀 사례인 오스트레일리아 같은 나라의 문화를 미소 문화(smiling culture)라고 한다. 공통 언어와 공유하는 사회규범이 부재하는 가운데 낯선 사람과 소통해야 하는 필요에 대응하기 위해 이런 문화가 생겨났다고 연구자들은 생각한다. 이런 상황에서 미소는 호의와 협력 의지를 알리는 방법이다.

심리학자 애드리엔 우드(Adrienne Wood)와 동료들은 82개 국가에 대한 연구에서 역사가 다양한 곳의 주민이 역사가 균질한 곳 출신 주민보다 감정 표현을 더 많이 하고 비언어 신호를 통한 감정 전달이 더 정확하다는 사실을 밝혀냈다. 심리학자인 폴라 니덴솔(Paula Niedenthal)이 전 세계를 대상으로 진행한 또 다른 연구에 따르면, 역사의 불균질성과 응답자들이 매일 미소를 짓고 소리 내 웃으며 기분 좋게 지내는 시간의 양 사이에 강한 상관관계가 있었다. GDP나 현재의 다양성 정도와 무관하게 그랬다. 니덴솔과 동료들은 미국 인구조사 데이터를 분석해서 비슷한 결과를 얻었다. 캘리포니아, 뉴욕, 노스다코타, 네바다, 미네소타 등 역사상 외국 태생의 주민 비율이 높은 주에 사는 사람들은 그렇지 않은 주에 사는 사람들보다 미소를 짓고 소리 내 웃으며 긍정적 감정을 갖는 일이 더 많았다.

게다가 이는 전염된다. "미소는 사회 화합이라는 눈앞의 문제를 해결하는 데 관여하는 것 이상으로 긍정적인 사회 경험과 감정을 생성한다." 니덴솔은 이렇게 썼다. "다시 말해, 매일 더 많이 미소 짓고 소리 내 웃는 사람들을 마주치는 것 자체가 긍정적인 기분을 증가시킨다. 따라서 미소를 짓고 소리 내 웃을 기회가 많아질수록 긍정적 감정을 더 많이 경험하게 된다."

◆ ◆ ◆

나이란 라미레스-에스파르사(Nairán Ramírez-Esparza)는 2001년 텍사스대학 대학원에서 공부하려고 멕시코에서 미국으로 왔을 때 충격을 받았다. 친구들을 따라 파티에 갔는데 멕시코에서는 파티에 가서 함께 간 사람들과 어울리지만 미국은 달랐던 것이다. "파티에 가자마자 친구들이 모두 '섞이자'라고 하더군요. 그래서 생각했죠. '섞이자'는 게 무슨 말이지?" 친구들은 이리저리 돌아다니면서 아무한테나 말을 걸기 시작했다. "내향적인 저로서는 적응하기 힘들었어요, 지금까지도요." 라미레스-에스파르사는 멕시코시티에서 나고 자랐는데, 멕시코는 심파티아(simpatía, 에스파냐어로 공감이라는 뜻-옮긴이) 전통이 지배하는 나라다. 심파티아는 1984년 심리학자 해리 트리언디스(Harry Triandis)와 동료들이 신기원을 이룬 한 연구에서 붙인 이름으로, 이를 실천하는 문화는 매일의 상호작용에서 예의 바름, 친절, 친화력, 존경심, 긍정성, 갈등의 회피, 다른 사람에 대한 존중을 강조한다. 명예를 중시하는 문화에서처럼, 심파티아를 실천하는 곳에서 모욕이나 싸움은 매우 심각한 문제다. 다른 사람의 본질을 이루는 존엄성에 대한 공격으로 여겨지기 때문이다. 게다가 명예를 중시하는 문화와 마찬가지로, 심파티아 문화는 보통 위로부터 사회 화합을 보장할 강력한 중앙기관이 없는 곳에 나타난다. 그래서 이 과제가 개인에게 맡겨져 이들이 스스로 평화를 유지하려 한다.

심파티아는 사회에 광범위한 이득을 가져다준다. 예를 들어, 낯선 사람들을 기꺼이 돕게 만들 수 있다. 정치학자 로버트 러바인(Robert Levine)은 36개 나라에 걸친 실험에서 학생들을 어려움에 처한 낯선 사람인 척 꾸며 도시의 '도움 행동'을 연구했다. 학생들은 눈이 안 보이는 체하거나 길에 펜을 떨어뜨리거나 부상을 입은 체하며 접근하거나 도움을 또는 동전을 달라고 했다. 인구밀도가 가장 높은 곳과 가족을 주요 문화 단위로 가장 강조하는 곳, 다시 말해 전통과 배타성이 강한 곳일수록 도움을 주는 사람들이 적었다.

반면 도움을 주는 사람들이 많았던 몇몇 도시는 남아메리카에 있었다. "이런 곳들이 장기간의 정치 불안, 높은 범죄율, 여러 가지 사회·경제·환경 문제를 겪고 있다는 사실을 고려하면, 이런 긍정적 결과는 주목할 만하다." 2003년 러바인은 이렇게 썼다. 예외가 있기는 하지만(코펜하겐과 빈), 분명히 심파티아를 받아들인 곳의 사람들이 낯선 사람을 더 잘 도왔다.* 갤럽은 해마다 '세계 정서'에 관한 보고서를 발표한다. 각 국가의 시민이 매일 긍정적 또는 부정적 감정을 얼마나 느끼는지 보고한 것을 바탕으로 국가 순위를 매긴다. 갤럽이 이용하는 한 가지 측정 기준은 조사 응답자가 매일 몇 번이나 긍정적 감정을 경험하는가다. 그 결과 가장 행복한 국가 상위 10개국 중 9개국이 남아메리카에 있다(나머지 한 국가는 인도네시아다).

현재, 심파티아의 측면에서 다른 남아메리카 국가들보다 멕시코의 순위가 더 높다고 라미레스-에스파르사는 주장한다. 그리고 이는 멕시코인이 정복당한 방식 탓이라고 본다. 미국이나 캐나다뿐 아니라 남아메리카 국가들에서는 이주민이 원주민을 전멸시켰다. 멕시코에서는 아스텍인과 같은 예외가 있기는 하지만, 많은 원주민이 이주민에 협조해 시간이 가면서 이들의 전통이 에스파냐의 전통과 섞여 독

---

* 나의 제2의 고향 사람들은 낯선 사람에게 덜 친절한 편이다. 실제로 대단히 언짢은 데이터를 내놓은 이 연구에서 뉴욕은 최악이었다. 뉴욕에서 실험자가 주소를 쓰고 우표를 붙인 편지들을 거리에 두고 얼마나 돌아오는지 보는 '잃어버린 편지 실험'을 진행하는 동안, 러바인 연구팀은 한 뉴욕 사람으로부터 흥미로운 편지를 받았다. 러바인은 이렇게 썼다. "거의 모든 경우에, 편지를 발견한 사람은 내용을 확인한 다음 봉투를 다시 봉하거나 새 봉투에 넣어 우편으로 부쳤다. 때로 메모를 붙이기도 했는데, 대개 편지를 뜯어본 데 대해 사과하는 내용이었다. 뉴욕에서 받은 편지 봉투만 여기저기 찢기고 열린 채였다. 이 사람은 편지 뒷면에 에스파냐어로 'Hijo de putair[r]esposable(이 무책임한 개새끼야)'라고 휘갈겨 썼다. 그 아래에는 내가 쉽게 이해할 수 있는 간단한 영어 비속어도 덧붙여져 있었다. 화가 난 이 뉴욕 사람을 상상하면 흥미롭다. 아마도 그는 우체통으로 걸어가는 내내 나의 실수를 욕하면서도 어떤 이유에서인지 이미 미워하게 된 한 낯선 이를 위해 시간을 내 사회적 의무를 행해야 한다고 생각했다."

특한 형태의 멕시코 가톨릭교 같은 혼종을 낳았다. "에스파냐 사람들이 만든 체제에 동의하는 사람들은 죽임을 당하지 않았죠." 라미레스-에스파르사의 말이다. "그리고 지금 우리는 아주 친절하고 공손해진 사회에 살고 있어요. 우리는 솔직한 생각을 말하는 걸 좋아하지 않아요. 상황을 원만히 유지하길 원하죠."

현재 대단히 존경받는 코네티컷대학의 사회심리학자인 라미레스-에스파르사는 수시로 다른 사람과 어울리는 자리에 초대받는다. 이런 자리는 여전히 어려워서, 그녀는 연습을 해야 한다. 그녀가 자기소개를 하면 사람들이 억양을 알아듣고서 어디 출신인지 묻고, 거기서부터 이야기가 시작된다. 미국인에게는 간단하고 사소한 대화이지만, 그녀에게는 상당한 에너지가 드는 문화 적응이다. "멕시코에선 그러지 못하거든요. 누군가 한 무리의 사람들에게 다가가면 '쟤 누구야? 우릴 내버려둬, 이야기 중이니까'라고 생각할 거예요." 물론 그렇다고 무례하게 굴지는 않는다. 심파티아 문화가 허용치 않기 때문이다.

그렇긴 하지만 멕시코인은 친구나 가족과는 대단히 잘 어울린다. 그래서 라미레스-에스파르사에게 미국 생활은 또 다른 면에서도 적응하기가 어려웠다. "이곳 생활은 너무 고립돼 있어요. 퇴근하고 집에 돌아와 남편과 아이들하고 소소한 대화를 나누죠. 그러고는 잠자리에 들어요. 그게 다예요." 멕시코에서는 대부분의 시간을 친구나 친척과 어울리며 지낸다. "여름에 멕시코에 돌아가면 언제나 이야기를 나눌 사람이 많아요. 사람들이 눈을 보면서 빙그레 웃죠. 그러면 연결돼 있다는 느낌이 들어요. 내가 존재한다는 느낌이 들죠."

라미레스-에스파르사는 미국에서 거의 20년을 지낸 후 지금은 일종의 경계지대에 속해 있다. 미국에서는 속내를 이야기할 수 있어서 좋은데, 멕시코에서는 누군가를 불쾌하게 하거나 불편하게 만들까 봐 조심해야 한다. "정말 혼란스러워요." 미국에서는 자신을 얌전한 사람으로 보는 동료와 학생들의 인식을 깨뜨리기 위해 열심히 노력해야 한다. 그러다가 멕시코로 돌아오면 거침없이 이야기하고 싶은데 자제를 요구하는 심파티아에 불만스러워지기도 한다. 그녀는 이런 양면의 성격을 잘 조화시킬 자신이 없다. 하지만 자신이 에스파냐어로 말할 때는 심파티아로 기울고, 영어로 말할 때는 그로부터 멀어진다는 걸 알고 있다. 소속된 문화가 어느 쪽으로 기울지를 결정하는 것이다. "나는 일종의 혼종인 것 같아요."

그래서 라미레스-에스파르사가 두 세계 사이에 끼여 어디에도 속하지 않는 사람처럼 보이는 것일지도 모른다. 하지만 그녀가 체화한 혼종은 사실 이 책의 프로젝트에 안성맞춤이다. 그녀는 다른 사람들과 이야기할 때 예의 바르고 자기를 내세우지 않으면서 배려하도록 교육받았다. 이런 면에서 심파티아는 우리가 앞서 본 프리 리스닝과 그다지 다르지 않다. 중요한 건 나 자신이 아니라 상대다. 그래서 심파티아를 중시하는 문화에서 미국으로 오는 사람들은 우리가 익히려고 노력하는 많은 능력을, 상당히 이상적인 대화 상대가 될 수 있는 능력을 이미 갖추고 있다.

심리학자 글로리아나 로드리게스-아라우스(Gloriana Rodríguez-Arauz), 우리의 친구 라미레스-에스파르사, 아드리안 가르시아-시에라(Adrián García-Sierra)와 그 동료들은 일련의 독창성 있는 연구에서 이를 직접 확인했다. 이들은 시애틀 지역의 라틴아메리카계 어머니들과 유럽계 백인 어머니들에게 4일 동안 하루 여덟 시간 디지털 녹음기를 착용하고서 자신의 상호작용 경향을 추적 관찰하게 했다. 그 결과, 라틴아메리카계 어머니들은 심파티아와 연관되는 행동을 훨씬 더 많이 보여주고(겸손하고 호감이 가며 배려하는 모습을 보였다) 자기 자신보다는 다른 사람들에 대한 이야기를 훨씬 더 많이 했다(어번컨페셔널의 80대 20 규칙을 기억할 것이다). 유럽계 백인 어머니들은 심파티아 정도가 더 낮고 자기 자신에 대한 이야기를 상당히 많이 했다. 또한 라틴아메리카계 어머니들은 소리 내 웃는 일이 더 많고 민족에 상관없이 다른 사람과 더 의미 있는 대화를 나눴다. 얄궂게도, 유럽계 어머니는 라틴아메리카계 어머니보다 심파티아 행동 면에서 자신을 더 높이 평가했다.

더욱이 미국같이 말이 많고 개인주의가 강한 나라에서 심파티아를 행하면 전염시킬 수도 있다. 텍사스대학 알링턴 캠퍼스의 러네이 홀러웨이(Renee Holloway), 에이미 월드립(Amy Waldrip), 윌리엄 이키스(William Ickes)는 2009년 한 연구에서 백인, 흑인, 라틴아메리카계를 포함한 126명의 낯선 사람을 짝지어 대화를 나누게 했다. 절반은 같은 민족끼리 짝짓고 나머지 절반은 백인 또는 흑인을 라틴아메리카계와 짝지었다. 연구자들에 따르면, 첫째, 라틴아메리카계 대화자들이 눈 맞춤, 미소, 소리 내 웃기 등 심파티아와 연관되는 행동을 훨씬 더 많이 보였다. 둘째, 더욱 재미있는 사실은 라틴아메리카계와 상호작용한 백인이나 흑인 실험 참가자는 라틴아메리카계와 상호작용하지 않은 사람보다 심파티아 행동을 더 많이 보였다는 점이다. 이들은 더 많이 이야기하고 더 빈번하게 눈을 맞추었으며 더 자주 소리 내 웃고 미소 지었다. "이들의 상호작용은 이 모든 면에서 흑인 또는 백인 실험 참가자만 참여한 상호작용보다 더 나았다."

나중에, 실험 대상자들은 그들의 상호작용을 평가했다. 라틴아메리카계와 이야기를 나눈 사람은 백인 또는 흑인과 상호작용한 사람보다 대화 상대를 상당히 더 높이 평가했다. 게다가 "라틴아메리카계 상대와 함께한 실험 참가자는 상호작용이 원활하고 자연스러우며 편안했다고 여겼다. 또한 상호작용에 더 많이 참여했다고 보고했으며, 상대와 상호작용하는 데 대해 흑인 또는 백인 상대와 상호작용한 실험 참가자보다 더 큰 관심을 보였다."

이것은 또한 일방의 선물이 아니었다. 라틴아메리카계 대화자도 마찬가지로 그 시간을 즐거워했다. "라틴아메리카계가 포함된 쌍의 실험 참가자는 상호작용이 원활하고 자연스러우며 편안했다고 보고했다(그리고 억지로 하거나 어색하거나 껄끄러워하는 정도가 상당히 덜했다). 또한 상호작용에 더 많이 참여했다고 보고했으며 상대가 자신을 받아들이고 존중한다는 느낌을 받았다고 말했다. 마지막으로, 라틴아메리카계 실험 참가자는 상대에 대해 더 높은 호감도를 보고했으며 상대가 자신을 더 좋아한다고 느꼈다."

내 말의 핵심은 이렇다. 우리는 친화력이 만족스럽고 걱정 없는 상태에서 생겨난다고 생각하는 경향이 있다. 그리고 때로는 그렇다. 분명히 해두자면, 오늘날 친절한 사람이 모두 낯선 이에게 미소를 짓기 전에 머릿속으로 계산을 한다거나, 친절한 사람은 다른 사람을 신뢰하지 않는다는 얘기가 아니다. 대부분의 사람들이 그러지 않기 때문이다. 내 말은, 친화력 있는 문화가 두려움, 혼란, 불안에도 불구하고 생겨나는 게 아니라 두려움, 혼란, 불안 때문에, 그에 대응해서 내부의 협력을 촉진하는 방법으로서 생겨난다는 것이다. 명예 친척, 환영 의식, 환대와 마찬가지로, 이런 친화력은 낯선 사람에 대한 두려움을 이들이 가져다주는 기회와 조화시키고, 혼란스런 시기에 서로 원활히 연결돼 협력하기 위한 현실성 있는 방안이었다.

여기서 다시 한 번 생각해보라. 우리는 중앙기관이 약화되고 사회 신뢰에 커다란 구멍이 생기는 두렵고 혼란스런 시대에 살고 있다. 오늘날 삶은 복잡하게 얽힌 많은 논쟁 속에서 점점 뒤죽박죽이 되고 있다. 우리는 낯선 이들을 불신하게 됐다. 분명, 우리는 지금처럼 방어 태세를 갖추고 싸우며 우리 사이에 생겨난 벽을 넘어 상호작용하길 거부할 수도 있다. 또는 우리가 지금껏 알아낸 것을 바탕으로, 친근하게 미소 지으며 상호작용하기를 선택할 수도 있다. 이는 우리가 나약해서도, 신념이 없어서도 아니다. 서로 협력하는 것이 우리에게 가장 큰 이득이며, 친화력은 나약함을 드러내는 것과는 거리가 멀뿐더러 두려움의 해독제이기 때문이다. 이를 염두에 두고, 여러분을 핀란드 여행에 초대한다.

14   핀란드식 개인주의가 봉착한 문제

나무랄 데 없이 질서가 잡힌 나라에서 누구보다 예의 바른
사람들이 지금 불행을 호소하고 있다.

"난 원래 터키 출신이에요. 이 점이 중요합니다. 내가 할 이야기와 아
주 밀접한 관계가 있거든요."

제이다 베르크-쇠데르블롬은 터키의 에게 해안에 있는 이즈미르
에서 자랐으며 14년 동안 한 예술 재단에서 축제를 조직하는 일을 했
다. 그러다가 핀란드인 예술가, 그러니까 스웨덴어(핀란드는 핀란드어
와 함께 스웨덴어를 공용어로 사용한다-옮긴이)를 쓰는 연극 연출가를 만
나 결혼해서 2015년 핀란드 헬싱키로 이주했다.

헬싱키는 평화로운 곳이다. 평등과 번영과 문화가 어우러져 있으
며 범죄율이 낮고 식자율은 높으며 노숙인을 거의 볼 수가 없다. 갤

럽에 따르면 적어도 1인당 GDP, 사회 지원망, 기대 수명, 자기 삶을 결정할 자유, 관용, 부패 수준 등 특정 지표에 근거할 때 세계에서 가장 행복한 도시다. 유럽의 여느 도시와 비교해도 조용하고 질서가 잡혀 있다. 너무 질서가 잘 잡혀 있어서, 사실 인도에 계속 서 있을 합당한 이유가 없어 뉴욕에서 그러듯 무심코 무단횡단을 했다가 대로 한복판에 나 혼자 있음을 문득 깨달았다. 양쪽 인도에 있던 핀란드 사람들이 마치 내가 남근 모양의 복장을 하고서 탭댄스를 추며 교회로 들어온 듯이 쳐다보고 있었다.

많은 사람의 말에 의하면, 헬싱키는 낙원과도 같다. 하지만 베르크-쇠데르블롬은 터키에서 이곳에 도착했을 때 적응하기가 결코 순탄치 않았다. 첫째는 문화 차이였다. 터키인인 베르크-쇠데르블롬은 온정이 있고 이야기하길 좋아하는 반면, 핀란드인은 과묵하기로 유명하다. 핀란드의 무서운 이야기들을 삽화와 함께 실은 《핀란드의 악몽(Finnish Nightmares)》이라는 작은 책은 현지 어디서나 볼 수 있는데, 그 대부분의 악몽이 낯선 사람과의 피할 수 없는 소통으로 요약된다. 한 이야기에서는 "대중교통에서 누군가가 옆에 앉더니 말을 걸기 시작"하고, 다른 이야기에서는 "모르는 사람이 눈을 마주치면서 씩 웃는"다. 내가 한 택시운전사에게 낯선 이에게 말 걸기에 대한 책을 쓰려고 조사차 이곳에 왔다고 말하자 돌아온 대답은 이랬다. "핀란드에서요? 우리 핀란드인이 세계에서 가장 말수가 적은 사람들이라는 거 알잖아요?"

이는 베르크-쇠데르블롬이 적응하기 힘든 문화였다. 예를 들어, 시아버지가 돌아가셨을 때 그녀는 충격을 받았다. 터키와 달리 사람들이 찾아와 조문하지 않았고 가족끼리 모여 따로 시간을 보내야 했다. 친구를 집으로 초대하는 간단한 일도 문화 마찰의 원인이 됐다. 터키에서는 손님을 초대하면 아주 후한 환대를 베푼다고 한다. "우리는 배가 터져 죽을 정도로 음식을 내놓으려 해요." 하지만 핀란드는 초대받은 사람들이 음식을 조금씩 싸 가지고 오는 문화가 있었다. 그녀는 이런 문화에 도저히 익숙해지지 않았다. 그래서 사람들이 음식을 가져오겠다고 하면 언제나 만류했다. "그 사람들은 내 손님이니 내가 대접해야 해요. 내가 모든 걸 준비해야 한다고요." 오랜 환대의 전통을 떨쳐내기란 쉽지 않은 일이었다. "깊이 몸에 배었으니까요."

하지만 더 어려운 문제는 직업을 바꾸는 일이었다. "외국인 노동자로서 고생을 많이 했어요." 훌륭한 자격증을 갖고 있었으나 예술 현장에서 일할 방법을 찾는 데 1년이 걸렸다. 언어가 가장 큰 장벽이었다. 예전에 일하던 곳에서는 주로 영어를 썼으나 핀란드에서는 주로 핀란드어를, 그리고 때로는 스웨덴어를 썼다. 언어 장벽은 핀란드의 긴급한 문제다. 지난 몇 년 동안, 특히 내전으로 인해 밀려난 피난민 형태의 거대한 이민자 물결이 밀어닥친 탓이다. 도시 지역의 이민자들은 핀란드어나 스웨덴어를 못 하고 그래서 일자리를, 더 넓게는 핀란드 사회에서 설 자리를 찾는 데 어려움을 겪고 있다. 역사상 단일문화를 가졌기에 다양성에 대처하는 체계가 없는 나라에 "이것은 커다란 충격이었다"고 베르크-쇠데르블롬은 말한다. 핀란드는 지식 경제가 성장하면서 새로운 노동자가 절실히 필요하기에 이민자들이 요긴한 존재일 수 있으나, 다른 스칸디나비아반도 국가들과 마찬가지로, 이와 관련한 긴장이 초기 백인 민족주의 운동을 일으켰다.

그래서 2016년 이민자들이 흔히 그러듯, 베르크-쇠데르블롬은 10세기에 터키에 도착한 바이킹족이 그때까지 그들이 본 가장 큰 도

시라고 평한 이스탄불의 옛 이름을 따 미클라고르아르츠(MiklagårdArts)
라 이름 붙인 자기 사업을 시작했다. 그녀는 핀란드의 단체들과 전
세계 예술가 사이의 상호작용을 촉진하는 일에 사업의 역점을 두기
로 마음먹었다. 핀란드가 이제는 피할 수 없는 미래, 좀 더 다양한 인
종으로 이뤄진 미래로 나아가는 데 이런 대화가 도움이 되길 바랐다.
그녀는 이 노력의 일환으로 세계적 석학 시어도어 젤딘(Theodore Zeldin)
에게 연락해 헬싱키에 와서 사람들에게 낯선 이와 대화하는 법을 가
르쳐달라고 요청했다.

◆ ◆ ◆

2019년 9월 어느 비오는 금요일 오후, 시어도어 젤딘은 새로 지
어 얼룩 하나 없이 깨끗한 헬싱키 아모스렉스미술관의 무대 위 의자
에 앉았다. 그 앞에는 주로 여성인 청중이 드문드문 앉아 있었다. 마
른 체형에 머리가 희끗희끗하고 이목구비가 살짝 조류를 닮은 여든
일곱 살의 젤딘은 회색 바지에 블레이저와 남색 스웨터를 입었다. 소
개가 있은 후, 젤딘이 일어섰다. 젤딘의 목소리는 부드럽지만 절실했
다. "나는 여러분에게 답을 주기 위해서가 아니라 질문을 하려고 이
곳에 왔습니다. 이 나라에서 일어나는 일에 관심을 갖고 있기 때문이
죠." 젤딘이 잠시 말을 멈춘다. "여러분은 세계에서 가장 행복한 사람
들입니다. 이럴 리가 없어요. 여러분은 많은 상을 받아왔잖아요. 그래
서 나는 궁금합니다, 여러분이 앞으로 어떻게 할지. 그리고 난 그걸
알아야겠습니다."

젤딘은 유명한 영국 역사가로 대작 《프랑스 정감의 역사(A History of

French Passions》를 집필했다. 1973년 처음 출간된 2000쪽짜리 이 역사 저작물은 유럽사 걸작으로 손꼽힌다. 젤딘은 옥스퍼드대학의 교수였으며 대통령, 각료, CEO들의 자문을 맡기도 했다. 하지만 우리의 목적과 관련해 중요한 사실은, 젤딘이 평생을 바쳐 가능한 한 많은 낯선 사람과 대화를 나눠왔다는 점이다. 다시 말하자면, 제노필리아가 그의 소명이다. "내가 세상의 모든 사람을 알게 될 수는 없을 것입니다. 하지만 내 목적은 부자가 되고 유명해지는 게 아닙니다. 인생이란 무엇인지 발견하는 것이죠."

이렇게 수십 년 동안 끝없이 낯선 사람들과 대화하면서, 젤딘은 세상에 다수자 또는 소수자는 없다고 생각하게 됐다. 낯선 사람도 친숙한 사람도 없다. 개인이 있을 뿐이다. 모든 사람이 소수자이자 낯선이인 것이다. 젤딘이 완전히 이해받고 있다고 느끼는 사람이 몇 명이나 되는지 헬싱키의 청중에게 물었다. 아무도 손을 들지 않는다. "완전히 이해받고 있다고 주장하는 사람이 아무도 없군요. 다른 사람들로부터 이해받는 것, 그게 우리에게 필요합니다. 그런데 한 사람, 한 사람 친밀하게 알지 못하고서는 여러분을 이해하기가 매우 어려워요. 이를 바꾸는 건 대혁명이 아니라 친밀한 접촉입니다."

젤딘은 2001년 출범한 옥스퍼드뮤즈재단(The Oxford Muse)의 설립자이기도 하다. 이것이 바로 내가 젤딘을 따라 헬싱키로 온 이유다. 옥스퍼드뮤즈재단은 '낯선 이들의 성찬(Feasts of Strangers)'을 연다. 이 만찬에서 낯선 사람들은 짝을 이루고 그들의 가치관, 두려움, 희망에 관한 극히 사사로운 질문들이 적힌 '메뉴'를 받는다. "그 질문들은 아주 어려워요." 젤딘이 말한다. "인생이 그러니까요." 두 시간 동안 계속되는 이 성찬은 15개 국가에서 개최됐다. 여기서 오가는 대화는 결혼으로, 심지어 내전에서 서로 반대편에 서서 싸웠던 사람들 사이의 깊은 우정으로 이어진다. 더욱이 이 대화는 다른 사람뿐 아니라 그들 자신에 대해서도 알게 해줬다. 성찬 참가자들은 "고무되어 예전에는 하지 않던 말을 하면서, 상대만큼이나 자신에 대해서도 알게 되며, 누군가가 진심으로 관심을 갖고 자기 이야기를 들어주는 드문 경험을 하고서 놀란다"고 젤딘은 말한다.

'낯선 이들의 성찬' 중심에는 젤딘이 수십 년 동안 낯선 사람과 대화하면서 도달한 한 가지 생각이 있다. 바로 잉태(procreation)다. 젤딘은 무리의 일원이라는 과거의 소속 방식이 더 이상 쓸모가 없다고 생각한다. 현재, 사람들 사이에는 다른 점이 너무나 많다. 게다가 개개인의 특이성은 명확히 정의된 무리라는 개념을 웃음거리로 만든다. 하지만 개인주의 또한 막다른 길이다. 결국 문화의 가장 강력한 단위는 무리도 아니고 개인도 아닌 커플이라고 젤딘은 생각한다(젤딘은《인생의 발견》에서 "사랑에 빠지거나 이별하거나 함께 사는 두 사람만이 아니라 시간이나 장소의 물리적 한계를 넘어서 서로 짝지어진 '영혼의 동반자' 개념을 커플의 정의에 넣을 것이다"라고 말한다-옮긴이).

"너와 나, 나와 너가 관계를 맺을 때마다, 누군가와 대화할 때마다, 우리는 그들에 대해, 따라서 우리 자신에 대해, 그러므로 세계에 대해 뭔가를 알게 됩니다." 젤딘은 자주 뮤즈에 대해 이야기하지만, 그가 관심을 두는 건 자기표현이 아니라 잉태성이다. 두 마음이 합쳐져 혼자서는 만들어내지 못할 완전히 새롭고 예상치 못한 것을 만들어낸다. 젤딘은 이 우울한 금요일 오후에 강연을 듣기 위해 모인 사람들에게 말한다. "여러분이 나의 뮤즈가 돼주길 바랍니다." 그리고 대화를 통해 우리는 서로의 뮤즈가 될 터이다.

젤딘은 헬싱키에서 이런 성찬을 세 차례 열었다. 헬싱키의 문화 엘리트를 대상으로 한 번, 그리고 일반 대중을 대상으로 두 번. 금요일의 강연이 이들 성찬의 시작이다. 그의 머릿속은 백인 민족주의의 부상, 서구의 정치 혼란, 민주주의의 요새로서 핀란드의 위치, 그리고 이민자에 대처하려는 핀란드의 힘겨운 몸부림으로 가득하다. "인구가 줄어들고 있기 때문에, 여러분이 좋든 싫든 다른 나라 사람이 이주해오고 있다는 사실을 깨달아야 합니다. 다른 모든 나라에서 그렇듯 이주는 피할 수 없는 일입니다. 세상은 불평등하고 어떤 곳은 사람들이 탈출해야 할 정도로 혼란에 빠져 있기 때문이죠. 내가 잘못 아는 게 아니라면, 핀란드인의 시조는 지금의 이곳까지 아주 먼 거리를 왔어요. 우리는 모두 이민자입니다. 그러니, 우리는 낯선 이들을 대하는 법을 알아야 합니다. '흑인은 이방인'이 아니라 '우리 모두가 이방인'이라고 말해야 합니다. 나는 여러분에게 이방인이고, 여러분의 시조가 누구든 여러분은 내게 이방인입니다. 나는 이 문제를 다루려고 이곳에 왔습니다."

강연 끝 무렵에, 젤딘은 청중에게 한 가지 실험을 하고 싶다고 말했다. "나는 여러분이 누구인지 알고 싶습니다. 거리를 걷고 음식만 먹는다면 내가 핀란드까지 온 의미가 없거든요. 여러분 각자의 머릿속 생각이 어떻게 다른지 알아야겠어요." 젤딘은 종이를 나눠주며 각자 자신의 주된 성취, 후회되는 일, 희망, 도전, 약점에 대해 짤막한 회고록을 써달라고 했다. "여러분과 관련해 중요한 건 모두 써주세요."

우리 모두가 짤막한 회고록을 써서 제출하고 한 사람씩 조용히 빗속을 나섰다.

◆ ◆ ◆

라우라 콜베(Laura Kolbe)는 존경받는 핀란드 역사가이자 정치인이다. 나는 핀란드 사람들에 관해 지혜를 빌릴 수 있길 바라며 콜베에게 연락했다. 콜베는 친절하게도 헬싱키대학에서 나를 만나줬다. 그는 조용한 핀란드인이라는 건 고정관념이라고 말했다. 하지만 여기에는 일말의 진실이 있는데, 이는 몇 가지 요인에서 비롯한다고 한다. 그 시작은 두 세기 전 독일어, 스웨덴어, 러시아어를 쓰는 사람들이 도착하면서부터였다고 콜베는 생각한다. 그들은 핀란드어를 못했기 때문에 현지인과 대화하지 않았고, 현지인은 이민자와 대화하지 않았다. 이민자들은 이런 과묵함을 수줍음으로 오해했다. 두 번째는 핀란드는 큰 땅덩어리에 비해 인구가 적으며 인구 대부분이 농사를 지었다. 시골 생활은 도시 생활보다 수다가 덜한 편이다. 세 번째는 19세기에 만들어진 민족 신화에 등장하는 "남성이면서 흰 피부에 금발이며 수줍음을 많이 타고 약간 둔하지만 용감하고 정직하며 충실하고 솔직한" 유형의 영웅이 중요한 역할을 했다고 콜베는 말한다.

미국인과 핀란드인 사이에는 정말로 확연한 차이가 있음을 콜베는 인정한다. 하지만 우리가 바로 앞 장에서 본 대로, 미국인의 친화력은 어떤 의미에서 다른 것을 위한 도구, 수단이라는 게 콜베의 생각이다. "핀란드인은 솔직하게 말해요. 뭔가를 포섭하거나 팔려고 하지 않아요. 반면 미국에 오는 사람들은 모두 그 나라의 사근사근한 유연성을 좋아하죠. 식당 종업원은 사교성 있게 안녕하냐고 인사해요. 하지만 팁이 없으면 곧바로 말투가 달라지죠."

콜베의 딸인 카롤리나 포르스도 자리를 함께했다. 그녀는 대학에서 패션 디자인을 공부하고 최근에 졸업했으며 쾌활하고 밝은 성격의 소유자였다. 포르스는 어느 해 여름 뉴욕에서 지낸 적이 있었는데, 사람들이 개방적이고 대단히 사교성이 있으면서 다소 자유로웠다. "내가 정말로 원했던 걸 거기서 되찾았죠. 하지만 그때뿐이에요. 이곳에 오면 다시 핀란드인이 되거든요."

"다시 핀란드인이 된다는 게 무슨 뜻이에요?" 내가 물었다.

"마음이 좀 닫히죠." 포르스는 자기 나라를 좋아하지만 해외에서 얼마간 지내면서 '이방인'과 비슷해졌다고 한다. 어쩌면 핀란드 현지 기준으로는 너무 외향성이 강하다고 할까. "솔직히 해외에 있을 때 훨씬 더 나답다는 느낌이 들어요. 난 핀란드 대사로는 글렀어요."

◆ ◆ ◆

다음 날, 나는 아모스렉스미술관 로비에 시어도어 젤딘과 함께 앉아 있었다. 그는 금요일에 강연을 한 후 사람들이 쓴 글을 읽었다고 한다. "놀랍더군요. 내가 읽은 것 가운데 약 3분의 1이 정말로, 정말로 심각한 상황이에요. 이 사람들은 정말로 소외감을 느끼고 있더군요. 세상과 접촉이 없어요." 어떤 사람들은 자신이 외국인이기 때문에 그렇다고 생각하며, 또 어떤 사람들은 그냥 소외감을 느낀다고 한다. 그들은 외롭고 소속감을 느끼지 못한다. 우리는 이 책에서 전염병처럼 퍼지는 고독감에 대해 이야기했다. 이들 내용은 지구상에서 가장 행복한 곳에 사는 사람들의 삶에 관해 쓴 것들이다. "다소 걱정됩니다." 젤딘이 내게 말했다. "맹세컨대, 이 사람들은 도움이 필요합니다."

우리는 젤딘의 어린 시절에 대해 이야기를 나눴다. 젤딘은 1933년 영국 위임통치령인 팔레스타인에서 태어나 기술자인 아버지와 치과 의사인 어머니와 함께 책이 가득한 집에서 살았다. 영재여서 열여섯 살에 옥스퍼드대학에 입학해 열일곱 살에 졸업했으며, 그 후 얼마 지나지 않아 지도교수 없이 박사학위를 받았다. "옥스퍼드에서 나를 가르칠 수 있는 사람은 없었어요." 어쨌거나 교수 가운데는 그랬다. 하지만 배워야 할 다른 것이 있었다. 그곳에 있는 동안, 젤딘은 똑똑한 여성들을 대단히 많이 만났다. 그들은 깊은 대화를 나누는 법을 젤딘에게 가르쳐줬다. "다른 사람들과 연결될 수 있다는 관점에서, 난 여성들한테서 배웠다고 생각해요. 여성들은 인생에서 정말로 중요한 것에 대해 더 자유롭게 말할 수 있거든요."

젤딘에게 최초의 이방인은 프랑스인이었다고 한다. 젤딘은 스물한 살에 나폴레옹 3세의 기록보관소를 조사하기 위해 파리에 갔다. 그때 나라들을 서로 낯설게 만드는 게 무엇인지 그리고 프랑스인이 그들 자신에 대해 갖고 있는 전제에 맞서는 일에 관심을 갖게 됐고, 이후 30년 동안 이를 연구했다. 그 과정에서 역사를 연구하는 새로운 방법을 발전시켰다. 젤딘은 자신의 방식을 생물학자의 그것에 비유한다. 광범위한 동향과 권력자들의 삶에 초점을 맞추기보다 한 사회를 이루는 분자와 원자, 즉 사람들에게 관심을 둔다. 지도자와 전쟁과 경제체제만 공부해서는 한 나라에 대해 알지 못한다고 생각한다. 한 나라에 대해 알려면 하나의 집단이 아닌 개인으로서 사람들을 연구하고, 그들이 어떻게 현재의 사고방식과 감정을 갖게 됐는지 질문해야 한다.

이런 접근 방식이 낳은 첫 번째 책이 바로 묵직한 《프랑스 정감의 역사》였다. "전적으로 수많은 개개인에 관한 서술에 근거하여 집필한 이 책의 결론은 프랑스에 사는 사람의 수만큼이나 많은 소수자들이 있고, 따라서 이 나라에 대한 일반화가 모조리 무너진다는 걸 보여주고 있죠." 그래서 "각 개인에 대한 이해가 역사의 기초가 되어야 한다는 걸 보여주고 있습니다."

외국인이 자신들의 자아상에 이의를 제기하는 걸 좋아하지 않는 사람들은 이 책에 분노했으나, 대체로 이 책은 프랑스인을 깜짝 놀라게 했다. "언론이 인터뷰를 비롯해 '그는 우리의 정부, 배우자, 상사, 아이들보다 우리를 더 잘 이해한다'와 같은 말을 쏟아내면서, 나는 이방인 신분에서 벗어났어요. 프랑스 대통령과 국무총리부터 사회에서 가장 거부당하는 사람들까지, 거의 모든 직종과 기관으로부터 조언해달라는 부탁을 받았죠. 이들은 각자 자신의 문제를 내게 털어놓아, 보통은 대중의 시야로부터 가려지는 부분을 꿰뚫어볼 수 있게 해줬답니다. 그 각각이 나의 호기심을 확장시켰어요." 2012년 프랑스는 최고 영예의 하나인 레지옹 도뇌르 코망되르 훈장을 젤딘에게 수여했다.

현재 젤딘을 움직이는 원동력은 다양한 인간의 사고와 감정과 경험을 이해하려는 욕구, 우리가 다른 사람을 보는 방식과 우리가 우리 자신을 보는 방식을 복합적으로 이해하려는 욕구다. 2015년 출간한 《인생의 발견》(한국어판은 2016년)에서 젤딘은 이렇게 쓰고 있다. "내가 안전할 수 있는 틈새를 찾지 않고, 나의 진정한 열정이나 재능이 뭔지 물으면서 자학하지 않고, 나는 인간으로서 경험할 수 있는 것을 조금이라도 맛보기를 목표로 삼겠다. 내가 직접 경험할 수 없는 것은 내가 가보지 못한 곳에 가본 다른 사람들을 알게 됨으로써 상상할 수 있길 바란다. 다른 사람들의 생각이 수수께끼같이 여겨지고 이야기를 들어주는 사람이 아무도 없는 이는 길 잃은 영혼이다. 그래서 나는 '나는 누구인가?'라는 물음 대신에 '너는 누구인가?'라는 질문을 더 좋아한다." 젤딘은 낯선 사람과의 대화를 "내 옷을 세탁소로 가져가는 것과 같은 의식, 내 마음의 편견을 씻어내는 것과 같은 의식"에 비유한다. 이렇게 하면 "인생을 사는 방식이 달라"지리라고 젤딘은 생각한다.

확실히 변화가 필요하다. 오늘날 사람들은 서로 벽을 쌓고 있으며 대량 이주, 불평등, 정치 갈등으로 문제가 깊어지고 있다고 젤딘은 걱정한다. 국가들이, 다른 분야의 전문가들이, 동료들이, 가족이, 부모와 자녀가, 연인이 서로 대화하지 않는다고 걱정한다. 한가한 수다가 아니라 중요한 문제에 대한 진정한 대화 말이다. 젤딘은 이 점에 열심이다. 우리가 다른 사람을 이해하지 못하면 삶을 이해하지 못하고, 삶을 이해하지 못하면 우리가 무엇을 할 수 있는지 또는 무엇을 할 수 없는지 그리고 우리의 길을 가로막는 장애물이 어떤 것인지 알지 못한다고 젤딘은 생각한다. 다른 사람을 이해하지 못하면 그들 사이에서 살아가는 법에 무지해질 것이다. 이런 이유로, 이것이 젤딘의 소명이 됐다. "나는 세상을 하나씩 발견하는 데 인생을 바쳤습니다."

2000년 출간한 《대화에 대하여》에서 젤딘은 어떤 대화가 가능한지 비전을 제시한다. "내가 관심을 가진 대화 유형은 기꺼이 조금 다른 사람이 되려는 마음을 가지고 시작하는 대화다. 이는 언제나 그 결과가 보장되지 않는 하나의 실험이다. 위험을 수반한다. 모험이다." 마음에 들지 않는 사람들한테서 물러나지 말라고 젤딘은 충고한다. "이해할 수 없거나 불쾌한 사람한테서 감탄스럽거나 감동스런 뭔가를 발견하는 것 또한 매우 큰 만족을 안겨준다고 나는 주장한다. 돌밭에 숨은 금의 흔적을 찾아내는 일은 가장 흥미진진한 도전 가운데 하나다."

이런 이유로, 젤딘은 모든 사람과 대화하고 싶어 한다. 말 그대로 모든 사람 말이다. "어떤 사람은 내가 하려는 일이 너무 모호하다고 합니다. '70억 명의 사람들과 어떻게 이야기할 수 있다는 건가요?'라고요. 그러면 난 이렇게 대답하죠. 한 사람의 몸 안에 얼마나 많은 박테리아가 있는지, 한 사람의 뇌 안에 얼마나 많은 세포가 있는지 생각해보라고요. 수십억 개죠! 과학자들한테 '아, 이런 건 연구할 수 없어요. 너무 많잖아요'라고 말 못 하거든요. 하지만 한 사람, 한 사람이 새로운 지평을, 예상치 못한 탐험 영역을 열어줍니다. 인생이 불안의 근원이 아니라 끊임없는 놀라움의 근원이 되죠. 자신의 발견에 몰두하며 매료되고, 그 발견은 언제나 다른 것으로 이어지거든요. 나 자신을 탐험자라 불러야 할 것 같아요."

그날 늦게, 시어도어 젤딘은 미술관에서 백여 명의 사람들 앞에 섰다. 잠시 후 우리는 짝을 이뤄 낯선 이들의 성찬을 위한 식탁이 있는 방으로 갈 예정이다. 젤딘은 앞으로 어떤 일이 일어날지에 대해, 그리고 사명에 대해 이야기했다.

"무슨 일이 일어나고 있는지 알려면 마음을 열어둔 채 기꺼이 이야기하고 자기 생각을 말해야 합니다. 우리 문명은 예의를 차리느라 언제나 우리 생각을 말하지 못하잖아요."

"낯선 사람과 대화하면 장벽이 사라지고, 우리가 다른 모든 사람과 차이가 있는 만큼이나 우리와 차이가 있는 다른 사람에 대해 알게 될

뿐더러 우리 자신에 대해서도 알 수 있게 됩니다. 우리는 우리 자신이 누구인지 안다고 생각할지 모르지만, 많은 사람이 그에 동의하지 않고 우리를 다르게 생각할 수도 있어요. 사람들 사이에 존재하는 이런 오해가 우리가 겪는 고통의 주요 원인이죠."

"우리는 이런 대화를 사회의 모든 부문으로, 그리고 실로 국가들 사이로 확대하고 싶습니다. 세계는 위험으로 가득 차 있어요. 우리는 다른 문명의 사람들과 대화하는 법을 배우고 대화에서 생겨나는 우정과 신뢰를 확인함으로써 우리 자신을 구할 수 있을 뿐입니다. 이렇게 사람들과 대화하면서 어느 정도 연결된 느낌을 갖게 되고 그것이 관계의 시작입니다."

젤딘은 이런 대화를 좌우하는 심리학에 대해 이야기하지 않지만, 왜 이런 대화가 그렇게 뜻깊은지 설명하는 연구가 상당수 있다. 우리는 앞서 경청이 무엇을 할 수 있는지 보았다. 사람들이 하는 이야기를 귀 기울여 들어주면, 그들의 불안감이 줄어들고 생각이 분명해지며 행복감이 높아진다. 우리가 사적인 면을 드러내면 다른 사람도 그에 부응한다. 또 자기노출은 즐거운 일이며, 괴상야릇한 게 아닌 한 사람들로 하여금 우리를 좋아하고 신뢰하게 만들 수 있다.

하지만 그냥 솔직하기만 해도 이점이 많다. "자기 감정을 솔직하게 표현하는 사람은 숨기는 사람보다 스트레스와 혈압이 더 낮으며 친밀감이 더 높다." 2018년의 한 연구 결과, 심리학자 에마 러바인(Emma Levine)과 타야 코언(Taya Cohen)은 이렇게 썼다. "비밀을 품고 있는 사람은 그렇지 않은 사람보다 건강이 좋지 않은 편이다." 러바인과 코언은 솔직함의 효과를 보여주는 연구를 진행했다. 한 연구에서 실험 참가자를 세 집단으로 나눴다. 한 집단은 3일 동안 모든 사람을 '완전히

'솔직'하게 대하는 반면, 다른 두 집단은 '친절'하게 또는 '남의 시선을 의식'하며 대했다. 솔직하게 대한 사람은 그렇게 하면 관계가 불편해지리라고 예측했으나 다른 두 조건보다 더 즐거웠으며, 실험을 한 시점만이 아니라 이후 2주 동안 더 큰 연결감과 행복감이 이어졌다.

또 다른 실험에서는 참가자들을 예측하는 사람과 경험하는 사람, 두 집단으로 나누고 '까다로운 대화'로 이끌도록 고안된 사적인 질문 목록을 제공했다. 이 질문들은 앞서 나온, 자기확장 이론을 제시한 아서 에런의 연구에서 일부 발췌한 건데 '낯선 이들의 성찰'에서 주는 것과 아주 비슷했다. 1997년 에런은 낯선 사람들이 곧바로 친밀해질 수 있게 돕는 유명한 36가지 질문 목록을 만들었다. 여기에는 '당신의 인생에서 사랑과 애정은 어떤 역할을 합니까?' '엄마와의 관계에 대해 어떻게 생각합니까?' '가장 당혹스러운 순간은 언제입니까?' '아무한테도 연락하지 못하고 오늘밤에 죽는다면 누군가에게 하지 못해 가장 후회할 말은?' 같은 질문이 포함되어 있다. 예측하는 실험 참가자에게는 대화가 어떻게 진행될 거라고 생각하는지 묻되 실제로 대화하게 하지는 않았다. 실제 대화를 경험하는 실험 참가자는 짝을 이뤄 대화했다. 예측하는 실험 참가자는 대화가 잘 안 될 거라고 생각한 반면, 경험하는 실험 참가자는 상당히 높은 정도의 즐거움, 연결감, 의미를 대화 중에 느꼈고 이는 적어도 일주일 동안 지속됐다. "게다가 이들은 대화에 대해 감사하고 다시 대화하고 싶어질 거"라고 의사를 밝혔다.

마지막으로, '기차 안 낯선 이' 효과가 있다. 기차에서 이 효과를 이미 경험한 적이 있을 것이다. 사람들은 잘 아는 사람보다 낯선 사람에게 더 솔직해질 수 있다. 무슨 말을 하건 바다 밑으로 가라앉으리란 걸 알기 때문이다. "사람들은 때로 완전히 낯선 사람과 놀라울 정도로 친밀해질 수 있다." 1974년 심리학자 지크 루빈은 이렇게 썼다. "지나가는 낯선 사람, 다시 말해 현재만 있고 과거와 미래가 없는 사람과 함께 있을 때, 책임질 필요가 없고 상처 입을 일이 없다고 느끼며, 이것이 개방성을 높이는 효과를 가져온다."*

루빈은 사람들이 낯선 이들과 함께 있을 때 서로의 자기노출에 어떻게 부응하는지 알아보는 실험을 했다. 한 실험에서, 한 무리의 학생이 버스 정류장에 서서 낯선 사람과 이야기를 나눴다. 처음에는 '버스가 언제 도착할까요?' '25센트짜리 잔돈 있어요?' 같은 별 뜻 없는 질문을 하면서 시작된다. 그런 다음 일부 학생은 "오늘 하루가 끝나서 무척 기뻐요. 정말 정신없이 바쁜 날이었거든요. 그쪽은 어때요?" 또는 "아, 드디어 하루가 끝났네요. 오늘 어떠셨나요?" 같은 개인적인 말을 덧붙였다.

실험자로부터 자기노출의 말을 많이 듣는 사람일수록 결국 그들 자신을 더 많이 노출했다. '낯선 이들의 성찬'이 가진 비밀의 힘은 바로 이것이라고 나는 주장한다.

나는 첫날 두 차례의 대화에 참여했다. 질문은 가족, 저항, 우선순위, 고독감, 우정, 사랑, 두려움, 그리고 마지막으로 우리가 세상에 어떤 기여를 할 수 있는지에 관한 것이다.

첫 번째 대화에서, 한 젊은 여성은 자신이 고정관념에 맞서 저항해야 할지 말아야 할지를 물었다. 자신이 아는 대부분의 사람들처럼 집

---

* 사회학자 게오르크 짐멜도 낯선 사람에 관한 고전이 된 글에서 이런 말을 했다. 낯선 사람은 "가장 놀라운 개방성을, 즉 때로 고해의 성격을 갖기 때문에 가까운 사람 앞에서는 조심스럽게 감추는 자신감을 낯선 사람에게 내비치기도 한다."

을 사고, 결혼을 하고, 개를 한 마리 키워야 한다는 남들의 기대에 대한 저항 말이다. 이 여성은 작은 마을에서 자랐으나 지금은 도시에 살고 있다고 했다. 친구들의 가장 큰 두려움은 의미 있는 일을 찾지 못한 채 사는 것이고, 자신 역시 직장 생활의 갈림길에 서 있다고 했다. 핀란드도 평등에 관한 논의가 이뤄지고 있지만, 자신이 가진 포부를 털어놓자 한 남성 동료는 조롱을 했다고 한다. 가족과 가까우며 가족은 언제나 얘기를 들어주고 용기를 북돋아주며 자신이 특별하고 소중한 사람이라고 말해주지만, 그걸 알아줄 수 있는 친구를 찾는 데는 어려움을 겪고 있다고도 털어놓았다.

두 번째 대화 상대는 아주 어릴 적부터 세상물정에 밝은 사람, 교양 있고 자유분방한 세계시민이 되고 싶었던 여성으로, 완전히 활력이 넘쳤다. 실제로 자신이 그런 사람이 됐었다고 한다. 핀란드인과 결혼해 핀란드로 이주하기 전까지는 말이다. 그녀는 남편이 자신을 계속 통제하기 위해 핀란드어를 배우지 못하게 했으며, 핀란드에 여러 해 동안 살면서 이곳을 싫어하게 됐다고 이야기했다. 그녀는 이곳에 살면 사람이 바보가 되고, 자의식이 지나치게 강해지고, 수동 공격성을 갖게 된다고 생각한다. 이곳에서는 아무도 눈을 마주치지 않는다. 그녀는 현지인들이 외국인인 자신을 완전히 받아들이지 않는 게 마음에 안 들지만, 또 한편으로 자신이 야심 찬 삶을 꿈꾸던 때의 자기 모습을 조금이라도 유지하려고 받아들여지길 스스로 거부하는 건 아닌지 궁금하다. 아직 아무한테도 말하지 않았지만 이곳을 떠나고 싶다고도 털어놓았다. 늘 원하던 삶을 추구하기 위해 이제 곧 독립생활을 시작할 참이다. 무척 두렵지만 너무 늦기 전에 그렇게 해야 한다는 걸 안다.

두 사람의 이야기를 들어주고 나도 내 이야기를 꺼냈다. 그러면서 나는 나 스스로 인지하지도 못했던 두려움을 거듭 느꼈다. 우리는 모두 성장 배경에 대해 이야기했다. 어디 출신인지, 부모는 어땠는지. 큰 문제와 씨름할 때 이는 피할 수 없는 일이다. 하지만 두 차례의 대화에서, 나는 나를 괴롭히는 문제로 계속 되돌아갔다. 어렸을 때 내 주변에는 언제나 사람들이 있었다. 가족, 친구, 형제자매의 친구, 부모의 친구. 나는 그게 좋았다. 그런 뒤섞임이 좋았다. 그런데 지금은 작은 아파트에서 외동아이를 키우고 있다. 주변에 사람들이 있기는 하지만, 우리와 마찬가지로 그들도 매우 바빠서 만나려면 언제나 대개 몇 주 전에 계획을 세워야 한다. 내 어린 시절의 저 자유분방한 사교(언제나 열려 있는 문)는 이제는 이루기가 훨씬 더 어렵고, 나를 형성하는 데 영향을 미친 것을 딸한테서 빼앗고 있는 것만 같아 걱정스럽다고 나는 두 사람에게 말했다. 나는 아직도 이에 대해 끊임없이 생각한다. 이런 대화에 참가하지 않았다면, 내게 이런 일이 일어났을까 싶다.

나는 또 이 두 차례의 대화에서 더 포괄적인 통찰을 얻었다. 집단 같은 건 없다, 모든 사람이 다르고, 모든 사람이 이해받길 열망하며, 좋은 대화는 집단 정체성을 조롱감으로 만드는 것이라고 젤딘은 말했다. 국가, 종교, 또는 동일하게 여겨지는 무리에 대해 말할 때, 주변 사람들의 무한한 복잡성은 축소되며, 그들의 눈을 통해 세계를 볼 수 있는 기회는 거부당한다고, 젤딘은 덧붙였다.

나는 핀란드인에 대해 안이하고 만화 같은 일차원적 이해를 가지고 갔다가 훨씬 더 섬세해진 이해를 가지고 돌아왔다. 보다시피, 세계에서 가장 행복한 곳에 사는 사람들도 외관상 덜 행복한 국가에서

사는 사람들처럼 두려움, 욕망, 굴욕감, 희망, 좌절감 같은 감정을 느
낀다. 나는 핀란드의 이민자들도 이를 알고 싶을 것이라고 생각했다.
나무랄 데 없이 깨끗하고 나무랄 데 없이 질서가 잡혀 있으며 나무랄
데 없이 예의 바른 제2의 조국이, 이민자 자신과 똑같이 소용돌이치
는 감정 그리고 혼란과 고독감에 좌우되고 있음을, 심지어 똑같은 소
속감의 위기를 겪고 있음을 알고 싶어 하리라는 생각을 떨칠 수가 없
다. 양자가 만나면 자기노출이 자기노출을 부를지 모른다. 아마도 거
기가 좋은 출발점일 터이다.

다음 날 집으로 돌아오는 길에 책장 모서리가 잔뜩 접힌 젤딘의 《인
간의 내밀한 역사》를 다시 읽으면서, 처음에 읽을 때는 놓쳤으나 우리
가 배운 것을 되새길 때 큰 울림이 있는 두 구절을 발견했다. 첫 번째
구절은 환대에 관한 것이다.

역사의 새로운 단계는 (중략) 아주 오래된 단순한 환대가 더 깊은 환대
로 이어질 때 시작된다. (중략) 사람들이 낯선 생각을, 예전에 들어본 적
없는 견해를, 완전히 생경해 보이는 전통을 환대할 때, 그리고 미지의 존
재와의 만남을 통해 자신에 대한 관점을 수정할 때 이런 일이 일어난다.
(중략) 이것은 단지 예의 바름이 아니라 새로운 생각과 감정을 일시적으
로 마음에 받아들이는 것을 포함하기 때문에, 더 깊은 환대다.

두 번째 구절은 우리의 오랜 친구인 전염병에 대해 이야기하는데,
우리가 낯선 이들과 대화하려는 노력을 기울일 때 어떤 일이 일어나
는지 보여주는 좋은 은유다.

면역체계가 어떻게 작동하는지 밝혀짐에 따라 모든 개인이 적의에 찬 외부 세계에 대해 저항력을 부단히 강화하고 있으며, 이는 각자가 독자적으로뿐만 아니라 다른 사람들과 협력하는 방식으로도 해야 한다는 사실이 드러났다. (중략) 모든 사람이 소량의 이물질이 필요하며, 다른 사람들과 함께 살아남으려면 그들의 극히 작은 부분을 흡수해야 한다는 점이 이제 분명하다. 우리 자신을 차단하거나 적을 영원히 파괴하기란 불가능하다. 다른 사람들에 대한 호기심을 더 이상 사치 또는 부주의라 생각할 수 없다. 그것은 한 사람의 존재에 없어서는 안 될 요소다.

3부

**낯선 사람이라는
경이로움의 원천을 발견하는 법**

15 우리는 언제 낯선 사람에게 말을 걸까
: 장소와 상황

사람들은 대중을 위한 장소, 즉 평등한 장소에서 낯선 사람
들과 대화를 시작한다.

지금까지 우리는 낯선 사람에게 말을 걸지 못하게 하는 모든 요인과
낯선 사람에게 말을 걸게 만드는 몇 가지 요인에 대해 살펴봤다. 생
태환경, 문화 규범, 인구밀도, 두려움, 소득 불평등, 기술, 효율성이
사람들 사이를 갈라놓을 수 있음을 이해했고, 도시가 자발적 연결에
불리하게 작동하는 것도 알게 됐다. 하지만 동시에 도시가 6000년
동안 강력한 힘으로 인간들을 끌어들였고, 도시 사람들이 특정한 상
황에서는 서로 연결되고 처음 보는 사람에게 말을 건다는 사실도 알
고 있다.

그렇다면 특정한 상황이란 어떤 상황을 말하는 것일까? 우리는 언제 낯선 사람에게 말을 걸까?

11장에서 만난, 예의 바른 무관심이라는 개념을 내놓은 사회학자 어빙 고프먼을 기억할 것이다. 고프먼은 공공장소에서 모르는 사람에게 말을 거는 상황에 대해서도 오랫동안 현장 연구를 했다. 그 결과, 누군가에게 말을 거는 것은 자동차 사고든 무언극이든 조각상이든 대개는 우리가 같은 것을 보고 있을 때 일어난다는 것을 밝혀냈다. 이런 때에는 "사회 지위가 아주 다른 사람들이라도" 누구나 이야기를 나눌 수 있다고 고프먼은 쓰고 있다. 나중에 도시계획자들은 이를 삼각화(triangulation, 또는 삼각관계화)로 설명했는데, "어떤 극적 자극이 사람들 사이에 연결성을 제공해 낯선 사람이 마치 낯선 사람이 아닌 것처럼 서로 말을 걸도록 유발하는 과정"이라고 정의했다.

설명만 들으면 삼각화는 즐거운 상황에서 일어날 것 같지만 반드시 그런 것은 아니다. 사람들은 재난이 발생하면 낯선 이들에게 말을 건다. 재난이 일시적으로 인종, 민족, 이념, 계급의 경계를 지우기 때문이다. "재난이 대단히 처참하면, 모든 사람이 상호 접근성을 (중략) 강요당할 가능성이 크다." 고프먼은 이렇게 썼다. 고프먼에 따르면, 어떤 사람이 소방관복이나 사제복 같은 제복을 입고 있으면 그 사람은 '개방된 사람'이기에 말을 걸기가 수월하다. "어떤 분장을 하고 있거나 가벼운 운동을 하는" 사람, 나이가 많은 사람과 아주 어린 사람에게도 비교적 쉽게 말을 걸 수 있다. 이들에게는 "어렵지 않게 다가가 말을 걸고 농담을 할 수 있을 것"이라고 고프먼은 썼다. 만약 나와 낯선 사람이 다수 속에 있는 소수집단의 일원임이 뚜렷하다면 우리는 관계를 맺을 수 있다. 누군가가 여행 중이거나 뭔가를 떨어뜨리면, 우리는 도와주기 위해 그들에게 말을 걸 수 있다. 그리고 길이나 시각을 물어보는 경우처럼 무료 공공재 정보가 필요하다면 누구에게나 말을 걸 수 있다. 그렇지만 날짜를 물어볼 수는 있어도 요일을 물어서는 안 된다고 고프먼은 조언한다. 날짜를 모르는 건 이해할 수 있지만 요일을 모르는 건 우리가 혼돈의 대리인(agent of chaos, 재미를 위해 의도적으로 사람들 사이에 혼란을 불러일으키거나 사람들에게 해를 끼치는 사람을 이른다-옮긴이)임을 암시해서, 고프먼이 낯선 사람에게 말 걸기의 모범이라고 언급한 것에 어긋난다. 즉, "어떤 말을 통해 우리가 온전한 정신을 가진 사람임을 보여주는 것" 말이다.

그 밖의 상황에서는 규칙이 명확히 정해져 있다는 것을 고프먼은 발견했다. 우리가 낯선 사람에게 말을 거는 상황은 한정돼 있다. 매표원에게 말을 걸 수는 있지만 이때는 눈앞의 거래와 관련한 것에만 한정된다. "영화관 매표원에게 거두절미하고 갑자기 머리카락이 원래 그런 건지, 어머니에 대해 어떻게 생각하는지와 같이 친밀한 사람하고만 나눌 법한 사적인 얘기를 물을 권리가 우리에게는 없다. 우리는 매표원에게 영화를 빨리 보고 싶어 죽을 지경이라고 말할 수는 있지만(이 말도 사람에 따라서는 지나치게 사교적으로 들리겠지만), 매표원에게 내일 차를 타고 새 목도리를 사러 가야 한다고 말한다면 이상한 사람이라는 오해를 사게 될 것이다."

만원인 엘리베이터에 탔다면 그땐 다른 사람에게 말을 걸지 않는 게 좋다. 왜냐하면 "이미 사람들이 다닥다닥 아주 가깝게 붙어 있는 상태인데 눈길까지 주고받으면 상대에게 괜히 야릇한 분위기만 조성할 것이기 때문이다." 그렇지만 엘리베이터가 고장 나면 이야기를 해야 한다. 고장은 삼각화와 재난의 징후를 제공하는데, 그런 상황에서도 마치 비상하고 불안한 경험을 공유하지 않으려고 구는 건 위험을 인지하지 못한다는 것을 암시할 뿐이며, 이 또한 이상한 사람이라 생각할 만한 근거를 제공하게 된다.

비행기 또는 탁자를 사이에 두고 서로 마주 보고 앉는 통근열차를 탈 때처럼 긴 시간 동안 낯선 사람과 가까이 앉아 있으면서 이야기하지 않는 것도 이상한 사람으로 비춰지기 쉽다. 고프먼은 이렇게 썼다. "이 불편한 시간 동안 다른 사람과의 접촉을 거부한다면 눈에 띄게 혼자 몰두할 수 있는 활동을 찾아, 함께 있는 이에게 방치되는 데 대해 체면이 서는 구실을 제공해야 할 것이다."

그렇다면 특정한 장소들은 어떨까? 낯선 사람에게 말을 거는 능력을 연마하기에 좋은 장소를 어떻게 찾을 수 있을까?

장소의 물리적 특성은 사람들이 낯선 이와 편안하게 이야기할 수 있을지 여부를 결정짓기도 한다. 신시아 니키틴(Cynthia Nikitin)은 2020년 3월 은퇴하기 전, 뉴욕시에 기반을 두고 도시 공공장소를 전문으로 설계하는 프로젝트포퍼블릭스페이스(Project for Public Spaces, PPS)에서 거의 30년 동안 일했다. 이 회사는 수십 년 전, 뉴욕 브라이언트파크가 변신하는 과정을 감독했다. 브라이언트파크는 통제가 불가능한 상태가 돼 이 회사의 직원들이 공원을 이용하는 사람들을 인터뷰하기 시작했을 때, 마약 판매원마저 이곳 상태가 안 좋아서 자기 사업이 피해를 입었다고 불평할 정도였다. 그랬던 브라이언트파크는 현재 공공장소의 가능성을 보여주는 하나의 모범이 되었다. 이런 작업을 공간재생이라고 하는데, 1960년대부터 80년대까지 미국 도시들의 장기간 방치와 쇠퇴 이후 전 세계로 퍼져나갔다. "도시를 디자인하고 계획하며 운영하는 새로운 방식이죠." 니키틴이 말한다. "모두가, 모든 사람이 공간재생을 원해요."

어떤 공간이 낯선 이들에게 말을 걸 수 있게 할까? 니키틴은 공공 건물을 첫 번째로 꼽았다. 예를 들어, 도서관은 계급과 인종 분리에 대한 불안을 줄이는 데 도움이 되는 공공장소다. "모두가 도서관을 이용할 권리가 있다는 걸 알거든요. 15달러짜리 수제 칵테일을 살 수 있기 때문에 거기에 있는 건 아니잖아요."* 니키틴은 사람들이 이야기를 나눌 수 있는 장소로 미술관과 관공서도 예로 들었다. 각 기관은 "우리에게 봉사하기 위해 존재하기에 사람들의 상호작용을 더욱 편안하고 안전하게 만들어줍니다. 상호작용이 허락된 환경이기 때문이죠." 프로 스포츠 경기장도 이런 범주의 공간에 속한다. 거기서 우리는 여러 시간 동안 함께 있으면서 같은 것을 본다. 즉, 같은 이유로 그곳에 있다. 어떤 면에서 우리는 같은 무리다. 팬, 열렬한 지지자라는 무리 말이다. 이 모든 것이 사람들 사이의 장벽을 낮추고 사람들을 결속시키는 뭔가를 제공한다.

좋은 야외 공공장소는 낯선 사람들 사이의 상호작용을 촉진할 수 있지만, 여기에는 훨씬 더 미묘하고 복잡한 요인이 상호작용하고 있다고 니키틴은 말한다. 프로젝트포퍼블릭스페이스가 하는 일은 대부분 윌리엄 화이트(William Whyte)라는 인물의 작업에 영감을 받았다. 화이트는 전직 기자로, 1970년대 후반과 80년대에 공공장소가 작동하는 방식을 탐구했다. 화이트는 인기 있는 장소 대부분이 두드러진 특

---

* 내가 사는 지역의 공공도서관에서 이런 모습을 관찰할 수 있다. 얼마 전 한 중국 여성 이민자와 그 아들의 옆자리에 앉게 돼 가볍게 인사를 했다. 10분 후, 이들이 대학 학자금지원 신청서 작성을 도와줄 수 있는지 내게 물었다. 나는 물론 그러겠다고 했고, 우리는 함께 신청서를 작성했다.

징을 갖고 있음을 깨달았다. 그 특징은 이랬다. 자유롭게 돌아다니면서 앉아 쉴 수 있는 좌석이 많은 곳, 충분한 햇빛, 그늘을 드리우는 나무와 의자, 마실 수 있는 물, 먹을 만한 음식, 번화가와의 근접성, 물이 있는 인공 분수나 연못, 그리고 볼거리. 또 인기 있는 대부분의 장소는 다양한 용도를 가지고 있음을 화이트는 깨달았다. 애견 공원 옆에 놀이터, 그 옆에 화장실, 그 옆에 노인들이 좋아하는 벤치, 그리고 어쩌면 그 옆에 작은 농산물 시장 등.* 이런 모든 요인이 결합한 결과 사람들은 편안함을 느낀다. "그리고 사람들은 몸이 편안하면 마음이 열리고 안전하다고 느낄 가능성이 높으며, 따라서 자신과 달라 보이는 사람과 대화를 나눌 가능성이 크다."

예일대학의 사회학자인 일라이자 앤더슨(Elijah Anderson)은 특히 인종의 경계를 넘어 낯선 사람들을 한데 묶을 수 있는 좋은 공공장소에 관한 현장 연구를 많이 진행했다. 앤더슨은 이런 장소를 세계시민주의 덮개(The Cosmopolitan Canopy, 일라이자 앤더슨이 쓴 책의 제목이기도 하다-옮긴이)라고 부른다. 예전에 필라델피아에 살았던 앤더슨은 음식점이 모여 있어 사람들로 북적거리는 리딩터미널마켓과 멋들어진 시내 공원인 리튼하우스스퀘어 같은 곳에서 영감을 받았다.

앤더슨은 이런 장소가 "좀체 가까이서 볼 수 없는 사람들과 더 잘

---

* 농산물 시장은 자발적 상호작용을 촉진하는 장소로 드러났다. 1981년의 한 연구에 따르면, 슈퍼마켓보다는 농산물 시장에서 서로 말을 걸 가능성이 훨씬 더 높았다. 이는 사람들이 적어도 한 명 이상 다른 사람과 함께 농산물 시장에 가는 반면, 대부분의 슈퍼마켓 구매자들은 혼자인 경향이 있기 때문이며, 슈퍼마켓은 효율을 최대화하도록 설계된 반면 농산물 시장은 그렇지 않기 때문이다. 농산물 시장에서는 돌아다니지 않을 수 없다. 다시 말해, 사람들이 서로 스치지 않을 수 없다. 무언가가 눈에 띄면, 자신의 생산물에 정성과 자금을 더 많이 쏟고 그래서 생산물에 대해 이야기하고 싶어 할 가능성이 더 큰 농부한테서 직접 살 가능성이 크다. 농부와 구매자가 가령 스웨텐순무(루타바가)를 조리하는 가장 좋은 방법에 대해 이야기하고 있을 때 다른 사람도 우연히 듣고서 대화에 끼어들 수 있다.

알게 되는 기회를 제공한다"고 봤다. 왜 그럴까? 이런 곳은 대중을 위한 장소, 즉 평등한 장소다. 모든 사람이 그곳에 있을 권리를 주장하고, 원칙상 모든 사람이 예의와 선의를 가지고 서로를 대함으로써 그 권리를 존중한다. 예의 바른 무관심은 제쳐두고, 다양한 낯선 사람을 직접 만날 기회를 제공한다. 이것은 다른 사람들은 사고 능력이 부족하다는 인식에 고삐를 당겨, 예전에는 추상적이던 낯선 이들을 인간화해서 공감을 촉진하고 두려움을 줄여준다. 질리언 샌드스트롬이 진행한 물건 찾기 게임 연구의 결과를 떠올려보라. 낯선 사람을 보기만 해도, 실험 참가자들은 기분이 더 좋아지고 더 큰 연결감을 느꼈다. 세계시민주의 덮개도 마찬가지다. 다른 사람들을 보는 것이 우리에게 좋다.

사람들이 충분한 접촉을 통해 집단 간 불안을 극복하면서 더 복잡해지고 다양해지는 세계의 문제에 더 유연하게 대처할 수 있다고 앤더슨은 생각한다. "궁극적으로 이 덮개 아래에서 배운 교훈을 도시 전역의 집으로 가져갈 수 있다." 앤더슨은 이렇게 쓰고 있다. 그 교훈이란 우리 모두가 똑같다는 게 아니라, 우리가 고정된 문화 정체성을 가진 무리의 일원이 아닌 개인으로서 만나 서로의 차이에도 불구하고 함께 살아갈 수 있다는 것이다. 이는 환대와 의식의 고양만이 아니라 "이전과 완전히 달라진 삶을 경험할 수 있게 한다"고 앤더슨은 주장한다.

지금까지 본 것은 규칙의 일부다. 도시에서 낯선 이들에게 말을 걸어도 괜찮다고 여겨지는 경우 말이다. 이것들은 모르는 사람에게 말을 걸면 이상한 시선을 받으리라는 두려움 없이 말 걸기를 연습할 수 있는 구역을 제공하는데, 우리의 목적이 낯선 이에게 말을 걸지 못하게 만드는 사회규범을 넘어서는 것, 그것을 극복하는 데 능숙해지는 것이기 때문에 알아두면 특히 유용하다. 규칙을 깨려면, 그 규칙을 알아야 한다.

우리는 앞서 사회학자 린 로플런드를 만났다. 로플런드는 알래스카의 작은 마을 출신 여성으로, 이민자의 열정을 가지고 도시 생활을 시작했으며, 낯선 사람들의 상호작용을 연구했다. 그리고 사람들이 어떤 식으로 낯선 이와 이야기하길 피하는지 세심히 기록하는 한편 또한 그 규칙이 적용되지 않는 것 같아 보이는 두 가지 유형의 사람들을 관찰했다. 로플런드는 이들을 시골 사람과 괴짜라고 말하며 이렇게 정의한다.

시골 사람은 도시에서 살아가는 법을 모르지만 자신이 모른다는 걸 모르거나 상관하지 않는 사람이다. 그들의 무지가 낳는 결과는 대개 아주 놀랍다. 그들은 온갖 부류의 사람에게 말을 걸고 온갖 부류의 사람이 그에 응하리라고 본다. 가장 비우호적인 지역과 상황에서도 빠르게 친구를 사귀고, 노련한 도시인조차 꺼리는 상황에서도 도움을 청하고 받는다. 그들은 단순한 무지라는 방패로 위험과 곤란으로부터 보호받으면서 당당히 도시를 돌아다닌다.

"괴짜는 똑같이 행동하지만, 그 자신이 털어놓는 것보다 더 많은 걸 알고 있을지 모른다." 로플런드는 이렇게 적었다. 그럼에도 둘은 똑같이 다뤄진다. "도시의 방식을 모르거나 또는 신경 쓰지 않는 (중략) 희한한 두 모험가가 있다. 그런데 이들은 어떤 보상을 받을까? 적어도 가끔은 친절과 보호, 정규 인간관계에 편입되는 식의 보상이 따른다. 낯선 이들의 세상에서는 가장 어설픈 참가자가 때로 가장 소중히 보살핌을 받는 시민이 된다."

낯선 이와의 대화에 능숙해지기 위한 탐사의 다음 단계를 시작하면서 이들을 모범으로 삼도록 하자. 이제 다시 런던의 강의실로 돌아가보자.

16 서먹하지 않게 대화를 시작하는 몇 가지 공식

낯선 사람과의 대화를 여는 세 가지 키는 친근함, 공통 관심사 연결, 안심시키다.

우리는 낯선 이에게 말 거는 법을 배울 준비가 돼 있다. 그러니, 이제 다시 조지 나이팅골에게 돌아가보자. 이 책의 시작 부분에서 나이팅골을 만났다. 그는 트리거컨버세이션스의 설립자로, 낯선 이에게 말 거는 법을 강의하고 있다. 나는 지금까지 낯선 이와의 대화에 능숙해지기 위해 다수의 집단 대화에도 참여해보고 밖에서 되는 대로 몇 차례 대화도 나누었으나, 여기에서 한 단계 더 나아가도록 도와줄 수 있는 사람을 찾고 싶었다. 이런 대화가 왜 효과적인지 잘 알고 있고, 이것이 실제로 어떻게 작동하는지 거의 원자 수준까지 이해하고 있는 사람 말이다. 그 사람이 조지였고, 그렇게 해서 나는 런던의 한 강의실에 시차로 피곤한 몸을 이끌고 다른 네 명의 수강생과 함께 앉아 낯선 이들과 대화하는 법을 배우게 됐다.

첫 수업은 잡담이었다. 많은 사람이 잡담을 싫어하는데 그럴 만도 하다. 대부분의 잡담이 몹시 지루하기 때문이다. 저스틴이라는 수강생은 누군가가 잡담을 하면 분명 자신에게 관심이 없기 때문이라는 생각부터 든다고 말했다. 그저 친절하게 굴면서 시간이나 때우려는 것 같다고 말이다. 나는 저스틴의 말에 동의한다. 나는 누군가가 생계를 위해 무슨 일을 하느냐고 물으면 본능적으로 바닥에 주저앉아 그들이 내뺄 때까지 죽어가는 짐승처럼 큰 소리로 울고 싶다고 대꾸한다. 그러면서도 나는 내가 하는 일을 사랑한다.

조지도 이 점을 인정했다. 하지만 이는 대부분의 사람이 잡담이 실제로 뭘 위한 것인지 이해하지 못해 생긴 오해일 뿐이다. 잡담은 대화가 아니다. 더 좋은 대화를 시작하기 위한 수단이다. 서로 편해져서 이야기하고 싶은 것을 두루 찾는 방법에 더 가깝다. 그렇기 때문에 누군가가 '무슨 일을 하세요?'라고 물을 때 우리가 마음의 문을 닫고 있는 것일 수 있으며, 상대 또한 마찬가지임을 아는 것이 중요하다고 조지는 말한다. 조지는 이 질문이 정말로 묻는 게 무엇인지 우리가 이해하지 못하고 있다고 했다. 이 질문은 바로 "당신과 나, 우리가 무슨 이야기를 해야 할까요?"라고 묻는 것이다.

조지는 두 가지 원천을 통해 이런 통찰을 얻었다. 조지는 예전에 즉흥 코미디를 했는데, 즉흥에서는 관객을 하나로 묶기 위해 모두에게 익숙하거나 관련성, 즉 시의성이 있거나 극장 안에 있는 것을 가지고 촌극을 시작해야 한다. 그런 다음에야 관객을 제대로 웃길 수 있다. 그게 잡담이다. 조지는 또 사회인류학자인 케이트 폭스(Kate Fox)

의 연구 결과를 참조했다. 폭스가 연구한 주제 중에는 날씨 이야기에 대한 영국인의 지칠 줄 모르는 욕구가 있다. 어떤 비평가들은 이런 애착이 무기력하고 상상력이 없는 사람임을 드러내는 증거라고 지적했다. 반면 폭스는 날씨는 요점이 아니라고 주장했다. 날씨 이야기는 사회 유대의 한 형태, 일종의 환영 의식이라는 것이다. "영국인의 날씨 이야기는 우리가 가진 선천적 신중함을 극복하고 실제로 서로 이야기를 나누도록 돕기 위해 발달한 관례의 한 형태다." 폭스는 이렇게 썼다. 요점은 친근함, 연결, 안심시키기다. 이런 것들이 제대로 이뤄지면 진짜 대화를 시작할 수 있다.

잡담이 더 좋은 대화를 여는 문이라는 걸 인정하고 나면, 자연스럽게 잡담을 통해 공통점으로 이끌어주는 대화를 시작할 수 있다고 조지는 말한다. 시간이 주어지면, 이런 잡담이 우리가 갖고 있고 또 이야기하고 싶은 공통 관심사로 범위가 좁아진다는 것을 우리 모두 경험한 적이 있다. 앞서 이야기한 대로, 이 사소한 공통점이 유대감과 소속감의 신호로 작용한다. 이것이 작은 '우리'를 만들어내는 것이다. 이렇게 준비가 갖춰지면, 이 이야기 저 이야기를 오가다가 개인적인 이야기를 하게 되고 그것을 계기로 더 깊은 대화를 나눌 수 있다. 이 과정은 전적으로 우리에게 달린 문제라고 조지는 말한다. "모든 사람이 흥미롭지만 어떤 한 사람의 매력을 발견하는 건 우리 자신한테 달려 있죠."

◆ ◆ ◆

사람들의 흥미로운 면모를 발견하는 가장 좋은 방법은 각본에서 벗어나는 것이라고 조지가 말한다. 각본에서 벗어난다는 건 잡담 방식을 이용하지만 자동조종장치를 사용하려는 유혹에 저항한다는 뜻이다. 예를 들어, 우리가 상점에 들어가 "안녕하세요?"라고 말하면 점원은 "네, 안녕하세요?"라고 대꾸한다. 이 대화는 정보를 담고 있지 않다. 이것은 각본이다. 우리는 이런 각본을 이용해서 특히 대도시같이 분주하고 인구밀도가 높으며 빠르게 움직이는 곳에서 더 효율성 있게 상호작용할 수 있다. 하지만 그러면서 더 좋은 경험을 할 수 있는 기회를 놓치고 낯선 사람과 대화하면서 얻을 수 있는 모든 이점을 차단하게 된다.

그렇다면 어떻게 이런 각본에서 벗어날까? '구체성과 놀라움으로'라고 조지가 말한다. 예를 들어, 누군가가 "안녕하세요?"라고 인사를 하면 조지는 "네" 대신에 "10점 만점에 7.5점이라고 할게요"라고 대답한다. 왜 7.5점인지 이유를 간단히 설명하고 상대에게도 안녕하냐고 되묻는다. 사람들이 대화 상대의 선례를 자연스럽게 따라하는 거울반응(mirroring) 개념을 떠올려보라. 우리가 일반적인 이야기를 하면 상대도 일반적인 이야기를 하지만, 우리가 구체적인 이야기를 하면 상대도 그럴 가능성이 크다. 그래서 상대도 조지가 한 대로 수치로 표현할 가능성이 크다. 상대가 6점이라고 하면, 조지는 "어떻게 하면 8점이 될까요?"라고 묻는다. 이런 구체성이 곧장 복잡성, 감정, 유머를, 다시 말해 인간성을 드러내기 때문에 분위기를 가볍게 만들고 상대로 하여금 다른 사람들은 사고력이 부족하다는 믿음을 유지하기 어렵게 만든다. "곧장 '아, 당신도 나와 같은 인간이군' 싶은 거죠. 이렇게 유대감을 갖게 되면 일은 자연스럽게 풀려요."

이런 방법은 어느 날 내가 집으로 오면서 커피를 사는 동안 나눈 대화를 떠올리게 했다. 그때 바리스타가 내게 이런 방법을 썼다.

"안녕하세요?" 내가 중얼거렸다.

"나요?" 바리스타가 말했다. "놀랍도록 안녕하답니다. 물어봐줘서 고마워요."

그의 대답이 내 주의를 끌었다. "언제나 그런가요? 아니면 오늘 무슨 일이 있어요?"

"난 언제나 '엄청나게'와 '놀랍도록' 사이라고 말해요. 내 식이죠. 그쪽은 오늘 어때요?"

"엄청나게 안녕한 것 같은데요?" 내가 말했다. "당신이 제 기준을 얼마간 낮춰놨거든요. 그러니 '엿 같아요'라고 말할 순 없잖아요."

바리스타가 웃음을 터뜨렸다. "봤죠? 난 이렇게 안녕해요."

조지가 각본을 벗어나는 또 다른 방법을 제시한다. 즉흥 코미디를 한 경험에서 영감을 받은 장난스런 방법이다. 가게 점원이 "뭘 도와드릴까요?"라고 물으면 "뭘 도와드릴까요?"라는 말로 응답하는 식이다. 또는 파티에서 사람들에게 무슨 일을 하는지 묻는 대신 무슨 일을 더 하고 싶은지 또는 무슨 일을 하지 않는지 묻는다. 또는 오늘 어땠냐고 묻는 대신에 "오늘 하루가 기대에 부합했나요?"라고 묻는다. 그러려면 어느 정도 신뢰가 필요하다고 조지가 말한다. 하지만 이런 방법들은 효과가 있고, 효과가 나타나는 경우에는 그 사람이 어떤 사람인지 일면이 드러날 것이다. 그 일면은 빙산의 일각처럼 표면 아래 진면목을 암시하기에 의미가 있다. "하나를 보면 열을 알 수 있거든요." 조지가 말한다. 그 일면이 대화를 어떤 방향으로 이어갈지 말해준다.

조지는 실례를 보여주기 위해 니키에게 지난 주말에 뭘 했는지 물었다. 니키는 수줍음이 많은 사람으로 농장에서 자랐으며 세계 여행을 꿈꾸고 있다. 니키는 별로 한 일이 없다고 대답했다. 그러면서 잠시 생각하더니 "퍼지(초콜릿으로 만든 물렁한 과자-옮긴이)를 만들었어요"라고 덧붙였다. 왜 퍼지를 만들었는지 조지가 물었다. 니키는 퍼지 만드는 데 호기심이 많아서라고 대답했다. 조지가 그런 일을 많이 하는지 묻자 아마도 그런 것 같다고 대답한다. 아무런 사전 지식 없이 피자 만드는 법도 익혔으며 이제 아주 능숙하게 피자를 만든다고 니키가 말했다. "당신은 자발성이 있고 뭔가를 시도하는 사람이군요." 조지가 말했다. 이 말에 니키가 감격했다. "나는 정말로 나 자신에 대해 그런 생각을 해본 적이 없었어요."

이렇게 작은 연결이 이뤄지고 나면 무엇을 할까? 나 같으면 보통 질문을 하기 시작할 것이다. 이는 타당하다. 나는 상대에게 관심을 보이고 있으며, 내 호기심을 탐닉함으로써 나의 관심사를 드러낼 수 있기 때문이다. 하지만 낯선 이에게 말을 걸 때 유념해야 할 점은, 호기심은 꼭 필요하지만 대화를 시작하자마자 질문 공세를 퍼부으면 캐묻기나 인터뷰로 느껴져 도리어 대화를 망치게 된다는 점이다. 상대는 아직 우리가 어디서 왔는지, 어떤 의도를 가지고 있는지 모르기 때문이다. 섣불리 사사로운 질문을 하는 것도 불편한 역학관계를 낳을 수 있다. 누군가에게 부담을 지우기 때문이다.

질문이 아닌 진술이 대화를 시작하기에 더 좋은 방법이라고 조지는 말한다. 질문은 대답을 강요하는 반면 진술은 이야기하고 싶은지 여부를 상대가 결정하게 한다. 이는 요구가 아니라 제안이다. 공유하는 환경에서 뭔가에 주목해 의견을 내놓고 이에 대한 반응을 상대에게 맡기는 것이다. 상대가 반응하면, 우리는 상대가 한 말에 기초해 또 다른 진술로 반응하면 된다. 이것은 "그렇지, 그리고(yes, and)"로 알려진 즉흥 코미디의 원리이기도 하다. 각 연기자는 상대 연기자가 한 말과 행동을 수용하고 거기에 뭔가를 더한다. 만약 한 연기자가 "나는 버스를 운전하고 있어"라고 말했는데 상대 연기자가 "왜 버스를 운전하는 거야?"라는 질문으로 응하면, 이 촌극은 시작하기도 전에 끝나고 만다.

이 말은 "오늘 해가 떴더라고!"처럼 바보 같은 것이어선 안 되지만 그냥 간단한 것일 수도 있다. 영국인의 날씨 이야기처럼, 공유하는 경험을 내비치는 게 요점이다.

조지는 또한 근접성이 도움이 된다는 사실을 알게 됐다. 미술관에서 그림을 보고 있는 사람에게 곧장 다가가 "이 작품 어떻게 생각하세요?"라고 불쑥 내뱉는 건 그 옆에 서서 30초 동안 그림을 들여다본 후 그에 대해 의견을 말하는 것과는 분명 다르다. 이는 우리가 그 사람 가까이 있었기 때문이다. 그는 가까이에 있는 우리의 존재에 적응하고, 환영 의식에서 본 대로 우리는 일정 정도의 자기통제를 보여준다. 그러고 나면 우리는 말을 할 수가 있다. 이럴 때 말 걸기는 침해처럼 느껴지지 않는다. 양자가 그림을 통해 연결돼 작은 '우리'가 되는 것이다.

◆ ◆ ◆

조지가 진행하는 강의의 정수는 낯선 이에게 말을 걸지 못하게 하는 사회규범을 돌파하는 접근법에 있다. 우리는 이 책의 시작 부분에서 낯선 이에게 말을 걸려고 할 때 우리가 맞닥뜨리는 가장 큰 장애물이 사회 일반의 인식임을 알게 됐다. 우리는 모르는 사람에게 말을 걸면 안 된다는 관념 때문에 낯선 사람과 이야기하지 않는다. 그래서 조지는 아주 간단한 방법을 개발했다. 여기에는 그 규범을 위반할뿐더러 그 규범을 위반하고 있음을 드러내놓고 인정하는 게 포함된다.

대중교통을 탔다고 상상해보라고 조지가 말했다(알다시피, 대중교통은 절대로 낯선 사람에게 말을 걸지 않을 장소다). 우리의 흥미를 끄는 사람이 있다고 하자. 하지만 그 사람에게 다가가 "나는 왜 이렇게 당신이 흥미롭다는 생각이 들까요?"라고 차마 말할 수는 없다. 지하철에서 낯선 사람에게 이렇게 말하면, 그 사람은 이 대화를 계기로 일련의 사건이 벌어진 끝에 자신이 결국 연쇄살인마가 집에서 만든 조잡한 박제 신세가 되리라고 짐작할 것이기 때문이다.

그래서 조지는 이른바 사전구성(pre-frame)을 제안한다. 이는 신경언어 프로그래밍(인간의 두뇌가 작동하는 과정이 프로그래밍과 유사하다고 보고 의사소통과 언어를 통한 프로그래밍, 보다 효과적인 두뇌의 이용을 강조하는 접근법−옮긴이) 분야에 기초한 개념이다. 신경언어 프로그래밍은 부정적 생각을 '재구성'하라고 코치한다. 그래야만 앞으로의 상호작용에 대한 기대를 재설정할 수 있기 때문이다. 대체로, 낯선 사람이 말을 걸어오면 우리는 경계심을 품을 것이다. 그들이 누구인지 또는 뭘 원하는지 알지 못하고, 사회규범을 위반하는 그들이 제정신인지 의심스럽다. 사전구성이란 우리가 어떤 일을 하고 있는지 스스로 잘 알고 있음을 상대에게 확인시켜주는 일이다.

이를 위해, 처음부터 낯선 사람에게 말을 거는 게 사회규범을 위반하는 일임을 인정한다. "지하철에서 말을 걸어선 안 된다는 걸 알지만……" 하는 식으로 말이다. 낯선 사람에게 말을 걸지 못하게 하는 규범을 위반하기만 하는 게 아니라 그런 사실을 알고 있음을 보여주는 것이다. 이는 우리가 온전한 정신 능력을 갖고 있음을, 이상하거나 아니면 다른 식으로 비정상인 사람이 아님을 말해준다. 이것이 경계심을 누그러뜨리고 연결 가능성을 높이는 데 도움이 된다. 일단 이게 확실해지면, 예를 들어 '그쪽이 쓴 선글라스가 정말로 마음에 든다'와 같은 말로 사전구성을 시도할 수 있다고 조지는 말한다. 그런 다음에는 '선글라스를 잃어버려서 새로 살 선글라스를 찾아보고 있거든요'와 같은 말로 타당한 이유를 제시한다. 우리에게 어떤 꿍꿍이가 있으리라는 상대의 의심을 지우는 것이다.

조지의 말에 따르면, 이때는 질문이 중요해진다. 질문은 다양한 기능을 한다. 우선, 정보를 얻는 데 도움이 되며, 좀 더 깊이 있는 차원에서는 프리 리스닝을 하면서 보았듯 대화 상대가 말하려는 요점을 명확히 하는 데 도움이 된다. 또 질문은 감정 차원에도 작용해서 상대와 유대감을 형성하는 데 도움이 된다. 심리학자 캐런 황(Karen Huang)과 동료들은 2017년 진행한 연구에서 "특히 후속 질문을 많이 하는 사람일수록 대화 상대의 호감을 살 수 있다"고 밝혔다. 이런 사람은 "경청, 이해, 인정, 배려"로 정의되는 반응성이 더 높다고 여겨진다. 다시 말해, 우리가 그들에게 관심을 보이기 때문에, 사람들은 우리를 좋아한다."

하지만 사람들이 질문을 많이 하지 않는 경향이 있다는 데 연구자들은 주목했다. 왜 그럴까? 몇 가지 이유가 있다. "첫째, 사람들은 자기중심적이기 때문에, 즉 다른 사람들이 하고 싶어 하는 말을 듣는 데는 관심이 없고 자신의 생각, 감정, 신념을 표현하는 데 집중하기 때문에 (중략) 질문할 생각을 전혀 하지 않을 수도 있다. 또는 대화의 다른 측면들로 인해 너무 산만해져서 질문을 선택할 수도 있음을 깨닫지 못할 수도 있다." 황은 이렇게 쓰고 있다. 질문이 떠올라도 상대가 잘못 받아들여 "무례하다거나 부적절하다거나 거슬린다거나 무능하다고 여길까 봐" 걱정이 돼 질문을 하지 않기도 한다. 이런 경우 우리는 질문 대신 그냥 우리 자신에 대해 이야기하길 선택한다. 사람들이 다른 문제보다 자기 자신에 대해 두 배 더 많이 이야기한다는 사실을 보고한 연구 결과도 있었다. 하지만 얄궂게도, 이러면 사람들이 우리를 덜 좋아하게 된다.

그렇다면 어떤 질문을 하는 게 좋을까? 조지는 우리에게 연습을 해보게 했다. 흔히 잡담할 때 하게 되는 지극히 평범한 진술을 듣고서 그에 적절한 질문을 생각해내는 것이었다. 예를 들어, 한 수강생이 어제 템스강을 따라 달렸다고 말했다. 나는 달리기에 전혀 관심이 없으므로 보통은 그 말을 탈출 계획을 짜기 시작하라는 신호로 여길 것이다. 하지만 잡담은 대화의 목적이 아니라 수단이라는 생각으로, 나를 비롯한 수강생들은 대화에서 이탈하지 않고 더 개인적이고 더 흥미로운 이야기를 끌어낼 질문을 브레인스토밍했다. "매일 달려요?" "달리기에 열정을 갖고 있나요?" "매일 달릴 수 없을 땐 어떻게 하죠?" 나는 "무엇으로부터 도망치려고 달리고 있는 거예요?"를 제안했다. 농담 삼아 한 말이지만, 수강생들이 마음에 들어 하는 것 같았다(이 질문을 나중에 사교 행사에서 적절히 써먹었는데 대단히 효과가 좋아서 재미없는 대화를 매우 흥미롭게 만들어줬다).

바로 그 말이 대화의 출발점이 될 것이다. 하지만 만약 그렇지 않으면 어떻게 될까? 상대가 대화를 거부할지 모른다는 두려움은 알다시피 사람들이 낯선 이와 이야기할 때 갖는 가장 흔한 두려움 가운데 하나다. 그래서 조지는 거부에 대한 논의로 옮겨갔다. 여기서 조지가 보여준 큰 통찰은 거부의 유형이 한 가지만이 아니라는 점이다. 많은 거부의 유형이 있고, 그 대부분은 사실 거부가 아니라고 조지는 말했다. 때로 사람들은 피곤하고, 혼란스럽거나 당황하거나 이따금씩 우리가 하는 말이 잘 들리지 않기도 한다. 이는 거부가 아니라는 말이다. 상대가 혼란스러워하며 우리가 한 말을 반복하면 더 분명하게 말하라고 조지는 조언한다. 그리고 상대가 짜증을 내거나 적의를 드러내면 그냥 지나가라고 한다.

"그건 여러분이 어쩔 수 있는 일이 아니니 그냥 놔두세요." 조지가 말한다. 하지만 사람들이 방어적이거나 겁먹은 것처럼 보이면 상황을 잘못 읽었다는 뜻이므로 사과하고 물러나야 한다. 이런 반응만이 진정한 거부라고 조지가 말했다. 다른 반응은 상대의 기분 문제이거나 사회규범을 위반하는 데 대한 혼란에서 비롯한다. 이런 경우에, 상대가 우리를 좋아하지 않거나 우리가 너무 서툴러서 우리와 이야기하지 않는다고 생각하지는 마시라. "한 번 거절당했다고 해서 자신에 대한 부정적 믿음을 굳히진 마세요." 조지의 말이다.

상대가 이야기하기 시작하면 듣고, 눈을 맞추고, 우리가 대화에 열중하고 있음을 대체로 보여줘야 한다. 우리가 대화에 열중하고 있음을 알리기 위해 이용할 수 있는 두 가지 효과적인 방법은 "~라고 말씀하시는 것 같군요"와 같이 상대가 방금 한 말을 쉬운 말로 바꿔 표현하기(paraphrasing)와 반복하기(echoing)다. 반복하기란 그야말로 상대가 방금 한 말을 한 번 더 말하는 방법이다. 이 두 가지는 치료사와 인질 협상요원이 관계를 발전시키고 신뢰를 쌓기 위해 흔히 사용한다. 예를 들어, 상대가 "그때 나는 좌절했던 것 같아요"라고 말하면 "좌절했군요"라고 말하는 식이다. 이게 매우 부자연스럽고 어색하게 느껴질 수 있다. 게다가 과장되면 상대가 우리를 안 좋게 생각하기 쉽다. 하지만 잘하면 대단히 효과가 있다. 마술과도 같다. 연구자들은 이렇게 결론지었다. 프랑스 심리학자 니콜라스 게겐(Nicolas Guéguen)과 앙젤리크 마르탱(Angélique Martin)에 따르면 "흉내는 (중략) 흉내 내는 사람을 더 좋아하게 만들고" 사회 상호작용을 하는 동안 관계를 형성하는 데 도움이 된다.

◆ ◆ ◆

주말 동안 나를 포함한 수강생들은 연습에 몰두했다. 낯선 사람과 이야기하는 능력을 연마하기 위함이었지만, 낯선 사람과 이야기하는 게 불편한 이유를 알고 그로부터 벗어나는 것이 더욱 중요했다. 연습에는 눈 맞춤이 포함됐다. 우리는 짝을 이뤄 점점 더 긴 시간 동안 서로의 눈을 바라봤다. 눈 맞춤이 어색하게 느껴지는 이유를 알고, 또한 눈 맞춤에 익숙해져서 이것이 불러일으킬 연결감을 느끼기 위해서였다. 질리언 샌드스트롬이 자신이 길을 걸을 때 언제나 땅바닥을 내려다본다는 사실을 깨달았다고 한 이야기를 기억하는가? 눈을 마주치지 않고서는, 의미 있는 상호작용은 불가능하다.

사실 우리가 누군가의 눈을 바라볼 때 느낄 수 있는 연결감은 생화학 수준에서 발생한다. 사회 유대에 중요한 역할을 하는 호르몬인 옥시토신에 대해 한 이야기를 기억할 것이다. 다른 사람의 눈을 바라보면 옥시토신이 분비된다는 증거는 충분하다고 에머리대학에서 옥시토신연구소를 이끄는 행동과학자 래리 영은 말했다. "상대의 눈을 보면서 우리가 연결돼 있다는 느낌을 주면 상대의 옥시토신 분비를 유발할 수 있습니다."*

그래도 눈을 마주치는 훈련은 어색하다. 처음에는 긴장된 웃음을 참기가 어렵다. 하지만 하면 할수록 눈을 더 잘 마주 보게 되고 더욱 자연스럽게 느껴지기 시작한다. 그러고 나면, 눈을 계속 맞춘 채 서로 이야기한다. 한 사람이 이야기하고 다른 사람은 상대의 눈을 바라보면서 상대가 하는 말을 쉬운 말로 바꿔 표현하고 반복한다. 우리는 질문하지 않으며 어떤 통찰도 제시하지 않는다. 조지는 이것이 듣는 사람에게 얼마나 어색하고 신체상 불편하게 느껴질 수 있는지 체험해보라고 했다. 또 말하는 사람이 수용하며 듣는 사람에게 이야기할 때 얼마나 자유로울 수 있는지, 그것이 어떻게 말하는 사람에게 여지를 줘 프리 리스닝에서 본 것처럼 무엇이든 결국 더듬더듬 말할 수 있게 하는지 알아보라고 했다. 그래서 니키가 내게 낯선 사람에게 말을 잘 걸게 돼 자유로워지고 세계를 여행할 수 있으면 좋겠다고 말했을 때, 나는 앉아서 그의 눈을 마주 보며 고개를 끄덕이고 그가 하는 말을 쉬운 말로 바꿔 말해준 뒤 이를 반복했다. 나중에 니키는 내게 고백했다. "내 말을 누군가가 이해해준다는 건 기분 좋은 일이에요."

연습 중에 조지는 리스닝, 즉 경청을 세 단계로 나누었다. 우리가

* 이것이 옥시토신 분비가 아니라 도피를 유발하는, 빤히 쳐다보거나 노려보거나 힐끔거리는 것과 다르다는 점은 아무리 강조해도 지나치지 않다. 미국의 심리학자이자 법학 교수인 피비 엘스워스(Phoebe Ellsworth)가 이끈 한 재치 있는 현장 연구에서 실험자들은 길모퉁이에 서거나 스쿠터를 탄 채 교차로에 서서 운전자들의 눈을 빤히 쳐다보거나 피했다. 그러면서 운전자가 얼마나 빨리 움직이기 시작하는지 시간을 측정했다. 실험자가 빤히 쳐다본 운전자는 상당히 더 빨리 그 자리를 떠났다.

아는 걸 듣는 경청이 있다. 이는 가장 피상적인 수준의 경청이다. 누군가가 야구에 대해 말하면 바로 뛰어들어 야구에 대해 이야기하는 경우다. 그다음에는 정보를 얻기 위한 경청이 있다. 우리가 관심을 가진 것에 대해 질문하고 데이터를 얻는 경우다. 이 경우 역시 우리 자신과 우리의 관심사가 더 중요하다. 그다음으로 가장 깊은 수준의 경청이 있다. 경험, 감정, 동기, 가치관에 대해 듣는 경우다. 이 유형의 경청은 단순한 듣기나 자아 확인 그 이상이다. 주의를 기울여 이해하려 애쓰는 것이다.

이 수준의 경청에서는 단순히 우리가 하고 싶은 이야기를 듣거나 조언을 하거나 현명한 대답을 생각해내려 애쓰지 않는다. 우리의 의도는 중요하지 않다. 우리는 상대가 정말로 하고 싶은 이야기를 할 수 있도록 돕고 따라갈 뿐이다. 그래도 우리는 우리 자신에 대해 좀 이야기하고 싶어 한다고 조지는 말한다. 우리의 작은 일부를 상대에게 주고, 우리가 상대의 사생활이라는 책상을 뒤적이다가 그 대가로 아무것도 내놓지 않고 시계를 갖고서 달아나버린 것처럼 느끼게 하지 않기 위해서다. 하지만 우리는 상대에게 주로 초점을 맞추길 원한다. 이는 다시 한 번 환대의 한 가지 형태다. 우리는 누군가를 대접하고 있다. 통제 수단을 포기하고, 그들에게 여지를 주며, 위험을 감수하고 있다. 이 위험은 기대하지 않았던 보상을 우리에게 가져다준다.

• • •

나는 강의를 마치고 점심을 먹으면서 런던에서 몇 가지 방법을 시험해봤다. 확실히 제법 효과가 있다. 당연히 내가 미국인이란 점이 어느 정도 이점으로 작용했다. 내가 말을 거는 사람들은 모두 곧장 "미국인이에요?"라고 대꾸했다. 함께 강의를 들은 수강생들에게 말을 걸 때와는 달랐다. 나는 미국인이기 때문에 규범을 어겨도 이해받았다. 유럽에 온 미국인이라 예의를 모른다고 생각했을지도 모를 일이다. 미국인이 예의를 모르는 것으로 꽤 유명하기는 하니까.

그런데도 나는 짧지만 좋은 대화를 몇 차례 나눴다. 작은 마술 같았다. 지극히 평범한 모자를 들어 올리자 토끼가 튀어나온 것처럼 말이다.

한 술집에서 20대쯤 돼 보이는 여성 바텐더에게 오늘 하루가 기대에 부합했는지 묻자, 여성이 선뜻 그렇다고 털어놓았다. 이 여성은 본업을 그만둘 참이다. 성실한 직장 생활이라는 가치에 사기당한 것 같아 저축 통장을 깨서 세계 여행을 할 계획이라고. 아직 아무한테도 이 이야기를 하지 않았지만 곧 말할 예정이라고 했다.

다음 날 아침, 나는 파운드화 동전과 지폐를 교환하려고 은행에 갔다. 은행의 젊은 금전출납계 직원이 내 여권을 보더니 말한다. "뉴욕에서 오셨네요. 여기보다 거기가 낫죠." 나는 왜 그렇게 생각하는지 물었다. 이건 뜻을 명확히 하는 질문이다. 직원은 뉴욕에 가는 게 꿈이라고, 런던에서 태어났으나 이 도시가 싫다고 말했다. 이곳을 떠나고 싶지만 지독한 비행공포증이 있어서 이곳에 갇혀 있다고 말이다.

공감을 표시할 기회였다. 나도 한때 비행기를 타고 가다가 잇달아 세 번 머리카락이 심하게 쭈뼛거리는 경험을 한 후 비행기를 타는 게 무척 두려웠다고 직원에게 말했다. 어떻게 극복했는지 그가 물었고 그냥 계속 비행기를 탔다고 나는 말했다. 심리학자가 노출과 반복을 통해 두려움을 극복하는 법에 대해 내게 해준 말을 그에게 해줬다.

"먼저, 거미한테서 약 2미터 떨어져 서보세요. 그런 다음 유리를 통해 보는 거예요. 그러다 보면 바라건대 결국 거미를 손으로 잡게 될 겁니다." 그럴듯하다고 은행 직원이 대답했다. 기운이 난 듯 보였다. 그는 빙그레 웃더니 내 지폐와 동전을 새것으로 바꿔주었다. "여기 있습니다. 정확히 주신 금액 그대로입니다."

나는 고맙다고 인사했다. "이봐요, 뉴욕에서 볼 수 있길 바랄게요."

"저도 그럴 수 있길 바랍니다, 선생님. 감사합니다."

그날 점심시간 레바논식 포장판매 식당에서, 나는 주인에게 가장 자랑하는 메뉴가 뭐냐고 물었다. 그걸 달라고 하려고 말이다. 주인이 이것저것 가져다 봉지에 담는다. 나는 어렸을 때 백인들이 주로 사는 동네에서 자랐는데 한 레바논인 가족이 뒷집으로 이사 왔고, 그 가족이 당시로선 매우 이국적이던 음식을 울타리 너머로 건네주곤 했다고 식당 주인에게 말했다. 그 이후 레바논 음식은 언제나 내가 좋아하는 음식이 됐다. 이상하게도 그걸 먹으면서 나는 집에 대해 생각했다. 이게 나의 진술이었다. 식당 주인이 내게 레바논에서 그런 대접은 대단히 중요한 일이며, 레바논인은 손님을 맞을 때 음식을 넉넉히 만든다고 말했다. 식당 주인은 이 이야기를 하면서 봉지에다 계속해서 음식을 담았다. 음식이 다 담긴 봉지의 무게가 대략 5파운드(약 2.3킬로그램)는 돼 보였는데, 식당 주인은 그 3분의 1에 해당하는 값만 받았다.

또 하루는, 강의가 끝난 후에 테이트브리튼미술관 야외에서 대학생 한 무리를 우연히 만났다. 이들은 낯선 사람들에게 다가가 종이공을 통 안으로 던져 넣어보라고 권유했다. 공을 통 안에 넣은 사람들은 상을 받았다. 나는 보통 이런 걸 보면 경보가 울린다. 소셜미디어 놀이라는 의심이 든 것이다. 하지만 판단을 유보하기로 하고 다가가서 시험 삼아 공을 던졌다. 한 청년이 내게 종이로 접은 백조를 트로피로 줬다. 우리는 잠시 잡담을 나눴는데, 알고 보니 이들은 미술을 공부하는 학생들이었다. 이 게임은 학생들이 낯선 사람과 편안하게 관계를 맺을 수 있도록 하려고 교수가 내준 과제였다. 그 교수는 이런 시도가 예상 밖의 영감을 불러일으키고 사회성을 길러주어 학생들이 자신의 작품을 홍보하는 데 도움이 될 수 있다고 생각했다. 학생들 생각도 그러한지 내가 물었다. 학생들은 처음에는 어색했지만 이 게임이 압박감을 더는 데 도움이 됐다고 말했다. 이 게임은 사회규범을 위반하게 하고 이야깃거리를 제공한다. 그들은 실제로 흥미진진한 사람들을 많이 만났다고 한다.

조지가 진행하는 강의의 마지막 날, 우리는 짝을 이뤄 우리가 배운 모든 방법을 연습했다. 그러면서 나는 불편한 깨달음에 이르렀다. 나는 20년 동안 기자로 일했기에 그 누구보다 질문하는 법을 잘 안다. 게다가 내게 필요한 걸 비교적 빠르게 찾아내는 법에 익숙하다. 만약 인터뷰를 하는 상황이라면, 독자들이 새롭고 흥미진진하다고 여길 것을 뽑아낼 시간은 보통 한정돼 있다. 그래서 모든 기자들이 잘 아는, 윤리상 다소 문제가 있을 수 있는 무례함과 공감의 적당한 혼합이 필요하다.

말하자면, 나는 약간 자만심에 차 있었다. 나는 폴라와 짝이 됐다. 이 밝은 젊은 여성은 앞서 사생활이나 직업 생활에서 가면을 유지하는 데 의존해서 친구들이 자신이 정말로 어떤 사람인지 모르겠다고 한다고 말했다. 폴라는 주말에 자기 자신을 위해 맛있는 커피 한 잔을 만들어서 마냥 혼자 앉아 있는 것을 매우 좋아한다고 말했다. 나는 꾹 참고 기다렸다. 네 마디 말을 주고받은 끝에 폴라는 다른 사람들을 위해 일해야 하는 게 얼마나 분한지 이야기했다. 나는 폴라가 주말에 그렇게 커피를 만들어 마시는 이유가 자기 삶의 어떤 측면에 대해 완전한 통제력을 행사하고 싶은 욕구에서 유래하는 게 아닌지 물었고, 폴라는 그런 것 같다고 대답했다. 그리고 예전에는 그런 식으로 생각해본 적이 없다고 덧붙였다.

나는 스스로에게 매우 뿌듯해하며 의기양양하게 조지에게 돌아갔다. 하지만 조지는 그다지 감명받은 기색이 아니었다. 조지가 조심스레 그 이유를 설명해주었다. 내가 "질문하는 일을 직업으로 삼고 있는 사람인 건 분명"하지만 나의 모든 신체언어가 무언가 달려들 것을 찾고 있는 것 같았다고 말이다. 내가 너무 빨리 질문을 했다고 조지는 말한다. 나는 몸을 앞으로 기울이고 있었다. 이것은 대화라기보다는 인터뷰에 가까웠다. 조지는 더 간단하고 제약을 두지 않는 질문을 해보라고 제안했다. "이게 그쪽이 통제광이기 때문이라고 생각해요?"라고 말하는 대신 그냥 상대의 말을 반복하거나, "왜 그렇게 생각해요?"라고 말해보라고 한다. 이건 내가 보통 쓰는 방식과 반대되지만 배워야 할 부분이었다. 좋은 대화가 되기 위해서는 통제를 포기해야 한다. 상대가 자신만의 결론에 도달하도록 말이다. 뭐든 캐내 한 방 날리고 '다음!' 하는 게 아니다.

그날 늦게, 내가 이 책을 쓰려고 탐사 중이라고 말했을 때 많은 사람이 내게 한 질문을 조지에게 했다. 어떻게 불안을 느끼지 않고 이 일을 할 수가 있냐는 질문이었다. 나는 어쨌든 180센티미터가 넘는 키에 백인 남성이다. 내가 모르는 사람에게 말을 걸 때 혹여나 입게 될 신체상의 위험은 여성이나 적대적인 곳에 있는 소수집단의 일원보다는 더 낮을 터이다. 나는 젊은 여성인 조지에게 어떻게 원치 않는 남성의 과한 관심을 끄는 일 없이 이런 연결을 추구할 수 있는지 물었다. 특히 조지가 자주 장난을 친다면, 그게 추파를 던지는 것으로 읽힐 수도 있지 않을까? 조지는 보통 여성들에게 신호가 잘못 읽히고 있다면 허구의 인물일지라도 파트너를 언급해 그 상호작용을 진정시키라고 조언한다고 한다. 또, 술집같이 사람들이 서로 수작을 거는 장소에서 연습하는 것은 피하라고 조언했다. "그런 곳은 낯선 사람에게 별로 말을 걸고 싶지 않은 장소예요."

나는 톡투미의 공동설립자 폴리 애크허스트에게 똑같은 질문을 했다. 애크허스트는 자신도 그런 이야기를 많이 들었다고 말했다. "어떤 사람들은 20대 정도의 어린 여성인 앤(톡투미의 공동설립자)과 내가 바로 이것 때문에 사람들이 대화하도록 권장하는 사업체를 설립했다는 사실에 정말로 놀라더군요." 애크허스트는 이메일로 답했다. "내게는 몇 가지 규칙이 있어요. 언제나 주변에 사람들이 있는 공공장소에서 낮에 말을 걸었죠. 만약 길을 가고 있는데, 젊은 남성이 다가와 '안녕하세요?'라고 말하면 나는 대꾸하지 않을 거예요. 하지만 난 사실 남성과 대화를 시작할 때 그 남성이 메시지를 잘못 해석하지 않을까 걱정하지 않아요. 물론 말을 건 남성이 내가 자신에게 추파를 던지고 있다고 생각한다는 걸 깨달은 적이 몇 차례 있기는 했어요. 하지만 그런 경우는 정말로, 정말로 드물어요. 나는 이런 일에 대해 선입견을 가지지 않으려고 노력해요. 쉽지만은 않죠. 그냥 상황과 맥락을 판단해야 해요. 그런데 우리가 사람들에 대해 고정관념을 갖고 있으면 그게 어려울 수 있어요."

조지가 나중에 내게 말했다. 사실, 자신의 행사에 참가하는 남성과 여성의 수는 거의 똑같지만, 추파를 던지거나 더 나쁘게는 위협하는 것처럼 보이고 싶지 않아서 여성과 대화를 시작하는 게 염려스럽다는 말을 남성으로부터 자주 듣는다고. 조지는 충분히 노력하지 않아 그 사람의 관심을 끌지 못하는 것과 너무 열심히 노력해서 상대를 기겁하게 만드는 것 사이에 적당한 지점이 있다고 생각한다. 그 중간에 착륙하라는 게 조지의 조언이다. 사람들을 다정하게 대하라. 미소지으며 이야기하라. 이 강의에서 배운 방법을 실행해보라. 그러면서도 사람들에게 여지를 주라. 뒤쪽에서 다가가지 말고 너무 가까이 다가서지 말며 항상 사람들의 반응에 주의를 기울여라. 이를 잘 해내는 쉬운 방법은 없다. 사회성을 연마하면 해결되는 문제이고 그러려면 노력이 필요하다.

마지막 날 강의가 끝날 무렵, 조지는 이제 연습만 하면 될 거라고 우리에게 말했다. 수강생 가운데 세 명은 연장 수업을 하기로 했다. 조지가 과제를 주고 매주 우리와 이야기를 나누며 진척 상황에 대해 논의할 것이다. 어떤 사람한테는 잘 안 되고 또 어떤 사람한테는 아주 잘되겠지만, 시간이 가면서 우리가 배운 방법을 내면화하기 때문에 낯선 사람과 이야기하는 데 더 편안해질 거라고 조지가 말했다. 좀 더 대담해지거나 장난스러워질 수도 있을 것이다.

실제로, 조지는 이런 면에서 마법사와도 같은 사람이다. 한번은 지하철에서 한 남성의 모자를 가리키고 미소를 지으면서 "모자네"라고 말하는 것만으로 그와 대화를 시작했다. 조지는 카페에서도 그냥 아메리카노가 아니라 "이 세상 최고의 아메리카노"를 주문한다. 그러면 사람들이 반응한다. 어느 날 휴식 시간 동안 나는 커피를 더 마시려고 조지의 강의가 열리는 대학 내 스타벅스로 갔다. 조지가 먼저 거기에 와 있었는데, 예전에 만난 적 없는 바리스타와 활발하게 이야기를 나누고 있었다. 함께 스타벅스를 나섰을 때, 조지는 바리스타가 커피를 무료로 줬다고 했다.

17 　모든 이에겐 반짝이는 이야기가 있다

한 사람을 인식하는 순간 새로운 연결이, 다른 삶의 거대함이 찾아온다.

다음 3주 동안, 조지 나이팅골은 왓츠앱을 통해 내게 과제를 보냈다. 난이도가 다양한 이 과제들은 실제 상황에서 우리의 새로운 능력을 시험해볼 수 있는 기회를 제공할 터였다. "이 과제를 위해 시간을 내 바깥으로 나가야 하고 대담해져야 합니다." 조지의 말이다. 첫 주에, 조지는 세 가지 과제를 내줬다. 먼저, 낯선 이와 눈을 마주치고 미소를 지을 것. "그냥 미소를 지으세요." 결과적으로 내게는 다른 모든 과제보다 이게 가장 어려웠다. 나는 낯선 사람과 눈을 마주치며 미소 짓는 건 대체로 토막 살인의 서곡으로 해석된다고 믿고 있었기에, 내가 눈을 마주치며 미소를 지으면 사람들이 피할 것만 같았다. 하지만 과제는 과제니까 실천해보기로 했다. 처음에는 별 효과가 없는 것 같았다. 사람들은 눈길을 돌리거나 알아차리지 못했다.

조지에게 문자를 보냈다. "한적한 거리에 나하고 상대뿐이에요. 그럼 언제 눈을 마주치는 거예요? 약 15미터 전부터 한 남자하고 눈이 마주쳤을 때 약간 위협을 느낀 적이 있었거든요."

"경우에 따라 달라요. 나는 좀 떨어져 있을 때부터 눈을 마주치길 선호하는데, 그러면 상대와 가까워지면서 눈을 마주칠 시간을 벌 수 있거든요. 하지만 너무 멀리에서부터 눈을 마주쳐서는 안 돼요. 그건 대치 상태 같잖아요. 중요한 건 눈을 마주친 후 미소를 지어 위협하려는 게 아님을 보여주는 거예요. 15미터보다 거리를 줄여보세요!"

좋다. 나는 집에 가서도 거리에서 짓고 있었을 미소를 다시 지어보았다. 그러다가 이 미소는 내가 초조하거나 안달하거나 짜증이 나거나 셋 모두일 때 시늉으로 지어 보이는 것임을 깨달았다. 내 아내는 이를 '긴장된 미소'라고 불렀다. 내 친구인 줄리아는 언젠가 이 미소가 적의를 띠고 있다고 했다. 그래서 분명히, 나는 평범한 인간의 미소를 짓는 법을 알아야 했다. 이는 뒤셴의 미소(진정한 기쁨과 행복에서 나오는 미소를 가리키는 것으로, 19세기 프랑스의 신경심리학자 기욤 뒤셴의 이름을 땄다-옮긴이)라고도 알려졌는데, 뺨과 눈이 관여하며, 그냥 찡그린다고 되는 게 아니었다. 나는 거울 앞에서 미소를 연습하며 입과 눈을 협응해서 인간의 따뜻함을 모사해 전하려 애썼다. 정당한 이유 없이 이렇게 미소 짓는 게 부자연스럽게 느껴지고 미친 사람처럼 보이는 것 같았다. 욕실에서 남몰래 그러는데도 괜스레 겸연쩍었다.

그래도 나는 거리에서 사람들을 마주치면 미소 짓기 시작했다. 그럴 때마다 완전히 노출된 느낌이었다. '이건 연기예요! 수업을 위해 뭔가를 시도하고 있거든요'라고 설명해줘야 할 것만 같았다. 하지만 내가 도시 거리에서 이런 행동을 하며 불편해하는 게 동료 시민들에게는 보이지 않았다.

두 번째 날에는 몇몇 사람들이 좀 당황하거나 놀란 것 같긴 했지만 대부분 미소로 답해주었다. 이런 반응은 내 두려움이 사라질 정도로 여러 차례 일어났다.

놀라운 건 사람들이 꽤 수용적이라는 점이었다. 내가 낯선 이에게 말 걸기를 가장 자주 시도한 건 걸어서 딸을 학교에 데려다주고 집으로 돌아오는 동안이었는데, 의외로 기분이 좋았다. 세상이 작아지고 감당할 만하다고 느껴졌다. 내 이웃과 연결되고 이웃에 대해 기분이 좋아지는 것 같았다. 나는 지금도 그때 내가 미소 지었던 몇몇 사람들에게 매일 아침 인사한다.

내 경험을 입증해주는 연구가 많이 있다. 연구자들에 따르면, 우리는 눈길을 피하는 사람보다 눈을 마주치는 사람을 좋아한다. 눈을 마주치는 사람이 우리에게 관심이 있고 우리가 하는 말에 귀 기울인다고 생각한다. 눈 맞춤은 포용과 긍정적 관심을 드러내며 "상대가 우리와의 관계를 중요시하거나 가깝게 여기는 정도"를 나타낸다.

반면에 눈을 마주치지 않으면 그 반대 효과를 갖는다. 심리학자인 제임스 워스(James Wirth)가 진행한 한 연구에서, 상대가 눈을 마주치길 거부하는 상황에 놓인 실험 참가자들은 자신을 배척하고 공격성을 드러내는 것 같다고 보고했으며, 그래서 자존감이 낮아지는 경험을 했다. 심리학자 에릭 웨슬먼(Eric Wesselmann)은 2012년 진행한 연구에서 실험자들이 대학 교내에서 길을 건너며 마주 오는 학생에게 눈을 마주치거나 눈을 마주치면서 미소를 짓거나 눈을 마주치지 않게 했다.

실험자들이 쳐다본 학생 가운데 45.4퍼센트만이 이를 알아차렸으나, 알아차린 학생은 무시된 학생보다 단절감을 덜 느끼는 것으로 보고했다. 대체로 누군가와 눈을 마주친다는 건, 우리가 그들을 소중하고 온전한 인간으로 여기며 우리와 그들이 함께 이 안에 있다고 생각한다고 그들에게 말하는 셈이다. 그리고 그들 역시 눈을 마주쳐오면 우리에게 똑같은 것을 암시하는 셈이다. 안전하다고 느낄 때 자연스럽게 연결을 추구하는 건 생물종의 또 다른 본능이다.

며칠 미소를 지은 후 한 발 더 나아간다. 사람들에게 좋은 아침이 되길 기원하거나, 특히 낮이 두꺼워지는 날에는 "오늘 놈들을 지옥에 보내버려요" 같은 말을 하기도 했다. 이 말은 유난히 효과가 좋았다. 사람들은 웃음을 터뜨리거나 내게도 같은 말을 해줬다. 나는 정말로 여기에 빠져들었다. 어느 날에는 뉴욕 시장인 빌 더블라지오에게 이 말을 했다. 더블라지오와 나는 모닝커피를 같은 커피숍에서 마신다. 하지만 예전에는 더블라지오에게 실제로 말을 건 적이 없었다. 이제 그래야 할 때라고 생각했다. "시장님, 좋은 아침입니다." 더블라지오가 내게 답인사를 한 뒤 나는 말했다. "오늘 놈들을 지옥에 보내버려요." 더블라지오가 싱긋 웃고는 대답했다. "반드시 그러리다." 이것이 몇 차례의 상호작용으로 이어졌다. 더블라지오와 나는 간밤 그가 〈폭스 뉴스〉에서 한 인터뷰에 대해 이야기했고, 또 내가 눌러쓴 보스턴 레드삭스 야구 모자를 본 더블라지오가 전날 경기에 대해 이야기하기 시작했다. 나는 거기에 덧붙일 말이 없어 사실 두려움으로 얼어붙었다. 마지막에, 더블라지오가 카페 출입문에 서서 외쳤다. "내년엔 우리가 놈들을 지옥으로 보내버릴 거요!"

"당연하죠!" 하지만 나는 시즌이 막 끝난 사실을 사전에 알지 못했다.

어느 날 카페에 들어서니, 내 친구 크레이그가 시장이 지난번에 앉은 자리로부터 두 테이블 떨어진 곳에 앉아 있었다.

"어이, 크레이그." 내가 인사했다.

"어이, 조." 크레이그가 화답했다.

"아, 시장님." 내가 말했다.

"그래, 친구." 시장이 대답했다.

그렇다. 우린 친구가 되었다. 이 과제는 잘하고 있는 것 같다.

◆ ◆ ◆

조지는 이와 비슷한 '가벼운' 과제를 두어 가지 더 내줬다. 나는 과제에 대해 듣고서 처음에는 당황했지만 결국 도움이 된다는 걸 깨달았다. 한 가지 과제는 불교의 자애 개념에 근거했다. 사람들은 명상의 형태로 이를 훈련하는데, 일련의 동심원처럼 차츰 나아간다. 우선자신 그리고 자신과 가장 가까운 사람들에게 좋은 일이 있길 기원하는 것으로 시작해 차츰 친구, 지인, 낯선 사람들, 그리고 마침내는 온인류에게 좋은 일이 있길 기원한다. 이런 생각은 많은 사람에게 낯설겠지만, 여러 연구가 이 명상을 하는 사람이 얻는 이점을 보여주었다. 2016년 유타대학의 심리학자 버트 우치노(Bert Uchino)가 이끈 연구에 따르면, 자애 명상을 여섯 차례 한 결과 실험 참가자들의 우울증과부정적 성향이 줄어들고 행복감, 삶의 만족도, 사회 지지와 사회 연결성에 대한 인식이 높아졌으며 기존의 관계가 개선됐다. 2008년 심리학자 센드리 허처슨(Cendri Hutcherson)이 이끈 연구에 따르면, 자애 명상을 몇 분간만 해도 낯선 사람과의 연결감이 더 강해지고 낯선 사람에 대한 호감이 높아져 "긍정적 사회 정서를 높이고 고립감을 낮추는데 도움이 된다"는 것이 밝혀졌다.

조지가 변형한 형태의 연습에는 낯선 사람들을 보면서 조용히 그들이 좋은 하루를 보내길 기원하는 것이 포함되었다. 다른 사람들에게 관심을 기울이고, 그들이 우리와 공유하는 인간성을 인식하며, 그들의 삶을 숙고하고, 그들에 대해 긍정적으로 생각하라는 것이다. 낯선 사람을 비인간화하는 우리의 성향을 거스르는 훈련인 셈이다. 이렇게 하면(조지는 실제로 다른 사람들이 "생애 최고의 날"을 맞길 빈다) 사람들에게 다가갈 때 더 안정감과 편안함을 느낀다고 한다. 인간을 인식하는 순간은 관계가 배태되는 순간과도 같기 때문이다.

하지만 나는 이 부분과 씨름했다. 생애 최고의 날이란 게 어떤 날인지에 계속 매달리는 까닭이었다. 승진하는 날일까? 복권에 당첨되는 날일까? 아니면 은행을 터는 날? 상대에 대한 정보가 충분치 않아서 판단하기가 애매했다. 그래서 나는 다른 걸 시도했다. 사람들이 미소 짓는 모습을 상상한 것이다. 무표정하게 지나가는 한 사람 한 사람의 얼굴에 미소가 번지는 모습을 상상했다. 처음에는 이 훈련이 바보같이 느껴졌지만 효과가 있었다. 이 훈련을 하면서 나 역시 더 차분함과 안정감을 느끼게 됐고, 주변 동료에 대해 더 긍정적으로 생각하게 됐다.

조지한테서 더 많은 과제가 도착했다. 나의 호기심을 따라가 다른 사람에 대해 알아차린 점이 무엇인지 얘기해볼 것. '무작위의 진정성 있는 행동'을 해볼 것. 누군가 안녕하냐고 물으면 솔직하게 대답할 것. 각본에서 벗어날 것. 질문이 아닌 진술을 이용해 낯선 사람과 대화를 시작하고 사람들의 말을 더 깊이 경청하는 연습을 할 것. "누군 가가 뭔가를 공유하면 특정 단어가 무슨 뜻인지 궁금해하는 겁니다. 그들이 겪은 사건과 그 사건의 의미에 대한 우리의 해석은 제쳐두고 더 이야기해달라고 요청하는 거예요."

나는 이후 몇 주 동안 이 모두를 실행했다. 헤드폰은 집에 놔두고 전화기는 호주머니에 넣은 채 주변 상황에 관심을 기울였고, 조지에 게 배운 것을 활용해 사람들에게 말을 걸었다. 이렇게 하니 정말로 훨씬 더 효과가 있었다.

나는 질리언 샌드스트롬이 테이트미술관에서 진행한 실험에 영감 을 받아 뉴욕 메트로폴리탄미술관에 갔다. 한 남성이 엘즈워스 켈리 의 그림 〈블루 패널 II〉을 보고 있었다. 이 그림은 짙은 파란색의 기하 학 모양이다. 나는 근접성에 대한 조지의 조언을 따라 남성에게 다가 가 잠시 그 옆에 섰다. 그는 그림과 미술가의 정보가 담긴 명판 사진 을 찍고 있었다. 나는 사전구성을 이용해 말을 걸었다. "질문 하나 해 도 될까요? 이 그림의 어디가 좋은 거예요?"

그가 살짝 당황해서 말했다. "색이요…… 그리고 내가 태어난 해인 1977년 작품이거든요." 그는 에스파냐에서 온 관광객이고 어딜 가든 미술관을 찾아가 1977년 작품은 뭐든 사진으로 찍는다고 한다. 나 역 시 1977년생이라고 하자 그의 얼굴이 환해졌다. 아주 작은 유사성의 힘이 작동했다. 그가 전화기에 저장해둔 1977년작 미술 작품을 찍은 많은 사진을 보여주었다.

다른 미술관에서는 나의 호기심을 따라갔다. 오랫동안 궁금하게 여겨온 걸 보안요원에게 물어보기로 한 것이다. 마찬가지로, 사전구 성을 이용했다. "이상한 질문 하나 해도 될까요?" 보안요원은 경계하면서도 해보라고 대답했다. "사람들이 그림을 만진 적이 있나요?" 보안요원의 대답은 뚱했다. "항상. 아주 여러 번. 매일." 말투에 살짝 사투리가 묻어났다. 때로는 넋이 빠져서 만지는 것 같고 또 때로는 그러면 안 된다는 걸 모르는 것 같다고 한다. "그래서 우리가 여기에 있는 거죠." 그는 피곤해 보였다. 나는 기업가인 폴 포드가 대화를 시작하는 데 최고라고 주장한 방법을 떠올린다. 누군가가 자신이 하는 일에 대해 이야기하면 언제나 "정말 힘든 일인 것 같네요"라고 반응하고 무슨 일이 일어나는지 지켜보라는 거였다. 그래서 나는 그렇게 해보기로 했다.

"와, 힘든 일이네요. 여기에 하루 종일 서 있어야 하고 또 내내 방심하면 안 되잖아요."

"맞아요." 보안요원이 대꾸했다. "항상 지켜봐야 하죠. 언제나."

"안 그러면 온 그림을 만져대겠죠."

그러자 마침내 보안요원이 피식하더니 이내 껄껄 웃었다. "그래요, 맞아요."

나는 다른 보안요원에게도 똑같은 질문을 했다. 사람들이 그림을 만진 적이 있나요? "항상 만지죠." 그가 짜증스레 대답했다. 사람들이 왜 그러는 거냐고 묻자 그가 대답했다. "솔직히, 난 상관없어요. 그림이 손상되긴 하죠. 조각품을 만지는 것도 이해할 순 있어요. 역시 조각품이 손상되긴 하겠지만. 갈색 반점을 보면 알 수 있죠." 나는 그에게 이 일이 좋은지 물었다. 그는 어깨를 으쓱하면서 불평해선 안 된다고 대답했다. 그는 매일 걸작에 둘러싸여 있다. 내가 그 아름다움에 무뎌진 적이 있는지 묻자 그가 털놓는다. "아니요. 아니, 아니, 아니, 아니에요." 자신은 순환근무를 하고 작품들도 돌아가며 전시되기 때문에 매일 똑같은 작품을 보지 않고 그 점이 도움이 된다고 한다.

"살아 있죠." 보안요원이 미술관을 두고 말했다.

"그래서 먼지가 쌓이지 않는군요." 내가 대꾸했다.

"그렇죠." 보안요원이 내 말을 정정했다. "그런데 먼지가 뭔지 아세요? 사람의 피부예요. 탈각된 사람의 살갗 말이죠. 관리 직원들이 말해주더군요."

"그래서 사람들이 그쪽이 좋아하든 말든 그림을 만지는 거군요."

보안요원이 웃음을 터뜨렸다. "그런 것 같네요."

나는 미술관을 나와 이번에는 손수레에서 파는, 기름 냄새가 밸 법한 핫도그를 하나 샀다.

"안녕하세요?" 노점상인 중동인 남성이 말한다. 이럴 때 우리는 보통 각본을 따른다. 나는 '네'라고 말하고 핫도그를 주문해 받아서 갈 것이다. 하지만 이번에는 솔직하게 자기노출을 시도해보기로 했다.

"솔직히 말하자면, 오늘 좀 녹초 상태예요. 어젯밤 딸 때문에 잠을 설쳤거든요."

"딸이 몇 살인데요?"

"세 살이요."

"세 살이면 한창 예쁠 때죠." 노점상이 말한다. "착해요?"

"엄청 착하지만 변덕스러워요."

"다 그렇죠, 뭐."

식품잡화점 계산대의 10대 흑인 점원이 내게 똑같은 질문을 해서 나는 똑같이 대답한다. 점원은 여동생이 있다며 날 안심시켜줬다. "곧 나아져요." 점원이 다정하게 말해줬다. 최고다.

조지의 조언대로 '각본에서 벗어나' 보통 쓰는 인사말을 살짝만 바꾸면 사람들로 하여금 더 많이 이야기하게 할 수 있음을 깨달았다. "안녕하세요?"라고 하면 진짜 대답을 듣지 못한다. "오늘 하루 어땠어요?"처럼 구체적인 인사말이 더 낫다. 그리고 "오늘은 사람들이 점잖게 굴던가요?"라는 나의 새 인사말은 효과적이면서도 대단히 믿음직했다. 이 말을 하면 사람들은 언제나 무슨 꿍꿍이라도 있는 것처럼 미소를 짓고, 때로는 이야기를 쏟아내기도 했다. 어느 날 아침 내가 사는 아파트 옆 시장에서, 나는 젊은 점원에게 이 질문을 했다.

"오늘 사람들이 점잖게 굴던가요?"

"대부분은요." 점원이 한숨을 내쉬며 대답했다.

"전부는 아니고요?"

동료 점원이 끼어들었다. "오늘 소리 지르는 사람이 있었거든요."

"소리 지르는 사람이 있었다고요? 아침 8시 30분밖에 안 됐는데."

두 사람이, 겉보기에는 멀쩡한데 매일 소리를 질러대는 여성에 대해 이야기하기 시작한다. 오늘 아침은 유별나게 심했다고 먼젓번 점원이 거들었다. 처음에는 이 점원에게 소리를 질렀다. "그런 다음 나가서는 배달원한테 소리를 질렀어요." 우리는 조금 더 수다를 떨었다. 두 사람은 그 여성에 대해 더 많은 이야기를 하면서 그녀의 정신 나간 행동에 고개를 내저었다. 잠시 후, 내가 장바구니를 쥐고 점포를 나가려고 하자 두 사람 가운데 하나가 말했다. "다정하게 대해줘서 고마워요."

이 고맙다는 인사가 또 다른 아이디어를 불러일으켰다. 나는 점원이 내게 그랬듯 사람들에게 진심으로 고마워하기 시작했다. 버스 운전사, 문을 잡아주는 사람들, 좁은 인도에서 유모차를 밀고 갈 때 비켜주는 사람들에게 눈을 마주치면서 고맙다고 말했다. "고마워요"라는 평범한 말 대신 "아이고, 그래줘서 고마워요. 정말로 감사합니다"라는 식으로 아주 반갑게 마음을 표시했다. 사람들은 내 반응에 깜짝 놀라면서도 즐거워하는 것 같았다. 나는 나중에 이에 관한 연구도 있음을 알게 됐다. 2020년 심리학자 구이 구나이딘(Guy Gunaydin)이 터키의 통근자 수백 명을 대상으로 진행한 연구에 따르면, 낯선 사람에게 감사를 표현할 경우 행복감과 안녕감이 더 높아졌다. 그리고 감사를 많이 표현할수록 기분이 더 좋아졌다.

◆ ◆ ◆

낯선 이와 대화를 시작하기란 어려운 일이다. 하지만 이런 상호작용은 여전히 다소 구조화돼 있었다. 가게 점원과 고객, 음악가와 청중 가운데 한 사람 식으로 말이다. 이 대화들은 재미있고 놀라우면서 기분이 좋았으나, 여기서 나의 역할은 꽤 분명하게 정의돼 있었다. 나는 조금 더 덜 전형적인 대화를 시도해보고 싶었다. 완전히 돌발적인 대화 말이다. 그래서 최고의 금기라 할 대중교통에서 사람들에게 말을 걸기 시작했다.

한 시내버스에서, 나는 파란색 목수건을 두른 나이 지긋한 백인 남성 옆자리에 앉았다. 다음 정거장에서 한 젊은 엄마가 올라탔고 그녀는 자리에 앉아 아기가 창밖을 볼 수 있도록 아기 몸을 떠받쳐주었다. "아기가 예쁘구먼." 옆자리 할아버지가 말했다. 나도 맞장구를 쳤다. 이는 앞서 이야기한 대로, 삼각화다. 우리는 같은 것을 바라보고 있으며 이것이 약간의 연결을 만들어냈다. 엄마는 아이에게 빠져 있어서, 나는 옆자리 할아버지에게 자녀가 있는지 물었다. 그는 아들이 하나 있는데 마흔일곱 살이라고 했다. 내가 아들이 자랑스러운지 물었다. "물론이라오. 하지만 난 모두가 자랑스러워요. 난 인류를 사랑해. 외국인들이 책임질 일을 저지르지 않는 한 그 사람들도 사랑할 거요. 사람 고기를 먹는 자들이 아닌 한 말이오!" 나는 할아버지가 이런 말을 하리라곤 예상치 못했다.

지하철에서도 몇 차례 잡담을 나눴다. 환대에 대해 읽은 것에 자극받아 한동안 외국인 관광객을 만나면 환대하느라 정신없었다. 누군가가 길을 잃은 것 같거나 지도를 들여다보고 있으면 도와주겠다고 나섰다. 셀카를 찍고 있으면 사진을 찍어주었고, 어느 날은 벨기에 관광객을 목적지까지 걸어서 데려다주기도 했다. 나는 모든 사람을 환영하고, 그들이 이곳에 와서 정말 기쁘다고 말해주었다. 이는 내가 평소 관광객을 대하는 태도에서 벗어난 것이었다.

벤 매시스의 말대로, 나는 이제 나의 개방성을 과시하고 용이한 접근성을 확실히 드러내고 있었다. 그 결과, 사람들이 자주 말을 걸어오기 시작했다. 서브웨이 북 리뷰의 울리 보이터 코언도 똑같이 이런 이상한 현상을 경험했다고 하고 조지 역시 그랬다. 내게 이런 일이 일어나고 있다고 하자, 조지가 말했다. "이제 그게 다른 사람에 의해 재차 확인돼서 기쁘네요. 나는 이 현상에 대해 친구와 이야기하고 있었거든요. 내가 그랬어요. '이제 나는 갑자기 어딜 가든 온갖 사람이 말을 걸어오는 사람이 됐어. 거리에서 사람들이 이야기하려고 날 멈춰 세운다니까. 심지어 헤드폰을 끼고 있을 때도 말이지.'" 분명 예전에는 없던 일이라고 조지가 말했다. 나 역시 마찬가지였다. 지금까지 말이다.

어느 날 지하철에서, 거구에 운동복 바지와 모자 달린 상의를 입은

30대 후반쯤 되는 라틴계 남성이 6호선 열차에 올라타더니 자리에 털썩 앉았다. 나는 낯선 이들을 끌어들이는 내 마력을 감지할 수 있었다. 그의 관심이 내게 쏠려 있다는 게 느껴졌다. 묘한 일이었다. 그가 옆에 앉은 날 살피더니 재빠르게 "안녕하세요?"라고 인사를 했다.

나는 각본을 따르지 않으려고 좀 더 구체적인 인사말을 시도했다. "예, 잘 지내죠. 그쪽은 잘 지내고 있어요?"

그가 자신도 잘 지낸다고 답했다. 나는 잠시 기다린다. 흑갈색 머리의 백인 여성이 내리려고 일어서자, 그가 내 쪽으로 몸을 기울이더니 나직이 자기가 좋아하는 '스타일'이라고 말했다. 예전이었다면 나는 이때쯤 겁을 먹고서는 곧 불쾌한 일이 일어나리라고 지레짐작했을 것이다. 하지만 나는 이런 상황에 대비해 훈련을 받았다. 프리 리스닝을 했고 강의도 들었다. 누군가에게 이야기할 수 있는 여지를 주면 흥미로운 일이 생긴다는 것을, 나는 안다. 그래서 불안감을 누르고 그가 한 말을 반복했다.

"제가 그쪽이 좋아하는 스타일이군요."

"네." 그가 자신이 선호하는 스타일에 대해 자세히 설명했다. 그는 '완벽'해 보이는 사람을 신뢰하지 않는다고 했다. 나는 고개를 끄덕이며 그와 눈을 마주쳤다. 그는 튼 살과 셀룰라이트를 좋아한다. 그의 말에 따르면 "그건 나름의 의미가 있"다. "우리가 우리 자신의 삶을 살았다는 표시거든요."

"우리가 우리 자신의 삶을 살았다라." 내가 그의 말을 반복했다.

"그렇죠." 그는 돌아가신 어머니한테서 그걸 배웠다고 한다.

그리고 우리는 비로소 진짜 대화를 나누기 시작했다. 그의 어머니가 돌아가셨을 때 장례식에 어머니의 친구가 많이 참석했다고 한다.

그들은 모두 그의 어머니가 자신들에게 나 자신으로 살아가는 법을 가르쳐줬다고 했다. 우선, 어머니는 금기를 따르지 않았다고 그는 말한다. 한 여성은 수십 년 전 사람들의 비난이 두려워 흑인 남성과 만나지 못하고 있었는데, 그의 어머니가 연애를 시작하라고 밀어붙였다고 했다. 이 여성은 어머니의 조언에 귀를 기울였다. "그 두 사람은 아직도 잘 살아요." 그가 자랑스레 말했다.

나는 그가 하고 싶은 말을 이어가도록 놔뒀다. 정거장들을 지나면서, 그는 어머니가 푸에르토리코에 살았으며 어머니의 어머니처럼 담배를 피웠다고 이야기했다. 어머니가 어머니의 어머니에게 그랬듯, 그는 어머니에게 담배를 끊으라고, 안 그러면 죽을 거라고 간청했으나 어머니는 듣지 않았다. 결국 몸에 기종이 생겼고, 이 병은 어머니를 늙게 만들었다. 어머니는 젊은 시절의 모습을 되찾으려고 성형 수술을 받기 시작했으며, 그 결과는 그를 혼란스럽게 만들었다. 어머니를 거의 알아볼 수가 없었다. 그는 정말로 화가 났다. 그러다가 2017년, 허리케인 마리아가 푸에르토리코를 강타했고 안타깝게도 이때 어머니는 사망했다.

우리는 곧 내가 내릴 59번가 정거장에 도착했고, 나는 그에게 "이런 이야기를 들려줘서 고맙고 어머니 일은 정말로 유감스럽다"고 말했다. 그가 자기의 이름을 알려주더니 한쪽 손을 내밀었다. 내가 그 손을 잡자 다른 쪽 손을 내 손 위에 올리고는 아무 말 없이 두 손을 굳게 흔들었다.

L의 이야기도 빼놓을 수 없다.[*] 나는 햇볕이 내리쬐는 어느 여름날 L을 만났다. L은 40번가에 천막을 치고 잔돈이 가득한 플라스틱 컵과 판매 중인 수채화 몇 점을 앞에 두고 십자말풀이를 하고 있었다.

노숙인이 아닌 사람들에게는 대개 노숙인들이 보이지 않는다. 우리는 이를 안다. 나 자신도 이 특이한 형태의 시각 상실에 면역돼 있지 않다. 하지만 L은 걸어둔 표지판 때문에 내 시선을 사로잡았다. 그 표지판은 다른 사람은 사고 능력이 부족하다는 인식에 반하는 것이었다. 거기에는 "나는 나의 미소와 희망 외에 모든 걸 잃었다"라고 쓰여 있었다. 그래서 나는 다가가 어떻게 여전히 희망을 가질 수 있는지 물었다. "이것이 영원하지 않다는 걸 알거든요." L이 말했다. 내가 커피한 잔을 사줘도 될지 묻자 L이 좋다고 한다. 나는 커피를 사와서 L에 대해 물었다.

"난 그쪽이 거리에서 흔히 만나는 노숙인이 아니에요." L이 말한다. "교육을 받았고 술이나 약물에 중독되지도 않았죠. 그래서 사람들은 실제로 이야기를 나눠보고선 내가 자신들과 다를 바 없다는 걸 깨달아요." 대개 이는 좋은 일이라 생각할 터이다. 사람들은 L에게서 자기 자신을 본다. 하지만 바로 이게 문제다. 달갑지 않게도, L은 그들 자신의 위태로운 삶을 떠올리게 한다. L은 재앙처럼 닥친 좌절을 피할 수 있는 사람은 아무도 없으며, 세상은 우리가 편안하게 느끼는 것보다 훨씬 더 복잡함을 말해주는 증거인 셈이다. "그건 매우 빠르게 두려움으로 바뀔 수 있고 그 두려움은 또 매우 빠르게 증오로 바뀌죠. 누구나 여차하면 노숙인이 될 수 있다는 사실을 내가 대변하니까요. 나는 두어 해 전까지만 해도 미래가 밝았어요. 한데 한 우연한 만남이 이렇게 바꿔났죠."

* 이 여성은 이 시기가 계속되길 원치 않으니 이름을 밝히지 말아달라고 요청해 L로 표기한다.

뉴저지에서 자란 L은 어렸을 적 무용을 했으나 부상을 당했고, 부상에서 회복했을 때 시간을 보내는 데 도움이 되라고 종조부가 스케치북과 펜 몇 자루를 사주셨다. L은 그릴 수 있는 건 모두 그렸으며, 수강할 수 있는 그림 수업은 모두 등록했다. 미술을 공부하려고 로스앤젤레스에 있는 대학에 갔으며 대학원에 진학했다.

그러다가 소용돌이가 몰아치기 시작했다. 아버지가 암에 걸리면서 L은 동부로 돌아갔다. 아버지는 젊고 암에 걸리기 전까지 건강했으나 금방 돌아가셨다. L은 형제자매도, 어머니도, 조부모도, 다른 가족도 없었다. 장례식이 끝난 후 캘리포니아로 돌아가려 준비 중이었는데 그때 강도를 당했다. 그 강도가 L의 신상 정보를 훔치거나 L의 지갑을 누군가에게 팔아 L의 신상 정보가 도용당했다. 어쨌든, 그 바람에 L은 은행 계좌가 모두 털리고 신용이 망가졌다. 그렇게 무일푼이 돼 줄곧 거리에서 살고 있다. "아버지가 아직 살아 계셨다면 이렇게 오래 거리에 나와 사는 일은 없었을 거예요."

노숙 생활이 어떤지 묻자 L은 끔찍하다고 말했다. "싫죠. 혐오해요." 한 남성이 자기를 따라오면 100달러를 주겠다며 L을 영화관으로 유인해 성폭행했다. 한 경찰관은 L을 표적 삼아 악착같이 괴롭혔다. L의 표지판에 대해 불법 전시로 딱지를 떼고 잔돈 통을 쏟아버렸으며 그림을 판매하는 자리에서 L을 쫓아냈다. L은 수개월간 모은 수입을 잃었다. 또 한번은 일요일 아침에 한 남성이 L의 발을 붙잡고 공원으로 끌고 가려 했다. L이 도와달라고 고함을 질렀으나 행인들은 그냥 지나갔다.

다친 개에 대한 아메리카 원주민의 이야기를 들어본 적이 있느냐고 L이 물었다. 나는 들어본 적이 없었다. "정확한 전설은 모르지만 거기에 담긴 생각은 이런 거예요. 우리 가운데 가장 선한 사람과 가장 악한 사람이 다친 개에게 관심을 보인다는 거죠. 가장 선한 사람은 그 고통을 느낄 수 있기에 돕고 싶어 해요. 가장 악한 사람은 그 고통 때문에, 다친 개가 연약해서 더 해치고 싶기 때문에 관심을 보이죠. 거리에서 살아가는 것도 비슷해요." L이 말했다. "가장 선한 사람과 가장 악한 사람이 노숙자에게 관심을 보여요. 가장 선한 사람은 돕고 싶어 하고 가장 악한 사람은 이용하고 싶어 하죠. 그리고 나머지 다른 모든 사람은 바다에서 길을 잃어요."

L이 웃음을 터뜨리며 한 부유해 보이는 할머니에 대해 이야기했다. 이 할머니는 거의 매일 와서 지팡이로 L을 때리며 일을 구하라고 했다. "그런데 할머니라서, 내가 매질에 항의하거나 어떤 행동을 하면 할머니한테 해코지한다고 사람들이 내게 소리 질러요." 기회가 된다면 그 할머니에게 무슨 말을 하겠는지 내가 물었다. "이렇게 말할 거예요. '절 손녀라고 생각해보세요. 할머니 손녀가 제 입장에 처했다면 다른 사람들이 이런 식으로 대하길 바라시겠어요?' 그러니까, 사람들이 나를 향해 쏟아내는 분노가 내 잘못 때문인 것 같진 않아요. 나는 사람들에게 감정 쓰레기통인 거죠. 그 사람들의 삶에서 분노나 불안을 없애는 빠른 방법인 거예요."

하지만 L은 표지판에 쓴 대로, 여전히 희망과 미소를 잃지 않았다. L에게 낯선 사람들은 때로는 비열하고 몹시 두려운 존재지만 또한 희망의 이유이기도 하다. "일부러 나를 보러 오는 사람들이 있어요. 자기 전화번호를 주고 매일 나를 찾아요. 내가 괜찮은지 확인하는 거죠. 평생의 친구들을 사귀었어요." 남자가 L의 발을 잡고 공원으로 끌고 가려 했을 때 매주 일요일 L에게 아침 식사를 가져다주는 근처 호텔의 야간 관리자는 그 가해자와 씨름해 경찰이 도착할 때까지 깔고 앉아 있었다. 정치에 관계하는 또 다른 친구는 경찰의 괴롭힘에 대해 듣고 시장을 찾아가 민원을 제기했다. 그 경찰관은 그 직후에 해고됐다고 한다.

L은 조심스럽게 낙관한다. 시간제로 그림을 가르칠 수 있게 도움을 주는 사람도 몇 명 있다고 한다. 한 변호사는 소송을 무료로 맡아 L의 신용 문제를 해결해주려 했다. L은 여전히 대학원에 다니고 싶다. 이 경험을 녹인, 첫 번째 미술 프로젝트가 무엇이 될지 묻자 L은 노숙에 관한 그래픽노블을 쓰고 싶다고 한다. "요점을 전달할 수 있을 만큼 진지하면서도 재미있게 쓰고 싶어요." 실제로 L은 무척이나 재미있는 사람이다.

"재미가 모든 걸 이겨요. 사람들에게 다가가고 싶으면 사람들을 웃게 만들어야 해요." L이 말했다. 나는 언젠가 아일랜드 희극 작가인 플랜 오브라이언이 받은 편지를 본 적이 있다고 L에게 말했다. 사람들이 울리는 것보다 웃기기가 더 쉽다고 생각하는 걸 한탄하는 내용이었다. "그게 아주 잘 요약해주네요." L이 말한다. "우울해하기보다 만사에 웃는 게 훨씬 더 어려워요. 슬퍼하기는 아주 쉽죠. 그런데 아무도 슬퍼하고 싶지 않아요. 그게 중요하죠. 울고 자신을 혐오하며 자책하는 걸 보고 싶은 사람은 아무도 없거든요. 사람들은 회복에 대한 이야기를 좋아해요. 더 나아지고 있다는 걸 확인하고 싶어 하죠."

◆ ◆ ◆

연구에 따르면, 낯선 사람과 대화하면 우리가 세계 안에 뿌리를 두고 있다고 느끼고, 주변 사람들에 대해 기분 좋게 느끼며, 주변 사람들이 우리에 대해 호감을 갖게 하는 데 도움이 된다. 이것이 낯선 사람과 대화해야 하는 중요한 이유이며, 내가 이런 상호작용을 시도했을 때 실제로 경험한 것들이다. 나는 마음이 한결 차분해지고 안심이 됐으며 소리 내 웃거나 미소 짓는 일이 더 많았다. 내 친화력의 일부는 불안이었고, 또 일부는 분명 심리학자들이 말하는 인간이 가진 긍정적 자기표현의 경향과 관련이 있었다. 연구자들에 따르면, 우리가 되도록 좋은 인상을 줄 때 사람들이 친절히 반응해 순환을 일으킨다. 약간의 가식으로 시작한 것이 상대의 진정한 감정 반응을 유발하고, 상대가 다시 우리에게 다정하게 대하면 우리는 진짜로 기분이 좋아진다. 이렇게 해서 의미 있는 상호작용을 위한 길이 열린다.

낯선 사람과의 상호작용은 대처하기 쉽지 않고 때로는 불쾌할 수도 있지만 그것을 상쇄하고도 남는 중요한 이점이 있다. 우리와는 근본적으로 다른 삶을 살고 있는 사람과 이야기를 나누다 보면, 어떤 불편함을 마주하지 않을 수 없다. 같은 공간에 살고 있지만 그들의 세계가 우리의 세계와는 매우 다름을 깨닫게 되기 때문이다. 우리에게는 익숙하면서 즐겁기도 한 거리가 그들에게는 두려움과 위험으로 가득하다. 앞서, 완벽한 공공장소인 브라이언트파크에 대해 이야기했다. 나는 그곳에서 많은 시간을 보내고, 그곳에 대해선 긍정적인 기억밖에 없다. 하지만 L에게는 한 낯선 이가 자신을 성폭행하기 위해 끌고 가려 한 곳이다.

내가 말하려는 요점은 이렇다. 옆에 앉아 있는 사람에게는 세상이 매우 다른 곳일 수 있다는 걸 알려고 노력하지 않는다면, 우리는 좋은 시민 그리고 도덕적인 사람이 되기를 바랄 수 없다. 그들에게 낯선 사람이 반드시 우리에게도 낯선 사람은 아니다. 그리고 우리를 갈라놓는 사회, 인종, 이념 등의 경계를 넘어 이를 이해하는 방법은 다가가서 말을 거는 것뿐이다.

18   뉴욕 지하철 살롱이 말해주는 것

흑인 소년에게 곤경에 처했을 때 즉시 경찰관을 향해 달려
가라고 조언할 수 있을까?

토머스 크녹스는 어느 날 탁자 하나와 의자 두 개를 들고 지하철 승
강장으로 내려가 사람들과 마주 앉아 대화를 하기 시작했다. 그는 왜
자신이 이런 행동을 하게 됐는지 설명할 수가 없다. 그냥 즉흥적으로
시작했다고 한다. "나도 모르겠어요. 왜 이런 일을 하느냐는 질문을
아주 많이 받았는데 아직도 어떻게 대답해야 할지 모르겠네요. 나는
사람들과 잘 어울리거든요. 어렸을 때부터 쭉 그랬어요. 그냥 사람들
이 좋아요. 매료된 거죠. 사람들과 더 많이 소통하면 더 나은 사회에
서 살 수 있을 거라 생각해요."

   즉흥적으로 시작한 일이기에 어떤 식으로 진행할지 사실상 계획이

없었다는 건 말할 나위가 없다. "첫날에는 꽃 한 다발을 가져갔어요. 그러고는 말했죠. '모든 분에게 꽃을 드립니다. 남자, 여자, 아이 상관 없이 모두에게 드려요.' 그러고는 의자에 앉았는데 사람들이 계속 말을 걸어오더라고요." 시간이 지나면서, 크녹스는 커넥트4라는 게임도 추가했다. 그래서 지하철을 기다리는 동안 사람들과 앉아서 이야기를 하거나 게임을 하거나 뭐든 원하는 걸 했다. 크녹스는 이 순간만큼은 자신을 친구로 설정했다. 그래서 일단 대화가 시작되면 완전히 몰두했고 이야기가 어디로 흘러가든 따라갔다. 이것은 재능이다.

나는 진행 방식이 궁금해졌다. "어떻게 진행되는 거예요?" 내가 물었다.

"사람마다 달라요. 어떤 사람들은 엄청 무례하죠. 내가 나 자신 또는 사랑이나 연애 목적으로 이런 일을 벌인다고 생각하거든요. 하지만 아니에요. 일단 이런 오해를 거두고 나면 우린 그 순간부터 가장 친한 친구가 되죠. 처음엔 날 믿지 못해서 지갑이나 가방을 가슴에 꽉 움켜쥐고 있어요. 그러다가 15분쯤 지나면 바닥에 두더라고요." 크녹스가 웃음을 터뜨렸다.

2019년 초 나는 크녹스와 함께 커피를 마셨는데, 그는 힘이 넘치고 투지만만하면서 카리스마 있고 지칠 줄 모르는 사람이었다. 나는 크녹스가 지하철에서 사람들을 어렵지 않게 무장해제하는 걸 보았다. 우리가 아는 지하철 예절을 떠올리면 쉽지 않은 일이다. "모두가 처음에는 경계심을 가져요. 특히 뉴욕에서는 자라는 내내 낯선 사람과 이야기하지 말고 등 뒤를 조심하라고 배우잖아요. 하지만 난 언제나 발견 모드로 살아왔거든요. 어떤 커피숍을 가든 바리스타에게 말을 걸어요. 모두가 이야기를 하고 싶어 하죠. 모두가요. 그런데 편안해야 이야기할 수 있잖아요. 나는 편안한 분위기를 금세 조성할 수 있어요. 날 누군가와 10분만 같이 있게 해보세요! 어쩌면 난 정신과의사가 됐어야 했는지도 몰라요. 트레이시 모건이 그러더라고요. '그쪽은 무료 상담을 해주는 정신과의사 같아요'라고."

그가 처음 지하철 승강장에 의자를 두고 앉아 승객들과 보낸 시간은 이른바 '기다리는 동안 데이트'로 불리었고, 이 지하철 살롱은 2015년 많은 언론의 주목을 받았다. 크녹스는 당시 애플에서 근무했는데 언론 보도에 대한 반응으로 받은 수천 개의 메시지를 처리하느라 일주일이나 휴가를 내야 했다. 지금도 여전히 메시지가 오고 있으며 오늘도 왔다. 크녹스는 전화기를 꺼내 페이스북 메시지를 보여줬다. 사람들은 그가 하는 일에 대해 고마워하고 도움을 요청하기도 했다. 메시지는 끝도 없이 죽 이어졌다. 그 후 크녹스는 대중 강연 활동을 하면서 교사, 기자, 운동선수에게는 의사소통에 대해 조언하고 학생들에게는 사람과 연결되는 것의 중요성에 대해 이야기하고 있다.

"어떤 사람들은 낯선 사람과 이야기하고 싶어 하지 않아요." 크녹스가 말했다. "불편하니까 저절로 그에 대해서 부정적이 되죠. 하지만 그 불편함을 극복하면 그 사람에 대해 알아내지 못할 게 없어요."

크녹스는 뭘 알아내고 싶은 걸까?

"나는 사람 자체가 흥미로워요. 어디 출신일까? 살면서 무슨 일을 해왔을까? 왜 어떤 건 사랑하고 어떤 건 싫어할까? 난 그런 사람이에요, 흑인을 싫어하는 사람도 받아들이죠. 진짜 인종차별주의자 말이에요. 내가 말하죠. '왜 우릴 싫어해? 흑인을 싫어하는 이유를 말해줄래.' 그 사람이 대꾸해요. '모르겠어, 흑인 녀석이 우리 엄말 죽였거든.' 그러면 난 또 이러죠. '완전 이해가 되네. 전적으로 동감해. 그런 일을 겪게 돼서 유감이야. 네 심정 존중해.' 그리고 우린 서로의 감정을 존중하며 헤어지죠. 상호 존중이 있으면 그걸로 충분해요. 꼭 가장 친한 친구가 돼야 할 필요는 없어요."

크녹스는 상당히 자신감이 넘쳐 보였다. "두렵진 않아요. 나보다 나은 사람도 없지만 나보다 못한 사람도 없죠." 이 말은 내가 지금까지 들은 말 중 가장 철두철미한 미국적 사고방식이었다. 그러니까 토머스 크녹스는 내가 만난 이들 가운데 가장 미국인다운 미국인이었다.

우리가 처음 만났을 때, 크녹스는 뉴욕과 필라델피아를 오가며 지냈다. 우리는 자연스럽게 뉴욕에 대해서도 이야기하게 됐다. 크녹스가 보여준 낯선 사람에 대한 열의와 낙관주의에 감명을 받아, 나는 사람들이 인정하는 것보다 뉴욕이 훨씬 더 친화력이 있는 도시라고 말했다. 확실히 내 고향보다는 그랬다. 나는 뉴욕으로 이사 온 후 크리스마스를 맞아 고향 보스턴에 갔는데, 친구 집에서 실없는 이야기를 많이 들었다. "근사한 뉴욕은 어때, 근사한 뉴요커 씨." 고등학교 친구가 나를 향해 큰 소리로 말했다. 나는 뉴욕 사람들은 누군가 지하철 계단에서 무거운 짐을 들고 있으면 실제로 도와준다고 했다. 그런데 보스턴 사람들이 누군가 지하철 계단에서 유모차를 옮기고 있을 때 멈춰 서면 왠지 그들이 넘어지길 바라서일 것 같다고 농을 했다. 그러자 그 친구가 대꾸했다. "그거 알아? 네 말이 옳아. 또 그거 알아? 마음에 안 들면 보스턴에서 꺼지시지!"

나는 크녹스에게 뉴욕에 대해 이야기하면서 그때 일이 떠올라 좀 흥분했다. 나는 뉴욕 사람들이 무뚝뚝하고 조급하며 길을 가로막으면 야유를 쏟기도 하지만 그와 동시에 서로에게 관심을 기울이고 도움이 필요한 사람에게는 도움을 줄 거라고 말했다. 천만 명이 밀집한 도시가 혼란에 빠지지 않는 유일한 이유는 모든 사람이 매일 쏟는 작은 노력 때문인 것 같다고 말이다. 나는 유모차나 여행 가방을 옮기는 일을 도와주는 사람들을 자주 본다. 내가 뭔가를 떨어뜨리면 거의 매번 누군가가 주워서 돌려주었다. 내 딸한테도 마찬가지다. 나는 얼음이 꽁꽁 얼어붙은 날 중심가 인도에서 최소한 네 번 이상 넘어졌는데, 매번 두어 명의 낯선 사람이 순식간에 다시 일어설 수 있게 도움을 줬다. 정감 어린 농담도, 야단스런 감사 인사도 없지만 그들은 우리를 지지해서 우리가 우리의 길을 가게 했다.

이때 크녹스의 표정이 조금 의례적으로 보였다. 그래서 나는 이야기를 멈추고 물었다. "그쪽은 그런 적 없었어요?"

"네."

그때는 겨울이었는데, 우리는 걷기로 했다. 물건을 챙기다가 크녹스는 뭔가 빠뜨렸다는 걸 깨달았다. 둘러보다가 목도리가 바닥에 떨어져 무심코 발에 채인 것을 알았다. 크녹스가 목도리를 집어 들어 내게 보여줬다. '봤죠?' 이렇게 말하는 듯했다.

크녹스는 낯선 이에게 말 걸기의 달인이다. 하지만 나는 백인 남성이고 그는 흑인 남성이며 이곳은 미국이다. 그래서 그의 낯선 사람들이 언제나 나의 낯선 사람들처럼 행동하지는 않는다.

도시 생활과 관련한 아이러니는 또 있다. 이는 이민자가 유입되거나 다양성이 증가하는 곳이면 어디에나 사실상 적용된다. 이상적으로 말하면, 다양한 사람들 사이의 삶은 성장하고 배우고 확장하며 새로운 생각과 사회관계망에 접근할 수 있는 기회를 제공한다. 연구자들은 실제로 기업의 다양성과 창의성 사이의 연관성을 규명하기도 했다. 하지만 다양성이 빛을 발하려면 접촉이 중요하다. 우리의 친구 울리 보이터 코언이 서브웨이 북 리뷰를 운영하면서 알게 된 것처럼, 다른 집단의 일원과의 접촉이 서로의 삶을 이해하는 데, 다시 말해 서로의 현실이 다를 수 있음을 이해하는 데 무엇보다 도움이 된다. 이는 다양성을 가진 국가의 건강한 민주주의를 위한 요건이자 지혜 같은 것이다. 1848년 존 스튜어트 밀이 쓴 대로 "인간이 다른 사람들과 갖는 접촉의 가치는 아무리 이야기해도 지나치지 않다. 이런 소통은 언제나 있어왔고, 특히 현대에는 진보의 주요 원천 가운데 하나다."

하지만 특히 우리 사이의 경계가 갈등, 차별, 또는 깊이 뿌리박힌 편견 때문에 굳어지면, 심리와 문화가 합세해 이런 연결을 좌절시킬 수 있다. 그 사례를 찾기란 어렵지 않지만, 한 가지 예로 미국에서의 인종 문제를 살펴보자.

2017년 몬클레어주립대학의 존 폴 윌슨(John Paul Wilson)이 이끈 한 연구는 비흑인 미국인 실험 참가자에게 체형이 같은 젊은 백인 남성과 젊은 흑인 남성의 사진을 비교해달라고 했다. 실험 참가자는 거듭 흑인 남성이 백인 남성보다 더 크고 근육질이며 더 위협적이라고 인식했다. 그 결과, 경찰이 백인 남성보다 흑인 남성에게 물리력을 사용하는 게 더 정당하다고 생각했다. 이 연구에 앞서 수년간에 걸친 연구들이 관련된 많은 결과를 내놓았다. 백인 실험 참가자는 흑인이 무기를 들고 있었다고 잘못 기억할 가능성이 더 컸다. 그들은 흑인 남성의 손에 있는 평범한 도구를 무기로 혼동하는 일이 잦았다. 백인들은 또한 백인의 얼굴보다 흑인의 얼굴에 나타나는 분노 신호에 더 민감했다. 게다가 흑인의 얼굴을 잘 구별하지 못했는데, 그 얼굴이 화 난 경우에는 기억했다.

이는 왜 흑인 미국인이 백인 미국인보다 경찰의 총격을 받는 비율이 훨씬 더 높은지 설명하는 데 도움이 된다. 그렇기 때문에 나의 어린 딸이 곤경에 처하면 경찰관에게 달려가라고 주저 없이 말할 수 있지만 내 아이가 흑인이라면, 특히 흑인 남자아이라면 이런 검증되지 않은 확신을 가지고 아이에게 그렇게 하라고 말하지 않을 것이다. 또 이것이 아마도 커피숍에서 아무도 토머스 크녹스의 목도리를 주워주지 않은 이유일 것이다.

편견이 강한 사람일수록 이런 효과가 높아진다는 사실은 놀랍지 않다. 하지만 자신이 편견을 갖고 있다고 생각하지 않는 사람도 다른 집단 출신의 낯선 사람을 비인간화할 수 있다. 흑인 미국인 작가 하니프 압두라킵은 이런 대접을 받는 쪽의 기분이 어떤지를 절묘하게 포착했다. "현재 내가 가장 자주 듣는 말은 다정하다는 말이다. 어느 누구보다도 백인들한테서 이 말을 많이 듣는다. (중략) 나를 잘 모르는 사람들은 내 눈에서 다정함을 읽을 수 있다거나 내 안에 잠재된 다정함을 느낄 수 있다고 말한다. 그러면 나는 대개 웃으며 거북하게 어깨를 으쓱하고는 짤막히 고맙다고 말한다. 특히 나와 친숙하지 않은 사람들이 그럴 때 그들이 칭찬하는 진짜 이유는 흑인이니까 으레 있을 거라고 짐작한 기질이 내게 보이지 않기 때문이라는 점을 나는 안다."

이런 비인간화는 인종 문제에 국한하지 않는다. 성차별의 역사는 수천 년에 걸친 비인간화의 과정인데, 1997년의 로맨틱 코미디 영화 〈이보다 더 좋을 순 없다〉에서 이를 잘 포착하고 있다. 누군가가 잭 니컬슨이 연기한 유명 로맨스 소설가에게 여성 인물을 어떻게 그렇게 잘 그리는지 묻자, 그는 이렇게 대답한다. "남자를 생각하면서 거기서 이성과 책임을 제거하죠." 이것이 비인간화다.

도시 사람들과 지방 사람들이 서로를 비인간화하는 일도 비일비재하다. 내가 아는 북동부 출신의 유대인은 오클라호마에 있는 대학에 갔는데, 농담이 아니라 친한 동급생이 뿔이 어딨냐고 물었다고 한다 (이 여성은 그 말에 아주 훌륭하게 응수했는데, 싱긋 웃으면서 "화날 때만 나와"라고 말했다). 한편 북부에 있는 대학에 간 남부 출신 미국인한테서는 그들의 똑똑함에 북부 출신 학생들이 무척 놀라더라는 이야기를 들었다. "내 말투는 어렸을 때보다 훨씬 남부 억양이 덜해서 지금은 출신지를 거의 알아차리지 못할 정도예요." 남부 태생으로 시카고에 살고 있는 한 프리랜서 기자는 이렇게 쓰고 있다. "고등 교육을 받으면 일반적인 미연방 억양을 빠르게 익힐 수 있죠."

◆ ◆ ◆

새로운 이민자들은 끊임없이 비슷한 두려움, 비하, 비인간화에 시달린다. 동물이나 병균에 비유되고 인식 능력이 열등하며 격렬한 충동을 통제하지 못한다고 여겨진다. 역사가 존 하이엄(John Higham)은 미국 토착주의를 다룬 책에서 사람들이 이민자에 대해 실제로 한 끔찍한 말들을 수집했다. "몰려오는 유해한 파충류들" "치렁치렁한 머리카락에 눈이 사납고, 냄새가 나며, 신을 믿지 않고, 평생 사회에 유익한 일을 해본 적이 없는 난폭하고 비열한 외국 놈들" "라인강, 다뉴브강, 비스툴라강, 엘베강에서 온 사회의 쓰레기" "극악무도한 바알

세불(《신약성경》에서 사탄의 별명으로 사용된 명칭-옮긴이)" "유럽의 상종 못할 쓰레기".

당시 사람들은 독일인들에 대해 기겁했다. 오늘날, 유럽 외 지역 출신 이민자와 난민의 유입을 경험한 많은 국가에서 같은 유의 공격을 본다. 나는 몇 년 전 버스 한 대분의 난민 어린이들이 도착하자 항의하기 위해 나타난 샌디에이고의 남성을 종종 생각한다. 그는 기자에게 이렇게 외쳤다. "어떤 범죄가 일어나겠소?"*

이렇게 우리는 다른 집단의 사람들을 비인간화하는 경향이 있다. 문화가 그 사람들이 뭔가 부족하다는 생각을 강화할 때 특히 그렇다. 이를 고려하면, 특히 과거에 긍정적 상호작용을 해본 적이 거의 없다면, 그들과 상호작용해야 한다는 생각에 불안해지는 게 이해가 된다. 이를 가리키는 용어가 집단 간 불안이다. 오랫동안 이 현상을 연구한 심리학자 월터 스테펀(Walter Stephan)에 따르면 "이런 이유로 다른 집단 사람과의 상호작용은 대개 내집단 일원과의 상호작용보다 더 복잡하고 어렵다."

거의 모든 사람이 어느 정도 집단 간 불안을 겪지만 편견을 가진 사람들, 자신이 속한 집단과의 동일시가 매우 강한 사람들, 이전에 다른 집단과 접촉한 적이 없거나 부정적 접촉을 한 경험이 있는 사람들 사이에서, 그리고 경쟁 상황이나 수 또는 지위 면에서 불균형이

* 역사가이자 정치학자인 아리안 슈벨 다폴로니아(Ariane Chebel d'Appollonia)는 반이민자 정서가 우리가 생각하는 바와 달리 국가의 경제 상황과 관련이 없으며 상징적 위협에 대한 반응일 가능성이 훨씬 더 높음을 보여줬다. 이민자들이 우리 삶의 방식에 위협이 된다고 생각한다는 말이다. 이는 어느 정도 이민 규모에 대한 심각한 과대평가에 의한 것이다. 예를 들어, 2006년 미국 인구의 12퍼센트가 국외에서 태어났다. 하지만 설문에 응한 미국인의 25퍼센트가 그 비율을 그보다 더 높게 말했다. 이런 "인종 위협에 대한 인식은 대체로 실재와 다르다"고 아리안 슈벨 다폴로니아는 쓰고 있다.

있는 상황에서 특히 확연하다. 이 불안은 심리와 정서 차원에서 나타날뿐더러 신체 차원에서도 나타난다. 이런 상호작용은 혈압과 스트레스 호르몬인 코르티솔의 수치를 높인다고 밝혀졌다.

이제, 우리는 사회규범부터 걷는 속도까지 낯선 사람들에게 말을 걸지 못하게 하는 많은 요인에 대해 알고 있다. 스테펀은 여기에 네 가지 두려움을 더했다. 우리는 낯선 이들이 우리를 해치거나 괴롭히거나 속이거나 질병을 감염시킬까 봐 걱정하고, "어색하거나 오해받거나 무섭거나 혼란스럽거나 짜증 나거나 좌절하거나 무능하다고 느끼게" 될까 봐 걱정한다. 그들이 우리를 싫어하거나 조롱하거나 거부할까 봐 걱정하며, 그들과 어울리는 걸 우리 편에서 탐탁하지 않게 여길까 봐 걱정한다. 수년 동안 추가로 이뤄진 연구들에 따르면, 사람들은 차이가 좁혀지지 않으리라고 생각해서, 또는 부정적 고정관념을 가질 수밖에 없어서, 또는 2장에서 본 대로 상대가 자신과 이야기하는 데 관심이 없으리라고 생각해서, 다른 집단의 일원에게 말 걸기를 주저한다. 다수 집단에 속하는지 소수 집단에 속하는지와 무관하게 이런 생각을 할 수 있다. 이성애자는 동성애자와의 대화를 불안해할 수 있고 거꾸로도 마찬가지다. 연구에 따르면, 백인과 흑인 그리고 미국인과 비미국인도 마찬가지다.

편견이 많은 사람일수록, 좋아하지 않거나 대립하는 집단의 낯선 이들과 이야기하길 피한다는 사실은 분명하다. 하지만 이런 경계를 넘어 대화해야 할지도 모른다는 생각은 편견이 덜한 개인에게도 불안을 유발하기 때문에, 집단 간 불안이 사람들로 하여금 서로를 완전히 피하면서 동족하고만 함께하도록 부추길 수 있다. 확실히, 우리는 정치에서 이런 현상을 본다.

저널리스트인 빌 비숍(Bill Bishop)은 미국에서 점점 심해지는 자기분리, 이른바 '광범위한 분류'(the big sort, 비숍은 《광범위한 분류》라는 책에서 지난 30년 동안 미국인들이 어떻게 광역 또는 주 차원이 아니라 도시와 동네라는 미시 차원에서 자신을 동질적 공동체로 분류해왔는지 보여준다-옮긴이)가 정치 양극화의 주요 동인이라고 주장했는데, 설득력이 있다. 우리가 다른 집단을 피하면 서로에 대한 더욱 복잡한 인식을, 다시 말하자면 정확한 인식을 발전시킬 수 없다. 서로의 삶을 이해할 수가 없는 것이다. 이렇게 되면 고정관념이 확인되지 않은 채로 남아 편견이 훨씬 견고해진다. 이는 여러 집단 사이의 긴장을 완화하는 가장 효과적인 방법인 집단 간 접촉에 상당한 장애물이 된다. (이에 대해서는 곧 다시 다룰 예정이다.)

게다가 간과해서는 안 될 사실은 역사에 남을 만한 수준의 이민이 사회를 더욱 친화성 있고 감정을 더 많이 표현하게 만드는 반면, 사람들로 하여금 이주민뿐 아니라 사실상 자신이 속한 집단의 일원과도 관계를 맺지 못하게 만들기도 한다는 점이다. 적어도 단기적으로는 말이다. 이 불행한 발견을 한 사람은 정치학자 로버트 퍼트넘이었다. 2007년 퍼트넘은 다양성이 높은 곳일수록 사람들이 다른 집단만이 아니라 동족으로부터도 멀어지는 경향을 보인다고 밝혔다. 퍼트넘은 이민과 다양성이 결국에는 "문화, 경제, 국가 재정, 발전 면에서 중요한 이점을 가질 가능성이 크다"고 언급하면서도 사람들로 하여금 "움츠러들게" 해 신뢰, 이타심, 지역 참여, 친구 수의 감소로 이어질 수 있다고 지적했다.

"다양성은 적어도 단기적으로는 우리 안의 소극적인 거북이를 끌어내는 것 같다." 퍼트넘은 이렇게 말하고 계속해서 다음과 같이 썼다.

다양성이 "인종 간의 관계를 악화"시키거나 민족 집단의 적대감을 낳지는 않음을, 우리의 연구는 말해준다. 그보다, 다양성이 있는 공동체의 주민들은 집단생활에서 멀어져, 피부색에 상관없이 이웃을 불신하고, 가까운 친구들로부터도 멀어지며, 지역사회와 그 지도자한테서 최악을 예상하고, 자원봉사와 기부와 지역사회 행사 참여가 줄어들며, 선거인 등록을 덜하고, 더 많은 사회 개혁을 주장하지만 실제로 변화를 일으킬 수 있다는 믿음은 덜하며, 텔레비전 앞에 불행히 몸을 움츠리는 경향이 있다. (중략) 다른 사회성 지표에 따라 약간의 차이가 있기는 하지만, 다양성은 남녀 모두에게 똑같이 영향을 미치는 것 같다. 다양성이 사회성에 미치는 영향은 보수 성향의 사람에게 약간 더 큰 것 같지만 진보 성향의 사람에게도 상당하다. 다양성은 백인에게 확실히 더 큰 영향을 미치지만 비백인에게도 그 영향이 뚜렷하다.

하지만 에릭 어슬래너는 퍼트넘의 결론에 문제를 제기했다. 어슬래너는 불신과 소외로 이어지는 건 다양성 자체가 아니라 분리라고 봤다. "사람들이 서로 떨어져 살면 신뢰와 관용을 높이는 데 꼭 필요한 의미 있는 접촉이 일어날 가능성이 낮다." 이렇게 접촉이 부족해지면 집단 사이의 신뢰만이 아니라 사회 전반의 신뢰가 떨어진다. 도시 그리고 동네의 다양성이 점점 더 높아질 순 있지만, 주민들이 자기 선택에 따라 또는 어쩔 수 없이 계속 분리돼 있다면, 생애 대부분을 다른 집단 일원과의 의미 있는 만남 없이 보내게 될 수도 있다. 이렇게 되면 사람들이 다른 집단의 일원과 이야기해야 할지도 모른다는 생각에 불안해서 그들과 만나려 하지 않을 것이며, 따라서 외집단에 대한 고정관념이 그대로 남아 분리를 강화할 것이다. 사람들은 서로에게 영원히 낯선 이로 남아 고통을 겪을 것이고, 그 사회 또한 그럴 것이다.

이런 상황이 암울해 보이는 까닭은 실제로 암울하기 때문이다. 이것은 매우 복잡한 문제다. 하지만 (조심스레 전하는) 좋은 소식은, 우리가 이 외집단의 낯선 사람과 아귀다툼 또는 내전 같은 부정적 상호작용이 아니라 긍정적 상호작용을 하려고 노력한다면 예상보다 더 잘될 가능성이 높다는 점이다. 2장에서, 사람들이 낯선 이들과의 대화를 몹시 비관적으로 전망하는 경향이 있음을 봤다. 낯선 이들과 대화가 잘 안 되리라 생각하기 때문에 접촉을 피했지만 막상 대화를 나누고 나서는 자신의 고정관념이 틀렸음을 인정하고는 내심 기뻐했다.

2008년 심리학자 로빈 맬릿(Robyn Mallett)은 이런 두려움이 실제로 근거가 있는지 알아보려고 실험을 진행했다. 연구자들은 백인 실험 참가자들에게 비행기에서 흑인 또는 백인 옆에 앉아 있다고 상상하게 했다. 그런 다음 "그 사람과 상호작용하면서 짜증 나고, 분개하고, 긴장하고, 화나고, 두려워하고, 열광하고, 편안하고, 행복하고, 흥분하고, 기분 좋을 가능성이 얼마나 될지" 예측해달라고 했다. 실험 참가자들은 옆 사람이 흑인인 경우 상호작용에 대해 상당히 더 큰 불안을 드러냈다. 다음 연구에서는, 대부분 백인이지만 아시아인, 흑인, 라틴계 학생도 포함된 실험 참가자들을 예측하는 사람과 경험하는 사람 두 집단으로 나눴다. 예측하는 사람에게는 성, 인종, 성적 지향, 계급 등이 다른 집단의 일원과의 상호작용이 어떻게 진행될지 예측해보라고 했다. 나머지 절반의 경험하는 사람에게는 실제로 다른 집단의 일원과 대화를 나누고 대화가 어땠는지 보고해달라고 했다. "예상대로, 예측하는 사람은 경험하는 사람이 보고한 것보다 집단 간 상호작용을 하는 동안 부정적 감정을 더 많이 느낄 거라고 예측했다." 이는 성별이나 인종과 무관했다.

그다음 연구는 차이의 인식에 초점을 뒀다. 이에 따르면, 흑인과 백인 실험 참가자 모두가(예측하는 사람들과 경험하는 사람들이 똑같이) 자신이 다른 집단의 일원과 공통점이 거의 없으리라고 예상했다. 하지만 경험하는 사람은 실제로 다른 집단 사람과 이야기를 나눠보고는 둘 사이에 공통점이 있으며 예상보다 대화가 더 즐거웠다고 보고했다. 게다가 실험 참가자들은 같은 집단의 대화 상대만큼이나 다른 집단의 대화 상대와 공통점이 많다고 느꼈다고 보고했다. "많은 경우, 비행기에서 사회집단이 다른 낯선 사람 옆에 앉은 사람들은 길고 불편한 여행을 예상한다." 연구 저자들은 이렇게 결론지었다. "우리의 데이터는 그들이 낯선 사람과 막상 대화를 시작하면 예상보다 더 즐거울 것임을 말해준다."

로버트 퍼트넘은 미국에서 인종 및 민족 갈등을 완화하기 위해서는 "다름에 대한 관용이 필요하지만 그건 첫걸음에 지나지 않는다"고 주장했다. "공유하는 정체성을 강화하려면, 새로 미국인이 된 사람들과 원래 미국인인 사람들이 일하고 배우고 즐기고 생활하는, 민족 간 의미 있는 상호작용의 기회가 더 많이 필요하다." 다시 말해, 기피와 고립이 증오와 폭력으로 굳어지기 전에 낯선 사람들과 대화하는 법을 배워야 한다고 그는 말한다.

◆ ◆ ◆

미국에서는 서로 다른 집단 사이에 다리를 놓기 위해 노력하는 사람들이 있다. 그 가운데 한 사람이 명석한 사상가인 대니엘 앨런(Da-nielle Allen)이다.

대니엘 앨런은 내향적인 사람이지만 낯선 이들에게 말을 건넨다. 앨런은 부모로부터 이런 습성을 이어받았다. "나를 키워주신 분들은 다른 사람의 장점을 볼 줄 아는 열린 분들이셨죠." 앨런이 말한다. 또, 앨런은 그가 자란 캘리포니아 남부의 동네에서도 이런 습성을 이어받았다. "내가 자란 동네에서는 아는 사람이건 모르는 사람이건 상관없이 거리에서 지나치는 사람들한테 인사를 해야 했거든요. 그러다가 동부 해안에 있는 프린스턴대학에 왔는데, 기존 사고체계가 뒤집히는 충격을 받았죠. 1학년 때 교내에서 온갖 사람한테 손을 흔들고 인사해도 아무도 답인사를 해주지 않더라고요. 그런데 난 왜 그런지 알 수가 없었어요. 내가 도착한 이곳은, 사람들이 서로의 존재를 인정하지도 않는 이곳은 어떤 곳일까? 여기서 시작됐죠."

앨런은 흑인인데, 프린스턴대학에 다닐 때 인종을 둘러싼 많은 논란이 있었다. 사회성 부족과 인종 스트레스로 앨런은 신뢰가 작동하는 방식에 대해, 무엇이 사람들로 하여금 공동체 내 다른 사람들을 신뢰하게 만드는지 그리고 무엇이 불신을 불러일으키는지 생각하게 됐다. 앨런은 동부가 서부보다 친화력이 덜한 이유가 시대와 관련이 있다고 생각하게 됐다. 동부는 역사상 캘리포니아보다 인종과 계급 면에서 더 엄격하고 위계적이었다. 앨런은 이를 '화석화된 차이의 경계'라 불렀다. 이로 인해 사람들이 서로 분리돼 소원해졌다. 앨런은 사회의 이런 냉담성에 어떻게 대처했을까? "움츠러들었다고 하는 게 맞죠."

몇 가지 요인이 이를 바꿔놓았다. 첫째, 앨런은 영국에서 공부한 적이 있었다. 런던 사람들이 스스로 어떻게 생각하든, 앨런이 보기에 그들은 모두가 쉽게 이야기를 나눴다. "영국은 대화하는 문화예요. 훨씬 더 말을 하는 문화죠. 장난기가 더 많고 농담을 더 많이 해요. 낯선 사람들 사이의 대화가 무엇을 할 수 있는지 보여주는 오랜 문화가 있는 곳에서 지낸 경험이 강렬했어요." 그 후 앨런은 시카고대학에 자리 잡고 학교 내 공동체와 그 주변, 즉 시카고 사우스사이드 지역 공동체 사이의 구분선을 연구하기 시작했다. "사람들이 '여기서 걸어 다니지 마라' '저기에 차를 몰고 가지 마라'라고 경고하더군요(시카고 대학 주변은 슬럼화되어 위험할 수 있다고 한다-옮긴이). 그러다 보니 내가 가진 필수 능력이 다소 억눌리는 느낌이었어요. 나의 사회 지식과 주변 세계를 탐색하는 능력이 위축되는 것 같았죠. 그래서 내 동료들이 시카고라는 더 큰 세상에 대해 가진 두려움이 어떻게 실제로 그들의 지적 능력을 약화시키는지 생각하기 시작했어요." 알다시피, 낯선 사람과의 접촉은 우리를 확장시킬 수 있다. 그들은 그럴 기회를 놓치고 있었다.

그다음에 앨런은 "낯선 사람에 대한 두려움 때문에 여러 가지 지적·사회적 능력이 실제로 약해지는 함정에서 벗어나는 방법"을 생각하기 시작했다. "그러면서 사회 연결에 다리를 놓는 일의 가치에 정말로 관심을 갖게 됐죠. 거기에는 지적, 인간적, 정서적 가치가 있어요. 이 말은 낯선 사람이 위험하지 않다는 뜻이 아니에요. 요점은, 우리가 사실은 그 위험을 줄이고 완화하며 관리하고 대비하는 법을 배울 수 있다는 거예요." 이런 통찰은 널리 찬사를 받은 시카고 사우스사이드 지역에 대한 연구로, 그다음에는 앨런에게 하버드대학 교수직과 맥아더재단 '천재 장학금', 그리고 미국 최고 사상가 가운데 한 사람이라는 세계적 명성을 얻게 해준 엄청난 연구로 이어졌다.

2004년 출간한 《낯선 이에게 말 걸기: 브라운대 교육위원회 재판 이후 시민의 불안(*Talking to Strangers: Anxieties of Citizenship Since Brown v. Board of Education*)》에서, 앨런은 미국에서 인종 간 불신을 줄이는 방법을 제시했다. 이 책은 미국 역사와 그리스 철학에 뿌리를 두고 낯선 사람과의 대화법 배우기를 틀로 삼았다. "인종, 민족, 또는 계급 구분을 넘어 낯선 사람을 대화에 끌어들이면 한 쌍의 눈을 추가로 얻을 뿐만 아니라 보이지 않는 세계의 일부를 보고 이해하는 능력을 또한 얻게 된다. 자기 정원 밖에 있는 것에 대한 진정한 지식은 두려움을 치유하는데, 낯선 사람과의 대화를 통해서만 그런 지식을 얻을 수 있다." 앨런은 계속해서 다음과 같이 쓰고 있다.

우리는 대부분 낯선 사람들 사이의 삶에서 긍정적인 즐거움을 얻는다. 낯선 이들은 종종 우리에게 경이로움의 원천이며, 경이로움은 아리스토텔레스가 쓴 대로 철학의 시작이다. 낯선 이들은 우리 인간이 가진 배움에 대한 욕구를 채우는 데 도움이 된다. 현재 우리가 살고 있는 세상에 대한 지혜는 대개 책에서는 얻을 수가 없다. 책은 그럴 수 있을 정도로 빠르게 쓰이거나 읽힐 수 없기 때문이다. 낯선 이들은 그 지혜를 얻을 수 있는 최고의 원천이다. 소크라테스를 예로 들어보자. 소크라테스는 아테네인이건 외국인이건 만나는 모든 사람과 자유로이 대화를 나눔으로써 '너 자신을 알라'는 명령에 살아 있는 형식을 부여했다. 낯선 사람에 대한 두려움을 직접 치유하는 방법은 우리가 두려워하는 세상 곳곳에서 온 낯선 이들과의 대화에 특히 열심히 참여하는 것이다.

또, 앨런은 낯선 이와의 대화를 습관화했다. 그러자 일상생활에서 더 안전함을 느꼈다. "무서운 인신공격이 낯설지 않지만, 이제 내게 낯선 이들은 두려움의 원천이 아니라 놀랄 만한 즐거움의 원천이에요. 게다가 내가 세상을 자유로이 그리고 널리 돌아다닐 수 있도록 힘을 주는 지식의 원천이죠. 개인으로서 갖는 이런 자신감은 낯선 사람들과 대화함으로써 정치적 다수임에 속하는 것처럼 행세할 때 얻는 큰 보상 가운데 하나입니다."

나는 앨런에게 이런 상호작용을 통해 무엇을 배웠는지, 앨런의 접근법은 무엇인지, 특히 과열되기 쉬운 다른 인종 사이의 대화가 유익한 결과로 이어질 가능성을 어떻게 하면 높일 수 있을지 물었다. "내가 배운 한 가지는 낯선 이와의 대화는 선물을 주고받는 것과 같다는 거예요. 선물을 준다는 건 상대에게 우리 자신에 대한 뭔가를 공유한다는 뜻이죠."

앨런은 어렸을 때 내향 성향에서 벗어나려 노력하면서 대화를 시작하는 방법은 질문하는 것이라고 생각했다. "실제로 사람들과 대화하기 위해 질문 목록을 만들어뒀죠. 물론 그건 대화 상대가 인터뷰를 하고 있는 듯한 기분이 들게 할 뿐이었어요." 앨런이 웃음을 터뜨렸다. "가장 중요한 점은 호혜 관계라는 걸 알게 됐죠. 우리가 상대에게 얻고 싶은 게 있다면 우리도 그들에게 뭔가를 줘야 하거든요. 우리 삶이나 관점의 일부분 같은 걸 공유해야 해요. 그런 점에서 우리가 편안하게 공유할수록 상대도 더 편안하게 다시 공유하죠. 선물을 주는 관습과 어느 정도의 상호 취약성을 수용하는 것 사이에는 얼마간 관계가 있어요. 그것이 상호작용의 시작점이죠."

지금은 낯선 사람과의 대화가 조금 수월해졌다고 앨런이 말한다.

내향적인 편이어서 대화를 많이 나눈 후에는 혼자 있는 시간이 필요하지만 말이다. 하지만 더 중요한 점은, 낯선 사람과의 대화가 세상에 대해 기분 좋게 느끼는 데 도움이 된다는 사실이다. 이는 사회, 인종, 정치 분열을 연구하면서 일생을 보낸 사람에게는 쉽지 않은 일이다. "낯선 사람과 대화를 나누면 인류 전체가 더 좋아져요. 사람들에 대한 개방성 덕분에 얻는 게 많아졌죠." 그래서 앨런은 낯선 사람과의 대화를 확대하고 싶어 한다.

2018년 앨런은 학계, 재계, 법조계, 비영리 부문, 기술계, 정계의 최고 지성들로 이뤄진 미국인문과학학술원이 당파를 초월해 소집한 단체인 민주시민실천위원회(Commission on the Practice of Democratic Citizenship)의 공동 회장이 됐다. 단체의 목표는 미국 시민 생활의 급격한 붕괴를 해결하고, 바라건대 그 이전으로 되돌리는 것이다. 2020년 이 위원회는 '우리의 공동 목표'라는 야심찬 보고서를 발표했다. 여기에는 정부 체계를 개혁하고, 시민 참여를 활성화하며, 다른 행성에 가서 살고 싶거나 아니면 적어도 상대편이 다른 행성에 가서 살았으면 싶은 미국인들을 한데 묶는 31개 핵심 행동 계획이 담겨 있다. 이 위원회는 미국 전역에서 50여 차례 행사를 열어 "양극화 시대에도 미국인들은 모여서 고민하고, 서로 대화를 나눌 기회를 간절히 바란다"는 사실을 거듭 확인했다.

이 위원회는 시민사회기반국민재단(National Trust for Civic Infrastructure)을 만들자고 제안했다. 이 재단은 다양한 배경과 신념을 가진 사람들을 공공장소, 프로그램, 행사를 통해 함께 모으는 것을 지원할 작정이었다. 요컨대, 낯선 이들과 대화하는 법을 새로이 배울 수 있도록 국가 차원의 노력을 제안했다.

그렇게 해서 사람들을 한정된 공간에 모으는 데 성공한다고 해보자. 그다음에는 무엇을 해야 할까? 유리문 양편에서 서로에게 고함치지 않고 상호작용할 수 있도록 하려면 어떤 능력을 가르칠 것인가? 이 완고한 정파주의자들이 서로를 보기만 해도 편안함을 느껴, 그 문이 열리면 달려 들어가 서로를 갈가리 찢어놓는 게 아니라 손가락을 접촉하며 즐겁게 팬트후트한 후 바나나를 나눠 먹게 하려면 어떻게 할 것인가? 내가 이 은유를 억지로 갖다붙이는 것인지도 모른다. 하지만 서로 증오하는 낯선 이들을 어떻게 대화하게 할 수 있을까? 이 난제에 대한 해법을 찾기 위해, 미주리주 세인트루이스로 가는 마지막 여정에 동참해주길 부탁한다. 그곳에 수백 명의 정치 당원이 우리를 기다리고 있다.

19 적과 수다를 떨어보겠습니까?

분열과 불만이 만연한 양극화 시대, 트럭 뒤편에서 가장 먼저 굴러떨어진 건 호기심의 시체였다.

홀리는 개인 홈스쿨 교사다. 홀리라는 이름은 가명인데, 실명을 밝히면 생계를 위협받을 수 있다고 생각해서 실명을 밝히지 않기로 했다. 홀리는 대부분이 민주당을 지지하는 남부의 한 작은 도시에 살고 있는 공화당 지지자다. 하지만 홀리의 경험은 같은 이념이라는 물에서 바깥으로 나온 물고기의 경우보다 좀 더 독특하다. 홀리가 가르치는 학생의 절반은 공화당을 지지하는 가정의 아이들이고, 또 절반은 민주당을 지지하는 가정의 아이들이기 때문이다. "물론 나는 완전히 중립을 유지합니다. 교사라면 그래야만 합당하죠." 홀리가 말한다. "나 자신의 정치, 철학 또는 종교 체계를 교실에서 견지하는 건 온당치 않아요." 그렇지만 자신이 공화당 지지자임을 민주당을 지지하는 가정에서 알게 된다면 일을 반쯤 잃게 되리라는 게 홀리의 생각이다. 지지 정당을 밝히길 거부하기 때문에, 일부 공화당을 지지하는 침례교인 가정은 이미 홀리를 경계의 눈으로 보고 있다. 몇몇 가정은 홀리가 마녀의 술법 같은 미신 행위를 하지는 않는지 정중히 물어왔다 (홀리는 그런 것을 하지 않는다).

그만큼 홀리는 매일, 매주, 매달, 매년 아슬아슬한 줄타기를 하고 있다. 홀리의 중립성은 양측의 신뢰를 유지하는 데 도움이 되는데, 이는 간단한 일이 아니다. 홀리는 지난 5, 6년 동안 학생들 사이의 관계가 정치 노선에 따라 무너지는 걸 경악 속에 지켜봤기 때문이다. "서로 다른 두 부족으로 확연히 결집하는 걸 봤거든요." 홀리가 말한다. 학교에 있는 동안에는 학생들이 화기애애하게 지내며 협력하고 사고 없이 공간을 공유할 수 있다고 한다. 하지만 학교를 나서면 더 이상 접촉이 없다. 이 학생들은 어려서부터 친구였는데, 서로에게 낯선 사람이 돼가고 있다.

사회 접촉이 줄어들면서 고정관념이 자리 잡게 됐다. 공화당을 지지하는 학생들은 민주당을 지지하는 학생들이 도덕적 타락의 동인이라 생각하고, 민주당을 지지하는 학생들은 공화당을 지지하는 학생들이 멍청이에 기독교 우익 과격파라 생각한다. 홀리는 민주당을 지지하는 가정의 한 '재능 있는 소년'에 대해 이야기했다. 어느 하루 교회를 빌려 수업을 열었는데, 그 학생이 교회에 발을 들여놓질 않았다. "밖에서 서성대며 어색해하는 것 같더라고요. 그래서 내가 끌면서 '뭐하니? 늦었어'라고 했더니 '침례교회에 들어가기가 불편해요'라고 하더군요. 마치 그 사람들이 자연스럽게 자신을 붙잡아 머리에 손을 얹고서 방언을 할 것처럼 말이죠. 그 아인 겁에 질려 있었어요."

홀리는 이런 소원함이 더 이상 손쓸 수 없는 사태의 시초가 될 수 있다고 본다. "사람들이 경직되고 정치적 자기정의가 굳어지면 바뀌지 않을 거예요. 그러면 판단하게 되겠죠." 아이들은 몇 년 동안 알고 지냈으나 분리되고 있다. 홀리는 부모들에게도 책임이 있다고 생각한다. "양측의 부모는 훌륭한 분들이지만 서로 어울리질 않아요. 진영을 넘어선 우정과 가족 결연은 매우 드뭅니다. 하지만 이 아이들을 위해 그랬으면 좋겠어요. 아이들이 평생의 동맹자를 쳐다보지 않는다는 사실이 안타까워요. 그래서 그 해결 방안을 찾아 브레이버에인절스에 왔어요."

◆ ◆ ◆

분명한 사실은 정치 양극화가 동료 시민을 낯선 이로 만든다는 점이다. 서로가 이야기하지 않고 상대를 잘 알지 못한다는 점에서 그렇다. 2018년 〈정치 저널(*Journal of Politics*)〉에 발표된 한 여론조사에 따르면, 공화당 지지자들은 민주당 지지자 가운데 동성애자, 흑인, 무신론자의 수를 과대평가했고, 마찬가지로 민주당 지지자들은 공화당 지지자 가운데 노인, 부자, 복음주의자, 남부 출신의 수를 과대평가했다. 분열과 불만이 격심해서 양측은 상대편을 증오할뿐더러 상대편과 관계 맺기에 대한 거부가 도덕상의 미덕, 심지어는 도덕 명령이 돼버렸다. 오늘날 우리는 이념 전쟁 때문에 인간의 복잡성에 대해 이해하지 못하고 있다. 더불어 양극화는 훨씬 더 위험한 형태로, 다시 말해 파벌주의로 변하고 있다. 예의는 고분고분함으로 인식되고 상대편과 대화를 많이 하려 하면 자기편에 대한 배신으로 간주된다. 이는 분명한 기생충 스트레스다. 외집단 일원과 접촉하면 감염 위험을 불러와 동족에게 전염병을 퍼뜨리게 된다는.

브레이버에인절스(Braver Angels, '더 용감한 천사들')는 공화당 지지자와 민주당 지지자가 말 그대로 한자리에 앉아 서로 대화하는 법을 터득할 목적으로 만들어진 단체다. 가장 기본적인 인간의 능력인 다른 사람과 대화하기가 갑자기 너무 어려운 기술처럼 느껴진다. 게다가 성인에게 이를 가르치기 위한 단체가 필요하다는 사실은 우리가 얼마나 멀리 왔는지 떠올리게 한다. 하지만 이것이 현재 우리가 처한 상황이다. 그런데 이제 우리는 그 이유를 안다. 사람들은 대개 낯선 이들에 대해 양가감정을 느낀다. 스트레스 상황에 놓이거나 위협을 느끼면 같은 편끼리 똘똘 뭉쳐서 접촉을 끊고 상대편을 비인간화한다. 옥시토신이 작용하는 것이다. 하지만 옥시토신은 벽을 쌓는 데 도움이 되기도 하지만 다리를 놓는 데도 도움이 된다. 우리는 편안함을 느끼면 '우리'를 확대한다. 낯선 이들과 연결하는 방법을 만들어내 협력하고 혁신을 이뤄낸다. 다시 한 번 말하지만, 이것이 인간 문명의 토대다.

그리고 이것이 브레이버에인절스의 임무이기도 하다. 이 단체는 가능한 한 많은 성인에게 기본적인 사회성을 가르치고자 한다. 정치적으로 낯선 이들과 편안해지면 상대편을 더욱 섬세하게 이해할 수 있기 때문이다. 그렇게 되면 서로의 공통점을 발견하는 데 도움이 될 터이며, 이것이 작은 협력 프로젝트로 이어질 수도 있다. 다행히 그렇게 된다면 장차 구제불능 수준의 횡설수설 상태에 빠진 나라를 바로잡을 수 있을 터이다. 이 목표는 우스우리만치 작으면서 동시에 불가능하리만치 야심차다. 하지만 이런 시도가 처음은 아니었다. 환영의식, 환대, 문화나 종교의 부상 등 인간은 오랫동안 낯선 이들에 대한 두려움을 이들이 제공하는 기회와 조화시키는 방법을 모색해왔다. 그리고 이에 성공했을 때 낯섦을 지우고 훨씬 더 큰 규모로 협력하고 뭉칠 수 있는 길을 개척했다.

브레이버에인절스는 세 사람의 발상에서 나왔다. 두 명의 베테랑 정치운동가인 데이비드 블랭컨혼과 데이비드 랩, 그리고 저명한 가족치료사인 빌 도허티가 그들이다. 2016년 대통령 선거 직후에 블랭컨혼은 랩에게 전화해 힐러리 클린턴 지지자 열 명과 도널드 트럼프 지지자 열 명을 오하이오의 한 방에 모을 수 있을지, 그들이 서로 대화하게 할 수 있을지 확인했다. 또 오랜 친구인 도허티에게 전화해서 두 사람의 계획에 대해 이야기했다. 두 사람은 도허티에게 모임을 조직하되 생산성 있는 결과가 나올 가능성은 극대화하면서, 지금처럼 서로 상대편에게 소리를 질러댈 가능성은 최소화하는 방법을 찾는데 함께해주길 요청했다. 도허티는 이 발상이 용기 있다고 생각해서 동의했고, 이들은 이런 일에 관심이 있을 만한 지지자들을 찾으려 타진했다.

첫 번째 참가자들이 2016년 12월 이틀간의 워크숍을 위해 오하이오주 사우스레버넌에 모였다. 목표는 누군가의 정치 견해를 바꾸는 게 아니었다. 단지 이들이 생산성 있는 대화를 할 수 있을지 확인하려는 것이었다. 도허티가 이 모임을 위해 만든 프로그램은 두 부분으로 이뤄졌다. 먼저, 참가자들이 돌아가면서 자신이 왜 이곳에 왔는지 이야기했다. "대부분이 그러더군요. '공동체를 운영해야 하잖아요. 병원을 운영하고 길을 만들고 학교가 돌아가게 해야죠. 그러니, 우리 사이에 차이가 있더라도 이런 일들을 해낼 방법을 찾아야 합니다.'"
도허티는 이렇게 떠올린다. 다시 말해, 이들은 압박감을 느끼고 있었
고 협력할 방법을 찾아야 했다.

일단 이 점을 확실히 하고 나자, 첫 번째로 상대편에 대한 부정적
고정관념이라는 큰 장애물을 넘어야 했다. 고정관념이 외집단 불안
을 가중해 서로 대화하지 못하게 만든다는 사실을 우리는 이제 안다.
그래서 도허티는 이른바 '빨강이들'과 '파랑이들'(빨강은 공화당, 파랑
은 민주당을 상징하는 색-옮긴이)을 두 개의 방에 따로 분리해 상대편이
자기편에 대해 갖고 있다고 생각하는 상위 네 가지 고정관념을 제시
하게 했다. 공화당 지지자들은 자신들이 모두 인종주의자라고 하는
비난을 지적했고, 민주당 지지자들은 자신들이 모든 문제를 해결할
큰 정부를 원한다고 하는 비판을 꼽았다. 그런 다음 진행요원이 참가
자들에게 두 가지 질문을 했다. 그 고정관념이 사실이 아니라면 무엇
이 사실인가? 그 고정관념에 일말의 진실이 있을까?

이 활동의 목표는 부정적 고정관념을 직시하되, 대화를 시작하기
도 전에 끝내버리지 않을 방식으로 하는 것이었다. 양측에게 상대편
에 대한 상위 네 가지 고정관념을 말해보라고 하면 공격처럼 느껴져
벽이 더 높아질 터였다. 하지만 자기편에 대한 고정관념을 말하고 그
에 반박하면서 거기에 일부 진실이 있을 수도 있음을 인정함으로써,
참가자들은 자기인식, 자제력, 겸손, 지성, 선의를 보여줄 수 있었다.
이 활동은 환영 의식처럼 기능했다. 양측이 처음에는 경계했으나, 일
단 그러고 나자 공통된 인간성에 안도하면서 대화의 길이 열렸다. 이
단계가 매우 중요했다. "사람들이 그 일말의 진실에 이르면 짠, 워크
숍이 시작되는 거죠." 도허티가 말한다.

다음 단계는 어항 대화 활동이었다. 한쪽 집단이 가운데에 앉고 다른 쪽 집단은 원을 그리며 이들을 둘러싸고 앉았다. 원 안에 있는 집단은 두 가지 질문을 받는다. 여러분의 진영이 추구하는 가치와 정책이 왜 국가에 좋은가? 여러분의 진영에 대한 의구심이나 우려가 있는가? 이들은 원 바깥의 집단이 듣고 있는 상태에서 이 질문에 대해 토론했으며, 그런 다음에는 위치를 바꿨다. 양측이 상대편에 대해 이야기하거나 상대편의 신념을 규정짓는 일은 하지 않도록 금지했다. "'우린 상대편과 달리 책임 있는 정부를 믿는다'는 식으로 말하지 않는 거예요. 차이를 넘어 이뤄지는 의사소통에서 상대 집단의 입장을 규정지어버리면 많은 분열이 일어나기 때문이죠."도허티가 말한다. 이렇게 토론이 진행되면서, 양측은 좋아하지 않는 집단이 갖고 있다고는 생각하기 싫은 복잡한 인간 특성인 지성, 성찰, 자기반성, 회의, 진정성 등을 상대편이 드러내는 걸 지켜볼 수 있었다. 이 시간이 끝난 후에는 짝을 지어 상대편에 대해 뭘 알게 됐는지, 그들과 공통점이 있는지 묻고 답했다.

그다음으로, 양측은 상대편에게 질문할 수 있는 기회를 얻었다. 낯선 이와 대화할 때 질문이 얼마나 중요한지 우리는 알고 있다. 좋은 질문을 하면 우리가 주의를 기울이고 있음을 상대에게 보여줄 수 있고, 그래서 우리를 더 좋아하게 만들 수 있으며, 이는 상대가 생각을 더욱 명확히 하는 데 도움이 된다. 하지만 이들 양측은 질문하는 데 무척 서툴렀다. 너무 오랫동안 상대편에 대해 호기심을 갖지 않았기에 질문하는 법을 잊어버린 것이다. 양극화 시대에 트럭 뒤편에서 가장 먼저 굴러떨어진 건 호기심의 시체였다.

"좋지 않았죠. 사람들이 질문하는 법을 몰라요." 사람들은 '선언'하는 데 더 익숙했다고 도허티는 말한다. "오바마케어(오바마의 2010년 건강보험개혁법안-옮긴이)는 재앙이다"라거나 "결혼은 남자와 여자가 하는 것이다"라는 식으로 말이다. 이런 선언은 토론이 필요치 않다. 그런가 하면 공화당 지지자는 정책에 대해 논쟁을 벌이고, 민주당 지지자는 그들이 성차별주의자라고 하거나 외국인을 혐오한다고 말하기도 했다. "그러면 대화는 그냥 끝장인 거죠."

그래서 도허티는 두 집단을 다시 분리해서, 각각 진행요원과 협력해 상대편의 사고방식에 대해 통찰을 얻게 해줄 적절한 질문을 네 가지 제시하게 했다. 이렇게 하면 서로에게 호기심을 갖지 않을 수가 없다. 적절한 질문을 제시해 묻고 나면, 참가자들은 상대편의 입장에 대한 이해를 한층 더 명확히 하는 후속 질문만을 할 수 있었다.

이런 질문 활동이 의도치 않은 두 가지 결과를 낳았다고 도허티는 말한다. 지금 믿고 있는 것을 왜 믿느냐는 질문을 받은 응답자들은 때때로 자신이 스스로 생각하는 만큼 이 문제를 확고하게 이해하고 있지 못하다는 사실을 깨달았다. 뜻을 같이하는 사람들하고만 대화하면서 많은 시간을 보낸 결과 지적으로 게을러지기 시작한 것이었다. 이들에게 논쟁은 마음을 바꾸거나 요점을 분명히 하기 위한 게 아니었다. 그 집단의 일원임을 알리기 위한 것이었다. 자신이 상대편의 입장을 조금이라도 생각하는 데 얼마나 서툴러졌는지 깨달은 참가자들도 있었다. 하지만 모두가 경청하고 생각하는 연습을 했고, 그러면서 나아졌다.

도허티는 첫 브레이버에인절스 대회가 제 궤도를 이탈할까 봐 걱정했다. 하지만 그가 본 대로, 진심 어린 대화가 이뤄져 정치 노선을 넘어 우정이 싹텄다. 이 가운데 한 사람이 1994년 이란에서 미국으로 온 소프트웨어기술자로 오하이오주 데이턴에 살고 있는 코흐야르 모스타슈피였다. 모스타슈피는 조지 W. 부시 정부 때 민주당 정치 활동에 관여했고 도널드 트럼프의 당선에 화가 끓어올랐다. "공화당 지지자들에 대한 믿음을 잃었죠." 모스타슈피가 말한다. "완전 국가의 적이었어요. 그땐 이런 마음뿐이었죠. '정말 싫어. 모두가 혐오스러위! 이웃과 직장의 모든 공화당 지지자를 증오해. 저들과는 상종하고 싶지 않아.'" 그렇지만 한 민주당 의장이 최초의 브레이버에인절스(처음에는 '더 선한 천사들'을 뜻하는 '베터에인절스'라 불렸다) 대회를 알리는 전단지를 돌렸을 때 그는 흥미를 느꼈다. 물론 그들이 어떻게 해도 자기 마음을 바꿀 순 없으리라 생각했다. 그들의 말이 눈곱만치도 의미가 있을 거라고는 기대하지 않았다. 하지만 그래도 궁금했다. "정말로 이 사람들을 만나보고 싶더라고요." 모스타슈피가 말한다. "공상과학 영화를 볼 때와 비슷했어요. 외계인이 어떻게 행동할지 흥미로운 거죠. 사실은 그게 내가 이곳에 온 동기였어요."

첫 브레이버에인절스 회합은 모스타슈피를 몇 차례 놀라게 했다. 상대편 지지자들은 그가 인정하는 것보다 더 복잡한 사람들이었다. 한 공화당 지지자는 복음주의 기독교인이었는데 동성애가 죄악이라 생각했으나 불치병에 걸린 게이 형제를 돌봤다. 이 남성은 자신이 가진 종교상의 신념이 형제 관계를 망가뜨리는 걸 허용치 않을 거라고 말했다. 다른 공화당 지지자는 버락 오바마가 대통령이었을 때 공화당이 그를 그토록 괴롭힌 건 잘못이라고 인정했다. 모스타슈피와 특별히 친해진 사람은 전직 사법집행관이자 독실한 기독교인으로 트럼프에게 열렬히 표를 던진 그레그 스미스였다. 사람들과 어울리기 좋아하고 감수성이 풍부하며 곰 같은 스미스는 모스타슈피에게 다가와 ISIS에 대해 물어댔다. 그때쯤 모스타슈피는 이런 질문에 답하는 데 아주 진절머리가 나 있었다. 그는 다른 종교와 마찬가지로 이슬람교에도 극단주의자들이 있다고 스미스에게 말했다. 하지만 둘은 많은 대화를 하면서 곧 친해졌다. 첫 회합을 담은 짧은 다큐멘터리에서, 스미스는 활짝 웃으며 모스타슈피를 '내 이슬람교인 친구'라 불렀다.

규칙, 구조화, 진행요원 등 적대감과 방어 행동을 방지하는 모든 환경 덕분에, 양측은 상대편에게 폭발하지 않을까 하는 두려움 없이 호기심을 가질 수 있었다. 이는 자유 통행, 적대 행위의 일시 중지와 같았으며, 이것이 참가자들을 변화시켰다. "우린 반대 진영 사람들을 한 양동이에다 쓸어 담는 경향이 있는데 실은 그렇지가 않아요." 모스타슈피가 말한다. "이 활동은 내가 그 사람들을 광신도가 아닌 한 인간으로 보려고 노력하는 데 정말로 도움이 됐답니다." 모스타슈피와 스미스는 회합 이후 만나서 점심을 먹으며 세 시간 동안 종교에 대해 이야기를 나눴다. 이것이 지금까지 이어지는 우정으로 발전했다. 두 사람은 함께 오하이오주 남서부 지역 브레이버에인절스 지부를 만들었다. 스미스는 1년 동안 브레이버에인절스 의장을 지냈다. 나중에 2019년 세인트루이스에서 열린 연례 대회에서 만났을 때, 스미스는 하느님이 자신을 그 첫 회합으로 데려가셨다고 믿는다고 내게 말했다. 그는 이렇게 덧붙였다. "나는 재미있는 사람이고, 모스타슈피는 똑똑한 사람이죠."

첫 회합이 "기대 이상으로 성공해서 계속 진행하기로 결정지었다"고 도허티는 말했다. 2020년 12월 현재 브레이버에인절스 회원은 1만 3000명에 이르고 50개 주에 모두 지부가 있다. 회원 수는 대단치 않으나 2019년과 2020년 사이에 거의 두 배로 늘어나, 서로에 대해 거의 생각하지 않는 시대에 회원들에게 희망의 원천이 되고 있다. "정말 고귀한 일이죠." 모스타슈피는 말한다. "매일이 쉽지가 않아요. 나쁜 날이 있죠. 뉴스에 넌더리가 나는 날이요. 그러면 집에 와서 아내한테 '스미스 같은 사람은 무슨 생각을 하는 거지?'라며 분통을 터뜨려요. 하지만 그럼에도 난 이 회합에 간답니다. 그래도 대화를 하고 싶어요. 알다시피, 대화 아니면 혼돈이니까요."

확실히 브레이버에인절스의 접근법이 갖는 장기적 이점에 대해서는 논란이 있을 수 있다. 분명 강경파 열혈 지지자들은 바보 같은 짓이라거나 몰래 세뇌시키려는 꼼수라고 생각할 것이다. 처음에 브레이버에인절스와 접촉했을 때 이런 게 대규모로 작동해서 변화를 일으킬 수 있을지 나는 의심스러웠다. 최악의 무뢰한들, 가장 분열을 불러일으키는 이들은 이곳 근처에는 얼씬도 하지 않을 테니 말이다. 도허티는 이 점을 인정했다. "진짜 혐오자들은 우리 능력 밖이에요."

게다가 솔직히 말하자면, 나 자신이 가진 혐오가 없지 않았다. 많은 사람과 마찬가지로, 나는 상대 진영을 심히 경멸하게 됐다. 가끔은 미국이 더 이상 공화국이 아니라는 확신이 들기도 하고 어차피 한 식구도 아닌 마당에 내가 정말로 그들에게 신경을 쓰는지 어떤지도 잘 모르겠다. 하지만 내가 지지하는 측의 진보주의자들에게도 좌절감과 실망감을 느끼게 되면서 나는 엉터리 지지자가 된 것 같다. 그래서 어쩌면 희망을 품었는지도 모른다. 확실히 이 계획은 어떤 면에서 내 관심을 끌었다. 나는 깊고 오랜 냉소주의와 씨름하고 있었는데, 한편으로는 풍부한 개인 경험을 통해 이런 냉소주의를 방지하는 것이 가능하다는 사실을 알았다. 그런 개인 경험은, 올바른 정신으로 관계를 맺는다면 사람들은 거의 언제나 우리를 놀라게 하리란 걸 알게 해준다. 게다가 많은 사람이 대화를 거부하는 건, 이 책에서 거듭 본 대로 단순히 대화하는 법을 잊어버린 탓이 아닌가 하는 생각이 들었다. 도허티는 이와 비슷한 말을 했다. "물어보면, 어떤 사람들은 소통하길 바란다고 말할 것 같아요. 한데 대화할 수 있는 능력이 없는 거죠."

브레이버에인절스의 포부는 컸으나, 나는 이 단체가 사용하는 기법에 주로 관심이 있었다. 어떻게 분쟁 집단 사이의 적대감과 불신을 완화하는지, 어떻게 사람들이 넘을 수 없을 법한 장벽을 넘도록 유도할 수 있는지 보고 싶었다. 알다시피, 낯선 이들과의 대화는 쉽지가 않다. 이상적인 경우라도 말이다. 나는 가장 어려운 유형의 대화를 찾아 그에 능숙해지는 방법이 있는지 알고 싶었다. 또 행복, 소속, 신뢰같이 낯선 이와의 대화가 가져다주는 확실한 이득을 미국 정치라는 척박한 지옥의 풍경에 옮겨올 수 있을지, 아니면 이런 노력은 소금 통에 심은 모란처럼 실패할 운명인지 알고 싶었다. 그래서 나는 세인트루이스로 날아가 브레이버에인절스의 연례 대회에 참가했다. 큰 대학 강당에서 나는 50개 주에서 온 공화당 지지자들과 민주당 지지자들 수백 명에 둘러싸였다. 그들은 빨간색 또는 파란색 끈을 매고서 체제를 뒤엎으려는 지하 조직 같은 모습으로 국가를 부르며 며칠 동안 그들이 몹시 싫어하는 이들과 대화할 준비를 했다.

◆ ◆ ◆

2019년의 대회는 시작이 어색했다. 이런 대회는 언제나 어느 정도 어색하기 마련이라는 기준에서 봐도 그랬다. 파랑이 150명과 빨강이 150명을 합쳐 300명의 대표들이 서성거렸다. 그들은 불안해했고 어쩌면 약간 수줍어했으며 확실히 조심스러웠다. 모든 대표가 자기 진영을 알리는 끈을 매게 돼 있었다. 어떤 이는 이것이 마치 가슴에 그린 표적 같아서 노출되고 취약한 느낌을 갖게 한다고 했다. 새로 대회에 참가하러 온 이는 여기서 뭔가 얻어갈 수 있을지 미심쩍어했다. 어떤 사람은 자기 친구는 상대편과 친하게 지내는 건 좋은 생각이 아니라고 충고하더라는 말을 했다. 텔레비전 뉴스 제작팀이 와 있었는데, 일부 대표들은 카메라가 자기 쪽으로 올 때마다 요리조리 피해 다녔다. 집단 간 불안으로 전력을 공급해 불을 밝힐 수 있다면 우리 모두는 눈이 멀어버렸을 것이다.

브레이버에인절스의 과제는 참가자들이 이런 불안과 불신에서 벗어나 안전함과 편안함을 느껴 서로 대화를 시작하고, 더욱 중요하게는 경청하게 만드는 방법을 설계하는 것이었다. 이를 위해 만든 장치가 '정치용 상견례 문'이다. 즉, 낯선 사람들이 차츰 서로의 모습에 익숙해지고 서로에 대해 호기심을 가지며 공격 본능을 줄이면서 서서히, 신중하게, 그리고 전문가의 면밀한 감독 아래 한데 모여서 협력하는 동맹을 형성할 수 있을지 보는 것이다. 이 대회가 목적을 이루려면 이것이 필요하고, 그래서 브레이버에인절스는 워크숍, 의회 토론, 연설, 파티, 친목회를 통해 이를 시도했다.

토론은, 브레이버에인절스 전체 회원의 30퍼센트를 이루면서 이런 모험에 대해 떨떠름해하는 보수주의자들을 끌어들이려는 노력에서 새로 도입됐다. 진보주의자들은 개인 대화를 좋아하는 경향이 있고 보수주의자들은 토론을 좋아하는 경향이 있는데, 이는 정치학 연구의 결과와 일맥상통한다. 대체로 진보주의자들은 이른바 접근 동기를 갖는 경향이 있는데, 다리를 만들어 연결되길 좋아한다는 뜻이다. 반면 보수주의자들은 회피 동기를 갖는데, 구조를 중시하고 다른 집단에 경계심을 가지며 자신을 보호하는 데 중점을 둔다는 뜻이다. 말하자면 한쪽은 연결되길 좋아하고 다른 한쪽은 방어하길 좋아한다. 그러니까, 일부 보수주의자들이 브레이브에인절스의 유대감 형성을 위한 요소를 사회주의자 마녀들의 집회가 쳐놓은 덫으로 의심하는 건 그다지 놀랍지 않다.*

이 대회에서 우리의 목적과 가장 부합되는 것은 일대일 대화다. 우리는 이것을 하나의 틀로 삼아 의견 차이가 심한 집단의 사람들과 까다로운 대화를 할 때 이용할 수 있을 터이다. 일대일 대화는 이런 식으로 진행됐다. 공화당 지지자와 민주당 지지자가 서로 마주 앉는다. 두 사람은 차례로 돌아가며 자기 삶과 신념에 대해 이야기한다. 각자는 상대방이 어떤 사람인지 이해하려 노력하고, 두 사람이 동의하는 부분을 찾으려 시도한다. 근본적으로 침팬지 연구 시설로 돌아가 있는 셈이기에, 대화가 중단되거나 악화될 가능성을 최소화하기 위한 수많은 규칙이 존재한다.

참가자들은 정당의 대표가 아니라 개인으로서 이곳에 왔으며 상대방이 명시해서 말하지 않는 한 어떤 특정한 견해를 갖고 있다고 추정해선 안 된다. 오직 자신의 견해만을 말하고 상대방의 견해를 규정지

---

* 정치학자 로니 재노프-불먼(Ronnie Janoff-Bulman)과 네이트 칸스(Nate Carnes)는 가장 원활히 운영되는 사회는 정확히 보수 성향과 진보 성향 사이에 자리 잡은 사회라고 봤다. 이런 사회에서 보수의 사고방식은 "무임승차 및 사회의 태만과 관련한 위험을 최소화"하는 반면 진보의 사고방식은 집단의 경계를 넘어선 연결과 협력이 사회에 가져다주는 이점을 최대화하는 것이라고 두 사람은 쓰고 있다.

어선 안 된다. 대화의 각 단계를 위해 계획한 활동의 의도에 충실해야 한다. 그래서 만약 질문이 '상대방의 말을 경청하고서 무엇을 알게 됐는가?'라고 한다면 이에 대해서만 토론할 수 있다. 따라서 상대방의 잘못을 지적하고픈 충동은 참아야 한다. 토론 중에는 번갈아가며 이야기하고 상대방을 존중하며 시간을 균등하게 나눠 쓰고 끼어들지 말아야 한다. 매우 기본적인 상호작용을 하기 위해 아주 많은 규칙과 감독이 필요하다는 사실에 우울해지기는 하지만, 규칙은 꼭 필요하다. 규칙은 보조 바퀴 및 목발과 같다. 참가자들이 부상의 위험 없이 근육을 만들고 협응 능력을 연마하는 데 도움이 된다.

대화는 몇 부분으로 나뉜다. 대표자들은 이 대화에 참가하기로 마음먹은 이유를 먼저 설명해야 한다. 이를 통해 이들이 진지하고 이 혼란을 해결하고 싶어 하며 공동의 대의를 믿는다는 것이 드러난다. 그런 다음에는 가족, 사는 곳과 거주 기간, 취미나 관심사 등 개인 신상을 공유한다. 이것은 일종의 자기노출로 상대의 자기노출을 불러오며 호감과 신뢰를 강화한다. 또, 이것은 앞 장에서 대니엘 앨런이 말한 선물 주고받기다. 우리는 선물을 주어야 그 보답으로 선물을 받는다. 선물을 받아들여 연결된 후에는 자신의 정치적 가치를 이야기할 수 있다. 하지만 자신이 그런 견해를 갖게 된 삶의 경험을 이야기하고, 왜 그 가치가 국가에 유효하다고 생각하는지 개인적인 방식으로 설명해야 한다. 마지막으로는, 자기 진영에 대해 갖고 있는 의구심을 표명할 수 있다.

이 접근법의 특출한 점은 정치 토론에서 흔한 말 걸기 방식을 뒤집어놓는다는 것이다. 보통의 토론은 가장 뜨거운 쟁점을 다루며 시작한다. 토론이 온라인에서 이뤄진다면, 대개 한 사람의 견해를 취해서 전적으로 그 견해에 근거해 단순하게 그 사람을 역설계한다. 그런 다음 동맹자들과 함께 신이 나 허수아비를 맹공격한다(상대방의 이야기를 왜곡해 허수아비처럼 세워놓고 공격하는 오류를 허수아비 논증의 오류라고 한다-옮긴이). 그리고 이것은 순환 고리를 만든다. 상대를 맹공격하거나 조롱하거나 무시할수록 그들이 일차원적인 인간 이하의 쓰레기라고 더욱 확신을 갖게 되는 것이다. 게다가 그럴수록 그들을 이해하거나 그들과 대화하려는 노력을 덜 기울인다. '대체 요점이 뭐야?'라고 생각하게 되는 것이다. 이는 모기에게 이치에 맞는 말을 하려 애쓰는 것과 비슷하다. 모기는 잡거나 피하는 게 낫다. 상대 또한 우리와 같은 생각을 한다. 노스웨스턴대학의 누어 크틸리(Nour Kteily)는 2016년 비인간화의 가장 큰 원인은 상대편이 우리를 비인간화하고 있다는 믿음이라고 밝혔다.

하지만 브레이버에인절스에서는 대화가 참가자들이 살아온 짧은 내력을 소개하면서 시작되기 때문에, 건너편에 앉아 있는 낯선 이의 인간성과 복잡성을 곧장 대면하게 된다. 참가자들은 대화를 나누면서 반드시 어떤 공통점을 발견할 것이다. 적어도 편안함을 느끼면, 인간은 그런 식으로 대화를 나누기 때문이다. 어쩌면 두 사람 모두 개를 키우고 있을지 모른다. 또 어쩌면 유람선을 타본 적이 있을지도 모른다. 공통점이 많을 필요는 없다. 그냥 작은 다리, 우연한 유사성, 두 사람 사이의 상호 호감, 이런 것들이 논쟁의 여지가 있는 영역으로 들어갈 때 대화를 지속하는 데 도움이 될 수 있다. 이런 연결이 없으면 대화는 끝이다. 낯선 진보주의자와 낯선 보수주의자를 막힌 공간에 두고 "낙태에 대해서, 시작!"이라고 외칠 순 없다. 한쪽이 "당신은 살인자야"라고 하면 다른 한쪽은 "그럼 당신은 여성 혐오자야"라고 하는 식의 말을 주고받게 될 것이기 때문이다.

　그렇기에 약간의 유대감 형성이 중요하다. 유대감이 생기면 상견례 문을 조금 열어둘 수가 있다. 참가자들이 서로 정파 정치 바깥의 삶, 현실 경험에 뿌리를 둔 신념, 자기인식, 자아성찰 능력을 가진 인간임을 알고 나면, 좀 더 까다로운 문제로 대화를 옮겨갈 수 있다. 이 단계에서는 한 사람이 자신에게 중요한 문제에 대한 자신의 견해를 이야기한다. 그런 다음에는 상대편이 똑같이 하는데, 이상적으로는 동의 가능성이 있는 영역을 다룬다. 그러고서 순서를 바꿔 다시 앞서와 같이 한다. 만약 시간이 있으면, 두 가지 보너스 질문을 할 수도 있다. "이 나라에 대해 어떤 희망과 열망을 가지고 있는가?" "상대의 희망과 열망을 듣고 공통점이 있다고 보는가?" 이때 요점은 토론에서 이기거나 상대의 생각을 바꾸는 게 아니다. 도허티 말대로, 목표는 상대가 "예, 맞아요"라고 말할 수 있도록 상대의 주장을 요약할 수 있게 하는 것이다.

　나는 공화당 지지자들과 민주당 지지자들이 이 과정을 거치는 것을 지켜봤다. 이들은 처음에는 약간 불안해하고 엄격히 예의를 지켰다. 하지만 규칙에 따라 여러 단계를 거치면서 편안해지는 모습을 볼 수 있었다. 그러면서 더욱 활기를 띠었다. 격분하지 않고 열중했다. 몇 차례 웃음소리도 들렸다. 10분 후 그곳은 마치 술집 같았다. 나중에 진행자가 나눈 대화에 대해 이야기해달라고 하자 모두가 즐거웠다고, 대화 상대자가 정말로 마음에 든다고 말했다.

　접촉이라는 개념에 기초한 이런 대화에서 무슨 일이 일어나는지 분명하게 보여주는 연구들이 상당수 있다. 1954년 고든 올포트(Gordon Allport)라는 심리학자가 이른바 접촉 가설을 세웠다. 이는 융화된 군부

대의 일원과 융화된 주택단지의 주민들이 평상시 다른 집단과 어울리지 않는 사람들보다 대개 더 낮은 수준의 편견을 보인다는 결과에 영감을 얻었다. 올포트는 서로 다른 집단의 사람이 특정한 조건 아래서 만나면 편견을 줄이고 "공통된 관심사와 인간성에 대한 인식"을 높일 수 있다는 가설을 세웠다. 시어도어 젤딘이 낯선 이와의 대화를 "내 옷을 세탁소에 가져가는 일, 마음의 편견을 씻어내는 일"에 비유한 것을 기억할 것이다. 접촉은 편견을 예방한다. 하지만 올포트의 조건은 매우 구체적이었다. 원칙상, 접촉이 효과가 있으려면 사람들이 동등한 지위, 공동 목표, 공유하는 과제를 갖고 행동을 통제하는 집단, 법률, 사회규범 같은 제재권의 뒷받침이 있어야 했다. 브레이버 에인절스는 이 모든 조건을 충족한다.

하지만 최적의 조건이 아니더라도 접촉이 여전히 영향을 미칠 수 있음을 다른 연구자들은 밝혀냈다. 접촉 가설의 두 주요 연구자인 토머스 페티그루(Thomas Pettigrew)와 린다 트로프(Linda Tropp)는 수백 건의 연구를 광범위하게 분석했는데, 이 연구 표본의 94퍼센트에서 접촉이 편견을 줄이는 것으로 나타났다. 두 연구자에 따르면, 이상적인 접촉이 아니더라도 일정 기간 동안 접촉을 하면 상대에게 호감이 생기고 개인을 넘어 '일반화'될 수 있었다. 이는 예를 들어, 백인 미국인이 이란 이민자와의 긍정적 접촉을 통해 그 개인뿐 아니라 이란 이민자 집단에 대해 더 따뜻한 감정을 갖게 될 수 있음을 뜻한다. 게다가 두 사람이 실제로 친구가 된다면 그들 친구 사이뿐 아니라 친구의 친구들 사이의 편견을 완화하는 데도 가장 효과적이다. 다시 말해, 내 친구의 친구가 복음주의 기독교인이라고 해보자. 그렇다고 해서 내가 복음주의 기독교에 동의하지는 않을 것이고 또 그들 집단을 무조건 받아들이지도 않겠지만, 그들에 대한 나의 견해는 복잡하고 유연해질 것이다. 또한 내 친구를 보면서 이들 집단과의 접촉이 가능하다고 안심할 테고, 내 친구는 내게 이들 집단과 어떻게 접촉하면 되는지 보여주는 모범이 될 것이다.

이제 브레이버에인절스에서 접촉이 이뤄지면, 이 낯선 이들은 말로써 직접 자신의 견해를 제시한다. 이것이 핵심이다. 시카고에서 지하철 실험을 진행한 줄리아나 슈뢰더와 니컬러스 에플리는 역시 심리학자인 마이클 카더스(Michael Kardas)와 함께 여러 가지 실험을 했다. 이들은 실험 참가자에게 논쟁적인 주제에 관한 여러 가지 견해를 제시했다. 일부는 녹취록, 일부는 음성 녹음, 또 일부는 비디오를 통해서였다. 그런 다음 실험 참가자에게 이 견해를 제시한 사람들을 어떻게 생각하는지 질문했다. 교양이 있다고 생각하는가? 열린 마음을 가졌는가? 열의가 있는가? 따뜻한가? 아니면 깊이가 없거나 냉담하거나 로봇 같거나 "인간이라기보다 물건" 같은가? 다시 말해, 그들이 얼마나 인간미가 있다고 생각하는가?

슈뢰더와 동료들에 따르면, 사람들은 대체로 반대 견해를 가진 이들이 인간미가 덜하다고 평가했다. 하지만 음성 녹음이나 비디오를 통해 견해를 전달한 사람이 녹취록으로 견해를 전달한 사람보다 더 인간미 있다고 여겼다. 그 견해에 동의하지는 않더라도 말이다. 이 연구 저자들은 어조, 음높이, 발음 같은 준언어 신호가 그 이유라고 생각했다. 낯선 이가 말하는 걸 직접 보게 되면 그가 온전한 인간이 아니라고 확신하기가 더 어렵다. 이는 다른 사람들은 어딘가 좀 부족하다는 인식을 방지한다.

슈뢰더는 나중에 이 실험을 다시 하는데, 처음에는 2016년 대통령 선거의 예비선거 후보 가운데서, 그다음에는 대통령 후보 가운데서 누구를 선호하는지 유권자에게 의사를 표하게 했다. 슈뢰더에 따르면, 그 정도가 더 극단적이었을 뿐 결과는 같았다. 자신이 반대하는 후보를 지지하는 사람의 견해를 글로 읽은 실험 참가자는 그 화자에게 인간성을 부여하길 거부했다. 하지만 견해를 표명하는 사람의 음성을 듣고 모습을 본 경우에는 그 사람에게 훨씬 더 따뜻하게 반응했다.

다시 말하지만, 이것은 상대를 볼 수 없기에 비인간화하기가 훨씬 더 쉬운 온라인상의 정치 토론과는 다른 세상이다. 온라인에서는 상대의 얼굴을 보지 못하고 목소리를, 그들의 속사정을 들을 수 없다. 그들은 그저 어떤 정치 견해의 화신에 지나지 않는다. 하지만 일대일로 직접 접촉하는 경우에는 그렇게 생각하기가 매우 어렵다.

나는 이 워크숍의 한 참가자와 이야기를 나눴다. 나른하고 느릿느릿한 말투를 가진 그는 공화당 지지자인 팻 토머스였다. 이 워크숍에서 그의 상대는 성전환자였는데, 그는 언제나 남자 아니면 여자, 그게 전부라고 생각해온 사람이었다. "아주 멋진 여자더라고요. 우린 좋은 대화를 나눴죠. 그래서 나는 사람들의 이런 경험에 공감할 순 없지만 열린 마음을 가져야 한다고 생각하게 됐어요."

이 워크숍은 대화하는 법을 다시 배우기 위한 것이다. 자제력과 조심성을 키우고, 이해하기 위해 경청하는 법과 이해되도록 말하는 법을 배우는 것이다. 사람들은 일단 편안해지면 보조 바퀴를 떼어내고 안전하게 구조화한 워크숍 밖에서 대화를 시도한다. 사람들이 이렇게 도약할 준비가 되고 현실 상황에서 이런 대화를 추구하기 시작하면, 브레이버에인절스는 그 방법을 제시하는 워크숍을 또 한 번

열었다.

워크숍 참가자는 처음부터 방어 행동 또는 적대감을 촉발하지 않는 대화 분위기를 설정하는 게 비법이라고 배웠다. 그러려면 상대에 대한 호기심을 솔직하게 표현하고 처음부터 지지 정당을 말해 매복처럼 느껴지지 않도록 해야 한다. 질문할 때는 먼저 "~에 대해 물어봐도 될까요?"라는 식으로 허락을 구해야 한다. 이렇게 해서 상대에게 자제력과 자기인식을 보여줘 질문이 심문처럼 느껴지지 않도록 한다. 조지 나이팅골한테서 배웠듯이, 이것은 바로 사전구성이다. 이제 시작하려는 대화의 성격을 설정하는 것이다. 그런 후에, 프리 리스닝에서 보았듯 의미를 명확히 하는 질문을 한다. "왜 그렇게 생각해요?"와 같은 말은 대화의 문을 열지만 "어떻게 그렇게 말할 수 있죠?"와 같은 말은 문을 닫는다.

상대가 질문에 대답하면 귀 기울여 듣고 눈을 마주치면서 상대의 말을 반복하고 쉬운 말로 바꿔 말한다. 그러면 우리가 이해하려 노력하고 있음을 상대가 알 수 있다. 브레이버에인절스의 접근법에서는 경청이 매우 중요하다. 그리고 경청이 잘 이뤄졌을 때 정파 정치의 맥락에서 듣는 이와 말하는 이 모두 얼마나 큰 힘을 얻는지 보여주는 심리학 연구가 점점 많아지고 있다.

앞서 만난 이스라엘의 경영학 교수이자 심리학자인 구이 이츠하코브에 따르면, 사람들은 상대가 자기 이야기를 듣고 있다고 느낄 때 긴장을 풀고 자신의 진짜 생각과 감정을 공유할 가능성이 더 높다. 이츠하코브는 이를 '안전 상태'라 부르는데, 이럴 때 "말하는 사람이 자기 의식을 더 깊이 파고들어 자신에 대한 새로운 통찰을 발견할 수 있다"고 주장한다. 그 새로운 통찰이 기존의 신념에 이의를 제기할 수도 있다. 다시 말해, 공격받고 있다고 느끼지 않을 때 상대의 말을 받아넘기거나 물리치는 게 아니라 생각을 하게 될 가능성이 더 높다. 누구나 이런 경험이 있다. 잘 들어주는 상대에게 이야기하다가 우리가 믿고 있는 것에 대해 문득 깨닫게 되는 순간 말이다. 이츠하코브가 이야기하는 게 바로 이것이다. 우리는 잘 들어줌으로써 서로가 생각하도록 도움을 줄 수 있다.

주의 깊게 들어주는 것만으로 말하는 사람이 지닌 믿음의 극단성을 낮출 수 있다는 사실은 희망을 준다. 이츠하코브에 따르면, 말하는 사람이 불안할 경우 방어기제를 취할 가능성이 더 높았다. 방어기제가 작동하면 기존에 가진 믿음에 반하는 정보를 근본적으로 차단한다. 스트레스를 받거나 과부하가 걸리면 우리 모두는 방어기제를 경험한다. 이것이 반복되면 새로운 정보를 흡수하기보다는 기존의 믿음을 계속 증폭시킬 수 있다. 하지만 주의 깊게 들어주면 불안이 줄어들어 방어기제도 약해진다. 이럴 때 신기한 일이 일어난다. 말하는 사람이 자기 태도의 모순을 인식하게 돼 양측의 주장에 대해 더욱 섬세한 이해를, 이른바 태도 복잡성을 발전시킨다.

이츠하코브와 동료들은 2018년의 한 논문에서 "잘 듣는 사람과 대화하는 화자는 더 복잡하고 덜 극단적인 태도를 보고했다고 밝혔다." 반대론을 펴거나 더 정확한 데이터를 제시하는 게 아니라 그냥 들어주기만 해도 특정 문제의 미묘한 부분에 대한 이해를 강화하며 극단성을 줄일 수 있다. 2020년 이츠하코브는 질 높은 경청이 편견을 완화할 수 있는지 알아보기 위해 진행한 또 다른 연구의 결과를 발표했다. 그는 수백 명의 이스라엘인 실험 참가자에게 개인의 편견에 대해 토론하게 했다. 그 일부는 상대가 질 높은 경청 태도로 지지하고 공감하며 이해심을 보였고, 또 일부는 상대가 질 낮은 경청 태도를 보였다. 이츠하코브에 따르면, 상대가 이야기를 잘 들어준 실험 참가자들은 편견의 강도가 떨어졌으며, 상대가 이야기를 잘 들어주지 않은 실험 참가자들은 변화가 없었다. 이것은 상대가 이야기를 잘 들어주는 사람은 그렇지 않은 사람보다 방어기제가 덜하고, 그래서 자신의 믿음을 더욱 충실히 살펴볼 수 있기 때문이라고 이츠하코브는 생각했다.

다시 브레이버에인절스로 돌아가보자. 앞서 우리는 대화에서 상대에게 호기심을 보이고 적절한 질문을 해 대답을 들은 후 우리가 말할 차례가 되면 반응을 개인화하려 노력해야 한다고 배웠다. 이때 포괄적 주장 대신 '나는~하다'는 진술을 사용할 수 있다. "우리는 지구 온난화의 임계점에 도달하고 있다"가 아니라 "나는 우리가 지구 온난화의 임계점에 도달하고 있다는 점이 걱정스럽다"는 식으로 말이다. 또한 우리 편을 비판함으로써 우리가 정파에 따라 자동으로 움직이는 인형이 아님을 보여줄 수 있다. 공통점이 있으면 말해야 하지만, 동의하지 않을 때는 먼저 '나는 당신이 하는 말을 듣고 있다'고 말하고 실제로 듣고 있음을 보여줘야 한다. 그리고 이야기를 들려줌으로써 상대의 주의를 끌 수도 있다. 이야기는 사실이 하지 못하는 방식으로 사람들이 듣게 만들기 때문이다.

구이 이츠하코브는 이 또한 연구했다. 다른 실험을 통해 화자가 청자에게 건물에 대한 의미 있는 이야기 또는 엄밀하게 정보를 제공하는 이야기를 하게 했다. 청자들은 의미 있는 이야기를 더욱 유심히 들었다. "화자가 의미 있는 이야기를 공유할 때 상대가 더 잘 들었으며 그 결과 더 높은 안전감과 더 낮은 사회 불안감을 경험한다고 우리는 결론지었다."

안전하지 못하다는 느낌과 사회 불안감은 양극화에 불을 지른다. 이를 줄이는 방법을 찾아야만 실질적인 대화나 토론을 바랄 수 있다. 브레이버에인절스의 많은 기법은 이를 목표로 한다. 이것에 성공하면 의심, 고정관념, 적대감을 낮추고 선의의 씨앗을 뿌려, 이해의 길로 나아갈 수 있다. 다른 집단의 사람은 아무 생각 없는 게으름뱅이나 막무가내가 아니라 복잡한 존재라는 사실을 이해할 수가 있는 것이다. 그들은 통찰, 아이디어, 놀라움같이 우리에게 줄 것이 있고 우리 역시 그들에게 줄 것이 있다. 이것을 확신하기란 대단히 어려운 일이다. 정보 생태계뿐만 아니라 우리 정치의 모든 부분이 이에 어긋나기 때문이다. 하지만 이 책에서 보다시피, 이런 확신을 갖는 가장 좋은 방법은 위험을 감수하고 믿음을 끌어모아 낯선 이들과 대화하는 것이다.

그리고 나는 인정하려 한다. 그들이 내게 감명을 주었음을. 나는 미국 전역에서 온 공화당 및 민주당 지지자들과 대화하면서 나흘을 보냈다. 자신이 진보주의자임을 잘 드러내지 않는 한 청년은 대화하는 법을 다시 배운 것 같다고 내게 말했다. 그는 한 대화에서 상대가 보여준 깊이에 '충격을 받았다'고 했다. "새 근육을 단련하는 것 같았어요." 워싱턴디시에서 온 공화당 지지자인 한 정신과의사는 병원 평판과 환자를 위해 지지 정당을 드러내지 않는다고 말했다. 그는 생계를 위해 비밀을 갖고 살다 보니 성전환을 한 상담자에게 훨씬 더 공감할 줄 아는 치료사가 됐다고 했다.

빌 도허티가 방을 가득 채운 사람들에게 "어느 쪽도 상대편을 이기려 들면 안 됩니다. 우린 사이좋게 지낼 방법을 찾아야 해요"라고 말하는 걸 지켜보면서, 나는 고개를 끄덕였다. 공동설립자인 데이비드 블랭컨혼은 이런 토론 자리를 마련하는 게 약점을 인정하거나 결의가 부족한 탓이라는 생각에 이의를 제기했다. "그게 나약한 생각이면 뭐 어떤가요?" 블랭컨혼이 말했다. "우리 이웃을 사랑하는 것보다 더 긴요하고 엄중하고 중대한 일이 있을까요?" 나는 앞서 말한, 많은 부고 기사에 등장하는 '낯선 이를 만난 적이 없다'는 진부한 미국식 미덕을 떠올렸다. 그리고 노력을 기울이면 지금은 넘을 수 없을 것 같은 경계를 적절히 넘을 수 있을 것 같다는 생각이 처음으로 들었다.

대회 후반에, 공화당 지지자인 팻 토머스에게 이곳 경험이 어땠는지 물었다. 그는 담배를 한 모금 들이키더니 자신은 갈등을 피하는 사람이 아니어서("나는 아일랜드인이라오") 자기 의사를 표현하는 데 안전감이 필요치 않았던 것 같다고 말했다. 그렇지만 이 대회는 그를 놀라게 했다. "양측 모두 악감정이 더 많을 거라 생각했지만 여기 있는 사람들은 모두 합리적이었어요. 우린 모두 미국인이죠, 합리적인 미국인. 우린 자치를 할 수 있고 서로 대화할 수 있어요. 이번 주말에 우리 모두 그걸 경험한 거죠."

나는 토머스에게 외부인으로서 이를 지켜보는 일이 흥미로웠다고 말했다. 모두 약간 불안해하면서 시작했지만 일단 편안해지자 거의 현기증이 일 정도로 상황이 달라지는 걸 봤기 때문이다. 마치 여름 캠프 같았다. 학교 구내식당에서 점심을 먹는 시간에는 거의 귀청이 터져나갈 정도였으며, 민주당 지지자들은 빨간색 끈을 맨 사람들을 찾아다녔으며 그 반대도 마찬가지였다. 나는 안도감에 대한 내 생각을 말했다. 낯선 이와 좋은 대화를 하면 언제나 안도감이 드는 것 같다고. 나는 내가 느꼈던 현기증의 일부는 이런 안도감이 아닐까 생각했다. "나를 포함해 이곳에 온 사람들 모두가 그런 안도감을 느껴요." 토머스가 말했다. "정말 기운이 나요. 모두 우리가 서로 대화할 수 있다는 사실에 안도하고 있죠. 그리고 상대편이 어떤 주제에 대해 다른 방식으로 보도록 설득할 수가 있어요."

토머스가 상체를 뒤로 젖히며 다시 담배를 한 모금 빨아들였다. "이런 현상은 들풀처럼 퍼져나갈 수 있어요. 내 생각에 이 브레이버에인절스 운동은 큰 흐름이 될 수 있을 것 같아요."

게다가 나는 개인 차원에서도 어떤 변화가 있음을 느꼈다. 미국 북동부 도시 거주자인 나는 아마도 내가 사는 곳에서 북쪽으로 100마일 떨어진 곳에 사는 사람보다 도쿄에 사는 사람과 공통점이 더 많지 싶다. 내게 가장 낯선, 거의 이해할 수 없을 정도로 낯선 이들은 시골 지역의 공화당 지지자다. 나는 그들을 거의 언제나 언론과 소셜미디어를 통해 걸러서 보는데, 기분 좋은 모습은 아니다. 인터넷은 다양한 지적 관점과의 연결을 약속하지만 트위터를 지배하는 알고리즘은 내가 이미 동의하는 것을 더 많이 보여준다. 게다가 페이스북은 어쩌다 내 게시글을 본 내 어릴 적 친구의 화난 동료와 나 사이에 끔찍하게 격앙된 대립 관계를 만들어내려고 안달하는 것 같았다. 이런 경험들은 내게 상대편에 대한 복잡한 인식을 남기지 못했다.

나는 세인트루이스에서 이런 사람들과 시간을 보내야 했다. 그리고 비록 많은 것에 대해 견해차가 심하기는 해도 함께 앉아 대화하고 웃고 생각을 나누면서 모두 즐거워할 수 있다는 사실은 내게 깨달음과 안도감을 주었다. 이제 정파 싸움이 한창일 때에 그들 무리를 물리치고픈 충동이 솟구칠 때면, 나는 브레이버에인절스 대회에서 나눈 대화와 그 한 사람 한 사람을 떠올린다. 그들은 내가 오랫동안 품어왔던 편견에 대한 천연의 완충장치 역할을 한다. 접촉 가설이 작동하는 것이다. 어떤 집단의 일원을 동등한 개인으로서 직접 만나고 함께 공동 프로젝트에 참여하게 되면, 그들 모두를 거대한 단일 조직의 교체 가능한 부분으로 치부하기가 어렵다. 우리는 그들을 우리 자아에 포함해 우리를 확대했다. 그래서 안 좋은 일이 많았던 2020년 중에서도 최악인 때에, 나는 자주 그들을 떠올렸다.

나는 분명 브레이버에인절스의 접근법이 모든 문제를 해결할 수 있다거나 해결할 거라고 말하는 게 아니다. 그 대회를 조직한 사람들도 그렇게 주장하지는 않을 것이다. 미국을 건국하면서 모든 시민에게 했던 약속을 이행하기 위해 처리해야 할 많은 문제가 법 및 정책과 관련된 것이라고 나는 본다. 이런 문제는 복합적이어서 모두가 득을 보도록 고치고 개혁하기가 어렵다. 이 나라가 완전히 기능하려면 10년이나 20년, 아니면 더 많은 시간이 걸릴지 모른다. 하지만 어렵다고 해서 시도해선 안 된다는 뜻은 아니다. 헤라클레이토스가 말하길, 결국 조화란 대립하는 것들을 결합하는 긴장에서 나오고, 동료 시민들(문화·정치·환경상의 이동으로 낯선 이가 된 사람들)과 대화하는 법을 배우는 건 시작에 불과하다. 하지만 희망이 없는 시대에는 시작이 중요하게 느껴진다. 시작이 전부인 것 같다. 시작이 유일한 것인 듯하다.

◆ ◆ ◆

브레이버에인절스 대회가 끝나고 며칠 후, 나는 이 장의 시작 부분에서 만난 교사 홀리에게 전화를 걸어 느낀 점이 뭔지 물었다. "여전히 도파민 수치가 완전 높은 상태예요. 정말로 내 인생 최고의 경험이었어요." 홀리가 말한다. "사람들의 합일, 그리고 의지의 합일이 날 완전히 바꿔놨죠. 난 이제 열성분자가 됐어요. 평생 이럴 수 있길 바랄 뿐입니다." 홀리는 이미 지역 단체들과 접촉해 브레이버에인절스와 같은 토론을 조직하기 시작했으며, 현재까지는 반응이 좋다고 한다. 자신이 배운 능력을 학생들에게 가르치고 싶어서 브레이버에인절스 모델에 기초한 교실 토론회도 열고 있다. "청소년은 일찌감치 지적 근육을 발달시키고 이것이 강력한 삶의 방식임을 아는 배짱과 지구력을 키울 필요가 있어요."

홀리가 이 일을 시작할 때 그녀의 남편은 미심쩍어했다고 한다. 남편은 좋은 사교 행사가 되겠지만 결국 아무 소용이 없을 거라고 생각했다. 하지만 홀리는 며칠 동안 워크숍과 토론이 어떤 식으로 사람들의 태도를 형성해 더 나은 논의와 더 명확한 사고로 이어지도록 돕는지 지켜봤다. 민주당 지지자만이 아니라 공화당 지지자 측에도 겉으로 보이는 것보다 훨씬 더 많은 미묘한 차이가 있음을 알게 됐다.

"내 말이 광적인 개종자처럼 들린다는 거 알아요. 하지만 누군가를 맞아들인다는 건 즐거운 일이죠. 7000명으론 대단한 효과가 있진 않겠지만 달리 대안이 있나요? 절망해서 포기하는 것?" 홀리는 별로 가망이 없다고 두려워하지 않는다. "초기 기독교인도 소수에 불과했잖아요." 홀리가 웃음을 터뜨렸다. "그런데도 상당히 큰 영향을 미친 것 같은데요."

1년 6개월 후, 2020년 대통령 선거가 끝나고 12월에 나는 브레이버에인절스의 대변인과 이야기를 나눴다. 브레이버에인절스는 대회를 취소해야 했지만 디지털 플랫폼에서 더 많은 대화를 나누고 있다고 했다. 투표율이 높았고, 공화당 지지자와 민주당 지지자 사이의 물리적 거리를 기술로 쉽사리 연결할 수 있어서 흥분했다고 대변인은 말한다. 11월에는 1300명의 새로운 유료 회원이 가입했다고 한다. 한 달 만에 당시 1만 3000명이던 전체 회원 수의 10퍼센트가 새로 가입한 셈이었다. 게다가 브레이버에인절스는 유색인, 노동계급, 보수주의자에게도 적극 관심을 보이고 있고, 시민단체 및 교회와의 동반자 관계를 통해 이들에게 다가가기 시작했다고 했다. 쉽지 않은 일이지만 진전이 있다고 한다.

나는 또 홀리가 어떻게 지내고 있는지 알아보려고 이메일을 썼다. 홀리는 브레이버에인절스에서 쓰는 말로(공화당 지지자는 빨강이, 중도파는 보라둥이) 이렇게 알려왔다. "더 이상 브레이버에인절스에 참가하고 있지 않아요. 내 빨강이 친구들 가운데는 아무도 없고, 우리 지역 단체의 자칭 '보라둥이'들은 모두 빨간 약을 먹었어요. 철저히 우파로 돌아선 거죠. 난 부인, 절망, 분노 사이를 오가고 있어요. 우리 미국인들은 이제 모두 낯선 이들이 됐어요."

그러니까, 우리는 여전히 낯선 이들과의 대화에 애를 먹고 있다.

20 　일상에서 작은 '우리'를 만드는 법

사소한 접촉으로도 화해할 수 없어 보이는 파당들이 좁혀
진다.

아침에 집을 나서는 순간부터 우리 모두는 낯선 이들의 세계로 들어
선다. 당신은 현관문을 나서면 어디로 가는가? 지하철이나 버스를 타
러 가는가? 그렇다면 핸드폰은 호주머니에 넣어두고 이어폰은 귀에
서 빼고 잠시 주변을 둘러보라. 다른 사람들이 주변에 있는가? 그들
은 사물도 장애물도 아니고, 당신보다 사고 능력이 부족한 사람도 아
니라는 사실을 상기하라. 그들은 무엇을 하고 있는가? 어디로 가고
있는가? 호기심을 가져보자. 그들이 4.5미터쯤 되는 거리에 있을 때
눈을 마주쳐보자. 혹시 뒤돌아보는가? 그렇다면 좋다, 사람들을 향해
미소를 지어 보이자. 그들이 좋은 아침을 맞기를 마음속으로 빌어주

면서.

우리의 조용한 환대를 알아차리지 못하는 사람도 있지만, 의외로 많은 사람이 알아차리고서 미소와 인사로 이에 화답할 것이다. 그때의 기분에 주목하면서 계속 걸어가라.

그다음엔 무엇을 하는가? 아침이니 모닝커피를 한잔 마셔야 할지도 모른다. 카페에 도착한 뒤 바리스타에게 어떤 질문을 하면 좋을까? 바리스타는 "안녕하세요?"라고 먼저 말을 걸어올지 모른다. 이때 틀에 박힌 대화 패턴에서 벗어나 당신의 재치와 진정성을 보여주면 어떨까? 어깨를 으쓱하면서 "10점 만점에 6.5점이라고 할게요"라고 말하는 것이다. 바리스타에게 안녕하냐고 되물으면 그 역시 당신이 그랬듯 7.5점이라고 대답할 수도 있다. 그러면 이렇게 말해보자. "나도 오늘 7.5점짜리 하루를 맞고 싶네요. 제가 괜찮은 하루를 보낼 수 있게 조언 좀 해주실래요?" 이 질문에 어떻게 대답하는지를 보면 그가 어떤 사람인지 짐작할 수 있다. 게다가 조언을 부탁하는 건 상대를 향한 일종의 칭찬이다. 우리가 그를 커피 머신 이상으로 여긴다는 사실을 드러낼 수 있으니 말이다. 만약 줄을 선 다른 사람이 있다면 고맙다고 인사를 하고 커피를 받아 자리를 뜨면 되고, 줄 선 사람이 없고 서로 대화를 원한다면 말을 더 이어가도 좋다. 대화를 어떻게 적절하게 끝낼지 걱정된다면, 그냥 솔직하게 말하면 된다. "이제 가봐야겠네요. 이야기 나눠서 좋았어요." 그러면 실패하는 법이 없다.

직장에는 어떻게 가는가? 자동차로 통근한다면 선택은 한정될 것이다. 하지만 버스나 기차를 탄다면 낯선 사람들과 만날 수 있으니 당신은 운이 좋다. 버스나 기차를 탔다면 이제 주변을 둘러보라. 앉을 자리가 있는가? 서 있을 것인가? 어쨌든, 눈높이에 있는 사람에게 말을 걸어보라. 서 있는 채로 앉아 있는 사람에게 말을 걸면 상대는 위협을 받거나 궁지에 몰리는 것처럼 느낄 수도 있다. 앉아 있는 사람에게 말을 걸어도 되지만, 그럴 때 만들어지는 거북한 역학관계는 염두에 둬야 한다. 가장 이상적인 건 옆에 앉은 사람이나 옆에 선 사람에게 말을 거는 것이다. 당신 옆에 누가 있는가? 이때는 호기심을 따르는 것이 좋다. 어떤 게 흥미로운가? 누군가가 입은 외투가 마음에 드는가? 당신이 아는 책을 읽고 있는가? 대화를 시작하자고 하면 소재 거리는 많다. 앞에서 배운 심리 실험들과 '다수의 무지'를 떠올려보자. 사람들이 조용히 침묵하고 있다고 해서 실제로 대화를 원치 않는 것은 아니다. 하지만 신호를 잘 읽을 필요가 있다. 만약 헤드폰을 낀 채 눈을 감고 있다면 그 사람에게 말을 거는 건 눈치 없는 행동이 될 것이다.

그렇지만 상대가 주변에 마음이 열려 있다는 느낌이 들면 사전구성과 함께 시작하라. 이렇게 말해보자. "실례합니다, 기차에서 말을 걸어선 안 되는 줄 알지만 당신이 입은 외투가 정말로 마음에 드네요." 상대에게 이는 예상치 못한 일이어서 당신은 다시 한 번 같은 말을 해야 할지 모른다. 상대가 반응을 보이면 이렇게 말을 더 잇는다. "저는 새 외투를 찾고 있거든요. 그 외투를 어디서 구할 수 있는지 물어봐도 될까요?" 그러고 나면 두 사람은 외투에 대해 이야기하게 될 것이다. 아주 좋다. 이로써 작은 연결을 만든 것이다. 대화를 할 때 어떤 느낌을 받는가? 안도감을 느끼는가? 편안한가? 행복한가? 연결됐다고 느끼는가? 대화가 예상보다 더 잘돼가는가?

어쩌면 더 많은 이야기를 나누게 될 수도 있다. 그럴 땐 미소를 짓고, 고개를 끄덕이며, 상대가 하는 말을 쉬운 말로 바꿔 말하거나 반복하라. 질문을 할 수도 있다. '왜 그런 거예요?' '언제 그걸 깨달았어요?' 어쩌면 대화를 통해 새로운 뭔가를 배우거나 혼자서는 이르지 못한 통찰을 얻게 될지도 모른다. 어떤 인상이나 말, 관점을 얻을 수도 있다. 우리의 세계를 좀 더 확장해주는 동시에 세상이 좀 더 이해되고 감당할 만하며 덜 거대하게 만들어주는 것들 말이다.

만약 상대가 대화를 원치 않는 기미를 보이면 그럴 땐 그냥 넘어가라. 상대는 피곤하거나, 정신이 딴 데 가 있거나, 편견이 있거나, 그냥 남에게 자기 이야기를 잘 하지 않는 사람일지도 모른다. 괜찮다.

이제 점심시간이 되었다. 당신은 앉아 있기 좋은 자리와 그늘, 어쩌면 분수가 있는 작은 공원에 가게 될 수도 있다. 다양한 사람이 섞여 휴식을 취하는 공공장소, 이를테면 시내 거리, 사람들이 모여드는 조수 웅덩이 같은 곳 말이다. 여기서는 사실상 사전구성을 할 필요가 없다. 이런 장소에서는 낯선 사람에게 섣불리 말을 걸어선 안 된다는 사회규범이 느슨해지기 때문이다. 모두가 같은 공간에 동참하면서 그 공간에 대해 똑같은 권리를 갖는다. 우리 옆에는 다른 집단의 일원이 있다. 그들은 피부색이 다르거나 나이가 더 많거나 장애를 가지고 있을 수도 있다. 어쨌든, 좀 불안하다. 말을 걸어도 대화가 잘 안 되거나, 잘못 말실수를 하거나 혹은 상대가 어떤 식으로든 당신의 말을 거부할까 봐 걱정된다. 이런 두려움은 지극히 자연스러운 거니 너무 대수롭게 여기지는 말자.

삼각화 개념을 기억하기 바란다. 두 사람이 같은 것을 보거나 경험하면 작은 '우리'가, 작은 유대가 형성된다. 아이들이 야구를 하고 있으면, 말을 걸고 싶은 상대에게 몸을 돌려 "난 야구를 무척 좋아했어요"라고 말해보자. 이것이 어린 시절이나 운동 등에 대한 대화로 이어질 수 있다. 또는 영국식으로 그냥 날씨 이야기를 해보라. 다만 구체적으로 말하는 게 좋다. "날씨가 좋네요"라고 하지 말고 "날씨가 좋네요. 야, 드디어 가을이 왔군요"라고 말하는 것이다. 과학적 근거가 있는 주장은 아니지만, 낯선 이에게 좋아하는 날씨를 언급하면 두 사람은 곧 서로 어디서 왔는지 이야기할 확률이 높다고 한다. 그러면 대화가 진전되어 흥미진진해질 수 있다.

당신이 상대에게 좀 더 개인적인 이야기를 하면 아마 상대도 그 말에 호응해서 개인적인 이야기를 할 것이다. 그러면 서로 비위 상하거나 이상한 말을 하지 않는 한, 두 사람은 서로를 조금 더 좋아하고 신뢰하게 될 것이다.

대화를 나눌 때는 말하는 것도 중요하지만 상대의 말을 주의 깊게 잘 들어주는 것도 중요하다. 상대가 말할 때는 끼어들거나 조바심 내지 마라. 눈을 마주치고, 상대의 비언어 신호에 주의를 기울여라. 동의나 즐거움을 드러내는 상대의 신체언어를 주시해야 한다. 우리가 얼마나 잘하고 있는지, 상대가 대화를 얼마나 즐거워하고 있는지 과소평가할 가능성이 크다는 점을 늘 염두에 두라. 앞에서 배운 인류의 오랜 환대의 전통을 떠올려보라. 두 사람이 일단 편안해지면 그 이후에는 순조로워진다. 대화가 흘러가는 대로 두면 된다. 그러면 대화가 두 사람을 놀라게 만들지도 모른다. 특히 관계가 진전된 것 같으면 조언을 구하는 것도 좋은 방법이다. 그러면서 상대가 어떤 사람인지 알아갈 수 있고, 두 사람이 어떤 문제를 갖고 있더라도 사실상 해결할 수가 있다. 상대에게 조언을 구하면 어쨌든 개인적인 고민이나 이야기를 살짝 노출하게 된다. 위험을 감수한 셈이다. 이것이 이 모험의 핵심이다. 사람들은 이에 반응하는 경향이 있기 때문이다.

그 후 대화가 어떻게 될 거라고 예상했는지 생각해보고 실제로는 어떻게 됐는지 비교해보라. 그러면 이런 만남에 대한 평소의 부정적이었던 기대치를 재조정할 수 있다. 이미 이런 상호작용을 경험했기에, 앞으로는 낯선 사람에게 말을 걸 때 지나친 불안감도 줄어들 것이다. 그 효과가 일반화돼, 한 개인으로서 다른 사람에 대해 좀 더 긍정적으로 인식할 수 있고 최소한 함께 대화를 나눌 수 있는 존재로 바라볼 수 있다. 이는 우리 자신의 승리이자 사회의 승리다.

기분이 어떤가? 피곤한가? 안도감이 드는가? 기운이 나는가? 셋 모두인가? 그런 기분은 지극히 타당하다. 이럴 때는 잠깐 쉬자. 재충전을 하는 것이다. 이런 대화는 피곤하거나 기진맥진하면 잘되지 않는다. 혼자 있는 시간이 필요할 때는 혼자만의 시간을 충분히 갖는 게 좋다.

다음 단계의 선택은 이 페이지를 읽는 독자에게 맡기겠다.

술집, 주민회의, 또는 친구 집에서 열리는 칵테일 파티 등 편안한 장소에서 우리는 이따금씩 낯선 이와 시비가 붙을 때가 있다. 그럴 때 상대의 말에 발끈하거나 상대를 무시하거나 혹은 뒤쫓아가 따지고들 수도 있다. 하지만 상대에게 공격적인 태도를 취하면 질리도록 보아온 뻔하고 무의미한 광경을 초래하리란 걸 안다. 두 사람이 서로 딴소리를 하면서 화를 내고 자신은 옳고 상대는 형편없다고 확신하는 그런 광경 말이다. 이럴 때 우리는 고구마를 통째로 삼킨 듯한 갑갑한 느낌에서 쉽게 벗어날 수가 없다.

그래서 이번에는 진짜 위험을 감수해야 할지 모를 시도를 하고자 한다. 경험해봐서 알겠지만 누군가를 맹렬히 비난하고 싶은 충동을 억누르기란 쉽지 않은 일이다. 그러니 숨을 한 번 들이쉬고서 시작해

보자.

일단, 상대의 주장을 공격하지 말아야 한다. 상대의 동기에 의문을 제기하지 않고, 함부러 추정하지 않는 것이다. 적의를 가진 상대에게 말할 때는 최대한 객관적으로 자신의 신념을 진술하는 게 좋다. '나는~하다'라는 진술문 형태로, '나는~라고 본다'라고 표현하는 것이다. 그러면서 우리가 어떻게 그런 신념을 갖게 됐는지 이야기를 좀 더 보탠다. 사실만을 강조하려 들면 사람들을 쫓아버리기 쉽지만 이야기는 사람들을 끌어들인다. 이야기는 우리 존재에 살을 붙여 상대가 우리를 사고 능력이 부족한 존재로 여기기 힘들게 만든다. 우리가 모든 답을 갖고 있지 않고 이해하려 애쓰고 있으며 이것이 최선의 노력임을 상대에게 보여주라는 얘기다. 우리 편에 대해서도 몇 가지 의구심을 갖고 있음을 보여주는 것이다. 이렇게 하면 대화의 조건이 설정된다.

그런 다음, 상대에게 마이크를 넘겨라. 그들은 어떻게 그런 신념을 갖게 됐는가? 개인으로서 그들은 어떤 사람인가? 그들의 말에 발끈하고 싶을 때가 있어도 참아야 한다. 호기심을 보이고 제약이 없는 질문을 하고 다그치지 말아야 한다. "이렇게 생각하는 사람이 어떻게 세발자전거를 탈 수 있고 하물며 투표를 할 수 있을까요?"라고 비아냥대지 말고 "그게 왜 그렇게 당신한테 중요한가요?"라고 말하는 것이다. "당신의 부모님은 정치적으로 어땠나요?"라고 돌려 말할 수도 있다. 여기서 우리의 목표는 상대를 더 잘 이해하고, 그들에게 진실로 와닿는 방식으로 그들의 입장을 분명히 할 수 있게 하는 것이다.

대화가 진행되면서, 처음 시작할 때보다 얼마나 더 차분해졌는지 보라. 마음이 편안해지면 생각이 어떻게 달라지는지 주목하라. 입장을 약간 바꾸기도 하는가? 상대가 양보하기도 하는가? 두 사람이 서로의 마음을 바꿀 필요는 없다. 그건 짧은 만남에서 지나친 기대다. 우리가 원하는 바는 서로를 이해하고 화해할 수 없어 보이는 파당들을 조금 더 가까이 다가서게 하는 것이다. 아주 작고 핵심에서 벗어나더라도, 두 사람이 동의할 수 있는 바를 찾는 것이다. 하지만 그게 아니라도 좋다. 적어도 연습과 약간의 훈련으로 합리적인 대화를 할 수 있다는 것을 직접 봤으니 말이다. 어쨌든, 이제 자신감이 생겼다. 우리는 다른 삶의 거대함을 보았고, 그것이 벅차기는 해도 주춤하지 않았다. 우리는 탐험가이자 목적지 없는 여행자이며, 연결되고 있다. 현재로선 이것으로 충분하다.

21 새로운 사회성 르네상스를 위하여

새로운 집단이 존재 방식을 묻는 지금, 우리에게 필요한 건 새로운 사회성 르네상스다.

나는 옛날이야기를 좋아한다. 그래서 옛날이야기를 하나 들려주면서 우리가 함께한 시간을 마무리하려 한다.

태초에 어떤 아름다운 곳에 한 남자와 그의 신이 있었다. 이 아름다운 곳에는 금지된 선악과나무가 있었는데, 이 남자 아담은 이 나무에 호기심을 느꼈다. 그는 인간이었고, 인간은 호기심 앞에서 무력하다. 신이 인간이 호기심을 느끼도록 설계하고서 그 호기심을 충족하는 걸 죄로 만들다니 이상한 일이다. 하지만 이는 잠시 제쳐두자.

한동안은 아담이 금지된 나무에 손을 대지 않았고, 그래서 모든 게 좋았다. 하지만 이내 아담은 외로워졌다. 신이 인간을 낙원에 두고서 쉽게 외로워하도록 만든 것도 이상한 일이다. 저 모든 초협력하는 유인원을 창조하고는 이들이 협력하여 바벨탑을 쌓았다고 벌한 것도 같은 신이다. 이것도 잠시 제쳐두자.

신은 아담에게 동반자를 만들어줬다. 최초의 여성인 이브 말이다. 이는 모든 것이 이 최초의 여성 탓으로 돌려졌다는 뜻이기도 하다(판도라를 생각해보라). 이브도 금지된 나무에 호기심을 느꼈는데, 다만 자신의 호기심을 따르도록 트릭스터(trickster, 문화인류학에서 도덕과 관습을 무시하고 사회 질서를 어지럽히는 신화 속의 인물이나 동물 따위를 이르는 말—옮긴이)인 뱀에게 설득됐을 뿐이었다. 신이 뱀을 에덴동산에 들여놓은 이유는 명확하지 않다. 어쨌든, 이브는 사과를 먹자고 압박했고 아담은 굴복했다. 사귄 지 얼마 안 된 시점에 싸움을 벌였다가는 이제 막 발견한 성애의 가능성이 즉각 축소되는 결과를 낳기 때문인지도 모른다. 또 어쩌면 이브의 주장이 더 설득력 있었는지도 모른다.

어쨌든, 그것으로 끝이었다. 빛은 사라졌다. 아담과 이브는 스스로 낯선 사람이 됐으며(자기 몸을 부끄러워했다), 그들이 알던 유일한 고향으로부터 추방돼 이 세상의 낯선 사람이 됐다. 종교를 믿는 사람이 보기에는, 호기심을 충족한 그들의 결정이 원죄이며, 그 타락이 웅덩이를 이루고 넘쳐 우리와 우리 자손들의 영혼까지 더럽혔다. 그래서 우리 모두가 이 낯선 자들의 골짜기에서 살도록 선고받았으며 소속, 의미, 관심, 안전과 같이 세상이 선뜻 제공하지 않는 저 무형의 모든 것들을 필요로 하도록 설계되었다. 따라서 위대한 철학자 이마누엘 칸트의 말대로, 우리 모두가 휜 목재여서 진정 곧게 만들어질 수 없으며, 또 다른 위대한 철학자의 말대로, 이 세상에는 더 이상 우리의 고향이 없다.

우리는 낯선 시간 속에 살고 있다. 세상은 변화했고 변화하고 있으며 계속 변화할 것이다. 언제나 그랬다. 우리는 이동하고 섞이도록 만들어졌으며 적응력이 뛰어나다. 게다가 변화는 좋은 것일 수도 있다. 우리의 운명을 개선하고 생존을 이어가는 데 도움이 되기 때문이다. 하지만 변화는 우리를 미치게도 한다. 사회, 문화, 경제, 기술의 힘이 결합해 원래 알고 있던 세상을 바꿔놓고, 한때 익숙하던 것을 낯설게 만들어 사회의 비상사태 속에서 두려움과 외로움을 느끼게 하는 것을 많은 사람이 봐왔다.

오늘날 미국은(미국만이 아니라) 정치 양극화가 확고해서 동료 시민들이 함께 미래를 상상하기란 거의 불가능하다. 우리는 국가를 공유할진 모르지만 서로에게 낯선 사람이 돼가고 있다. 불평등이 극심해서 지배계급은 그들 아래에 있는 사람들의 삶에 대해 직접 경험이 아니라 편견, 추측, 또는 터무니없는 생각에 근거해 판단한다. 그들은 서로에게 낯선 이들이지만 그 가운데 한쪽만이 열쇠를 쥐고 있다. 역사상 소외돼온 수많은 사람이 이제 동료 시민들이 오랫동안 당연하게 누린 권리를 자신들에게도 부여하고 자신들을 인정할 것을 요구하고 있다. 전쟁, 빈곤, 기후 변화로 엄청난 규모의 이민자와 난민이 낯선 땅으로 이주하고 있다. 그들 또한 낯선 이들이다. 고향을 멀리 떠나 망명한 이방인이자 국외 체류자다.

이 모든 변화 속에서 방향 감각을 잃었다고 느끼기 쉽다. 인간은 오랫동안 자신이 사는 곳과 소속 집단이라는 맥락 속에서 자기 자신을 확인해왔다. 하지만 그 장소들이 변화하고 그 집단이 혼성화되거나 해체되고 새로운 집단이 나타나 혁신과 존재 방식을 제공하면서, 우리는 정박하지 못하고 불안감을 느낀다. 정체성이 주변 세상에 기초한다면 그 세상이 변화할 때 우리에게는 어떤 일이 일어날까? 그럴 때 나는 누구인가?

이는 중요한 문제다. 제임스 볼드윈(James Baldwin)은 1976년 이렇게 썼다. "정체성이란 위협받을 때에만 문제가 된다. 강자가 몰락하기 시작하거나, 비참한 사람들이 들고일어나거나, 낯선 사람들이 문으로 들어온 후 (낯선 사람의 존재는 우리를 그 낯선 사람보다 우리 자신에게 더 낯선 사람으로 만들기 때문에) 더 이상 낯선 사람이 아니게 될 때처럼 말이다." 우리가 뿌리를 내린 세상이 변화하면 우리는 낯선 사람들 사이에서 길을 잃을 수 있다.

우리가 어떻게 서로 연결되고 어떻게 어울리는지 이해하는 데 어려움을 겪을 때, 저 불확실성은 불안으로, 불안은 위협받거나 버림받은 느낌으로 바뀌기도 한다. 그리고 이는 우리가 사회로부터 멀어지거나 이 새로운 이들과 새로운 변화를 맹렬히 비난하는 것으로 이어진다. 잃어버린 질서를 회복해 우리의 오랜 위안과 소속감을 되찾으려는 희망에서 말이다. 하지만 이것은 어리석은 일이다. 우리가 어린 시절로 되돌아갈 수 없는 것처럼 사회를 예전으로 되돌릴 수는 없다. 만약 그럴 수 있다고 생각한다면 전쟁이 벌어질 게 틀림없다.

하지만 나는 안다. 낯선 땅에서 낯선 사람이 된다는 게 어떤 느낌인지 말이다. 과거에 내게 소속감과 정체성은 아주 단순했다. 나는 매사추세츠주 보스턴 출신의 백인 남성에 아일랜드계 가톨릭 신자인 작가였다. 나는 인간이란 무엇이고 무엇을 하는지, 가톨릭 신자란 무엇이고 무엇을 하는지 알았으며, 작가란 무엇이고 무엇을 하는지 알았는데 솔직히 말해 백인이란 무엇인지에 대해서는 그다지 생각하지 않았다. 나는 내게 반항을 불러일으키는 특정한 성격을 가진 특정한 장소에 깊이 뿌리를 두고 있었다. 형제자매, 우리가 자란 곳과 가까운 곳에서 성장한 상당히 전통을 따르는 편인 부모님, 그때그때 바뀌는 친숙한 주위 사람들에 둘러싸여 있었다. 가끔은 이런 게 짜증 났지만, 이는 또한 커다란 위안과 안정감의 원천이자 내 정체성의 뿌리이기도 했다. 그리고 지금도 여전히 그렇다.

그런데 지난 20년 동안 무슨 일이 일어났던가? 보스턴은 내가 거의 알아볼 수 없는 도시로 변했다. 가톨릭교는 끔찍한 추문에 휩싸여 무너졌다. 인터넷은 많은 인쇄 매체를 파괴하고 사회 내 작가의 위치를 재정의했다. 전통의 성 역할은 섞이고 수정되고 폐기됐다. 나는 상근직으로 일하면서 이전 세대의 남성보다 더 많은 시간과 에너지를 양육에 들여야 하는 아버지가 됐다. 게다가 미국의 낯선 이들의 수도인 뉴욕으로 이사했다. 그렇다면 이 혁명의 소용돌이 속에서 나는 누구일까? 나는 어디에 소속해 있을까?

그리고 이와 관련해, 당신은 누구인가? 어디에 소속해 있는가? 이는 중요한 문제다. 어쩌면 가장 중요한 문제일 수 있다. 하지만 답이 없는 문제는 아니다.

세상은 낯설고, 그래서 우리는 외로워지고 있다. 코로나19의 유행은 우리의 고립감을 새로운 극단으로 몰아갔지만, 우리는 코로나바이러스가 출현하기 전에 이미 고독감의 급속한 확산으로 고통을 겪고 있었다. 1970년대 이래 서구 전역의 사람들과 미국인들은 공적 생활로부터 그리고 서로에게서 멀어졌다. 로버트 퍼트넘은 이를 고치화(cocooning)라고 부른다. 춤, 클럽과 시민단체, 예배 참석 등 한때 세상에 나와 다른 사람과 함께했던 활동이 집에서 혼자 또는 소수의 사람과 하는 활동으로 대체됐다. "우리 사회는 사회성이 쇠퇴하는 상태에 있는 것 같다." 심리학자 오스카 이바라는 이렇게 쓰고 있다. "다른 사람과의 상호작용과 관계가 미미한 사회 말이다."

이런 동향은 사회 신뢰의 급격한 감소 그리고 고독감 및 우울증의 증가와 겹쳐진다. 이는 순환 고리를 형성한다. 심리학자들에 따르면, 때때로 외로운 사람들은 외로움이 주는 고통 때문에 사회로부터 훨씬 더 멀어진다. 오랫동안 혼자 지내다 보면 소통해야 할지 모른다는 생각에 견딜 수 없을 정도로 스트레스를 받을 수도 있다. 사회성이 심각하게 약화돼 그야말로 사람들과 어울리는 방법을 잊기도 한다. 심지어 사람들과 어울릴 필요가 있다는 생각조차 잊어버린다. 건강한 관계는 우리의 신체 및 정신의 안녕에 중요하다. 하지만 우리는 필요한 것을 얻지 못하고 발버둥치고 있으며, 이런 발버둥이 큰 혼란을 일으키고 있다.

우리는 혼자이지만 그렇다고 독립적이라는 말은 아니다. 우리의 수렵채집인 조상들은 생존을 위해 서로 의존함을 인식하고 무리와 부족이 정기적으로 만나 관계를 유지했기 때문에 사회성을 갖게 됐다. 사회화가 생존이고 생존이 곧 사회화였다. 우리는 이런 식으로 진화했고 초협력하는 종으로서 번영하게 됐다. 아이러니는, 우리가 사회적으로 멀어지기는 했지만 그래도 우리의 먼 조상들보다 훨씬 더 다른 사람에게 의존한다는 사실이다.*

예를 들어, 나를 보라. 나는 어찌할 도리 없이 다른 사람에게 의존하고 있다. 나는 바느질도, 사냥, 낚시도 못 한다. 한때 토마토를 길

렀는데 자연에 죄를 짓는 것 같았다. 내가 자동차 타이어를 갈 수 있을 지도 확실치 않다. 나는 생각할 수 있는 거의 모든 면에서 기능상 쓸모가 없다. 하지만 내가 세상에서 살아남기 위해 의존하는 대부분의 낯선 사람은 내게 보이지 않는다. 전화하면 음식이 현관문 앞에 나타난다. 비행기표는 받은편지함에 도착한다. 누군가를 보거나 누군가와 이야기할 필요가 없다. 나만 그런 게 아니다. 우리는 완전히 의존하면서 사실상 접촉이 없다. 이제 우리는 피자를 먹기 위해 다른 사람에게 전화해야 한다는 생각에 스트레스를 받는다. 이는 초사회성을 가진 종에게 상당한 반전이다.

한편 우리의 필요를 충족시키는 낯선 이들은 기술에 가려 보이지 않게 된 채로 도구로 전락했고 영원히 낯선 이로 선고받았다. 4장에서 발달심리학자 마이클 토마셀로가 쓴 도덕의 진화에 관한 연구서를 살펴봤는데, 그는 상호의존과 도덕을 연결짓는다. "스스로 필요한 모든 것을 조달해 완전히 자급자족하는 개인들 사이에는 공정이나 정의가 있을 수 없다." 토마셀로는 철학자인 데이비드 흄의 말을 달리 표현해 이렇게 쓰고 있다. "공정과 정의에 관심을 가지려면, 개인들이 서로에게 어느 정도 의존해야 한다." 우리는 여전히 의존하지만, 우리가 생존할 수 있게 해주는 낯선 이들의 얼굴을 보거나 이름을 익히는 불쾌감을 없애는 방법을 또한 찾아냈다. 이는 사회적, 도덕적 재앙을 불러올 만하다.

이는 또 우리 개인이 대가를 치르게 할 것이다. 경제학에는 시장경

---

* 이와 관련해 조지 버나드 쇼의 말을 인용할 만하다. "독립성? 그건 중간계급의 신성모독이다. 우리는 모두 서로에게 의존한다, 지구상의 모든 영혼이."

제의 상호작용이 낯선 이들에게 행동하는 법을 사람들에게 가르친다는 개념이 있다. 앞서 이야기한 인류학자인 조 헨릭에 따르면, 강력한 시장경제를 가진 문화에서 살아가는 사람들은 낯선 이들을 신뢰할 가능성이 더 높다. 민족이나 인종이 다른 낯선 이들조차 말이다. 이는 그들과 직접 대면해 교류하면서 그야말로 내면화할 수 있을 정도로 충분히 우리의 신뢰가 보답을 받아온 결과다. 하지만 모든 거래가 가상으로 이뤄지면 효율성은 얻을 수 있을지 모르지만, 분명 잃는 것도 있다. 바로 접촉을 잃는다. 여기에는 비싼 대가가 따른다. 이런 교류가 드물어질수록 우리의 사회성은 약화된다. 사회성이 약화될수록 낯선 이들과의 대화가 불안해지고, 불안해질수록 낯선 이들과 대화하지 않으려 하며, 그럴수록 그들이 우리와 같은 인간임을 이해하기가 더 어려워진다.

낯선 시간들이다. 나는 내 나라가 붕괴 직전에 처한 것 같아 이 프로젝트를 시작했는데, 전염병이 한창인 때에 마무리하고 있다. 전자는 우리의 정치 소외를 가속화했고, 후자는 물리적 세계로부터의 후퇴를 가속화했다. 적어도 격리라는, 기대에 어긋나는 사치를 누리는 사람들에게는 말이다. 코로나19 위기 동안 많은 사람이 디지털로 거의 모든 교류를 하고, 인터넷으로 대부분의 물건을 구매한 결과 현관문 앞 '비대면 배달'이 생겨났으며, 학교 수업은 온라인 커뮤니케이션 플랫폼을 통해 진행됐다. 원래부터 디지털 방식의 생활로 점진적 변화가 이뤄지고 있었으나, 이제 모든 대면 접촉이 충격이리만치 급속히 원격 접촉으로 대체됐다.

격리는 많은 사람에게 트라우마를 남겼다. 사람들은 대부분의 인간 접촉이 차단돼 스트레스를 받으며 생활하고 있다. 한 연구에 따르면 우울증 발병률이 세 배 증가했고, 심리학자들은 이 경험이 이를 겪은 아이들을 영구히 바꿔놓아 이른바 '세대 광장공포증'을 일으킬 것을 우려하기 시작했다.

하지만 이 경험은 또한 대부분의 사람이 소극적으로 불이행하고 있던 미래의 일단을 보여줬다는 점에서 우리에게 빛을 던져줬다. 멈춰 서서 생각하고 자문할 기회를 줬다. 우리는 이런 상황을 좋아하는가? 거의 완전히 온라인으로 살아가는 걸 좋아하는가? 계속 이렇게 살아가길 원하는가? 이렇게 되면 스크린 앞에 혼자 있는 사람들의 나라로 이어질 게 뻔하다. 다른 사람들과 실제로 함께 있는 경우는 설사 있다 하더라도 드물고, 모든 생활필수품은 점점 희미해져 유령이나 다름없는 사람들에 의해 조용히, 마찰 없이 배달된다. 우리를 고독하게 만드는 이 모든 걸 가속화해도, 어쨌든 우리의 행복에는 큰 변화가 없을 것이라는 생각은 어리석다.

하지만 이것은 한 가지 가능한 미래에 지나지 않는다. 바꿀 수 없는, 고정된 미래가 아니다.

◆ ◆ ◆

여기 또 다른 이야기가 있다. 에덴동산만큼 오래되지는 않았으나 역시 오래된 이야기 말이다.

투아레그족 사람들은 주로 말리에 살고 있는 유목민이다. 이들은 대부분의 생애 동안 테네레(Ténéré)라고 하는 광활한 사하라 사막 서쪽 지역에서 주로 살아간다. 그래서 생계를 꾸리려면, 아는 사람들과 사랑하는 사람들로부터 자주 떠나 있어야 한다. 사막 그 거대함, 무한함, 영원함 속에서의 삶은 투아레그족이 말하는 아수프(asuf)라는 감정을 불러일으켰다. 이 말은 '향수'로 번역되기도 하지만 말리의 학자인 이브라힘 아그 유수프(Ibrahim ag Youssouf)와 동료들이 지적하듯 "인간의 부재를 견디려는, 다시 말해 거대하고 적대적인 진(Djinn, 사막 사람들)의 땅에서 인간의 하찮음과 나약함을 모르는 체하려는 필사의 노력"이 더 정확한 정의다.

사막은 위험하고 이곳에 사는 부족들은 전쟁과 반목의 역사를 갖고 있다. 그래서 서로 만났을 때 극도의 주의를 기울여야 한다. 먼 거리에서 상대방을 보면 서로 알은체해야 한다. 모습을 보였다가 사라지면 매복으로 의심받아 공격을 받을지도 모른다. 협곡을 건너거나 반대 방향으로 가고 있다면 가끔씩 소리를 크게 질러야 한다. 하지만 서로를 향해 다가가고 있다면 분명 만날 수밖에 없다.

이럴 때 극심한 양가감정이 든다. 아수프를 겪고 있기는 하지만 "이런 상호작용이 언제나 평화롭지는 않으며, 인간에게 가해지는 대부분의 해가 다른 인간에 의한 것"임을 예민하게 의식하기 때문이다. 그래서 환영 의식을 따른다. 한 사람이 상대방을 맞이하고(이슬람교에서는 이 인사를 살람이라고 하는데 손을 이마에 대고 몸을 굽힌다-옮긴이) 그런 후 두 사람이 관습에 따라 악수해야 한다. 이 악수는 바로 양가감정 때문에 극도로 민감한데, 우리가 흔히 하는 악수보다 훨씬 더 그렇다. 아수프를 겪는 사람들은 인간 신체 접촉이 절실하다. 하지만 이 신체 접촉이 낙타에서 끌어내려져 테네레에 내던져져 죽는 결과를 낳을 수도 있다.

그래서 악수할 때는 신중해야 한다. 너무 세게 흔들면 불신의 표현, 즉 공격의 서곡으로 해석될 수 있다. 또는 외로운 투아레그족 사람은 단지 다른 인간의 손길을 느끼고 싶었을 뿐인데 나쁜 의도를 의심받고서 분개할 수도 있다. 따라서 양쪽 모두 너무 의심하거나 거만해 보이지 않도록 조심해야 하며, 호기심을 보이되 적정선을 지키는 게 좋다. 명예를 중시하는 문화에서 모욕을 주는 건 크나큰 문제이기 때문이다. 더욱이 낙타에 앉은 상태로 악수를 해야 한다. 하지만 악수를 마치면 소식을 주고받을 수도 있고, 서로에게 물이나 먹을거리가 있는 곳 또는 마을을 알려줄 수도 있다. 그들은 넓게 트인 황량하고 위험한 곳에서 살면서 무의미한 생각과 씨름하는 외로운 사람들이다. 낯선 사람과 접촉하는 방법을 만들어냄으로써 삶이 더 수월하고 덜 외로워진다. 우리는 인간 종의 성공이 낯선 이들에 대한 두려움을 그들이 제시하는 기회와 조화시키는 능력에 어떻게 기초하며, 그로부터 어떻게 사회 혁신이 시작됐는지 많은 이야기를 했다. 여기 그 축소판이 있다. 우리는 우리의 테네레에 살면서 아수프로 인해 고통을 겪고 있으며 투아레그의 악수법도 배워야 한다.

지금은 낯선 시간이지만 전례가 없지 않다. 거듭 본대로, 인간은 낯선 사람과 협력하고 변화하는 세계에 소속되는 새로운 방식을 만들어냄으로써 존재의 위협과 사회의 붕괴에 대응해왔다. 초협력하는 유인원의 능력은 수렵채집인의 사회성 증가에서 도시와 주요 종교의 태동까지, 더 나아가 민주주의의 발명, 계몽주의의 태동, 시민권과 인권까지 기하급수적으로 확대됐다. 우리는 낯선 이들에게 인간성을 부여하는 능력의 거대한 확장을 보았다.

분명 이런 모든 움직임은 매우 불완전했으며 지금도 마찬가지다. 많은 경우, 여성을 배제하거나 모두에게 동등한 시민권을 부여하길 거부했다. 일부의 경우는, 많은 작은 갈등을 몇 가지 매우 큰 갈등으로 대체했다. 나는 내가 특권을 누리는 사람의 입장에서 이야기하고 있음을 안다. 외국인 체류자이거나, 이교도이거나, 아니면 다른 어떤 타자라는 이유로 고통을 겪거나 살해당한 적이 없는 사람들 말이다. 나는 왕국 또는 문명 간 충돌에서 줄지어 정렬해 총알받이로 쓰인 적이 없다. 인간이 서로에게 가할 수 있는 공포를 알고 있다. 나는 그에 대해 곰곰이 생각한다. 인류는 희망만큼이나 공포를 불러일으킨다. 하지만 나는 희망을 품고 있다.

그리고 이 책을 읽는 당신도 그럴 수 있다고 생각한다.

"낯선 사람은 더 이상 예외가 아니라 통칙이다." 사회학자 레슬리 하먼(Lesley Harman)은 이렇게 썼다. 우리는 이 새로운 세상에서 어떻게 살아가야 할까? 그 첫 단계는 모순되게도 우리가 서로 멀어질수록 사실은 더 많은 공통점을 갖는다는 점을 인식하는 일이다. 우리는 초기 서양 종교를 따르던 사람들이 타락한 세상에서 이방인이자 일시 체류자였음을 보았다. 하지만 종교는 그들이 영구히 소외당하도록 운명짓기는커녕 힘과 연대의 원천이 됐다. 세상이 낯설어지고 생각이 바뀌자, 그들은 이에 대응해 낯선 이로서의 경험에 뿌리를 둔 새로운 개념의 소속감과 정체성을 만들어냈다. 이상적인 경우, 이는 그들의 공감 능력을 높여줬다. 그들은 낯선 이가 된다는 게 어떤 것인지 알았고, 그래서 다른 사람들이 같은 감정을 느끼는 게 어떨지 상상할 수 있었다. 속담이 이르듯, 모든 사람이 낯선 이라면 아무도 낯선 이가 아니다. 우리를 분열시켰던 원천이 연대의 원천이 될 수도 있다.

수천 년 동안 힘없는 사람, 노예가 된 사람, 억압받는 사람은 낯선 이들이었다. 그들은 언제나 그들을 흩어지게 하고 인간성을 짓밟으며 가혹한 운명을 지우는 한편으로 그 문화의 나머지 사람들이 그들은 인간 이하라고, 대화하거나 이해할 수 없는 자들이라고, 지배 문화에 사실상 통합될 수 없는 부류라고 믿도록 교육시키는 힘의 지배를 받아왔다.

하지만 이제 심각성은 훨씬 덜하지만 여전히 트라우마를 남기는 소외가 예전에 다수를 대표했던 사람들, 즉 단일 문화 사회에 영향을 미치고 있다. 나 역시 여기에 속한다. 우리는 이런 사회 및 문화 변화를 되돌리려 시도할 수 있다. 그러나 소용없을 것이다. 그보다는, 우리가 방향을 잃었고 혼란스러우며 두려움을 느끼고 있다고 인정하고, 다른 사람들도 그러리라고 생각하는 편이 더 낫다. 우리가 외로움을 느낀다면 다른 사람들의 외로움에 대해서도 깨우치기 시작할수 있다. 이것이 도덕적 명확성의 출발점이며, 우리가 현재 맞닥뜨린 난제에 대한 해답을 찾는 출발점이라고 나는 생각한다. "자신과의 대면은 다른 사람과 대면하는 것이기도 하다." 제임스 볼드윈은 이렇게 썼다. "내 영혼이 떨고 있음을 알면 다른 사람의 영혼도 떨고 있음을 나는 안다. 내가 이를 존중할 수 있다면 우리 둘 다 살 수가 있다."

우리는 어떻게 살 것인가? 어떤 사람이 될 것인가? 이것이 문제다. 이 책을 쓰려고 조사하면서, 나는 세계시민주의 개념과 자주 마주쳤다. 국경과 국가와 집단 정체성을 없애길 요구하면서 인류 전체를 하나의 거대 부족으로 통합해야 한다고 주장하는 세계시민주의의 압박에 대해 나는 오랫동안 의심을 품어왔다. 이런 거대 집단의 실제 통치에 대한 의구심을 넘어, 더 크고 새로운 집단이 우리에게 정말로 필요한지 나는 확신할 수가 없다. 적어도 우리가 보통 생각하는 식의 집단은 필요치 않다. 브레이버에인절스 대회에 참가하는 동안, 부모가 콜롬비아 이민자인 한 공화당 지지자가 '여럿으로 이루어진 하나'(e pluribus unum, 1955년까지 미국의 공식 표어였다-옮긴이)에 대해 이야기했다. '여럿'은 이해가 되지만 '하나'는 무엇이냐고 그 여성은 말했다. 우리 모두가 하나가 된다면 그게 어떤 '하나'인지는 누가 결정하는 것인가?

앞서 만난 정치학자 대니엘 앨런은 하나가 된다는 개념에서 전체가 된다는 개념으로 옮겨가야 한다고 주장했다. 앨런은 이렇게 썼다. 이것이 "흡수가 아닌 통합, 그리고 이미 다양한 집단 사이에 일어나고 있고 계속해서 일어날 상호 교류와 수용에 중점을 둔 형태의 시민권을 발전시킬 수 있을지 모른다." 나는 앨런의 말이 옳다고 생각한다. 우리는 점점 더 큰 집단을 형성하면서 현재에 이르렀지만, 이것이 우리가 가야 할 곳으로 우리를 데려다줄지 나는 확신하지 못한다. 기술 용어로 말하자면, 우리에게 필요한 건 네트워크 TV보다는 블록체인 같은 것이 아닌가 생각한다. 다시 말해, 우리는 더 적은 수의 더 큰 것이 필요치 않다. 우리 모두가 하나는 아니지만 우리 모두 이곳에 있다는 단순한 주장에 근거해, 함께 협력해서 작동시킬 수 있는 더 많은 작은 것이 필요하다.

바로 이 지점에서 세계시민주의가 우리의 프로젝트와 부합하기 시작한다. 집단 정체성이 아니라 마음가짐으로서, 개인들 사이에서 한 개인으로서 행동하는 방식으로서 말이다. 캘리포니아대학 역사학자인 마거릿 제이콥(Margaret Jacob)은 이를 잘 표현한 세계시민주의의 정의를 제시한다. 제이콥은 그것이 "다른 나라, 다른 신념, 다른 피부색의 사람들을 의심 또는 경멸 또는 때때로 혐오로 바뀔 수 있는 무관심이 아니라 기쁨, 호기심, 관심을 갖고 경험하는 능력"이라고 말한다. 이런 종류의 세계시민주의는 다양한 세계에서 살아가는 다른 사람에 대해 호기심을 갖도록 훈련하는 것이다. 병적인 호기심이 아니라 우리가 공유하는 인간성에 대한 믿음, 각자의 지위와 무관하게 서로 동등하다는 믿음에 기초한 호기심 말이다. 이는 우리가 우리의 유산, 국적, 신념을 자랑스러워해선 안 된다는 뜻이 아니다. 다른 존재 방식이 있음을 인정하고, 다른 존재 방식과 그것을 보여주는 사람들에 대해 호기심을 갖는다는 뜻이다.

이는 녹록지 않은 일이다. 어떤 면에서는 우리의 본성에, 적어도 문화적으로 낯선 이들의 존재만으로도 쉽사리 자극받는 우리 본성의 일부에 반한다. 먼 과거에 이런 경계심은 아마도 이점이었다. "부족 심리학의 사고방식이 낳은 한 가지 결과는 위협이 존재하지 않는데도 위협을 감지하는 경향이 있다는 것이다." 집단 간 불안을 연구하는 심리학자인 월터 스테펀은 이렇게 주장한다. "위협이 존재하지 않는데 위협을 감지하는 건 실제로 위협이 존재하는데 위협을 감지하지 못하는 것보다 가벼운 실수일 수 있다. 그래서 기본적으로 사람들은 외집단으로부터 위협을 감지하는 경향이 있다."

하지만 초다양성 사회에서 존재하지 않는 외집단의 위협을 보는 건 더 이상 가벼운 실수가 아니라 대단히 큰 실수다. 치명적일 수도 있다. 그런데 이 실수는 다른 사람들의 삶에 대해 호기심을 불러일으키면 피할 수가 있다.

알다시피, 호기심은 편견과 분열의 방어책이다. 낯선 이에게 호기심을 갖는다는 건 다른 사람들은 사고력이 부족하다고 인식하는 경향을 거부하고, 우리가 처음에 보거나 문화가 보게 만드는 것보다 더 많은 것이 그들에게 있다고 믿으며, 우리의 호기심이 결국에는 보상을 받으리라고 믿는 것이기 때문이다. 이것이 광신도들이 호기심을 싫어하는 이유다. 심리학자인 알프레트 아들러는 이렇게 썼다. "누구보다 힘들게 살면서 남들에게도 가장 큰 상처를 주는 사람은 동료 인간에게 관심이 없는 사람이다."

내가 상상하는 세계시민주의는 이에 대한 해독제다. 그것은 일종의 새로워진 시민 종교다. 낯선 이들과 대화함으로써 매일 실천하는 종교, 그리고 이 책에서 살펴본 환대, 경청하기, 인사하기, 질문하기라는 이상에 뿌리를 둔 종교 말이다. 이를 실천할수록, 낯선 이들과 소통할수록, 우리는 사람들을 갈라놓는 경계를 더욱 편안하고 능숙하게 가로지르게 된다.

이 종교는 도전을 제기하며 도약을 요구한다. 하지만 대중 종교에서 보았듯, 우리는 낯선 이들에 대한 믿음을 확대하는 능력을 갖고 있다. 게다가 낯선 이들과 대화하기란 생각만큼 어렵지 않다. 올바른 정신을 가지고 직접 대면한다면 이 시대의 많은 문제에 대해 진통제가 되어줄 것이다. 그렇게 한다면 우리는 더 즐겁고 행복하며 더 연결되고 덜 외로울 것이다. 우리의 생각을 더욱 명확히 하는 데 도움이 될 것이다. 신뢰가 낮아지는 시대에 우리가 세상을 공유하는 사람들에 대해 안심할 수 있으며, 그 반대도 마찬가지일 것이다. 낯선 이들과의 대화는 세상의 무한한 복잡성을 우리에게 상기시키며, 동시에 이 세상에서 살아가는 법을 가르쳐준다. 그것은 우리 모두가 똑같다고 말하지 않는다. 우리는 모두 똑같지 않기 때문이다. 만약 그렇다면 삶은 지루할 것이다. 하지만 낯선 이들과의 대화는 온갖 반대의 증거에도 불구하고, 차이에도 불구하고 우리가 소통하고 협력하는 능력을 갖고 있다고 우리를 안심시켜준다.

하지만 이 종교의 원천은 천상의 신비한 존재가 아니다. 의식이나 신성한 물건이나 교리와는 무관하다. 그 원천은 우리 주변 사람들로부터 나오며, 우리가 이들과 기꺼이 대화하려 하는 한 끝없이 재생 가능하다. 이럴 때 우리는 더욱 행복해지고 건강해진다. 충분히 많은 사람이 이렇게 할 때 세상은 더 좋게 변화할 것이다. 물론 이것이 우리의 모든 문제를 해결해주지는 않는다. 앞서 말했듯, 우리 종의 약속을 이행하려면 많은 체계를 개혁해야 한다. 실재하고 인지되는 위협과 투쟁과 궁핍으로 인한 스트레스 수준을 낮춰야 한다. 그것이 낯선 사람들에 대한 두려움을 부추길 수 있기 때문이다. 나는 이런 개혁이 얼마나 어려운지 잘 알고 있다. 하지만 또한 우리가 서로에게 낯선 이로 남는다면 아무것도 얻지 못하리라고 생각한다. 낯선 이들, 그러니까 우리와 같은 사람들, 우리와는 다른 사람들과 한 사람 한 사람 매일매일 대화하는 법을 배움으로써 우리 자신을 사회성 있는 존재로 재건하는 것이 출발점이라고 나는 생각한다. 이런 개입(engagement) 행위가, 서로를 향하는 행위가 우리의 다음 사회성 르네상스가 될 수 있다고 생각한다.

나는 우리가 이 도전에 부적합하다고 생각하지 않는다. 우리가 번영할 수 없는 세상에 실수로 떨어졌다고 생각하지 않는다. 오히려 이전의 모든 것이 우리를 훈련시켰다고 생각한다. 이마누엘 칸트는 세계시민주의를 자연의 '궁극의 목적', 즉 정점이라고 정의했다. 그리고 나는 칸트에게 동의하고 싶다. 수천 년 동안 하나의 과정이 작동해왔다. 우리가 본 모든 사회 혁신은 점점 더 큰 규모로 낯선 사람들에 대한 신뢰를 만들어내는 엔진이었다. 우리가 이를 유지할 수 있고 생태계의 재난이나 핵 사고로 인한 멸종을 어떻게든 피할 수 있다면, 이 프로젝트를 계속 이어갈 가능성이 있다.

그 성공은 우리 개인에게 달려 있다. 예전의 사회 혁신은 의식이나 전통, 단일 문화, 우리가 잘못된 행동을 하면 처벌하는 신에 대한 믿음이나 법과 같이, 우리로 하여금 말을 잘 듣게 하려는 외부 통제와 관련된 것이었지만, 이제는 그런 통제가 쇠퇴하고 있다. 한편으로, 이 것은 세상이 돌이킬 수 없이 혼란에 빠진 것처럼 보이게 만든다. 하지만 다른 한편으로, 우리는 이 오래된 방법들이 실제로 무엇인지를 알 수 있다. 다음에 올 것을 위한 연습용 바퀴인 것이다. 그리고 우리는 우리가 개인으로서 주체성을 갖고 있음을 안다. 결국 인간 진화의 이야기는 본성이나 양육에 관한 것이 아니라 나란히 작용하는 둘 모두에 관한 것이다. 인간은 줄곧 뭔가를 하는 방식을 발전시켰다. 그게 번영에 도움이 되면 관습이나 전통으로 간직했고, 시간이 지나면서 우리의 유전자에 암호화됐다. 그리고 우리의 본성이 됐다.

본성이란 여전히 형성 과정에 있다. 그것이 마침내 어떻게 될지는 우리에게 달렸다. 우리는 스스로의 운명에 대해 이토록 큰 통제력을 지닌 유일한 종이면서도, 이제껏 세상과 서로에게 그랬던 것처럼 그 운명에도 부주의했다. 하지만 나는 우리가 순간의 도전에 잘 대처해서 불확실한 시대에 번영할 수 있길 바란다. 1751년 프랑스 철학자 드니 디드로는 세계시민주의자를 '세상 어디에도 없는 낯선 사람들'로 정의했다. 이를 우리의 이상으로 삼자. 그리고 이를 예수가 말한 여덟 가지 행복처럼 작용하며 우리가 나아갈 길을 알려주는 오래되고 상투적인 '낯선 사람을 만난 적이 없다'는 말과 접목하자.

하지만 우리는 에덴동산에 대해 이야기하고 있었다. 나는 에덴동산이 갖는 매력을 알 수 있다. 그 이미지는 친숙한 개인들이 작은 무리를 이뤄 사는 따뜻하고 안전하며 걱정이 없는 곳이다. 나는 상황이 어려울 때면 가끔 이런 이미지에 이끌린다. 하지만 이 이미지는 또한 쉽사리 질린다. 나는 새로운 사람과 장소, 새로운 생각과 농담, 새로운 이야기와 음식과 음료와 노래를 좋아하고, 이들이 서로 섞여 더 새롭고 더 예기치 못한 것을 만들어내는 것을 좋아한다. 나는 낯선 이에게 말 걸기가 잉태 행위라는 시어도어 젤딘의 개념을 개인적으로 실감했다. 그것이 어떻게 무에서 대화와 통찰을 낳는지, 또한 어떻게 나를 바꿔놨는지, 다시 말해 낯선 이들의 삶과 이야기를 접하면서 어떻게 내가 성장했는지 체감했다. 내가 세상에 대해 품었던 추정은 이의에 부딪혔지만, 그럼에도 설령 내 주변의 세상이 흔들리고 신음한다 해도, 나는 다시 안심할 수 있다.

그래서 나는 에덴 이야기에 대해 다른 견해를 갖고 있다. 그게 타락이라고, 죄악이라고 생각하지 않는다. 우리는 이브를 위한, 또한 뱀을 위한 기념비를 세워야 할 것 같다. 무관심이야말로 진짜 죄악이며 호기심만이 고독과 갈등의 치유법이라고 나는 생각한다. 아담이 에덴동산에서 추방되지 않았다면 원래의 자기 자신에 머물러 있었을 것이다. 아름다운 곳의 머리가 텅 빈 무식한 남자로 말이다. 하지만 아담은 낯선 사람이 됐다. 나였어도, 사과를 먹을 것이다. 나는 세상을 택할 것이다. 그리하여 낯선 이들과 운명을 같이할 것이다.

감사의 말

책을 쓰는 일이 쉽지 않다는 걸 알게 됐다. 나는 다년간 책을 읽어왔으며 오래전에 책이 읽기 쉬운 만큼 쓰기도 쉽겠거니 하는 믿음의 함정에 빠져 있었다. 아, 농담이다. 하지만 곡예하듯 양육 의무를 다 하면서 1년 동안 계속된 유아 수면 장애, 전염병, 거의 붕괴될 지경인 내 나라를 견디려 애쓰는 한편 이 책을 발전시키고 투고하고 알리고 쓰고 편집하는 일은 이미 녹록지 않은 노력을 훨씬 더 어렵게 만들었다.

내 온 힘과 마음을 다해 가장 먼저 고맙다고 말해야 할 사람은 아내 진이다. 아내는 이 과정에서 내가 한 정신 나간 짓을 참아주고 수년 동안 사랑과 지지를 보내줬다. 20년 전 매사추세츠주 케임브리지에서 이 낯선 이를 만난 건 엄청난 행운이었다. 아내는 어느 날 때마침 그곳에서 우연히 어슬렁거리던, 시끄럽고 독단적이며 실직한 한 남자에게 운을 맡겼다.

수면 문제로 나를 죽을 지경이 되도록 만들었으나 이후에 날 그렇게 쉽사리 죽일 수 없음을 알게 된 딸 준에게 약간의 고마움을 전한다. 아이는 환희, 기쁨, 불가사의, 영감의 무진장한 원천이다. 너는 칭찬을 못 하게 하지만 나는 네가 자랑스럽고 널 사랑한다. 좋든 싫든 넌 나의 '애기'다. 부모님인 존 코헤인과 에드 코헤인에게 고맙고 큰 빚을 졌다. 언제나 여기저기 다니며 대화하고 새로운 친구를 만들면서 당신들의 방식대로 살아가는 부모님은 내게 성공한 삶의 모범을 보여주는 한 가지 사례다. 나는 끝까지 두 분의 모범을 따르려 한다. 두 분께 감사한다. 이 책은 상당 부분 두 분을 위한 것이다. 동기간인 크리스, 존, 덴도 마찬가지다. 똑똑하고 날 끝없이 재미있게 해주는 너희 셋은 뭐가 됐든 내가 나인 커다란 이유다.

이 책은 어느 날 아침 맨해튼의 아이젠버그 샌드위치 가게에서, 〈에스콰이어〉의 내 전 상사로 역사상 가장 뛰어난 잡지 편집자로 이름을 날린 데이비드 그레인저와 아침을 먹으면서 갑작스레 시작됐다. 나는 이 책 시작 부분에 나오는, 낸터킷에서 만난 택시운전사에 대해 그레인저에게 이야기하고 있었다. 우리는 그 이야기가 책이 될 수 있을지 생각하기 시작했다. 나는 짤막한 제안서를 썼고 그레인저는 그걸 마음에 들어 했다. 그러다가 내가 제안서를 수정했더니 그레인저는 내 전화를 피하기 시작했다. 수정한 제안서가 너무 형편없었기 때문이었다. 다행히 그레인저는 다시 나타나, 비할 데 없는 편집 능력과 더욱 중요하게는 그의 열정과 지지 덕분에, 우리는 제안서를 뚝딱뚝딱 만들었다. 그레인저가 개입하지 않았다면 이 책은 결코 나오지 못했다. 나는 그에게 엄청난 빚을 졌다. 그레인저는 훌륭한 편집자이자 훌륭한 사람이며, 출판 대리업에서 촉망받는 유망주다.

나는 몇 년 전 역시 〈에스콰이어〉에서 일할 때 마크 워런을 만났다. 내 기사를 넣기 위해 자기 기사 하나가 잘렸다고 내게 몹시 화를

낸 그 순간부터, 우리가 큰 프로젝트를 함께할 운명임을 나는 알았
다. 워런의 현명한 조언, 날카로운 편집은 이 책에 헤아릴 수 없으리
만치 도움이 됐다. 그는 훌륭한 유머와 도덕적 진지함이 완벽하게 혼
합된 뛰어난 편집자이자 정통 문인이다. 더욱이, 내가 지금까지 편집
자로부터 받은 메모 중 가장 훌륭한 편집 메모를 남겨주었다. "이 장
의 끝부분은 좀 문제가 있어. 순조롭게 요점을 잡아놓고는 이내 초점
을 잃더니, 낯선 이들을 대강 모호하게 묘사하고, 시점과 의미도 갈
피를 못 잡고 헛갈리고…… 부탁이니 다시 써줘. 탄탄하게, 그리고
초점을 맞춰서. 고마워." 날카롭다. 모든 작가가 이런 행운을 누려야
한다. 마크에게 고마움을 전한다. 이제 가서 잠을 좀 자길.

또 랜덤하우스의 앤디 워드, 톰 페리, 차이엔 스키트, 데니스 앰브
로즈에게 이 책에 세심한 주의를 기울여주고 인내심을 갖고 협의해
준 데 대해 감사한다.

이 과정 전반에 걸쳐, 케빈 알렉산더는 아이디어, 우회하는 방법,
통찰, 굉장한 문자 메시지, 그리고 출판 산업에 대한 식견을 끊임없
이 쏟아내 설명할 수 없는 것을 설명하고, 심지어 산불로 그의 집에
재가 비처럼 내릴 때도 내가 가장 정신이 나간 상태에서 제정신을 유
지하도록 도와줬다. 원고에 관한 그의 지적은 변함없이 정확했다. 현
명하고 유쾌하며 인정사정없고 정력이 넘쳤다. 그는 내가 좋아하는
작가 중 한 사람이자 내가 좋아하는 협업자로, 나는 그에게 내가 질
색하는 빚을 지고 있다. 이 일이 모두 끝나면 라울스에서 술 한잔 사
겠다.

친구이자 동료이자 때로 범죄 파트너인 네이트 호퍼도 원고에 관
해 매우 현명하고 유익한 피드백을 해줬다. 그는 타고난 재능을 가

진 편집자로 형편없는 글, 상투적 문구, 조악한 논거를 정말 증오한다. 이 책은 그의 통찰이 아니었다면 나올 수 없었을 것이다. 도와주고 수년간 함께해준 데 대해 네이트에게 감사한다. 니자에게는 미안한 마음을 전한다. 니자의 신인 시절에 내가 너무 못되게 굴었는데, 그건 그냥 일일 뿐이었다.

빌라노바대학의 고(故) 로버트 윌킨슨 박사에게도 감사의 말을 전한다. 윌킨슨 박사는 내가 만난 최고의 스승이며 선생님의 격려, 열정, 관대함, 현명한 조언이 아니었다면 내가 밥벌이로 이 일을 하게 되지 않았을 것이다. 어디에 계시든 선생님 곁에 좋은 친구, 좋은 음악, 좋은 책, 그리고 좋은 스카치 한 병이 있길 바란다. 감사합니다.

훌륭하고 매우 바쁜 분들이 너그러이, 그리고 말도 안 되게 많은 시간을 내가며 내가 하는 온갖 어리석은 질문에 대답해주지 않았다면 이 책이 결실을 맺지 못했으리란 건 말할 필요도 없다. 특히 질리언 샌드스트롬, 조지 나이팅골, 닉, 줄리아나 슈뢰더, 폴리 애크허스트, 론 그로스, 조이스 코언, 마이클 토마셀로, 더글러스 프라이, 조 헨릭, 폴리 위스너, 게이브리얼 커헤인, 앤드루 슈라이옥, 벤 매시스, 세라 트레이시, 니키 트러셀리, 크리스 티소트, 래리 영, 헌터 프랭크스, 클리프 애들러, 호아킨 시모, 주다 버거, 신시아 니트킨, 제이 퀸, 'L', 로널드 잉글하트, 나이란 라미레스-에스파르사, 제이다 베르크-쇠데르블롬, 시어도어 젤딘, 로라 콜베, 알레스키 네우보넨, 칼 월시, 무하마드 카쿠틀리, 울리 보이터 코언, 토머스 크녹스, 대니얼 앨런, '홀리', 빌 도허티, 키아란 오코너, 얼 이케다, 이맘인 칼리드 라티프, 랍비인 이선 터커, 신부인 토머스 리즈, 매트 맥더머트, 스티븐 앵글, HRAF를 이용할 수 있게 해준 예일대학교, 그리고 내 이메일에 답장해주고 대체로 좋은 쪽을 일러주고 나쁜 쪽에서 벗어나도록 해준 수십 명의 다른 분들에게 감사한다. 또, 런던의 아름다운 곳에서 묵게 해준 린다 로스트와 닉 토머스에게 고마움을 전한다.

이 책은 낸터킷에서 한밤중에 택시를 타고 가다가 시작됐다. 나는 시나리오작가 창작촌 입주 작가로 선발된 덕분에 그곳에 가 있었다. 그게 아니었다면, 나는 이 책을 쓸 생각을 하지 못했을 것이다. 리디아 카발로 바사와 에릭 길리랜드에게 감사한다. 할리우드에서 공연물 또는 시나리오를 팔거나 어떤 의미 있는 일을 얻지 못해서 유감이지만, 이 책이 나한테 너무 많은 돈을 허비한 데 대한 작은 위안이 됐으면 싶다. 그해에 이 창작촌 프로그램에 함께 참가한 다른 세 작가인 메그 패브로, 케이틀린 폰태나, 자이 제이미슨에게도 감사한다. 이 세 사람은 내 인생에서 문자 메시지로 연결된 가장 진지한 관계를 이루고 있다. 게다가 셋 모두 정말 재미있고, 대단한 재능을 갖고 있으며, 터무니없이 지지를 아끼지 않는 훌륭한 사람들이다.

일찍이 내가 만난 가장 능력 있는 사람인 젠 존슨과 최고의 기자인 엠마 횟퍼드는 몇 가지 조사를 도와줬다. 고맙다. 이 책을 쓰는 동안 친근하게 대해준 브루클린중앙도서관의 스티비와 꼭 필요한 커피를 제공해준 카페 마틴의 젠에게 감사한다.

마지막으로, 이 책은 코로나19 위기 동안 뉴욕에서 마무리되고 수정되고 편집됐다. 나는 이 크고 불쾌감을 주는 낯선 이들의 도시가 서로한테서 안전한 거리를 유지하면서도, 내가 결코 잊지 못할 방식으로 함께 연결되는 것을 봤다. 이 위기에 대한 미국의 대처는 형편없었지만 뉴욕은 영감을 줬다. 최악의 상황에서 모든 뉴욕 사람이 창밖을 내다보며 냄비와 프라이팬을 함께 두드리면서 「뉴욕, 뉴욕」을 부르던 일을 잊지 못할 것이다. 사람들이 거리에서 낯선 이들에게 인사하며 괜찮으냐고 묻던 일을 잊지 못할 것이다.

사람들은 껄끄러우면서 부드럽고 거칠면서 따뜻했다. 그들은 경이로웠다. 위대한 뉴욕시와 그곳에 사는 모든 사람들, 그리고 저 끔찍한 시기 동안 사망한 모든 이들에게 감사와 애도를 전한다. 나는 이 도시를, 이 사람들을 사랑한다. 이 책을 이 도시와 이 사람들에게 바친다.

참고문헌에 대하여

이 책은 많은 독서와 조사의 산물이다. 여기에는 수십 권의 책과 도서관 하나는 족히 채울 연구들이 포함돼 있다. 종이를 아끼고 독자들이 들고 다니며 읽기에 불필요한 분량을 줄이기 위해 참고문헌 관련 미주를 포함시키지 않기로 했다. 참고문헌을 보고 싶은 독자는 joekeohane.net/strangersnotes에서 볼 수 있다. 이 사이트에서 포괄적인 참고문헌 목록도 볼 수 있다. 여기에는 이 책에 인용한 모든 저작물 정보와 이 책의 분량을 적정량으로 유지하기 위해 포함시킬 수 없었던 많은 훌륭한 저작물이 포함돼 있다. 이 책의 주제를 더 깊이 파고들고 싶은 독자들이 시작하는 데 도움이 될 만한 자료가 많이 있다.

이제, 부디 가서 낯선 이와 대화를 나누길.

낯선 사람에게 말을 걸면

초판 1쇄 발행 2022년 9월 19일

지은이 | 조 코헤인
옮긴이 | 김영선
발행인 | 김형보
편집 | 최윤경, 강태영, 이경란, 임재희, 곽성우
마케팅 | 이연실, 이다영
디자인 | 송은비
경영지원 | 최윤영

발행처 | 어크로스출판그룹(주)
출판신고 | 2018년 12월 20일 제 2018-000339호
주소 | 서울시 마포구 양화로10길 50 마이빌딩 3층
전화 | 070-8724-0876(편집) 070-8724-5877(영업)
팩스 | 02-6085-7676
이메일 | across@acrossbook.com

한국어판 출판권 ⓒ 어크로스출판그룹(주) 2022
ISBN 979-11-6774-068-7 03300

만든 사람들
편집 및 교정교열 | 하선정
표지 디자인 | 오필민
본문 디자인 | 송은비
조판 | 성인기획